Rechtlich-regulatorische Rahmenbedingungen für Wearables und Apps im Gesundheitswesen

Recht und Medizin

Bd./Vol. 143

Zur Qualitätssicherung und Peer Review der vorliegenden Publikation

Die Qualität der in dieser Reihe erscheinenden Arbeiten wird vor der Publikation durch Herausgeber der Reihe geprüft.

Notes on the quality assurance and peer review of this publication

Prior to publication, the quality of the work published in this series is reviewed by editors of the series.

Moritz Christoph Heinrich

Rechtlich-regulatorische Rahmenbedingungen für Wearables und Apps im Gesundheitswesen

PETER LANG

Lausanne - Berlin - Bruxelles - Chennai - New York - Oxford

Bibliografische Information der Deutschen Nationalbibliothek
Die Deutsche Nationalbibliothek verzeichnet diese Publikation in der Deutschen Nationalbibliografie; detaillierte bibliografische Daten sind im Internet über http://dnb.d-nb.de abrufbar.

Zugl.: Kiel, Univ., Diss., 2023

D 8
ISSN 0172-116X
ISBN 978-3-631-90635-4 (Print)
E-ISBN 978-3-631-90663-7 (E-PDF)
E-ISBN 978-3-631-90664-4 (EPUB)
DOI 10.3726/b21081

Verlegt durch: Peter Lang GmbH, Berlin, Deutschland

info@peterlang.com http://www.peterlang.com/

Diese Publikation wurde begutachtet.

Meinen Eltern

Vorwort

Immer wieder liest man den Satz: „*Die Digitalisierung schreitet in allen Lebensbereichen voran.*".

Auch wenn dieser Satz mittlerweile zu einer Phrase verkommen ist, so muss er dennoch am Anfang einer Ausarbeitung stehen, die sich genau in diesem Themenbereich bewegt.

Dieses ständige Fortschreiten der hier behandelten Materie führt dazu, dass die vorliegende Ausarbeitung nur einen Wimpernschlag, der in einen rechtlichen Rahmen zu fassenden Produkte im Wearable- und Gesundheitsappmarkt, vermag abzubilden. Dabei hat selbst der Rechtsrahmen auf Grund des Fortschrittes eine geringe Halbwertszeit.

Dennoch sollen in den relevanten Bereichen des Datenschutzrechts, des Medizinprodukterechts sowie des Sozial- und Versicherungsrechts die rechtlichen Herausforderungen dargestellt werden. Auf diese Weise soll für jeden, der sich juristisch mit Wearables und Gesundheitsapps befasst, eine anregende und weiterführende rechtliche Untersuchung geschehen. Die vorliegende Arbeit wurde von der Rechtswissenschaftlichen Fakultät der Christian-Albrechts-Universität zu Kiel im März 2023 als Dissertation angenommen. Die Rechtsprechung und Literatur sind bis Juli 2022 berücksichtigt.

Danksagung

Zunächst gilt der Dank meinem Doktorvater *Herrn Prof. Dr. Graf von Kielmansegg* für die Betreuung meiner Arbeit und die Einbeziehung in unterschiedlichste Projektideen.

Auch bedanken möchte ich mich bei meinem Zweitkorrektor *Herrn Prof. Dr. Becker* für die gründliche Durchsicht meiner Dissertation. Außerdem gilt mein Dank den Herausgebern der Schriftenreihe „Recht und Medizin", insbesondere *Herrn Prof. Dr. Spickhoff* und *Herrn Prof. Dr. Kingreen*, für die Aufnahme meiner Arbeit.

Ein wichtiger Bestandteil der Anfertigung dieser Arbeit war meine Tante *Dorothee Kruse*, die mich sowohl durch zahlreiche Zeitungsartikel als auch durch viele Anmerkungen und die Durchsicht meiner Arbeit unterstützte. Ein Dank gilt auch *Jan Christoph Widdel* und *Christian Nissen* für regen Austausch zur aber auch neben der Arbeit.

Gleichermaßen muss ich mich bei meiner Freundin *Laura Ehler* bedanken, für ein immer offenes Ohr und viele konstruktive Diskussionen sowie ihre Geduld in stressigen Phasen.

Ein besonderer Dank gilt jedoch am Ende meinen Eltern *Martina* und *Gerd Heinrich*, die bei jedem Schritt meines bisherigen Weges auf mich vertrauten und mich bei jedem meiner Vorhaben bedingungslos unterstützen. Ich könnte nicht dankbarer sein.

Inhaltsverzeichnis

Abkürzungsverzeichnis

a. A.	andere Ansicht/Auffassung
A&R	Arzneimittel & Recht (Zeitschrift)
AEUV	Vertrag über die Arbeitsweise der Europäischen Union
AGB	Allgemeine Geschäftsbedingungen
AIDC	Automatic Identification and Data Capture
AöR	Archiv des öffentlichen Rechts (Zeitschrift)
BAN	Body-Area-Network
BÄO	Bundesärzteordnung
BCR	Binding Corporate Rules
BDSG	Bundesdatenschutzgesetz
BfArM	Bundesamt für Arzneimittel und Medizinprodukte
BGB	Bürgerliches Gesetzbuch
BGH	Bundesgerichtshof
BMG	Bundesministerium für Gesundheit
BR-Drs.	Drucksachen des Bundesrats
BSG	Bundessozialgericht
BT-Drs.	Drucksachen des Bundestags
BVerfG	Bundesverfassungsgericht
CE	Conformité Européenne
CoC	Code of Conduct on privacy for mobile health applications
CR	Computer und Recht (Zeitschrift)
CSP	Cloud-Service-Provider
DANA	Datenschutz Nachrichten (Zeitschrift)
DiGAV	Digitale-Gesundheitsanwendungen-Verordnung
DKG	Deutsche Krankenhausgesellschaft
DRG	Diagnoses Related Groups
DSG-EKD	Kirchengesetz über den Datenschutz der Evangelischen Kirche Deutschland
DSGVO	Verordnung (EU) 2016/679 zum Schutz natürlicher Personen bei der Verarbeitung personenbezogener Daten, zum freien Datenverkehr und zur Aufhebung der Richtlinie 95/46/EG (Datenschutz-Grundverordnung)

DSRL	Richtlinie 95/46/EG (Datenschutzrichtlinie)
DuD	Datenschutz und Datensicherheit (Zeitschrift)
DVG	Digitale-Versorgung-Gesetz
DVPMG	Digitale-Versorgung-und Pflege-Modernisierungs-Gesetz
EBM	Einheitlicher Bewertungsmaßstab
EDPB	European Data Protection Board
EGMR	Europäischer Gerichtshof für Menschenrechte
EKG	Elektrokardiogramm
EMRK	Europäische Menschenrechtskonvention
ErwGr.	Erwägungsgrund
EU	Europäische Union
EUDAMED	European Databank on Medical Devices
EuGH	Europäischer Gerichtshof
EUV	Vertrag über die Europäische Union
EWR	Europäischer Wirtschaftsraum
G-BA	Gemeinsamer Bundesausschuss
GesR	Gesundheitsrecht (Zeitschrift)
GG	Grundgesetz
GKV	Gesetzliche Krankenversicherung
GOÄ	Gebührenordnung für Ärzte
GRCh	Grundrechtecharta der Union
GRUR-Prax	Gewerblicher Rechtsschutz und Urheberrecht, Praxis im Immaterialgüter- und Wettbewerbsrecht (Zeitschrift)
GTIN	Global Trade Item Number
HRI	Human Readable Interpretation
HTA	Health Technologie Assesment
HWG	Heilmittelwerbegesetz
i. S. d..	im Sinne des
IaaS	Infrastructure-as-a-Service
IMDRF	International Medical Device Regulators Forum
InEK	Institut für das Entgeltsystem im Krankenhaus
IoT	Internet of Things
IVD-VO	VO (EU) 2017/746 über *In-vitro*-Diagnostika
i. V. m.	in Verbindung mit
JuS	Juristische Schulung (Zeitschrift)
K&R	Kommunikation und Recht (Zeitschrift)
KDG	Gesetz über den kirchlichen Datenschutz

KHEntG	Krankenhausentgeltgesetz
KHG	Krankenhausfinazierungsgesetz
KVAV	Verordnung betreffend die Aufsicht über die Geschäftstätigkeit in der privaten Krankenversicherung
LDSG	Landesdatenschutzgesetz
m. w. N.	mit weiteren Nachweisen
MB/KK 2009	Musterbedingungen 2009 für die Krankheitskosten- und Krankenhaustagegeldversicherung
MBO-Ä	(Muster-)Berufsordnung für die in Deutschland tätigen Ärztinnen und Ärzte
MDCG	Medical Device Coordination Group
MDSW	Medical Device Software
MedR	Medizinrecht (Zeitschrift)
MMR	Multimedia und Recht (Zeitschrift)
MP-VO/ MDR	VO (EU) 2017/745 über Medizinprodukte
MPDG	Medizinprodukterecht-Durchführungsgesetz
MPEUAnpG	Medizinprodukte-EU-Anpassungsgesetz
MPG	Medizinproduktgesetz
MPJ	Medizinprodukte Journal (Zeitschrift)
MVZ	Medizinisches Versorgungszentrum
NJW	Neue Juristische Wochenschrift (Zeitschrift)
NStZ	Neue Zeitschrift für Strafrecht (Zeitschrift)
NUB	neue Untersuchungs- und Behandlungsmethoden
NZA	Neue Zeitschrift für Arbeitsrecht
NZKart	Neue Zeitschrift für Kartellrecht (Zeitschrift)
PharmR	Pharma Recht (Zeitschrift)
PinG	Privacy in Germany (Zeitschrift)
PKV	Private Krankenversicherung
PMSR	Post Market Surveillance Report
PSUR	Periodic Saftey Update Report
r+s	Recht und Schaden (Zeitschrift)
RdW	Österreichisches Recht der Wirtschaft (Zeitschrift)
SaaS	Software-as-a-Service
SGb	Die Sozialgerichtsbarkeit (Zeitschrift)
SGB I	Sozialgesetzbuch I
SGB V	Sozialgesetzbuch V
SGB X	Sozialgesetzbuch X

TKG	Telekommunikationsgesetz
TMG	Telemediengesetz
TTDSG	Telekommunikation-Telemedien-Datenschutzgesetz
u. a.	unter anderem
UDI	Unique Device Identification
UDI-DI	Unique Device Identification – Device Identification
UDI-PI	Unique Device Identification – Product Identification
VAG	Versicherungsaufsichtsgesetz
VerfO-BWA	Verfahrensordnung des Bewertungsausschusses Ärzte
VerfO-G-BA	Verfahrensordnung des G-BA
VersR	Versicherungsrecht (Zeitschrift)
vgl.	vergleiche
VuR	Verbraucher und Recht (Zeitschrift)
VVG	Versicherungsvertraggesetz
WHO	Weltgesundheitsorganisation
ZD	Zeitschrift für Datenschutz (Zeitschrift)
ZLG	Zentralstelle der Länder für Gesundheitsschutz
ZversWiss	Zeitschrift für die gesamte Versicherungswissenschaft (Zeitschrift)

Einführung

5.48 Uhr, eine leichte Vibration am Handgelenk weckt passend nach der gerade beendeten Tiefschlafphase.[1] Dann zunächst ein Morgenlauf von genau 10 km, welcher in der Zeit von ca. 50 Minuten zurückgelegt wird. Nach dem Laufen und der morgendlichen Dusche die tägliche Gewichtsüberprüfung per mit WLAN verbundener Waage[2], welche die Gewichtsdaten direkt aufs Smartphone schickt und grafisch für den Nutzer aufbereitet.

Während des Frühstücks eine weitere Vibration, und ein Blick aufs Handgelenk zeigt, dass das Präparat gegen Herzrhythmusstörungen noch eingenommen werden muss. Nach der Einnahme erfolgt eine kurze Bestätigung, die dazu führt, dass der Behandler ebenfalls über diese informiert wird.

Außerdem neigt sich der Vorrat des Präparates dem Ende, sodass der Behandler ein neues Rezept ausstellt und dieses direkt an die Versandapotheke schickt. Welche daraufhin den Versand abwickelt.

Im Büro angekommen die nächste Vibration. Es ist Zeit zu Stehen[3] und Zeit für die ersten Rücken-Übungen, um so dauerhaften Rückenleiden vorzubeugen.

Diese Gewichts-, Schlaf- und Bewegungsdaten werden mit der Krankenkasse geteilt und aufgrund hervorragender Ergebnisse im eigenen Bonusprogramm z. B. auch finanziell honoriert.[4]

Gegen 13 Uhr eine weitere Vibration und ein klingelndes Smartphone. Ein Blick auf selbiges verrät, dass das in der Schule befindliche Kind, welches an Epilepsie erkrankt ist, kurz vor einem Anfall steht.[5] Die Schulkrankenstation erhält diese Information ebenfalls, sodass nach kurzer Zeit eine Entwarnungsnachricht auf dem Smartphone eingeht.

Dieses Szenario liegt ganz anders, als man es erwarten mag, nicht in ferner Zukunft, sondern kann teilweise bereits jetzt Realität sein. Es zeigt, wie die Digitalisierung einen weiteren Schritt in unseren Alltag vollzieht. Dabei rücken die mit dieser Modernisierung verbundenen Potenziale in den Blickpunkt. Potenziale, die sich vor allem im Gesundheitssektor in großem Maße zeigen. So können neue Gesundheitstechnologien nicht nur Behandlungsprozesse oder

---

1 Siehe bspw. Schlafphasenwecker im FitBit Charge 4.

2 Siehe bspw. FitBit Aria Air.

3 Siehe bspw. Apple Watch Series 7.

4 So etwa die AOK Rheinland/Hamburg.

5 Siehe bspw. Empatica embrace 2 mit Alert App.

die Kommunikation mit dem Behandler verändern, sondern vielmehr werden neue diagnostische und therapeutische Möglichkeiten geschaffen.[6] Die Medizin kann sich so zu einer persönlicheren und individuelleren entwickeln als bisher.[7] Außerdem kann aus dem klassischen, durch ein Über-Unter-Ordnung geprägtes Arzt-Patienten-Verhältnis ein zusammenwirkendes, gar partnerschaftliches werden.[8]

Im Zusammenhang mit der Nutzbarmachung dieser Potenziale ist unter anderem die Rede von „E-Health" oder „mHealth". Facetten dieser Bereiche sollen Gegenstand dieser Arbeit sein.

A. Untersuchungsgegenstand

Unter dem Oberbegriff „E-Health" versteht man die Nutzung von Informations- und Kommunikationstechnologien im Gesundheitssektor.[9] Als Beispiel hierfür dienen z. B. die Telemedizin[10] oder aber auch sog. mHealth-Anwendungen („Mobile Health").

mHealth erfasst als Unterbereich des E-Health die verschiedensten Gesundheitsdienstleistungen, die durch mobile Geräte, Sensoren und Softwareanwendungen die Gesundheitsversorgung beeinflussen.[11] Zu diesen mobilen Geräten gehören neben Smartphones häufig auch sog. „Wearables"[12]. Auf diesen Geräten liegt der Schwerpunkt der folgenden Analyse. „Wearables" gehören ihrerseits zu den Konzepten des „BAN" („Body Area Networks") und des „IoT" („Internet

---

6 Vgl. Rahmenplan Ressortforschung des BMG 2019-2022, S. 10.

7 Auch wenn seit jeher die Bestrebung nach einer am Einzelfall ausgerichteten Behandlung besteht, vgl. *Eberbach*, MedR 2011, 757 (757); die Möglichkeit sieht auch *Müller*, NZS 2021, 41 (47).

8 Vgl. TAB-Zukunftsreport Individualisierte Medizin, 2009 S. 44; ähnlich so *Gross/ Schmidt,* in: *Lanzerath/Kielmansegg/Hasford*, The Development of Medical Devices S. 129 die von „therapeutic alliance" sprechen.

9 Vgl. WHO zu eHealth abrufbar: https://www.who.int/ehealth/about/en/; Big Data und E-Health/*Raum* S.124.

10 Telemedizin ist ein Sammelbegriff für verschiedenartige ärztliche Versorgungskonzepte, welche die Erbringung ärztlicher Leistungen über eine räumliche Distanz gemein haben, vgl. so auch Definition durch *AG-Telemedizin der Bundesärtzekammer* in Telemedizinische Methoden in der Patientenversorgung – Begriffliche Verortung.

11 Vgl. Albrecht/*Albrecht*-CHARISMHA S. 2; *Bauer/Eickmeier/Eckard*, E-Health: Datenschutz und Datensicherheit, S. 5; Grünbuch 2014 S. 3; Big Data und E-Health/*Raum* S. 127.

12 Kurzform für „wearable computing".

of Things").[13] Dabei existiert keine einheitliche Definition für den Begriff. Als „Wearables" werden aber überwiegend Computertechnologien angesehen, die klein genug sind, um am Körper getragen zu werden und die mit verschiedensten Sensoren ausgestattet sind.[14] Stellenweise wird zusätzlich auf eine digitale Schnittstelle als weiteres, das Wearable auszeichnende Element hingewiesen.[15] Die umfassende Sensorik ermöglicht die permanente Messbarkeit der individuellen körperlichen und gesundheitlichen Zustände.[16] Es kann daher von einer „allgegenwärtigen Datenverarbeitung" gesprochen werden.

Die Bandbreite der denkbaren Typen und Funktionen von Wearables ist kaum noch überschaubar. Dies zeigt sich bereits mit Blick auf denkbare Einsatzfelder. Neben der Nutzung von Produkten im professionellen Gesundheitsbereich liegt der Schwerpunkt auf der Anwendung im Fitness- bzw. Wellnessbereich. Jedoch verschwimmen diese Sektoren immer mehr miteinander und Wearables, die für die Anwendung im Fitnessbereich vorgesehen sind, finden ihren Weg in den Behandlungssektor.[17] Dadurch kommen mit den auf diese Weise erhobenen Daten eine ganze Reihe von unterschiedlichen Akteuren in Berührung, wobei unterschiedliche rechtliche Anforderungen zu berücksichtigen sind.

Neben klassischen Activity-Trackern sind Smartwatches, Fitnessarmbänder, Brillen, in Kleidung integrierte Sensoren oder Kopfhörer bereits als taugliche Wearables in den genannten Einsatzfeldern denkbar.[18] Aber auch smarte Pflaster, welche mit Sensoren bestückt sind, sind als Untersuchungsgegenstand anzusehen.[19] Die genannten Produktgruppen unterscheiden sich ganz erheblich in

---

13 Vgl. *Bauer/Eickmeier/Eckard*, E-Health: Datenschutz und Datensicherheit, S. 6, 24.

14 IWGDPT 2015, S. 1; Gabler Wirtschaftslexikon/*Bendel* Definition Wearables, abrufbar: https://wirtschaftslexikon.gabler.de/definition/wearables-54088/version-368816.

15 *Verbraucherzentrale NRW*, Wearables, Fitness-Apps und der Datenschutz S. 5; solche Schnittstellen sind Bluetooth, NFC (Near Field Communication) und WLAN (Wireless Local Area Network).

16 So auch *Gorzala*, RdW 2019, 146 (146); mit Beispielen IWGDPT 2015, S. 1;
Dies ist in den vergangenen Jahren auch unter dem Begriff des „*Quantified Self*"(Bewegung von Gary Wolf und Kevin Kelly) zu einem Trend geworden, wie auch die Absatzzahlen und die prognostizierte Marktentwicklung belegen. So sind laut *Statista* weltweit im Jahr 2020 bereits 444,7 Millionen Wearables verkauft worden, 2018 waren es hingegen weltweit erst 178 Millionen Stück. 2024 sollen dann bereits 632 Millionen Wearables weltweit abgesetzt werden.

17 Vgl. Studien zum nachoperativen Bewegungsverhalten durch *Coughlin/Caplan/Stone*, veröffentlicht in: Journal of Cancer Survivorship 2020, 386 (390).

18 Vgl. zu einer ähnlichen Aufzählung *Gorzala*, RdW 2019, 146 (146).

19 Vgl. bspw. SENSmotion® Pflaster.

ihrer Funktion. Im Mittelpunkt steht die Messung unterschiedlichster Daten, wie z. B. Puls, Körpertemperatur, Schritte, Stehstunden, Blutsauerstoff, Blutzuckerspiegel, Blutdruck, Kalorienverbrauch, körperliche Aktivität, Schlafphasen und Herz-Kreislauf-Funktionen.[20] Darüber hinaus werden Wearables ähnlich wie Smartphones zur Kommunikation, Unterhaltung, Organisation oder zum mobilen Bezahlen verwendet. Zu den mit dem Einsatz von Wearables verknüpften Produkten gehören oftmals auch sog. „Medizin-Apps".[21] Hierunter sind Anwendungen zu fassen, die entweder dem Behandler assistierend zur Seite stehen, oder den Patienten bei der Bewältigung seiner Krankheit oder auch Prävention unterstützen.[22] Daher gilt es auch diese Produktgruppe mit zu beleuchten.

In jedwedem Einsatzkontext stellt sich jedoch die Frage, in welchem rechtlichen Rahmen sich Wearables und damit verbundene Technologien im Gesundheitsbereich bewegen. Insbesondere sind Fragen des Datenschutzrechts, des Medizinprodukterechts und des Sozial- und Versicherungsrechts berührt.

B. Stand der Forschung

Wearables im Gesundheitsbereich sind bislang eine in der Literatur zum Teil vernachlässigte Materie. Es fehlt insbesondere an einer übergreifenden Darstellung verschiedener Rechtsbereiche durch eine Monografie. Besonders herauszustellen sind jedoch vor allem die Werke von *Andelfinger/ Hänisch (2016); Bräutigam/ Kraul (2021)* und *Rehmann/Tillmanns (2022)*, denen mit Handbüchern zu den übergeordneten Bereichen „E-Health" und „IoT" eine umfassende Darstellung der mit zu diesen Bereichen gehörenden Technologien gelingt.[23]Auch erste Aufsätze von *Katzenmeier (2019)* und *Rübsamen (2015)* zeigen die Bedeutung von Wearables in verschiedenen Rechtsbereichen auf.[24]

---

20 Vgl. mit einer ähnlichen Aufzählung *Gorzala*, RdW 2019, 146 (147).

21 Das Smartphone mit App dient im BAN als zentraler Hub, auf welchem regelmäßig die von Wearables erhobenen Daten gespeichert werden.; vgl. zu diesem Vorgang auch *Bauer/Eickmeier/Eckard*, E-Health: Datenschutz und Datensicherheit, S. 24.

22 Vgl. *Bauer/Eickmeier/Eckard*, E-Health: Datenschutz und Datensicherheit, S. 6; vgl. Albrecht/*Albrecht*-CHARISMHA S. 15; im Folgenden als „Gesundheitsapps" bezeichnet; zum Begriff vgl. ausführlich *Saliba*, Die Rechtliche Regulierung von Gesundheit-Apps S. 9 ff.

23 Andelfinger/Hänisch, eHealth S. 1 ff.; Bräutigam/Kraul, Internet of Things, vgl. insb. *Roth*, in: § 19 zu IoT in der Gesundheitswirtschaft; Rehmann/Tillmanns E-Health-Hdb S. 1 ff.

24 *Katzenmeier*, MedR 2019, 259 ff.; *Rübsamen*, MedR 2015, 485 ff.

In den Einzelnen in dieser Arbeit beleuchteten Bereichen ist die Auseinandersetzung mit Wearables als Regelungsgegenstand sehr unterschiedlich weit vorangeschritten.

Im Datenschutzrecht sind vor allem die Werke von *Dregelies (2017)*; *Wilmer* (2016) und *Gorzala (*2019) zu erwähnen, die sich detailliert mit der Frage der tauglichen Rechtsgrundlage und Wearable spezifischen Problemen auseinandergesetzt haben.[25] Besonders erwähnenswert ist auch der Beitrag von *Jandt (2016)*, in welchem vor allem auch der Gesundheitsbereich Beachtung findet.[26] Auch vielfältige Institutionen auf nationaler und europäischer Ebene wie z. B. das *EDPB* oder die *Datenschutzkonferenz* haben sich zu spezifischen Rechtsfragen im Kontext Wearables und Gesundheitsapps eingelassen.[27]

Die umfangreich vorhandene Kommentarliteratur erwähnt Wearables und Apps vielfach als eines der Beispiele für technologische Entwicklungen insbesondere mit Blick auf IoT.[28]

Im Medizinprodukterecht hingegen fehlt es durch die Neufassung der MP-VO noch an umfangreicher Kommentarliteratur. In den vorhandenen Kommentierungen wird nur sehr vereinzelt auf die Besonderheiten von Wearables eingegangen.[29] Vielmehr stehen zumeist Gesundheitsapps im Fokus, wobei Wearables im Zusammenhang mit diesen Erwähnung finden. Auch in den Beiträgen von *Lücker (2018); Berensmann/ Gratzfeld (2018)* und *von Zezschwitz (2020)* liegt der Fokus der Betrachtung eher auf medizinproduktrechtlichen Fragestellungen im Zusammenhang mit Gesundheitsapps.[30]

Ähnliches gilt für das Sozial- und Versicherungsrecht. So analysiert z. B. *Münkler (2021)* Marktzugangsvoraussetzungen für Gesundheitsapps.[31] Aber auch die Finanzierung von Produkten, die beispielsweise dem Bereich „E-Health" zuzuordnen sind, wird diskutiert.[32] Insbesondere *Braun (2019)* beschäftigt sich

---

25 *Dregelies*, VuR 2017, 256 ff.; *Wilmer*, K&R 2016, 382 ff.; *Gorzala*, RdW 2019, 146 ff.

26 *Jandt*, DuD 2016, 571 ff.

27 Zum Beispiel *EDPB* Guidelines 4/2019; Entschließung der 91. Konferenz der DSK, Wearables und Gesundheits-Apps – Sensible Gesundheitsdaten effektiv schützen!, Schwerin 6./7. April 2016.

28 Ehmann/Selmayr/*Schiff* Art. 9 DSGVO Rn. 29; BeckOK-DatenschutzR/*Albers/Veit* Art. 9 DSGVO Rn. 45.

29 Vgl. Hill/Schmitt, WiKo, Art. 2 Nr. 1 MDR Rz. 22.

30 *Lücker*, Bundesgesundheitsblatt 2018, 278 ff.; *Berensmann/Gratzfeld*, Bundesgesundheitsblatt 2018, 314 ff.; *v. Zezschwitz*, MedR 2020, 196 ff.

31 *Münkler*, NZS 2021, 41 ff.

32 Vgl. dazu Fischer/Krämer eHealthD/*Leppert/Greiner* S. 101 ff.

darüber hinaus mit der Integration von Wearables über den neu geschaffenen § 33a SGB V.[33] Auch die Thematik der Integration von Wearables und Gesundheitsapps in Bonusprogramme und Präventionsangebote der Krankenversicherungen findet bereits Anerkennung. So beispielsweise im Beitrag von *Brönneke/Kipker (2015)* oder auch im Bundestag *BT-Drs. 18/9243 (2016)*.[34] Auch der aktuelle „Leitfaden Prävention" des *Spitzenverbands Bund der Krankenkassen (2021)* enthält Integrationswege für Wearables in die Prävention.[35]

Zudem setzen sich einige Autoren, wie beispielsweise *Brömmelmeyer (2017); Brand (2019)* und *Rudkowski (2020)* mit der Ausgestaltung und Zulässigkeit von Telematiktarifen bzw. der Tarifbestimmung mittels Wearables auseinander.[36]

C. Gang der Arbeit

Diese Arbeit soll die rechtlichen Anforderungen und Fragestellungen, welche Wearables und die mit ihnen im Zusammenhang stehenden Apps in den drei Regelungsgebieten aufwerfen, näher betrachten und Lösungsansätze bieten.

Zunächst wird die datenschutzrechtliche Perspektive beleuchtet.

Hierbei sollen vor allem die Anforderungen, die die DSGVO an die Nutzung von Wearables stellt, eine nähere Begutachtung erfahren. In concreto heißt das, dass zu untersuchen ist, welche Rechtsgrundlagen für die Datenverarbeitung im Zusammenhang mit der DSGVO bereitstehen und welche Art von Daten durch Wearables verarbeitet werden. In diesem Zusammenhang stellt sich die Frage, wer als Adressat der Regelungen anzusehen ist. Hierbei ergeben sich insbesondere aus der Vielzahl der Akteure Schwierigkeiten, die es aufzulösen gilt. Im Fokus der Betrachtung liegt außerdem die Frage der tauglichen Rechtsgrundlage der Datenverarbeitung. Die Darstellung differenziert in diesem Zusammenhang zwischen den einzelnen mit den Daten in Berührung kommenden Akteuren. Insbesondere wird die Einwilligung des Betroffenen als Legitimationsgrundlage beleuchtet. Abschließend sollen einige besondere Verarbeitungssituationen in Bezug auf die durch Wearables erhobenen Daten eine rechtliche Einordnung erfahren sowie weitere Anforderungen für die Rechtmäßigkeit der Datenverarbeitung beleuchtet werden.

---

33 *Braun,* GesR 2019, 757 ff.

34 *Brönneke/Kipker,* GesR 2015, 211 ff.; BT-Drs. 18/9243.

35 *GKV-Spitzenverband,* Leitfaden Prävention S. 1 ff.

36 *Brömmelmeyer,* r+s 2017, 225 ff.; *Brand,* VersR 2019, 725 ff.; *Rudowski,* VersR 2020, 1016 ff.

Im Anschluss an die Betrachtung der datenschutzrechtlichen Dimension erfolgt eine Einordnung aus medizinprodukterechtlicher Sicht. Auch hier gilt es in erster Linie, den rechtlichen Rahmen für die auftretenden Akteure abzustecken. Dabei drängt sich die Frage nach der Einordnung von Wearables und der mit ihnen verbundenen Softwareanwendungen als Medizinprodukt auf. Neben den vielen verschiedenen zu kategorisierenden Anwendungen und Produkten aus diesem Feld, stellt insbesondere die große Nähe zu „Lifestyle-Produkten" eine Komplikation dar. Für die als Medizinprodukt einzuordnenden Produkte sollen des Weiteren die Folgen der Einordnung dargestellt werden. Es geht vor allem um Anforderungen, die die MP-VO an Medizinprodukte im Hinblick auf die Klassifizierung, Kennzeichnung, Gebrauchsanweisung, Überwachung und Konformität stellt.

Abschließend wird die sozial- und versicherungsrechtliche Dimension beleuchtet. Wie bereits in den anderen Bereichen muss auch hier der rechtliche Rahmen abgesteckt werden. Im Fokus soll insbesondere die Frage des Einsatzes von Wearables und mit ihnen im Zusammenhang stehenden Gesundheitsapps in der Regelversorgung der gesetzlichen und privaten Krankenversicherung stehen. Die Darstellung unterscheidet darüber hinaus auch zwischen der ambulanten und stationären Versorgung. Einen der Schwerpunkte bildet der im Jahr 2019 durch das Digitale-Versorgung-Gesetz eingeführte § 33a SGB V und die durch ihn bestehende Möglichkeit der Ersatzfähigkeit von sogenannten digitalen Gesundheitsanwendungen. Darüber hinaus gilt es auch einen Blick auf die weiteren Einsatzmöglichkeiten neben der Regelversorgung zu wagen. Insbesondere der Einsatz im Rahmen der Prävention oder auch für die Tarifbestimmung in beiden Versicherungsarten kommt dabei zum Tragen.

Kapitel I: Datenschutzrecht

A. Grundlagen

I. Einführung

> *[...] Was immer ich sehe und höre, bei der Behandlung oder außerhalb der Behandlung, im Leben der Menschen, so werde ich von dem, was niemals nach draußen ausgeplaudert werden soll, schweigen, indem ich alles Derartige als solches betrachte, das nicht ausgesprochen werden darf. [...]*[1]

In dieser Passage des „Eides des Hippokrates" zeigt sich nicht nur der medizinethische Grundsatz der ärztlichen Schweigepflicht, sondern ebenso bereits ein erstes Verständnis für die Sensibilität von Daten in Bezug auf den Gesundheitsbereich.

Man könnte dabei so weit gehen, die Schweigepflicht des Arztes als eine erste bereichsspezifische Datenschutzvorschrift anzusehen.[2]

Aber auch das klassische Datenschutzrecht findet seine frühen Wurzeln bereits in der Antike, wobei die Ordnung von Daten (Anfertigung von Listen) und nicht deren Schutz im Vordergrund stand.[3]

Und auch heute zeigt sich die Relevanz von Datenschutz gerade mit Blick auf die fortschreitende Digitalisierung in allen Lebensbereichen.

Jedoch scheint es ganz so, als würde die heutige Bevölkerung mit Blick auf Daten einen anderen Wertmaßstab anlegen als seinerzeit *Hippokrates von Kos*.

So kann sich wohl niemand von dem Vorwurf frei machen, bereits einmal eine der unzähligen und uns jeden Tag begegnenden Datenschutzerklärungen zugestimmt zu haben, ohne sie zu lesen.

Neben diesem scheinbar freigiebigeren Umgang mit sensibelsten Daten ist in der heutigen Zeit auch eine neue „Datenfülle" gegeben, welche z. B. auch durch die Nutzung von Wearables erreicht wird.[4] Insbesondere ermöglichen Wearables auf Grund ihrer geringen Größe und ihrer Allgegenwärtigkeit eine permanente Messbarkeit von individuellen körperlichen und gesundheitlichen

---

1 *Deichgräber*, Der hippokratische Eid S. 15.

2 So *Lorenz*, NStZ 2015, 322; DWWS/*Weichert*, Einleitung DSGVO Rn. 2.

3 *Vismann*, Akten S. 21.

4 Im Medizinbereich existiert ohnehin eine große „Datenfülle", vgl. *Rübing/Sander*, in: Haring, Gesundheit digital S. 20.

Zuständen.[5] Im Zusammenhang mit dieser „Datenfülle" stehen auch sogenannte „Big-Data-Anwendungen".

Big-Data befasst sich nach der klassischen 3-V Definition von *Gartner*[6] mit großen Datenmengen (Volume), welche heterogen sind (Variety) und welche schnell zu verarbeiten sind (Veracity). Mit derartigen Anwendungen sind jedoch nicht nur mögliche Schreckensszenarien verknüpft, sondern auch tatsächliche Chancen. So können Big-Data-Anwendungen einen wesentlichen Beitrag bezüglich des Forschungsfortschritts in der Medizin erbringen oder bei der Planung von Ressourcen in Krankenhäusern helfen.[7] Außerdem kann durch derartige Anwendungen bereits jetzt eine Behandlung effektiver und gewinnbringender sein. Dies zeigt z. B. das Projekt *„patients-like-mine"* aus dem Jahr 2015, bei dem durch Datenzusammenführung und Auswertung ein Erfahrungsaustausch und dadurch eine individuellere und angepasste Behandlung möglich sein soll.[8]

Allerdings sollte man in Anbetracht der Chancen nicht die mit neuen Technologien verbundenen Gefahren vergessen. Gerade wenn es um Daten aus dem besonders sensiblen Bereich der Gesundheit geht. Wir sehen uns diesbezüglich und auch bezüglich der in der Einleitung beschriebenen Technologien einer neuen Herausforderung im Datenschutzrecht ausgesetzt, welche schon lange nicht mehr nur an dem eingangs erwähnten *„Eid des Hippokrates"* zu messen ist. Im Folgenden wird zu zeigen sein, wie diesen Schwierigkeiten begegnet werden kann.

II. Rechtsgrundlagen des Datenschutzrechts

Zunächst ist zu klären, welche rechtliche Basis es für die Bewältigung der angesprochenen Herausforderungen gibt. Hierbei ist festzuhalten, dass es sich beim Datenschutzrecht um eine umfangreiche Querschnittsmaterie handelt.[9]

Datenschutz bezeichnet den Schutz des Einzelnen vor einer Beeinträchtigung seiner Privatsphäre durch eine „Verarbeitung" von Daten.[10]

Dabei besteht das Rechtsgebiet aus einer Vielzahl unterschiedlichster Normen.

---

5 So auch *Gorzala*, RdW 2019, 146 (146).

6 Gartner IT glossary; big data abrufbar unter: https://www.gartner.com/it-glossary/big-data.

7 Vgl. *McKinsey* 2013 S. 10; *Bauer/Eickmeier/Eckard*, E-Health: Datenschutz und Datensicherheit, S. 6.

8 Vgl. "Patient like mine" IEEE International Conference on Big Data S. 2865-2867.

9 Bezeichnung wählen auch *Kühling/Raab*, in: Kühling/Buchner, Einleitung Rn. 8.

10 Ähnlich *Leeb/Liebhaber*, JuS 2018, 534 (534).

1. Verfassungsrechtliche Vorgaben

Diese unterschiedlichen Normen und das von ihnen ausgehende Schutzniveau stützen sich auf ein Geflecht aus nationalem Verfassungsrecht und internationalen Grundrechten.[11]

Die Basis dieses Geflechtes bildet zunächst Art. 8 EMRK. Dieser normiert das Recht auf Achtung der Privatheit- und des Familienlebens. Die Privatheit kann als Schutzobjekt des Datenschutzes angesehen werden, sodass ein „Recht auf Datenschutz" gegeben sein muss.[12] Der Europäische Gerichtshof für Menschenrechte (EGMR) schließt sich dem an und leitet aus Art. 8 EMRK einen umfassenden Schutz der Privatsphäre des Einzelnen ab.[13] Eine weitere Ausprägung der internationalen Grundrechte zeigt sich auf Ebene des EU-Primärrechts.[14] Zunächst könnte man ein solches „Recht auf Datenschutz" mit den gleichen Erwägungen wie zu Art. 8 EMRK, in dem Recht auf Privatheit aus Art. 7 GRCh erblicken.[15] Allerdings kodifiziert die GRCh in Art. 8 GRCh ausdrücklich ein Grundrecht auf Datenschutz.[16] Art. 8 GRCh ist daher als *lex specialis* gegenüber Art. 7 GRCh anzusehen.[17] Der EuGH hingegen geht in seiner Rechtsprechung von einer parallelen Anwendung dieser beiden Grundrechte in Bezug auf die geschützte Position aus.[18]

Diese internationalen Gesichtspunkte zeigen sich auch auf nationaler Ebene im Verfassungsrecht. Zwar kennt das Grundgesetz kein „Recht auf Datenschutz" im Sinne einer ausdrücklichen Kodifikation, allerdings hat der Datenschutz als Ausprägung des allgemeinen Persönlichkeitsrechts bereits eine lange Tradition. So stellte das BVerfG zunächst 1969 in der „Mikrozensusentscheidung" fest, dass die Würde des Menschen aus Art. 1 Abs. 1 GG als oberstes Verfassungsgut eine Strahlkraft auf Art. 2 Abs. 1 GG hat, und dass sich daraus ein unantastbarer

---

11 So auch *Leeb/Liebhaber*, JuS 2018, 534 (534).

12 Im Ergebnis so *Siemen*, Datenschutz als europäisches Grundrecht S.133.

13 Vgl. EGMR Urt. v. 26.03.1987, Leander/Schweden, 55388/10, CE:ECHR:1987:0326JUD000924881 Tz. 48.

14 Gem. Art. 6 Abs. 1 EUV ist GRCh Teil des Primärrechts, so auch Kühling/Buchner/*Kühling/Raab,* Einleitung Rn. 23.

15 SHS/*Schiedmair* Einleitung Rn. 167.

16 DWWS/*Weichert,* Einleitung DSGVO Rn. 6; *Albrecht/Jotzo*, Das neue Datenschutzrecht der EU S. 36 Rn. 3.

17 Jürgen/Hölscheidt/*Bernsdorff* Art. 8 GRCh Rn.13; *Leeb/Liebhaber*, JuS 2018, 534 (535).

18 EuGH, Urt. v. 08.04.2014, Digital Rights Ireland, C-293/12, ECLI:EU:C:2014:238 Tz. 29.

Bereich innerhalb der privaten Lebensgestaltung ergibt.[19] Eine Einsichtnahme des Staates in diesen Bereich soll danach bereits ausreichen, um einen Eingriff zu bejahen.[20] Im „Volkszählungsurteil“ im Jahr 1983 sah sich das BVerfG dann genötigt, eine „verfassungsrechtliche Grundlage des Datenschutzes“ zu prüfen.[21]

Diese Grundlage erblickte das BVerfG in Art. 2 Abs. 1 GG i. V. m. Art. 1 Abs. 1 GG.[22] Hierbei stand besonders der Gedanke der Selbstbestimmung im Mittelpunkt.[23] So sollte der Bürger selbstständig je nach Situation entscheiden, wann und innerhalb welcher Grenzen er persönliche Sachverhalte offenbaren will.[24] Es war das sog. „Recht auf informationelle Selbstbestimmung“ geboren.[25] Dieses wird als Ausprägung bzw. Teil des allgemeinen Persönlichkeitsrechts angesehen.[26]

2. Einfachgesetzliche Regelung

Auf diesem Fundament fußt heute ein Konglomerat an Vorschriften.

Dabei ist vor allem die Verordnung (EU) 2016/679 (Datenschutz-Grundverordnung[27]) zu beachten. Sie ist die weltweite erste direkt anwendbare supranationale Regelung zum Datenschutzrecht.[28] Neben der supranationalen Regelung existieren aufgrund von Öffnungsklauseln auch noch nationale Regelungen. Hierbei sind in Deutschland vor allem das Bundesdatenschutzgesetz sowie die jeweiligen Landesdatenschutzgesetze zu beachten. Hinzu kommen auch bereichsspezifische Regelungen, wie z. B. das seit dem 01.12.2021 geltende Telekommunikation-Telemedien-Datenschutzgesetz[29] oder die §§ 284 ff. SGB V.

B. Anwendbarkeit der DSGVO

Zunächst müsste die DSGVO der anwendbare Rechtsrahmen sein. Es bietet sich an, der Systematik der DSGVO in Art. 2 DSGVO und Art. 3 DSGVO

19 BverfG,Urt. v. 16.07.1969 – 1 BvL 19/63, BVerfGE 27, 1 (6), NJW 1969, 1707.
20 BVerfG, ebd.
21 BVerfG, Urt. v. 15.12.1983 – 1 BvR 209/83, BVerfGE 65, 1, NJW 1984, 419 (420).
22 BVerfG, Urt. v. 15.12.1983 – 1 BvR 209/83, BVerfGE 65, 1, NJW 1984, 419 (421).
23 BverfG, ebd.
24 BVerfG, ebd.
25 BVerfG, ebd.
26 Vgl. Jarass/Pieroth/*Jarass* Art. 2 GG Rn. 37 m. w. N.
27 Im Folgenden DSGVO.
28 So auch DWWS/*Weichert,* Einleitung DSGVO Rn 8.
29 Im Folgenden TTDSG.

folgend, zwischen dem sachlichen und räumlichen Anwendungsbereich zu unterscheiden.

I. Sachlicher Anwendungsbereich

Der sachliche Anwendungsbereich der DSGVO wird von Art. 2 DSGVO bestimmt. Danach gilt die Verordnung „für die ganz oder teilweise automatisierte Verarbeitung personenbezogener Daten sowie für die nichtautomatisierte Verarbeitung personenbezogener Daten, die in einem Dateisystem gespeichert sind oder gespeichert werden sollen."

Wie diese Vorschrift erkennen lässt, kann mithin eine Aufspaltung in zwei Modalitäten der Verarbeitung vorgenommen werden.[30] Beide Modalitäten haben jedoch gemein, dass es sich um eine Verarbeitung personenbezogener Daten handeln muss. Es ist daher entscheidend, wie einerseits der Begriff der Verarbeitung mit Blick auf die Modalitäten und anderseits der Begriff des personenbezogenen Datums zu kategorisieren ist.

1. Verarbeitung

Im Zusammenhang mit Wearables ergeben sich die unterschiedlichsten Situationen, die als eine „Verarbeitung" i. S. d. DSGVO anzusehen sein könnten. Dabei werden verschiedenste Akteure tätig.[31]

Zunächst gilt es die Generierung von Daten zu bewerten. Bereits dieser erste Schritt kann als Verarbeitung i. S. d. Art. 4 Nr. 2 DSGVO anzusehen sein.

Hierbei wird der Teilaspekt der „Erhebung von Daten" sowie das „Erfassen von Daten" relevant. Maßgeblich ist dabei jedoch die genaue technische Ausgestaltung des Vorganges im Einzelfall. So wird man ein „Erheben" i. S. d. Art. 4 Nr. 2 DSGVO dann annehmen, wenn über die betroffene Person Daten beschafft werden.[32] Unter diesem weiten Verständnis könnte man zunächst sämtliche sensorgestützte Datengenerierung als erfasst ansehen. Allerdings wird für ein taugliches „Erheben" ein aktives Handeln des Verantwortlichen vorausgesetzt, welches auch von einem Handlungswillen getragen wird.[33]

30 So auch BeckOK-DatenschutzR/*Bäcker* Art. 2 DSGVO Rn. 1.

31 Vgl. hierzu und zur Verantwortlichkeit dieser Akteure S. 64 ff.

32 SHS/*Roßnagel* Art. 4 Nr. 2 DSGVO Rn. 15; Paal/Pauly/*Ernst* Art. 4 DSGVO Rn. 23; Sydow/*Reimer* Art. 4 DSGVO Rn. 55.

33 SHS/*Roßnagel* Art. 4 Nr. 2 DSGVO Rn. 15; Kühling/Buchner/*Herbst* Art. 4 Nr. 2 DSGVO Rn. 21.

Problematisch ist an dieser Stelle, dass beim Einsatz von Wearables der Betroffene selbst eine zentrale Rolle in der Beschaffung der Daten einnimmt. So zeichnen die Nutzer Daten selbst auf, und diese werden dann entweder direkt durch das Wearable analysiert und aufbereitet oder aber an das Smartphone des Nutzers übermittelt, auf dem dann diese Vorgänge mittels App erfolgen.[34] Aus dieser Perspektive könnte man daher ein aktives Handeln des Verantwortlichen ablehnen. Fraglich ist daher, wann von einem „aktiven Handeln" des Verantwortlichen ausgegangen werden kann. Hierbei kann auch auf den definitorischen Ansatz zu § 3 Abs. 3 BDSG a. F. rekurriert werden. Danach kann man ein „aktives Handeln" dann ablehnen, wenn dem Verantwortlichen Daten ohne jedes eigene Tun aufgedrängt werden.[35] Ein solches Aufdrängen wird jedoch abzulehnen sein, wenn die Übergabe der Daten aufgrund eines Vertrages oder einer anderen Absprache gegeben ist.[36] Gerade im Zusammenhang mit Wearables wird der Zweck des Gerätes zumeist nur dann erfüllt werden können, wenn die vom Wearable erhobenen Daten auch dem Verantwortlichen zugänglich gemacht werden. Insbesondere wenn ein Vertrag zur Datenanalyse zwischen dem Hersteller und dem Nutzer geschlossen wird, ist ein Aufdrängen der Daten abzulehnen. Doch auch wenn ein solcher Vertrag nicht geschlossen wird, kann in der Nutzung des Wearables eine konkludente Absprache zur Datenübergabe erblickt werden.[37] Im Ergebnis wird man folglich annehmen können, dass bereits die Generierung von Daten durch den Betroffenen als tauglicher und damit rechtfertigungsbedürftiger Verarbeitungsschritt anzusehen ist. Hierbei ist allerdings beachtlich, dass technische Gestaltungen denkbar sind, bei denen keine Zugriffsmöglichkeit des Verantwortlichen auf die Daten gegeben und damit kein Verarbeitungsvorgang anzunehmen ist.[38]

Ebenfalls relevant kann die Fixierung der Daten auf einem Datenträger sein. Eine solche kann sowohl auf dem Wearable selbst als auch auf dem Smartphone des Nutzers sowie in einer Cloud[39] erfolgen. Auch denkbar ist eine solche

---

34 Diesen Ablauf ebenfalls beschreibend *Gorzala*, RdW 2019, 146 (147).

35 BeckOK-DatenschutzR/*Schild* Art. 4 DSGVO Rn. 36; Simitis/*Dammann* § 3 BDSG a. F. Rn. 104.

36 Simitis/*Dammann* § 3 BDSG a. F. Rn. 104; DWWS/*Weichert* Art. 4 DSGVO Rn. 39.

37 Dieses Ergebnis kann durch die Datenschutzerklärungen der Hersteller gestützt werden; vgl. z. B. Datenschutzerklärung von FitBit, Empatica, Garmin u. a.

38 Vgl. dazu S. 43.

39 Cloud Computing beschreibt ein Modell, bei dem bedarfsabhängig IT-Dienstleistungen (z. B. Bereitstellung von Speicherplatz) über das Internet abgerufen werden können, vgl. Definiton der US-amerikanischen Standardisierungsstelle *Nationale Institute of*

Fixierung in der Patientenakte des Betroffenen. Dieser Vorgang ist unter den Teilaspekt des „Speicherns" zu fassen. Ein solcher ist gegeben, wenn die personenbezogenen Daten auf einem Datenträger aufbewahrt werden, und zwar zum Zwecke einer weiteren Verarbeitung bzw. Nutzung durch den Verantwortlichen.[40]

Fraglich ist diesbezüglich lediglich, ob auch die Fixierung der Daten in der Cloud als tauglicher Speichervorgang anzusehen ist. Dies könnte dann verneint werden, wenn eine Speicherung eine Sachherrschaft des Verantwortlichen über den Datenträger voraussetzen würde. Gerade eine solche Sachherrschaft wird jedoch nicht verlangt.[41] Vielmehr wird entweder auf die generelle Aufbewahrung unter reiner Zugangsmöglichkeit abgestellt[42] oder aber eine Herrschaft über die Aufbewahrung als solche verlangt.[43] Sowohl eine Zugriffsmöglichkeit als auch eine Herrschaft über die Aufbewahrung der Daten wird bezüglich des Herstellers des Wearables bejaht werden können. Somit handelt es sich um einen als Datenverarbeitung zu qualifizierenden Speichervorgang.

Bei einer reinen Erhebung und Speicherung der personenbezogenen Daten wird es jedoch nicht bleiben. Vielmehr wird, abhängig vom Anbieter, auf dem Wearable beziehungsweise auf dem Smartphone des Nutzers mittels einer App eine Analyse der Daten und damit einhergehend eine grafische Aufbereitung dieser erfolgen.

An dieser Stelle setzen gleich mehrere taugliche Teilaspekte des Verarbeitungsbegriffes an.

In Betracht kommen dabei zunächst das „Ordnen" und das „Verknüpfen". Ein „Ordnen" ist dann gegeben, wenn die Daten so strukturiert werden, dass die Möglichkeit zur Auffindung und Auswertung der einzelnen Daten gefördert wird und damit eine weitere Verarbeitung erfolgen kann.[44] Die Verantwortlichen werden die Daten einer solchen Struktur unterwerfen, um vor allem weitere Verarbeitungsschritte mit einer hohen Effizienz ermöglichen zu können.

Standards and Technology (NIST), Special Publication 800-145, Sep. 2011, abrufbar unter: https://csrc.nist.gov/publications/detail/sp/800-145/final.

40 BeckOK-DatenschutzR/*Schild* Art. 4 DSGVO Rn. 42; Kühling/Buchner/*Herbst* Art. 4 Nr. 2 DSGVO Rn. 24; Paal/Pauly/*Ernst* Art. 4 DSGVO Rn. 25; SHS/*Roßnagel* Art. 4 Nr. 2 DSGVO Rn. 19.

41 Kühling/Buchner/*Herbst* Art. 4 Nr. 2 DSGVO Rn. 24; SHS/*Roßnagel* Art. 4 Nr. 2 DSGVO Rn. 19.

42 Vgl. Kühling/Buchner/*Herbst* Art. 4 Nr. 2 DSGVO Rn. 24.

43 So SHS/*Roßnagel* Art. 4 Nr. 2 DSGVO Rn. 19.

44 Kühling/Buchner/*Herbst* Art. 4 Nr. 2 DSGVO Rn. 23; DWWS/*Weichert* Art. 4 DSGVO Rn. 41.

In die gleiche Richtung wie das „Ordnen“ wird man auch den Vorgang des „Verknüpfens“ verorten können. Hierbei ist ein Vorgang gemeint, bei dem üblicherweise mehrere bestehende Datenbestände zusammengeführt werden.[45] Damit soll vor allem der Aussagewert der einzelnen Daten erhöht werden.[46] Gerade in diesem Bereich wird man wohl überwiegend Big-Data-Anwendungen fassen können, bei denen typischerweise große Datenmengen aggregiert werden. Auf diese Weise können außerdem umfangreiche Profile der Benutzer des Wearables erstellt werden.[47]

Sollte eine Analyse der Daten sich nicht nur in einer Ordnung oder Verknüpfung der Daten erschöpfen, sondern weitergehen, so könnte diesbezüglich der Auffangtatbestand des Art. 4 Nr. 2 DSGVO – die „Verwendung“ von Daten – greifen. Gerade der Umgang des Behandlers oder der behandelnden Einrichtung bzw. der Krankenkassen mit den Wearable-Daten wird nur schwerlich einem anderen Teilaspekt zuzuordnen sein. Da jedoch die Frage nach dem Vorliegen eines Verarbeitungsvorganges eine Anwendungsvoraussetzung der DSGVO ist und eine weitreichende Geltung durch den Verordnungsgeber erwünscht war, existiert mit der „Verwendung“ ein Auffangtatbestand.[48] Von diesem Begriff sind alle Vorgänge erfasst, die als ein „gezieltes Umgehen“ mit personenbezogenen Daten zu qualifizieren sind.[49] Im Ergebnis wird man damit auch in diesen Situationen einen tauglichen Verarbeitungsvorgang erblicken können, der damit einer datenschutzrechtlichen Legitimation bedarf.

Oftmals werden die Datensätze auch an andere Stellen gesandt bzw. übertragen. Sei es zum Zwecke einer Auftragsverarbeitung oder aber eine Weitergabe an Drittparteien. Eine solche wäre z. B. denkbar, wenn eine Kooperation zwischen Nutzer, Wearable-Hersteller und Krankenkasse gegeben ist. Der taugliche Teilaspekt, an den diese Tätigkeit angeknüpft wird, ist die „Offenlegung“. Die „Offenlegung“ ist als ein Vorgang anzusehen, bei welchem die Daten für andere zugänglich gemacht werden bzw. die Möglichkeit zur Kenntnisnahme geschaffen

---

45 Paal/Pauly/*Ernst* Art. 4 DSGVO Rn. 32; SHS/*Roßnagel* Art. 4 Nr. 2 DSGVO Rn. 28; Kühling/Buchner/*Herbst* Art. 4 Nr. 2 DSGVO Rn. 34; DWWS/*Weichert* Art. 4 DSGVO Rn. 51.

46 SHS/*Roßnagel* Art. 4 Nr. 2 DSGVO Rn. 28.

47 Zur Möglichkeit der Profilbildung auch SHS/*Roßnagel* Art. 4 Nr. 2 DSGVO Rn. 28.

48 Vgl. u. a. Kühling/Buchner/*Herbst* Art. 4 Nr. 2 DSGVO Rn. 28.

49 SHS/*Roßnagel* Art. 4 Nr. 2 DSGVO Rn. 24; Kühling/Buchner/*Herbst* Art. 4 Nr. 2 DSGVO Rn. 28; DWWS/*Weichert* Art. 4 DSGVO Rn. 44; BeckOK-DatenschutzR/*Schild* Art. 4 DSGVO Rn. 48; Paal/Pauly/*Ernst* Art. 4 DSGVO Rn. 29.

wird.[50] Dabei kann die „Offenlegung“ ihrerseits in unterschiedliche Teilaspekte aufgegliedert werden.[51] Die DSGVO nennt ausdrücklich die „Übermittlung“, die „Verbreitung“ und die „Bereitstellung“.[52] Besonders die „Übermittlung“, also die gezielte Weitergabe von Daten an einen Empfänger[53], wird in der oben genannten Situation als Verarbeitungsvorgang gegeben sein.

Auch Vorgänge, welche dem Schutz des Nutzers dienlich sind, könnten als Datenverarbeitungsvorgänge anzusehen sein. Namentlich sind damit die Vorgänge der „Pseudonymisierung“ und der „Anonymisierung“ gemeint.

Beide Vorgänge werden von Art. 4 Nr. 2 DSGVO nicht als mögliche Teilaspekte genannt. Bei der Pseudonymisierung, die ihre Legaldefinition in Art. 4 Nr. 5 DSGVO findet, handelt es sich um einen Vorgang, bei dem das jeweilige Datum von der zugehörigen betroffenen Person gelöst wird.[54] Allerdings kann durch zusätzliche Informationen die Zuordnung zu dieser Person erneut erfolgen.[55] Wie bereits der Wortlaut des Art. 4 Nr. 5 DSGVO konstatiert, ist dieser Vorgang ebenfalls als eine Datenverarbeitung anzusehen.[56] Hierfür spricht auch, dass man die Pseudonymisierung ihrerseits als einen Umgang mit dem personenbezogenen Datum qualifizieren kann. Die „Anonymisierung“ ist ein Vorgang, bei dem der Personenbezug eines Datums unwiederbringlich entfernt wird, allerdings fehlt es in der DSGVO an einem normativen Aufhänger.[57] Fraglich ist jedoch, ob dieser Vorgang als eine Verarbeitung i. S. d. Art. 4 Nr. 2 DSGVO anzusehen ist. Für die Einordnung als tauglichen Verarbeitungsvorgang wird angeführt, dass Art. 4 Nr. 2 DSGVO eine nicht abschließende Aufzählung von Regelbeispielen enthält und folglich ein weites Verständnis geboten ist.[58] Demnach soll bereits jeder Umgang mit Daten als Verarbeitung zu qualifizieren sein.[59]

---

50 Sydow/*Reimer* Art. 4 DSGVO Rn. 68; SHS/*Roßnagel* Art. 4 Nr. 2 DSGVO Rn. 25; DWWS/*Weichert* Art. 4 DSGVO Rn. 45; BeckOK-DatenschutzR/*Schild* Art. 4 DSGVO Rn. 49.

51 Vgl. u. a. Sydow/*Reimer* Art. 4 DSGVO Rn. 69; SHS/*Roßnagel* Art. 4 Nr. 2 DSGVO Rn. 26.

52 Vgl. Art. 4 Nr. 2 DSGVO.

53 SHS/*Roßnagel* Art. 4 Nr. 2 DSGVO Rn. 26.

54 SHS/*Hansen* Art. 4 Nr. 5 DSGVO Rn. 13.

55 DWWS/*Weichert* Art. 4 DSGVO Rn. 65.

56 So auch SHS/*Hansen* Art. 4 Nr. 5 DSGVO Rn. 21.

57 DWWS/*Weichert* Art. 4 DSGVO Rn. 74; Paal/Pauly/*Ernst* Art. 4 DSGVO Rn. 48 f.

58 *BfDI*, Positionspapier zur Anonymisierung unter der DSGVO v. 29.6.2020 S. 5.

59 BeckOK-DatenschutzR/*Schild* Art. 4 DSGVO Rn. 32.

Diesem Argument ließe sich jedoch entgegenhalten, dass trotz des weiten Verständnisses eine Vielzahl von Verarbeitungsvorgängen ausdrücklich genannt werden. Insbesondere der verwandte Begriff der „Pseudonymisierung“ wird gem. Art. 4 Nr. 5 DSGVO als Verarbeitung qualifiziert.[60] Wie sich aus ErwGr. 26 DSGVO ergibt, war dem Verordnungsgeber aber der Vorgang der Anonymisierung nicht fremd. Auch wenn keine ausdrückliche Nennung in Art. 4 Nr. 2 DSGVO erfolgt, so könnte der Vorgang als „Veränderung“[61] zu qualifizieren sein oder unter den Auffangtatbestand gefasst werden bzw. als unbenanntes Beispiel der Verarbeitung. Als eine „Veränderung“ ist jede inhaltliche Umgestaltung des Datums anzusehen.[62] Der Personenbezug eines Datums ist nicht als inhaltlicher Informationsgehalt eines Datums anzusehen, sodass das Entfernen eines solchen nicht als „Veränderung“ qualifiziert werden kann.[63] Jedoch wird man die Anonymisierung unter den Auffangbegriff der „Verwendung“ fassen können. Die „Verwendung“ meint jede Form des Umgangs mit Daten.[64] Die Entfernung des Personenbezugs ist als ein solcher anzusehen.[65] Getragen wird dieses Ergebnis auch vom Ziel des Verordnungsgebers, jeden systematischen Umgang mit personenbezogenen Daten von der DSGVO zu erfassen.[66] Somit ist die Anonymisierung als rechtfertigungsbedürftiger Verarbeitungsvorgang gem. Art. 4 Nr. 2 DSGVO anzusehen.[67]

Wie sich in der vorangegangenen Darstellung zeigt, sind die verschiedenen Vorgänge, welche im Zusammenhang mit der Nutzung von Wearables stehen, als Verarbeitungsschritte i. S. d. Art. 4 Nr. 2 DSGVO zu qualifizieren.

---

60 *Thüsing/Rombey*, ZD 2021, 548 (550).

61 *BfDI*, Positionspapier zur Anonymisierung unter der DSGVO v. 29.6.2020 S. 5.

62 BeckOK-DatenschutzR/*Schild* Art. 4 DSGVO Rn. 44; DWWS/*Weichert* Art. 4 DSGVO Rn. 42.

63 *Thüsing/Rombey*, ZD 2021, 548 (550); *Hornung/Wagner*, ZD 2020, 223 (224); a.A. DWWS/*Weichert* Art. 4 DSGVO Rn. 42; *BfDI*, Positionspapier zur Anonymisierung unter der DSGVO v. 29.6.2020 S. 5.

64 BeckOK-DatenschutzR/*Schild* Art. 4 DSGVO Rn. 48.

65 So richtigerweise *Hornung/Wagner*, ZD 2020, 223 (224); a. A. *Thüsing/Rombey*, ZD 2021, 548 (550).

66 Roßnagel/*Husemann* § 3 Rn. 5.

67 So auch *BfDI*, Positionspapier zur Anonymisierung unter der DSGVO v. 29.6.2020 S. 5; *Hornung/Wagner*, ZD 2020, 223.

2. Modalitäten der Verarbeitung

Die denkbaren Verarbeitungsprozesse können „automatisch“ oder „nicht-automatisch“ erfolgen. Sollte Letzteres der Fall sein, ist jedoch eine Speicherung in einem Dateisystem[68] notwendig, um den Anwendungsbereich der DSGVO zu eröffnen. Zu klären ist daher, wann eine Verarbeitung als „automatisch“ bezeichnet wird. Die DSGVO schweigt über die Bestimmung dieser Modalität. Dass eine solche Bestimmung ausbleibt, ist damit zu begründen, dass der Verordnungsgeber, wie ErwGr. 15 DSGVO zeigt, die DSGVO „technologieneutral“ gestalten wollte.[69] Hierdurch kann sich eine Anwendbarkeit der DSGVO auch auf zukünftige, noch nicht absehbare technische Entwicklungen erstrecken.[70]

Eine automatisierte Verarbeitung ist anzunehmen, wenn Informationstechnik in einem Schritt der Verarbeitung mitwirkt, also keine vollständig manuelle Verarbeitung erfolgt.[71]

Wie sich bereits aus der Definition des Begriffs „Wearable“ ergibt, sind diese Produkte als Computertechnologien zu qualifizieren.[72] Als solche sind sie auch als Informationstechnik einzustufen. Ihre geringe Größe darf keinen Unterschied machen und keinen Ausschluss aus dem Anwendungsbereich bedeuten.[73] Dies hat zur Konsequenz, dass bei einem Einsatz von Wearables von einer automatischen Verarbeitung i. S. d. Art. 2 Abs. 1 DSGVO auszugehen ist.

3. Ausschluss durch technische Gestaltung

Zu beachten ist aber, dass die technische Gestaltung des Wearables dazu führen kann, dass das Datenschutzrecht keine Anwendung findet.[74]

Möglich wäre z. B. eine sog. „stand-alone“ Lösung. Hierbei würde die Verarbeitung der Daten lokal auf dem Wearable erfolgen und damit die Sphäre des Betroffenen nicht verlassen.[75] Bereits in Hinblick auf den Telos des Datenschutzrechtes ergibt sich eine Entbehrlichkeit des Schutzes durch die DSGVO. Wie

---

68 Legaldefinition in Art. 4 Nr. 6 DSGVO.

69 Vgl. SJTK/*Pabst* Art. 2 DSGVO Rn. 27, Kühling/Buchner/*Kühling/Raab* Art. 2 DSGVO Rn. 15; DWWS/*Weichert* Art. 2 DSGVO Rn. 8.

70 Kühling/Buchner/*Kühling/Raab* Art. 2 DSGVO Rn. 15.

71 SHS/*Roßnagel* Art. 2 DSGVO Rn. 14; Ehmann/Selmayer/*Zerdick* Art. 2 DSGVO Rn. 3; Paal/Pauly/*Ernst* Art. 2 DSGVO Rn. 5.

72 Siehe o. S. 27.

73 Die Größe für irrelevant haltend auch Paal/Pauly/*Ernst* Art. 2 DSGVO Rn. 5.

74 So auch *Wilmer*, K&R 2016, 382 (384).

75 Auf die lokale Speicherung abstellen auch *Wilmer*, K&R 2016, 382 (384).

Art. 1 Abs. 1 und Abs. 2 DSGVO statuieren, soll die DSGVO den Schutz der Grundrechte und Grundfreiheiten bezwecken.[76] Wenn eine Datenverarbeitung jedoch nicht als Eingriff in den Schutzbereich eines Grundrechts beziehungsweise einer Grundfreiheit anzusehen ist, dann wird der statuierte Schutz nicht nötig. Gerade bei der genannten Variante der „stand-alone" Lösung fehlt es an einem tauglichen Eingriff in die Sphäre des Betroffenen. Die DSGVO würde daher bei Verwendung eines nach dieser Lösung konzipierten Wearable nicht zur Anwendung gelangen. Jedoch wird eine solche Ausgestaltung einerseits mangels Interesses des Herstellers und anderseits wegen größenbedingter, mangelnder lokaler Rechenkapazität und Speichermenge, welche die Nutzung von Cloud und Apps notwendig macht, nicht in relevantem Umfang erfolgen.[77]

4. *Personenbezogene Daten*

Die zentrale Einschränkung der Anwendung der DSGVO ergibt sich daraus, dass der Anwendungsbereich lediglich beim Vorliegen personenbezogener Daten eröffnet ist. Doch zunächst ist zu klären, was überhaupt als ein „Datum" anzusehen ist. Hierbei ist ein eigener datenschutzrechtlicher Datumsbegriff anzulegen.[78] Nach diesem ist ein Datum als Information beziehungsweise Wissen zu qualifizieren.[79] Nach der Legaldefinition aus Art. 2 Nr. 1 DSGVO handelt es sich dann um Daten mit Personenbezug, wenn sich die Informationen „auf eine identifizierte oder identifizierbare natürliche Person beziehen". Im Umkehrschluss ist fraglich, wie mit Informationen umzugehen ist, die einen solchen Bezug nicht oder nicht in ausreichender Weise aufweisen. Ausweislich des ErwGr. 26 DSGVO gelten die Grundsätze des Datenschutzes nicht für anonyme Daten.

ErwGr. 26 S. 5 DSGVO führt weiter aus, dass darunter Daten zu fassen sind, die sich nicht auf eine identifizierte oder identifizierbare natürliche Person beziehen.[80] Ob Daten als anonyme Daten anzusehen sind, ist folglich definitorisch mit dem Begriff des personenbezogenen Datums verknüpft.[81]

---

76 DWWS/*Weichert* Art. 1 DSGVO Rn. 3; Kühling/Buchner/*Buchner* Art. 1 DSGVO Rn. 9.

77 So auch *Wilmer*, K&R 2016, 382 (385).

78 Sydow/*Ziebarth* Art. 4 DSGVO Rn. 8.

79 DWWS/*Weichert* Art. 4 DSGVO Rn. 17; Sydow/*Ziebarth* Art. 4 DSGVO Rn. 8.

80 DWWS/*Weichert* Art. 4 DSGVO Rn. 74; Kühling/Buchner/*Klar/Kühling* Art. 4 Nr. 1 DSGVO Rn. 31.

81 Kühling/Buchner/*Klar/Kühling* Art. 4 Nr. 1 DSGVO Rn. 31; *Karg*, DuD 2015, 520 (523).

Schwierigkeiten bereitet nun die Frage, wann eine Person als identifiziert beziehungsweise identifizierbar anzusehen ist. Diese Frage ist im deutschen Recht seit jeher umstritten.

Historisch unterscheidet man in Deutschland zwischen einem absoluten und einem relativen Verständnis.[82] Nach der absoluten Theorie ist ein Personenbezug anzunehmen, wenn der Verantwortliche oder ein beliebiger Dritter die Information auf eine Person beziehen können.[83] Die individuellen Fähigkeiten der verantwortlichen Stelle fallen somit nicht ins Gewicht und ein rein theoretisch herstellbarer Personenbezug wäre als ausreichend anzusehen.[84] Der relative Ansatz hingegen nimmt einen Personenbezug nur dann an, wenn dem Verantwortlichen im Einzelfall Mittel zur Verfügung stehen, um die Information mit einer Person in Verbindung zu bringen.[85] Ein rein theoretisch herstellbarer Bezug zu einer Person reicht somit nicht aus.[86]

Dieser historischen Streitfrage kann sich auch die DSGVO nicht entziehen. So finden sich in der DSGVO beide Ansätze wieder.[87] Sowohl in der Rechtsprechung der EuGH als auch in der DSGVO zeigen sich jedoch Tendenzen zum relativen Ansatz.[88] So kann es zwar nicht auf das Wissen eines beliebigen Dritten für die Identifikation einer Person ankommen.[89] Wie sich aber aus ErwGr. 26 S. 3 DSGVO ergibt, sollen für die Feststellung einer Identifizierbarkeit „...alle Mittel berücksichtigt werden, die von dem Verantwortlichen oder einer anderen Person nach allgemeinem Ermessen wahrscheinlich genutzt werden,...“. Somit geht die DSGVO davon aus, dass Wissen Dritter relevant für die Beurteilung der Identifizierbarkeit ist. Dies widerspricht einem rein relativen Verständnis.[90]

---

82 Sydow/*Ziebarth* Art. 4 DSGVO Rn. 34.
83 Vgl. SHS/*Karg* Art. 4 Nr. 1 DSGVO Rn. 58 m. w. N.
84 SHS/*Karg* Art. 4 Nr. 1 DSGVO Rn. 58.
85 Kühling/Buchner/*Klar/Kühling* Art. 4 Nr. 1 DSGVO Rn. 26.
86 So auch SHS/*Karg* Art. 4 Nr. 1 DSGVO Rn. 59.
87 Kühling/Buchner/*Klar/Kühling* Art. 4 Nr. 1 DSGVO Rn. 26; *Hofmann/Johannes*, ZD 2017, 221 (223).
88 Im Ergebnis so auch, *Hofmann/Johannes*, ZD 2017, 221 (225); SHS/*Karg* Art. 4 Nr. 1 DSGVO Rn. 60; SJTK/*Schwartmann/Mühlenbeck* Art. 4 Nr. 1 DSGVO Rn. 36; Kühling/Buchner/*Klar/Kühling* Art. 4 Nr. 1 DSGVO Rn. 26; EuGH, Urt. v. 19.10.2016, Breyer, C-582/14, ECLI:EU:C:2016:779 Rn. 45.; a. A. *Albrecht/Jotzo*, Das neue Datenschutzrecht der EU S. 58 Rn. 3.
89 So ausdrücklich zu IP-Adressen EuGH, Urt. v. 19.10.2016, Breyer, C-582/14, ECLI:EU:C:2016:779 Rn. 45.
90 i. E. so auch SHS/*Karg* Art. 4 Nr. 1 DSGVO Rn. 61.

Die Nutzung des Mittels zur Identifizierung muss jedoch auch „nach allgemeinem Ermessen wahrscheinlich" sein. Ob dies der Fall ist, ist im Einklang mit der Rechtsprechung des EuGH nach dem jeweiligen zu erbringenden Aufwand, der tatsächlichen Verfügbarkeit der Mittel und der rechtlichen Zulässigkeit der Einbeziehung zu ermitteln.[91] Die Herstellung des Personenbezuges muss nicht tatsächlich erfolgen, das reine Potenzial dazu ist als ausreichend anzusehen.[92]

Aus dieser Betrachtung und dem hier angelegten Verständnis folgt, dass für jede potenziell verantwortliche Stelle selbst im Einzelfall geprüft werden muss, ob eine Personenbezogenheit des Datums vorliegt oder ob mangels Personenbezogenheit anonyme Daten verarbeitet werden und daher der Anwendungsbereich der DSGVO nicht eröffnet ist. Dieses am Einzelfall und am konkreten Verantwortlichen ausgerichtete Verständnis ist mit Hinblick auf neue Entwicklungen wie z. B. Big-Data unerlässlich.[93]

Für Wearables ist damit entscheidend, ob es sich bei den typischerweise anfallenden Daten und Verarbeitungsvorgängen um solche handelt, die Rückschlüsse auf eine konkrete Person ermöglichen und so eine Identifizierbarkeit besteht. Im Regelfall werden die typischerweise durch Wearables erhobenen Daten zumindest in ihrer Kombination Rückschlüsse auf eine konkrete Person möglich machen.[94] Dieses Ergebnis wird dadurch bestärkt, dass für eine umfangreiche Aufbereitung der durch das Wearables erhobenen Daten in vielen Fällen Nutzerprofile in Apps angelegt werden.[95] Es erfolgt dann eine direkte Verknüpfung der Daten zu der nutzenden Person. Zwar sind z. B. technische Gestaltungen wie „stand-alone" Lösungen oder weitestgehende Anonymisierungen vorstellbar, die dazu führen könnten, dass ein Personenbezug nicht hergestellt werden kann.[96] Eine vollständige Anonymisierung der Daten des Wearables wird jedoch zumeist nicht technisch realisierbar sein oder aber nicht im Interesse des jeweiligen Verantwortlichen liegen, denn Daten werden aus ökonomischer Perspektive immer bedeutender.[97] Im Ergebnis lässt sich mithin festhalten, dass es sich bei den noch näher zu spezifizierenden Daten um personenbezogene Daten handelt.

---

91 EuGH, Urt. v. 19.10.2016, Breyer, C-582/14, ECLI:EU:C:2016:779 Rn. 45; SHS/*Karg* Art. 4 Nr. 1 DSGVO Rn. 61.

92 SHS/*Karg* Art. 4 Nr. 1 DSGVO Rn. 62.

93 So auch *Hofmann/Johannes*, ZD 2017, 221 (226)

94 So auch DSRITB 2015/*Völkel* S. 39.

95 Vgl. z. B. Vorgehen bei FitBit, Apple oder Garmin.

96 Im Ergebnis so auch *Wilmer*, K&R 2016, 382 (384).

97 Im Ergebnis so auch *Wilmer*, K&R 2016, 382 (384); ausführlich zur ökonomischen Bedeutung von Daten *Körber*, NZKart 2016, 303 (304).

Damit ist auch der sachliche Anwendungsbereich der DSGVO aus diesem Blickwinkel eröffnet.

II. Räumlicher Anwendungsbereich

Wie bereits angedeutet, sind die Wearable-Hersteller und die datenverarbeitenden Stellen potenzielle Regelungsadressaten.[98] Sowohl bei Wearable-Herstellern als auch bei datenverarbeitenden Stellen handelt es sich oftmals um international agierende Unternehmen.[99] Die damit einhergehende Internationalität von Datenverarbeitung hatte auch der europäische Verordnungsgeber bei Schaffung des Art. 3 DSGVO vor Augen und dabei das Ziel, alle Sachverhalte zu erfassen, die einen Unionsbezug aufwiesen.[100] Hierdurch sollten vor allem gleiche Bedingungen im Wettbewerb des Europäischen Binnenmarktes geschaffen werden und sog. „*forum shopping*[101]" unterbunden werden.[102] Hierbei wählte der Gesetzgeber drei Ansatzpunkte, wobei zwei für Wearables relevant sind. Zum einen das sich aus Art. 3 Abs. 1 DSGVO ergebende „Niederlassungsprinzip", zum anderen das aus Art. 3 Abs. 2 DSGVO ableitbare „Marktortprinzip". Die dritte und für Wearables auf Grund des engen Zuschnittes irrelevante Variante ergibt sich aus Art. 3 Abs. 3 DSGVO und erstreckt die Anwendbarkeit der DSGVO in räumlicher Hinsicht auf Orte, die aufgrund des Völkerrechts dem Recht der Mitgliedsstaaten unterliegen. ErwGr. 25 DSGVO macht deutlich, dass damit z. B. die diplomatischen und konsularischen Vertretungen der Mitgliedsstaaten erfasst sein sollen.[103]

98 Hierzu ausführlich S. 67 ff.

99 So bspw. FitBit Sitz in San Francisco; Apple Sitz in Cupertino; Empatica Sitz in Mailand und Cambridge (US); Garmin Sitz in Schaffhausen und Hauptzentrale in Olathe.

100 *Albrecht,* CR 2016, 88 (90).

101 *Schack* beschreibt das "forum shopping" in Internationales Zivilverfahrensrecht Rn. 272 als „das systematische Ausnutzen in mehreren Staaten nebeneinander existierender internationaler Zuständigkeit, um bestimmter rechtlicher oder tatsächlicher Vorteile willen.".

102 So *Albrecht,* CR 2016, 88 (90).

103 Kühling/Buchner/*Klar* Art. 3 DSGVO Rn. 104; SHS/*Hornung* Art. 3 DSGVO Rn. 66; Gola/*Piltz* Art. 3 DSGVO Rn. 36.

1. Niederlassungsprinzip und Wearables

Art. 3 Abs. 1 DSGVO statuiert das sog. Niederlassungsprinzip.[104] Nach diesem ist der Anwendungsbereich der DSGVO eröffnet, wenn der Verantwortliche beziehungsweise der Auftragsverarbeiter eine Niederlassung in der Union haben. Was als Unionsgebiet zu verstehen ist, wird dabei von Art. 52 EUV i. V. m. Art. 355 AEUV festgelegt.[105]

Fraglich ist allerdings, wann von einer Niederlassung i. S. d Art. 3 Abs. 1 DSGVO ausgegangen werden kann. Der Begriff der Niederlassung wird durch die DSGVO nicht definiert, allerdings zeigt ErwGr. 22 DSGVO, dass eine „effektive und tatsächliche" Tätigkeit durch eine „feste Einrichtung" erbracht werden muss, um dieses Erfordernis bejahen zu können.[106] Außerdem muss gem. Art. 3 Abs. 1 DSGVO die Datenverarbeitung „im Rahmen der Tätigkeit der Niederlassung" erfolgen. In der zur Richtlinie 95/46/EG (Datenschutzrichtlinie)[107] ergangenen Rechtsprechung des EuGHs legt dieser ein weites Verständnis des „Niederlassungsbegriffs" und der im „Rahmen der Tätigkeit der Niederlassung" erfolgenden Datenverarbeitung an den Tag.[108] Ob dieses weite Verständnis auch auf Art. 3 Abs. 1 DSGVO zu übertragen ist, ist umstritten. Man wird jedoch davon ausgehen können, dass eine Übertragung möglich ist, denn einerseits weisen die ErwGr. 22 ff. DSGVO die gleiche Struktur auf wie die ErwGr. der DSRL zum räumlichen Anwendungsbereich und die DSGVO wiederholt in Art. 1 Abs. 2 DSGVO das Schutzziel, auf welches der EuGH seine weite Auslegung stützte.[109] Damit ist es für die Anwendung der DSGVO bereits als ausreichend anzusehen, wenn die Datenverarbeitung einen Bezug zur Niederlassung hat.[110] Wo die Datenverarbeitung tatsächlich erfolgt, ist irrelevant.[111] Fraglich

---

104 Gola/*Piltz* spricht von „Sitzlandprinzip", was m. E. als zu ungenau zu bezeichnen ist, schließlich knüpft der Wortlaut der Vorschrift an den Begriff der „Niederlassung" an und diese wäre nicht zwingend von der Bezeichnung „Sitz" umfasst; i. E. so auch DWWS/*Däubler* Art. 3 DSGVO Rn. 1; SHS/*Hornung* Art.3 DSGVO Rn. 18.

105 So auch BeckOK-DatenschutzR/*Hanloser* Art. 3 DSGVO Rn. 23.

106 Kühling/Buchner/*Klar* Art. 3 DSGVO Rn. 41; SHS/*Hornung* Art. 3 DSGVO Rn. 22.

107 Im Folgenden DSRL.

108 Vgl. EuGH, Urt. v. 01.10.2015, Weltimmo, C-230/14 ECLI:EU:C:2015:639, Rn. 29; EuGH, Urt. v. 13.05.2014, Google Spain C-131/12 ECLI:EU:C:2014:317 Rn. 55 ff.

109 Im Ergebnis so auch: Gola/*Piltz* Art. 3 DSGVO Rn. 8; SHS/*Hornung* Art. 3 DSGVO Rn. 19; Kühling/Buchner/*Klar* Art. 3 DSGVO Rn. 42; BeckOK-DatenschutzR/*Hanloser* Art. 3 DSGVO Rn. 14; a. A. Sydow/*Ennöckl* Art. 3 DSGVO Rn. 9.

110 EuGH, Urt. v. 13.05.2014, Google Spain C-131/12 ECLI:EU:C:2014:317 Rn. 52.

111 DWWS/*Däubler* Art. 3 DSGVO Rn. 14; Kühling/Buchner/*Klar* Art. 3 DSGVO Rn. 35;

ist allerdings, was sich aus dieser Handhabung für die Akteure im Wearable-Kontext ergibt. Für die Beantwortung dieser Frage bietet es sich an, zwischen zwei grundlegenden Szenarien zu unterscheiden.

Das erste Szenario zeichnet sich dadurch aus, dass ein für die Datenverarbeitung Verantwortlicher, sei es Hersteller des Wearables oder z. B. der Hersteller einer App eigenständig eine Datenverarbeitung ausübt. Sollte in diesem Fall eine Niederlassung auf Unionsgebiet existieren und die Datenverarbeitung einen Bezug zu dieser aufweisen, so ist der Anwendungsbereich der DSGVO in räumlicher Hinsicht eröffnet. Dies ist auch dann der Fall, wenn ausschließlich Daten von Personen aus Drittstaaten durch die Niederlassung verarbeitet werden.[112]

Im zweiten denkbaren Szenario erfolgt eine Datenverarbeitung unter Einbeziehung eines Auftragsverarbeiters. Sollten sowohl der Verantwortliche als auch der Auftragsverarbeiter eine Niederlassung in der Union besitzen und ein Bezug der Datenverarbeitung zu diesen Niederlassungen bestehen, so greift die DSGVO. Wenn nur der Verantwortliche eine Niederlassung i. S. d. Art. 3 Abs. 1 DSGVO betreibt, so fällt die Datenverarbeitung in den Anwendungsbereich der DSGVO. Im Verhältnis zum Auftragsverarbeiter muss der Verantwortliche dann die Einhaltung der Vorgaben der DSGVO sicherstellen.[113]

Im umgekehrten Fall, also der Verarbeitung durch einen Auftragsverarbeiter mit einer Niederlassung in der Union für einen Verantwortlichen ohne eine solche, fällt diese Verarbeitung in den Anwendungsbereich der DSGVO, jedoch hat dies nicht zur Folge, dass die Verarbeitungsvorgänge des Verantwortlichen der DSGVO unterliegen.[114]

Es kann sich somit bereits aus dem Niederlassungsprinzip eine Anwendbarkeit der DSGVO in räumlicher Hinsicht für Akteure im Wearable-Kontext ergeben.

2. *Marktortprinzip und Wearables*

Allerdings ist anders als zu den Zeiten der DSRL die Niederlassung nicht mehr der alleinige Anknüpfungspunkt für die Eröffnung des Anwendungsbereichs.

Art. 3 Abs. 2 DSGVO statuiert das sog. „Marktortprinzip“. Gerade durch Einführung dieses Prinzips soll das legislative Ziel der Erfassung aller Sachverhalte mit Unionsbezug möglich gemacht werden. Die Anwendbarkeit des Art. 3 Abs. 2

EDPB Guidelines 3/2018 S. 6.

112 Kühling/Buchner/*Klar* Art. 3 DSGVO Rn. 36.

113 *EDPB* Guidelines 3/2018 S. 12.

114 *EDPB* Guidelines 3/2018 S. 13; SHS/*Hornung* Art. 3 DSGVO Rn. 34.

DSGVO ist grundsätzlich eröffnet, wenn es einem potenziellen Regelungsadressaten an einer Niederlassung im Unionsgebiet i. S. d. Art. 3 Abs. 1 DSGVO fehlt.[115] Ein Unionsbezug des Sachverhaltes wird dadurch hergestellt, dass sich der Betroffene „in der Union" befinden muss.[116] Jedoch muss auch ein Bezug zum Markt i. S. d. Art. 3 Abs. 2 lit. a, b DSGVO gegeben sein.

a. Wearables und Gesundheitsapps als Waren oder Dienstleistungen

Ein Marktbezug i. S. d. Art. 3 Abs. 2 lit. a, b DSGVO könnte sich zunächst daraus ergeben, dass Waren und Dienstleistungen in der Union angeboten werden. Was unter den Begriff der Ware bzw. Dienstleistung zu fassen ist, wird von der DSGVO nicht näher bestimmt, somit ist das primärrechtliche Verständnis maßgebend, wobei aufgrund der DSGVO eine Begriffsmodifikation dahingehend erfolgen muss, dass es sich nicht um eine entgeltliche Leistung handeln muss.[117]

Die nach diesem Verständnis zu qualifizierenden Dienstleistungen und Wearables müssen auch in der Union angeboten worden sein. Ob ein Angebot i. S. d. Art. 3 Abs. 2 lit. a DSGVO vorliegt, bemisst sich nicht nach einem zivilrechtlichen Begriffsverständnis, sondern ebenfalls autonom, sodass bereits eine bloße „*invitatio ad offerendum*" als ausreichend anzusehen ist.[118] Ein derartiges Angebot muss, wie ErwGr. 23 DSGVO deutlich macht, auf in der Union befindliche Personen ausgerichtet sein.[119] Ob dies der Fall ist, muss im Einzelfall gem. ErwGr. 23 S. 2, 3 DSGVO in einer Gesamtbetrachtung aller genannten Umstände erfolgen.[120]

Damit kommt es für die Eröffnung des räumlichen Anwendungsbereiches aus Art. 3 Abs. 2 lit. a DSGVO für Wearables und Gesundheitsapps entscheidend zunächst darauf an, ob sie als taugliche Waren oder Dienstleistungen anzusehen sind. Wearables sind als Hardware und damit als körperliche Gegenstände unstreitig unter den Warenbegriff zu fassen. Bei einem den Anforderungen genügendem zielgerichteten Angebot an Personen in der Union ist folglich ein ausreichender Marktbezug gegeben und die DSGVO findet auf Datenverarbeitungsvorgänge in räumlicher Hinsicht Anwendung. Problematischer ist jedoch

---

115 SHS/*Hornung* Art. 3 DSGVO Rn. 44; Kühling/Buchner/*Klar* Art. 3 DSGVO Rn. 60.

116 Kühling/Buchner/*Klar* Art. 3 DSGVO Rn. 62.

117 Kühling/Buchner/*Klar* Art. 3 DSGVO Rn. 71 ff.; SHS/*Hornung* Art. 3 DSGVO Rn. 48.

118 SHS/*Hornung* Art. 3 DSGVO Rn. 50; Kühling/Buchner/*Klar* Art. 3 DSGVO Rn. 66.

119 Kühling/Buchner/*Klar* Art. 3 DSGVO Rn. 80.

120 Ausschlaggebend ist z. B. die Verwendung von einer in einem Mitgliedsstaat gebräuchlichen Sprache oder Währung durch den Anbieter.

die Klassifizierung von als Software zu qualifizierenden Gesundheitsapps, welche oftmals zur Auswertung der gesammelten Daten notwendig sind. So wird angenommen, dass Software, die über das Internet abgerufen wird, nicht als Ware zu klassifizieren ist.[121] Da jedoch vom Anwendungsbereich des Art. 3 Abs. 2 lit. a DSGVO auch Dienstleistungen erfasst sind und das Softwareangebot zumindest als solches anzusehen sein wird, ist die Einordnung nicht weiter zu thematisieren. Sollte somit auch für derartige Dienstleistungen ein zielgerichtetes Angebot bejaht werden können, ist auch bezüglich der Gesundheitsapps der räumliche Anwendungsbereich der DSGVO eröffnet.

b. „Beobachtung" i. S. d. Art. 3 Abs. 2 lit. b DSGVO durch Wearables

Ein Marktbezug kann sich nach Art. 3 Abs. 2 lit. b DSGVO auch aus dem „Beobachten" eines „Verhaltens" ergeben. Ausweislich der sich aus ErwGr. 24 DSGVO ergebenen Zielrichtung beziehen sich die Begrifflichkeiten des „Beobachtens" und des „Verhaltens" auf das Nachvollziehen von Internettätigkeiten der Betroffenen.[122] Damit ist vom Anwendungsbereich vor allem das „Tracking" erfasst.[123] In Hinblick auf diese Zielrichtung stellt sich die Frage, ob die Datenerhebung, welche mittels Wearables erfolgt, trotzdem als ein „Beobachten" eines „Verhaltens" i. S. d. Art. 3 Abs. 2 lit. b DSGVO zu qualifizieren wäre.

Für eine solche Qualifikation spricht, dass die DSGVO ausdrücklich keine Begriffsbestimmung dafür vornimmt, was als „Verhaltensbeobachtung" anzusehen ist.[124] Als „Verhalten" kann damit wohl auch physiologisches Verhalten, wie z. B. die messbare körperliche Aktivität oder der Gesundheitszustand des Betroffenen anzusehen sein.[125] Hierfür spricht vor allem, dass die DSGVO ausweislich ihrer Zielrichtung, welche sich aus Art. 1 DSGVO ergibt, den grundrechtlichen Schutz der personenbezogenen Daten gewährleisten soll. Verstärkt wird dieses Argument dadurch, dass es sich bei den durch Wearables verarbeiteten Daten oftmals um sensitive Daten handelt.[126] Mit Blick auf die eingangs dieses Kapitels dargestellte technische Entwicklung und die damit einhergehende größere Möglichkeit der Vernetzung zu sog. Body Area Networks und im Hinblick auf

---

121 Streinz/*Kamann* Art. 28 AEUV Rn. 18.

122 Für dieses Verständnis auch DWWS/*Däubler* Art. 3 DSGVO Rn. 20; Sydow/*Ennöckl* Art. 3 DSGVO Rn. 16; *Albrecht/Jotzo*, Das neue Datenschutzrecht der EU S. 68 Rn. 33.

123 So auch Kühling/Buchner/*Klar* Art. 3 DSGVO Rn. 91.

124 Ehmann/Selmayer/*Zerdick* Art. 3 DSGVO Rn. 20.

125 So auch SHS/*Hornung* Art. 3 DSGVO Rn. 56.

126 Zur Einordnung siehe S. 55 ff.

das Konzept des „Internet of Things“, kann dieser Schutzzweck nur umgesetzt werden, wenn der Verhaltensbegriff weit verstanden wird.[127] Dieses Verständnis, gerade bzgl. Wearable-Daten, legt auch das *EDPB* in seiner Empfehlung zum Verständnis des räumlichen Anwendungsbereichs der DSGVO an.[128] Somit ist der räumliche Anwendungsbereich der DSGVO immer dann eröffnet, wenn die Daten einer sich in der Union befindlichen Person mittels eines Wearables verarbeitet werden. Aus dieser umfassenden Geltung folgt, dass potenziell Verantwortliche die DSGVO als den entscheidenden Maßstab für ihr datenschutzrechtlich relevantes Handeln anlegen müssen.

III. Bereichsspezifische nationale Vorschriften

Wie bereits angedeutet enthält die DSGVO eine Vielzahl von Öffnungsklauseln.

Im Rahmen dieser Öffnungsklauseln haben die Mitgliedsstaaten einen eigenen Regelungs- und Ausgestaltungsspielraum. Daher können neben der DSGVO andere Vorschriften zur Anwendung gelangen. Das deutsche Datenschutzrecht kennt einige bereichsspezifische beziehungsweise sektorspezifische Regelungen.[129] Die Regelungen erstrecken sich von Vorschriften über Telemedien (§§ 19 ff. TTDSG) bis zum Sozial- und Gesundheitsdatenschutz. Während die spezifischen Regelungen zum Sozialdatenschutz über die enthaltenen Öffnungsklauseln z. B. aus Art. 9 Abs. 2 lit. b, h und Abs. 4 DSGVO zur Anwendung gelangen müssen[130], stellt sich mit Blick auf Wearables vor allem die Frage nach der Anwendung des Telemedien- und Telekommunikationsdatenschutzes.

Grundsätzlich gilt auch in diesem Bereich, dass die DSGVO die nationalen Bestimmungen verdrängt, soweit nicht Öffnungsklauseln den Mitgliedsstaaten Regelungsmöglichkeit einräumen. Jedoch finden sich auf europarechtlicher Ebene Regelungen zum Telekommunikations- und Telemedienrecht in der RL 2002/58/EG (ePrivacy-RL). Gem. Art. 95 DSGVO ist ein Vorrang der ePrivacy-RL vor der DSGVO anzunehmen.[131] Auf europäischer Ebene wird über die ePrivacy-RL hinaus bereits seit 2017 über eine „Verordnung über die Privatsphäre und elektronische Kommunikation“ (e-Privacy-VO) diskutiert. Diese Verordnung soll der DSGVO im Hinblick auf elektronische Kommunikationsdaten

---

127 Im Ergebnis so auch SHS/*Hornung* Art. 3 DSGVO Rn. 56.

128 *EDPB* Guidelines 3/2018.

129 *Keppeler*, MMR 2015, 779 (779).

130 So auch *Bieresborn,* NZS 2017, 926 (927 f.).

131 Paal/Pauly/*Pauly* Art. 95 DSGVO Rn. 1; DWWS/*Weichert* Art. 95 DSGVO Rn. 1; SHS/*Karg* Art. 95 DSGVO Rn. 1; so auch BT-Drs. 19/27441 S. 1.

ebenfalls als *lex specialis* vorgehen.[132] Dabei soll auch die Kommunikation zwischen vernetzten Geräten des „Internet of Things“ diesen neuen Anforderungen unterworfen werden.[133] Jedoch ist bislang nicht abzusehen, wann und in welcher Form die e-Privacy-VO in Kraft tritt und Anwendung findet.[134] Daher stellt sich auf nationaler Ebene die Frage, wie sich die Regelungen der DSGVO und die national datenschutzrechtlichen Regelungen, die der Umsetzung der ePrivacy-RL dienen, zueinander verhalten.

Dabei haben die nationalen Regelungen zum Telemedien- und Telekommunikationsdatenschutz zum 01.12.2021 eine Neuregelung im TTDSG erfahren.

Einerseits könnte angenommen werden, dass im Anwendungsbereich der Umsetzungsnormen eine Anwendung der DSGVO unterbleibt.[135] Anderseits könnte auch von einer kumulativen Anwendbarkeit ausgegangen werden.[136] Für Ersteres spricht insbesondere, dass der Rechtsgedanke der Kollisionsnorm des Art. 95 DSGVO leerlaufen würde, wenn die nationalen Umsetzungsakte der ePrivacy-RL von der DSGVO verdrängt werden würden. Eine kumulative Anwendung der Umsetzungsnorm und der DSGVO würde zudem Art. 95 DSGVO insoweit widersprechen, als sie den Verantwortlichen „zusätzliche Pflichten“ auferlegt würden. Damit ist im Einzelfall zu prüfen, ob es sich bei der jeweiligen Regelung des TTDSG um einen Umsetzungsakt der ePrivacy-RL handelt. Dies ist jedoch nur dann relevant, wenn auch der Anwendungsbereich der jeweiligen Vorschriften des TTDSG eröffnet ist.

1. Telekommunikationsdatenschutz

So könnten die Regelungen des TTDSG zum Telekommunikationsdatenschutz Anwendung finden. Dafür müssten Wearables als Telekommunikationsdienste anzusehen sein. Nach der in § 3 Nr. 61 TKG enthaltenen Legaldefinition sind dies „in der Regel gegen Entgelt über Telekommunikationsnetze erbrachte Dienste“. Zu solchen Diensten zählt der Gesetzgeber neben Sprachtelefonie und E-Mail-Übertragungsdiensten auch Messengerdienste oder die Internettelefonie.[137] Ebenfalls erfasst ist die sogenannte Maschine-Maschine-Kommunikation. Dies

---

132 Vgl. Vorschlag der EU-Kommission 2017/0003 (COD) S. 3.

133 ErwGr. 12 Vorschlag der EU-Kommission 2017/0003 (COD) S. 16.

134 Dazu auch Bräutigam/Kraul/*Roth*, Internet of Things § 19 Rn. 69 ff.

135 So EDPB Guidelines 05/2019 Rn. 37 ff.; *Gierschmann*, MMR 2020, 613 (615); vgl. auch BT-Drs. 19/27441 S.33.

136 *Rauer/Ettig*, ZD 2021, 18 (20).

137 Vgl. Referentenentwurf zum Telekommunikationsmodernisierungsgesetz S. 276.

sind Dienste, bei denen Daten zwischen Geräten und Softwareanwendungen automatisch übermittelt werden.[138] Wearables und damit verbundene Apps sind zunächst nicht als Telekommunikationsdienste im erst genannten Sinne anzusehen. Jedoch findet zwischen den Wearables als Hardware und den mit ihnen verbundenen Apps eine automatische Datenübertragung statt. Der Übertragungsdienst als solcher stellt jedoch keinen Telekommunikationsdienst im Sinne des TKG dar.[139] Somit sind Wearables nicht als Telekommunikationsdienste anzusehen und eine Anwendung der Telekommunikationsdatenschutzbestimmungen des TTDSG scheidet aus.[140]

2. *Telemediendatenschutz*

Auf Wearables könnten jedoch die Regelungen zum Telemediendatenschutz aus §§ 19 ff. TTDSG Anwendung finden. Dafür müssten Wearables als Telemedien zu qualifizieren sein. Als Telemedien sind gem. § 1 Abs. 1 S. 1 TMG „elektronische Informations- und Kommunikationsdienste“ anzusehen. Unter diesen Begriff fallen Wearables, welche automatisch Daten an eine App oder Homepage senden.[141]

Jedoch sind die Datenschutzbestimmungen für Telemedien aus den §§ 19 ff. TTDSG nicht als Umsetzungsakt der ePrivacy-RL zu qualifizieren und als solche nur im Rahmen von Öffnungsklauseln anwendbar.[142] Zudem sind die Bestimmungen auf die Verarbeitung von Bestands- und Nutzungsdaten ausgelegt. Bestandsdaten sind gem. § 2 Abs. 2 Nr. 2 TTDSG personenbezogene Daten, die für die Begründung oder Ausgestaltung eines Vertragsverhältnisses erforderlich sind. Nutzungsdaten i. S. d. § 2 Abs. 2 Nr. 3 TTDSG sind solche Daten, die nötig sind, die Inanspruchnahme von Telemedien zu ermöglichen und abzurechnen. Die hier im Fokus stehenden, durch die Wearables und Gesundheitsapps generierten Daten wie z. B. Puls oder Blutdruck, sind jedoch nicht für die Inanspruchnahme dieser Produkte erforderlich.[143] Auch für die Begründung und Ausgestaltung eines Vertragsverhältnisses sind diese Daten nicht erforderlich. Bereits hieraus ergibt sich, dass eine weitere Berücksichtigung des Telemediendatenschutzes im Rahmen von Öffnungsklauseln nicht geboten ist.

---

138 Vgl. Referentenentwurf zum Telekommunikationsmodernisierungsgesetz S. 276.

139 Vgl. Referentenentwurf zum Telekommunikationsmodernisierungsgesetz S. 276.

140 So auch i. E. zur alten Rechtslage *Wilmer*, K&R 2016, 382 (387).

141 So bereits *Wilmer*, K&R 2016, 382 (387); *Dregelies*, VuR 2017, 256 (257).

142 BT-Drs. 19/27441 S. 1.

143 So bereits zur Geltung des TMG *Dregelies*, VuR 2017, 256 (257).

Eine weitere Möglichkeit für die Beachtung des Telemediendatenschutzes könnte sich aus der Kategorisierung von Wearables als Endeinrichtung i. S. d. § 2 Abs. 2 Nr. 6 TTDSG ergeben. Endeinrichtungen sind „direkte oder indirekte an die Schnittstelle eines öffentlichen Telekommunikationsnetzes angeschlossene Einrichtung...“. Unter diese Begrifflichkeit sollen insbesondere Produkte des „Internet of Things“ fallen.[144] Wearables können in ihren unterschiedlichen Ausgestaltungen selbst ans Telekommunikationsnetz angeschlossen sein oder aber über ein Smartphone oder WLAN an einem solchen partizipieren. Damit ist eine Kategorisierung als Endeinrichtung im Einzelfall möglich. Die für den Datenschutz bei Endeinrichtungen entscheidende Vorschrift ist § 25 TTDSG. Sie dient der Umsetzung des Art. 5 Abs. 3 ePrivacy-RL und wird daher nicht durch die DSGVO verdrängt.[145] Jedoch bezieht sich auch diese Vorschrift auf Bestands- und Nutzungsdaten. Daher unterbleibt trotz dieser Kategorisierung eine weitere Berücksichtigung des § 25 TTDSG.

Im Ergebnis ist somit eine Anwendung des TTDSG auf die hier im Fokus stehenden Daten nicht geboten.

C. Klassifizierung der erhobenen Daten

Um jedoch eine umfangreiche Überprüfung der datenschutzrechtlichen Anforderungen durchführen zu können, ist zunächst entscheidend, wie die durch das Wearable erhobenen Daten in Hinblick auf ihre Sensibilität zu klassifizieren sind.

I. allgemeine personenbezogene Daten und sensible personenbezogene Daten

Die DSGVO unterscheidet in Bezug auf die Anforderungen, die an die Rechtmäßigkeit der Verarbeitung gestellt werden, zwischen zwei Datentypen. Diese Unterscheidung zeigt sich ausdrücklich in den Vorschriften, welche zur Bewertung der Rechtmäßigkeit der Datenverarbeitung hinzugezogen werden.

Art. 6 DSGVO ist als die zentrale Norm für die Frage der Rechtmäßigkeit der Verarbeitung von personenbezogenen Daten anzusehen.[146] Die Vorschrift des Art. 6 DSGVO wird durch Art. 9 DSGVO ergänzt. Hierbei stellt Art. 9 DSGVO für eine „besondere Kategorie von personenbezogenen Daten“ erhöhte

144 BT-Drs. 19/27441 S. 38.

145 BT-Drs. 19/27441 S. 38.

146 So Gola/*Schulz* Art. 6 DSGVO Rn. 1; BeckOK-DatenschutzR/*Albers/Veit* Art. 6 DSGVO Rn. 1; SHS/*Albrecht* Art. 6 Rn. 1; Paal/Pauly/*Frenzel* Art. 6 Rn. 1.

Anforderungen an die Rechtmäßigkeit der Verarbeitung.[147] Art. 9 DSGVO unterfallen Daten, die mit Blick auf die Grundrechte und Grundfreiheiten der Betroffenen als besonders sensibel anzusehen sind.[148] Diese Daten sind auch als „sensible Daten" zu bezeichnen.[149] Damit unterscheidet man zwischen allgemeinen personenbezogenen Daten" sowie „sensiblen personenbezogenen Daten".

II. Kategorisierung der „Wearable-Daten"

Zu analysieren ist, welche Daten im Zusammenhang mit Wearables verarbeitet werden und ob diese als „sensible personenbezogene Daten" zu qualifizieren sind. Hierbei ist beachtlich, dass zwischen verschiedenen Arten „sensibler Daten" i. S. d. Art. 9 Abs. 1 DSGVO unterschieden werden muss. So könnten im Zusammenhang mit Wearables vor allem Gesundheitsdaten sowie biometrische oder genetische Daten verarbeitet werden. Aus der Vielzahl der durch Wearables erhobenen Daten ergibt sich ein erheblicher Differenzierungsbedarf. Dabei lassen sich diese Daten in mehrere Kategorien einteilen.[150]

Als erste Kategorie sind Daten zu nennen, welche durch die Wearable-Sensorik erhoben werden. Zu diesen Daten gehören z. B. Puls, Schlafverhalten, Schrittzahl, Blutdruck, Blutzucker, Trainingsdauer und Intensität oder Lautstärke.[151]

Die zweite Kategorie bilden „Profildaten".[152] Darunter sind Daten zu fassen, wie z. B. der Benutzername, Klarnamen, E-Mail-Adresse, Geburtsdatum, Gewicht und Größe.

Bei der dritten Kategorie handelt es sich um „Ortungsdaten".[153] Dies sind Lokalisationsdaten, welche während des gesamten Nutzungsprozesses verarbeitet werden können.

---

147 Kühling/Buchner/*Weichert* Art. 9 DSGVO Rn. 1; SHS/*Petri* Art. 9 DSGVO Rn. 1; Gola/*Schulz* Art. 9 DSGVO Rn. 1.

148 Dies macht ErwGr. 51 DSGVO deutlich.

149 ErwGr. 10 DSGVO benennt die Kategorie ausdrücklich so; vgl. auch SHS/*Petri* Art. 9 DSGVO Rn. 1.

150 Kategorienbildung findet sich auch bei *Verbraucherzentrale NRW*, Wearables, Fitness-Apps und der Datenschutz S. 19 Tabelle 6.

151 Bspw. Apple Watch Series 7; *Yang/Yao et.al.*, Journal of Materials Science 2020, 9551 (9551).

152 So auch *Verbraucherzentrale NRW*, Wearables, Fitness-Apps und der Datenschutz S. 19 Tabelle 6.

153 *Verbraucherzentrale NRW*, ebd. S. 19 Tabelle 6.

Die vierte Kategorie sind Daten, welche das Nutzungsverhalten betreffen.[154] Konkreter geht es dabei um Synchronisationszeitpunkte oder Batteriestatus bzw. Batterieladezeitpunkte.

Die letzte Kategorie bilden „Technische Daten".[155] Unter diese Kategorie fallen z. B. die IP-Adresse, die (Firmware-) Version des Wearables oder die Version der genutzten App.[156]

1. Gesundheitsdaten

Als Gesundheitsdaten sind gem. Art. 4 Nr. 15 DSGVO Daten zu qualifizieren, die einen Personenbezug aufweisen und die sich auf die körperliche und geistige Gesundheit dieser Person beziehen.[157] Wie sich aus dem Begriff der Gesundheit ableiten lässt, sind dabei auch Daten erfasst, die sich auf einen positiven oder neutralen Gesundheitszustand beziehen und nicht nur Daten, welche als Informationen über eine Erkrankung anzusehen sind.[158] Auf die Einordnung als Gesundheitsdatum hat auch die Quelle des jeweiligen Datums keine Auswirkung.[159] ErwGr. 35 S. 2 DSGVO nennt mit Ärzten, Krankenhäusern und Medizinprodukten potenzielle Quellen für Gesundheitsdaten, allerdings ergibt sich bereits aus dem Wortlaut, dass diese Aufzählung nicht als abschließend zu verstehen ist.[160] Daher ist es grundsätzlich möglich, dass durch ein Wearable – unabhängig von einer Einordnung als Medizinprodukt[161], – Gesundheitsdaten erhoben werden können.[162] Hierbei ist es auch als unerheblich anzusehen, dass der Nutzer des Wearables die Daten oft eigenständig erhebt.[163]

---

154 *Verbraucherzentrale NRW,* ebd. S. 19 Tabelle 6.

155 *Verbraucherzentrale NRW,* ebd. S. 19 Tabelle 6.

156 *Jülicher/Delisle,* in: Hoeren/Kolany-Raiser, Big Data in Context S. 81 (84).

157 Diese Aufspaltung in zwei Elemente nehmen *Kühling/Seidel* vor in: Kingreen/Kühling Gesundheitsdatenschutzrecht S. 30.

158 SHS/*Petri* Art. 4 Nr. 15 DSGVO Rn. 2; Kühling/Buchner/*Weichert* Art. 4 Nr. 15 DSGVO Rn. 1.

159 Auernhammer/*Eßer* Art. 4 DSGVO Rn. 122; Gola/*Gola* Art. 4 DSGVO Rn. 98.

160 SHS/*Petri* Art. 4 Nr. 15 DSGVO Rn. 10.

161 Vgl. unten S. 163 ff.

162 Wearables und Gesundheitsapps werden ausdrücklich erwähnt in Auernhammer/*Eßer* Art. 4 DSGVO Rn. 124; Paal/Pauly/*Ernst* Art. 4 DSGVO Rn. 110; BeckOK-DatenschutzR/*Schild* Art. 4 DSGVO Rn. 144; DWWS/Weichert Art. 4 DSGVO Rn. 143.

163 So auch *Gorzala,* RdW 2019, 146 (148).

Klärungsbedürftig ist allerdings, ob Daten, die lediglich einen indirekten Gesundheitsbezug aufweisen, dennoch als Gesundheitsdaten i. S. d. Art. 4 Nr. 15 DSGVO zu qualifizieren sind. Die *Art. 29- Datenschutzgruppe* vertrat zur DSRL ein weites Verständnis.[164] Dieses weite Verständnis war so zu interpretieren, dass alle Daten, die sich auf einen körperlichen oder geistigen Gesundheitsstatus beziehen, als Gesundheitsdaten anzusehen sein sollten.[165] Im Umkehrschluss sollten Daten, welche keine Rückschlüsse auf die Gesundheit zulassen, nicht als Gesundheitsdaten anzusehen sein.[166] Daten eines Schrittzählers sollten demnach dann nicht als Gesundheitsdaten qualifiziert werden, wenn durch ihn keine anderen Daten mit erhoben werden, welche einen Rückschluss auf die Gesundheit ermöglichen.[167] Für diese extensive Auslegung spricht vor allem die besondere Schutzwürdigkeit von Gesundheitsdaten. So wird ein effektiver Schutz der Grundfreiheiten und Grundrechte der Betroffenen sichergestellt.[168]

Problematisch an diesem weiten Verständnis ist jedoch die damit einhergehende Ausweitung des Schutzbereichs. Dies zeigt sich vor allem in Hinblick auf die technische Entwicklung der letzten Jahre. So ermöglichen heute – wie bereits angedeutet – Big-Data-Anwendungen eine schnelle Verknüpfung von immer größeren Datensätzen.[169] Durch diese neuen Verknüpfungsmöglichkeiten ließen sich selbst aus thematisch fernliegenden Daten Rückschlüsse auf die Gesundheit ziehen. Geboten ist somit ein restriktiveres Verständnis. Einen Anknüpfungspunkt für ein solches Verständnis ergibt sich aus dem Wortlaut des Art. 4 Nr. 15 DSGVO. So sollen sich die personenbezogenen Daten „...auf die körperliche und geistige Gesundheit einer natürlichen Person, [...] beziehen...“. Ein in diesem Sinne ausreichender Bezug kann angenommen werden, wenn die Daten gerade mit Blick auf die in ihnen enthaltene Gesundheitsinformation verarbeitet werden.[170] Es kommt somit neben dem Inhalt des jeweiligen Datums auch auf den jeweiligen Verwendungszusammenhang an.[171] Relevant ist

164 Vgl. *Art. 29 Gruppe*, Letter to the European Commission, DG CONNECT on mHealth, Annex vom 05.02.2015.

165 *Dregelies*, VuR 2017, 256 (258).

166 *Dregelies*, VuR 2017, 256 (259).

167 Vgl. *Art. 29 Gruppe* Letter to the European Commission, DG CONNECT on mHealth, Annex vom 05.02.2015. S. 4.

168 So auch *Art. 29 Gruppe*, ebd. S. 3; i. E. so auch Paal/Pauly/*Ernst* Art. 4 Rn. 109.

169 Hierauf weist auch *Schiff* hin, in: Ehmann/Selmayr Art. 9 DSGVO Rn. 65.

170 Vgl. Taeger/Gabel/*Arning*/*Rothkegel* Art. 4 DSGVO Rn. 414.

171 Vgl. Kühling/Buchner/*Weichert* Art. 4 Nr. 15 DSGVO Rn. 7; SHS/*Petri* Art. 4 Nr. 15 DSGVO Rn. 4, a. A. Paal/Pauly/*Ernst* Art. 4 DSGVO Rn. 109.

demnach, ob die Daten direkt oder indirekt Informationen über die Gesundheit des Betroffenen vermitteln.[172] Folgt man dieser Betrachtung, so ergeben sich für die Daten aus den oben gebildeten Kategorien unterschiedliche Ergebnisse.[173] Die durch die Wearable-Sensorik erhobenen Daten werden bereits zumeist ausdrücklich als medizinische Daten und somit als Daten, die sich auf die körperliche Gesundheit des Betroffenen beziehen, anzusehen sein. Ein solcher Bezug ist im Wearable-Kontext auch in Hinblick auf die erhobenen Daten zu bejahen, die nur indirekt Angaben zur Gesundheit machen, wie z. B. die Anzahl der Schritte des Betroffenen.[174] Die Daten der zweiten Kategorie sind zum größten Teil als Daten ohne einen Bezug zur Gesundheit anzusehen. Sie dienen zumeist ohnehin nur der Erstellung eines Nutzerprofiles. Stellenweise werden jedoch für die Erstellung eines Profils auch Daten wie Größe oder Gewicht abgefragt.[175] Diese Angaben lassen insbesondere in Verbindung mit den durch die Wearable-Sensorik erhobenen Daten Rückschlüsse auf die Gesundheit des Betroffenen zu und sind somit ebenfalls als Gesundheitsdaten zu qualifizieren. Die ebenfalls durch einige Wearables erhobenen Ortungsdaten können im Einzelfall ebenfalls als Gesundheitsdaten angesehen werden. So kann sich ein Bezug zur Gesundheit daraus ergeben, dass das Wearable den Betroffenen kontinuierlich über mehrere Tage in einem Krankenhaus ortet.[176]

Die anfallenden Daten der Kategorien vier und fünf, also Nutzungsdaten sowie technische Daten, sind hingegen nicht als Gesundheitsdaten zu qualifizieren. So ist kein Bezug oder Rückschluss auf die Gesundheit des Betroffenen zu erwarten.

2. *biometrische Daten*

Bei biometrischen Daten handelt es sich gem. Art. 4 Nr. 14 DSGVO um Daten, welche mittels spezieller technischer Verfahren gewonnen werden und die

172 Vgl. Kühling/Buchner/*Weichert* Art. 4 Nr. 15 DSGVO Rn. 7.

173 Zu weitgehend und das Erfordernis des Verwendungszusammenhangs verkennend aber *Ernst,* in: Paal/Pauly Art. 4 Rn. 110 der alle durch Wearables erhobenen Daten als erfasst ansieht.

174 So auch *Gorzala,* RdW 2019, 146 (148); BeckOK-DatenschutzR/*Schild* Art. 4 DSGVO Rn. 144; *Jandt,* DuD 2016, 571 (572); Auernhammer/*Eßer* Art. 4 DSGVO Rn. 124; *Dregelies,* VuR 2017, 256 (259); *Wilmer,* K&R 2016, 382 (388).

175 Vgl. *Verbraucherzentrale NRW*, Wearables, Fitness-Apps und der Datenschutz S. 19 Tabelle 6.

176 Ähnlich *Kircher*, Der Schutz personenbezogener Daten im Gesundheitswesen S. 28.

physische, physiologische oder verhaltenstypische Merkmale erfassen, durch die eine eindeutige Identifikation des Betroffenen möglich ist.[177] Erfasst sind unter anderem Netzhautscans, Venenscans, Analyse von Schweißporen und daktyloskopische Daten.[178]

Daktyloskopische Daten werden bereits häufig in Smartphones als Authentifizierungsmechanismus verwendet. Auch wenn die entsprechende Sensorik bei den meisten auf dem Markt erhältlichen Wearables noch nicht eingebunden wurde, so kann dennoch von der Möglichkeit einer Einbindung gesprochen werden. Zudem existieren bereits Wearables, welche z. B. Mitarbeitern eines Unternehmens die Möglichkeit der Authentifizierung am Arbeitsplatz geben.[179]

Wearables müssten jedoch auch als „spezielles technisches Verfahren" i. S. d. Art. 4 Nr. 14 DSGVO angesehen werden. Darunter sind u. a. Verfahren zu fassen, welche die äußerlichen Merkmale eines Menschen durch optische oder körperliche Messverfahren erfassen.[180] Der genannte Fingerabdrucksensor wäre als ein solches Verfahren anzusehen. Wearables sind somit auch als taugliches technisches Erhebungsinstrument anzusehen. Damit ist es möglich, dass mittels Wearables biometrische Daten erhoben werden.[181]

3. *genetische Daten*

Genetische Daten i. S. d. Art. 4 Nr. 13 DSGVO sind personenbezogene Daten zu genetischen Eigenschaften einer Person. Konkretisiert wird diese Definition durch ErwGr. 34 DSGVO, welcher darauf abstellt, dass die Daten aus einer Analyse der Chromosomen, der Desoxyribonukleinsäure (DNS) oder der Ribonukleinsäure (RNS) folgen soll.[182] Sowohl bei einem Einsatz von Wearables im Privatbereich als auch im professionellen Einsatz durch den Behandler erscheint eine Verarbeitung dieses Datentyps als abwegig.[183] Insbesondere erfolgt durch Wearables bislang keine Analyse biologischer Proben. Auch eine Weiterverarbeitung solcher Daten durch Wearables erscheint fernliegend. Somit kann

---

177 SHS/*Petri* Art. 4 Nr. 14 DSGVO Rn. 7.

178 *Gorzala,* RdW 2019, 146 (148); SHS/*Petri* Art. 4 Nr. 14 DSGVO Rn. 7.

179 So z. B. *Nymi* Workplace Wearables.

180 Kühling/Buchner/*Weichert* Art. 4 Nr. 14 DSGVO Rn. 3.

181 Im Ergebnis so *Gorzala,* RdW 2019, 146 (148).

182 Vgl. SHS/*Petri* Art. 4 Nr. 13 DSGVO Rn. 9, wo ebenfalls auf das Erfordernis der Konkretisierung hingewiesen wird.

183 A. A. *Gorzala,* RdW 2019, 146 (148).

im Kontext Wearables nicht von einer Datenverarbeitung genetischer Daten gesprochen werden.

4. *Zusammenfassung*

Wie sich aus der vorangegangenen Darstellung ergibt, können durch Wearables verschiedenste Daten, welche der Kategorie der „sensiblen personenbezogenen Daten“ zugeordnet werden können, verarbeitet werden. Hierbei ist eine genauere Unterscheidung von untergeordneter Rolle, denn die DSGVO stellt gleich welcher Kategorie i. S. d. Art. 9 Abs. 1 DSGVO die Daten zugeordnet sind, die gleichen hohen Anforderungen. Neben diesen der Kategorie der „sensiblen personenbezogenen Daten“ zuzuordnenden Daten stehen aber auch die erwähnten anderen Datensätze, die sich z. B. auf das reine Nutzungsverhalten des Nutzers beziehen. Man muss daher im Rahmen der Frage der Rechtmäßigkeit der Datenverarbeitung sowohl auf „allgemeine personenbezogene Daten“ sowie auf „sensible personenbezogene Daten“ abstellen.

D. Datenschutzrechtliche Verantwortlichkeit bei Wearables

Bevor jedoch die Rechtmäßigkeit der Verarbeitung beleuchtet werden kann, gilt es, die Akteure, welche im Rahmen eines Einsatzes von Wearables zur Verarbeitung von personenbezogenen Daten auftreten, rechtlich einzuordnen.

Entscheidend ist diese Einordnung vor allem dadurch, dass sich aus den jeweiligen Rollen der für die Datenverarbeitung relevante Pflichtenkatalog ableiten lässt. So ist beispielsweise der Verantwortliche die zentrale Gestalt in Bezug auf die Einhaltung der Vorschriften der DSGVO. Diese zentrale Rolle spiegelt sich vor allem in Art. 5 Abs. 2 DSGVO i. V. m. Art. 24 ff. DSGVO wider, wonach der Verantwortliche für die Einhaltung der Grundsätze des Datenschutzes verantwortlich ist.[184] Die Einhaltung dieser Grundsätze soll dabei vor allem durch den Einsatz von technischen und organisatorischen Maßnahmen erfolgen, wobei hierbei das jeweilige mit der Datenverarbeitung verbundene Risiko zu beachten ist.[185] Als Regelungsadressat ist der Verantwortliche auch die zentrale Figur der noch im weiten Verlauf zu behandelnden Problemstellungen und Anforderungen an die Datenverarbeitung im Kontext mit Wearables.

---

184 Vgl. Roßnagel/*Blazy* § 5 Rn. 1.

185 Vgl. Paal/Pauly/*Martini* Art. 24 DSGVO Rn. 1; SHS/*Petri* Art. 24 DSGVO Rn. 1; Kühling/Buchner/*Hartung* Art. 4 Nr. 7 DSGVO Rn. 15.

Im Rahmen der Einordnung sind die unterschiedlichsten Verarbeitungskonstellationen vorstellbar und beachtenswert.

I. Rollen in der DSGVO

Zu differenzieren ist vor allem zwischen dem Verantwortlichen i. S. d. Art. 4 Nr. 7 DSGVO und dem Auftragsverarbeiter i. S. d. Art. 4 Nr. 8 DSGVO.

Für beide Kategorien existieren Legaldefinitionen in der DSGVO. Bei der Auslegung dieser Begrifflichkeiten kann dabei auf das Verständnis der DSRL zurückgegriffen werden, denn die Definitionen fanden sich bereits fast wortgleich in Art. 2 lit. d, e DSRL.[186]

1. Verantwortlicher i. S. d. Art. 4 Nr. 7 DSGVO

Gem. Art. 4 Nr. 7 DSGVO ist Verantwortlicher „die natürliche oder juristische Person, Behörde, Einrichtung oder andere Stelle, die allein oder gemeinsam mit anderen über Zwecke und Mittel der Verarbeitung von personenbezogenen Daten entscheidet;". Ziel dieser Einordnung ist es, jedem Verarbeitungsvorgang eine Stelle zuzuordnen, die für die Einhaltung des Datenschutzes verantwortlich ist.[187]

Der EuGH stellt aufgrund dieses Zieles auf ein weites Begriffsverständnis ab, denn nur so kann umfassender Schutz der Betroffenenrechte gewährleistet werden.[188] Auf Grund dieses weiten Verständnisses ist jedoch die genaue Ermittlung der Verantwortlichkeit im Einzelfall problematisch. Maßgeblich kommt es für diese Frage darauf an, welche Stelle die Entscheidungsgewalt über die Zwecke und Mittel der Datenverarbeitung von personenbezogenen Daten innehat.[189] Ob eine Entscheidungsbefugnis gegeben ist, ergibt sich entweder aus einer gesetzlichen Wertung oder aber aus einer Analyse der faktischen Gesichtspunkte des Einzelfalls.[190] Bezugspunkt der Entscheidung sind die „Zwecke und Mittel der Verarbeitung". Dabei geht es um die Frage des „Warum" und des „Wie" der Datenverarbeitung.[191]Wie sich bereits aus dem Wortlaut der Legaldefinition

---

186 So auch *Wagner*, ZD 2018, 307 (308).

187 Vgl. Kühling/Buchner/*Hartung* Art. 4 Nr. 7 DSGVO Rn. 6.

188 EuGH, Urt. v. 13.05.2014, Google Spain, C-131/12, ECLI:EU:C:2014:317 Rn. 34.

189 So bereits *Monreal*, ZD 2014, 611 (612); DWWS/*Weichert* Art. 4 Nr. 7 DSGVO Rn. 87; Kühling/Buchner/*Hartung* Art. 4 Nr. 7 Rn. 13.

190 *EDPB* Guidelines 07/2020 Rn. 20.

191 *EDPB* Guidelines 07/2020 Rn. 35; Kühling/Buchner/*Hartung* Art. 4 Nr. 7 DSGVO Rn. 13; *Monreal*, ZD 2014, 611 (612).

ergibt, muss der Verantwortliche sowohl über die Zwecke, als auch die Mittel entscheiden.[192]

Fraglich ist jedoch, welches Maß an Einfluss für erforderlich gelten soll, um von einer Entscheidungsgewalt der Stelle auszugehen. Diese Frage ist eng verknüpft mit der Abgrenzung zwischen Verantwortlichkeit und Auftragsverarbeitung. So ergibt sich aus Art. 29 DSGVO, dass der Auftragsverarbeiter den Weisungen des Verantwortlichen unterliegen muss. Gleichwohl muss man dem Auftragsverarbeiter einen gewissen Spielraum bezüglich der Mittel der Verarbeitung zugestehen.[193] Das *EDPB* differenziert insofern zwischen „wesentlichen" und „unwesentlichen" Mitteln.[194] Die Mittel, welche als „wesentlich" angesehen werden, sollten der alleinigen Entscheidungsgewalt des Verantwortlichen unterliegen.[195] Beispielsweise soll demnach der Verantwortliche über die Dauer der Datenverarbeitung oder auch die Art der zu verarbeitenden Daten entscheiden.[196] Dem Auftragsverarbeiter bleiben vor allem die Entscheidungen über z. B. die im Rahmen der Datenverarbeitung eingesetzten Hard- und Softwaremittel.[197] Festzuhalten bleibt somit, dass es für die Kategorisierung als Verantwortlicher darauf ankommt, ob eine Entscheidungsgewalt über den Zweck der Datenverarbeitung und die wesentlichen Mittel der Datenverarbeitung vorliegt.

Diese Entscheidungsgewalt muss dabei ausweislich der Legaldefinition nicht zwingend bei nur einer Stelle liegen. So kann die Entscheidung „alleine oder gemeinsam mit anderen" getroffen werden. Der Gesetzgeber sieht somit auch ein pluralistisches Zusammenwirken mehrere Akteure in Hinblick auf die Datenverarbeitung als ein mögliches Szenario.

Im Ergebnis bleibt festzuhalten, dass eine genaue Analyse aller potenziell infrage kommenden Verantwortlichen und ihrer Tätigkeiten vorgenommen werden muss, denn nur so kann die für den Schutz der Rechte des Betroffenen entscheidende Einordnung erfolgen.

---

192 So auch *EDPB* Guidelines 07/2020 Rn. 36.

193 Vgl. Kühling/Buchner/*Hartung* Art. 28 DSGVO Rn. 30; Gola/*Klug* Art. 28 DSGVO Rn. 5.

194 *EDPB* Guidelines 07/2020 Rn. 39 ff.

195 *EDPB* Guidelines 07/2020, ebd.

196 *EDPB* Guidelines 07/2020, ebd.

197 *EDPB* Guidelines 07/2020, ebd.

2. *Auftragsverarbeiter i. S. d. Art. 4 Nr. 8 DSGVO*

Vom Verantwortlichen ist der Auftragsverarbeiter abzugrenzen. Dieser ist „eine natürliche oder juristische Person, Behörde, Einrichtung oder andere Stelle, die personenbezogene Daten im Auftrag des Verantwortlichen verarbeitet;".

Mit Blick auf diese Definition wird zunächst erkennbar, dass in Bezug auf die möglichen Stellen, welche die Verarbeitung vornehmen können, ein Gleichlauf zu der personellen Komponente des Art. 4 Nr. 7 DSGVO gegeben ist.[198]

Das maßgeblichste Abgrenzungskriterium ist die bereits soeben angesprochene Entscheidungsgewalt über die „Zwecke und Mittel der Datenverarbeitung" nach Art. 4 Nr. 7 DSGVO. Der Auftragsverarbeiter handelt demnach gem. Art. 4 Nr. 8 DSGVO „ im Auftrag" und gem. Art. 29 DSGVO auf „Weisung" des Verantwortlichen. Ihm steht jedoch höchstens ein Entscheidungsspielraum bzgl. „unwesentlicher" Mittel der Datenverarbeitung zu.[199]

3. *Dritter i. S. d. Art. 4 Nr. 10 DSGVO*

Sollte eine Einordnung dazu führen, dass keine der beiden dargestellten Varianten einschlägig ist, dann kann die Stelle als „Dritter" i. S. d. Art. 4 Nr. 10 DSGVO angesehen werden. Ob eine Stelle als Dritter anzusehen ist, bestimmt sich nach der Legaldefinition des Art. 4 Nr. 10 DSGVO durch eine negative Abgrenzung.[200] Damit ist man dann Dritter, wenn keine Einordnung als Betroffener, Verantwortlicher, Auftragsverarbeiter oder aber als Person, welcher dem Verantwortlichen oder dem Auftragsverarbeiter untersteht und die zur Verarbeitung berechtigt ist, erfolgen kann.[201]

II. Akteure im Kontext mit Wearables

Dieses datenschutzrechtliche Rollensystem begegnet im Kontext von Wearables einer stark fragmentierten Akteursstruktur.[202]

---

198 SHS/*Petri* Art. 4 Nr. 8 DSGVO Rn. 4.

199 *EDPB* Guidelines 07/2020 Rn. 39; Von einem gewissen „Spielraum" i. R. d. Weisung sprechen auch Kühling/Buchner/*Hartung* Art. 28 DSGVO Rn. 30; Gola/*Klug* Art. 28 DSGVO Rn. 5.

200 Paal/Pauly/*Ernst* Art. 4 DSGVO Rn. 59.

201 SHS/*Klement* Art. 4 Nr. 10 DSGVO Rn. 4; Paal/Pauly/*Ernst* Art. 4 DSGVO Rn. 59; Gola/*Gola* Art. 4 DSGVO Rn. 81.

202 Die folgenden Akteure werden auch von *Jülicher/Delisle,* in: Hoeren/Kolany-Raiser, Big Data in Context, S. 81 (86) benannt; diese Vielfalt sieht auch *Rammos,* in: EHKS § 25 Rn. 72 ff.

Einer der zu nennenden Akteure ist der Nutzer des Wearables. Dieser stellt die Daten zur Verfügung, um so eine Analyse und grafische Aufbereitung zu erhalten. Mit Blick auf eine mögliche Verantwortlichkeit rückt zudem der Hersteller des Wearables in den Fokus. Hierbei ist jedoch eine technische Unterscheidung beachtlich. Einerseits produziert der Hersteller die nötige Hardware, also das Wearable als solches. Andererseits stellt er auch das Betriebssystem und eventuell Apps, also Software, her. Vielfach handelt es sich jedoch um unterschiedliche Hersteller für Hard- und Software.[203] Durch Apps von Drittanbietern kann entweder eine Datenauswertung erfolgen oder die Funktionsreichweite des Wearables softwareseitig erhöht werden.

Auch vorstellbar ist, dass wie bereits dargelegt, ein Bedürfnis danach besteht, die Daten des Wearables in eine Cloud-Infrastruktur zu übertragen. Sollte der Hersteller diese nicht selbst betreiben, sondern eine andere Person – sog. Cloud-Service Provider (CSP)[204] – so könnte auch dieser als Verantwortlicher angesehen werden.

Außerdem sind die Personen zu beachten, die mit den gesammelten Daten in Berührung kommen, wenn die Wearable-Daten z. B. im Behandlungskontext oder aber dem Versicherungskontext verarbeitet werden.

Im Folgenden soll eine Einordnung all dieser Akteure in die vorangehend dargestellten Rollen der DSGVO erfolgen.

1. Nutzer des Wearables

Der Nutzer des Wearables ist oft derjenige, der die Daten dem „Hersteller" zur Verfügung stellt. Fraglich ist daher, ob der Nutzer selbst als ein etwaiger Verantwortlicher anzusehen ist.

Gem. Art. 4 Nr. 7 DSGVO kann eine Privatperson als natürliche Person möglicher Verantwortlicher sein.

Gegen diese Einordnung im Falle des Einsatzes von Wearables spricht jedoch bereits eine systematische Erwägung. Die DSGVO legt die „Rollen", welche bei

203 So nutzen z. B. viele Anbieter das von Google entwickelte Betriebssystem „WearOS". Apple (WatchOS) nutzt ein eigenes Betriebssystem und auch FitBit (FitBitOS) betreibt noch ein eigenes System, dies könnte sich mit Blick auf den Kauf durch Google jedoch noch ändern.

204 Der CSP stellt die nötige Hardware, sowie möglicherweise auch Software und Services, dem Nutzer zur Verfügung. Cloud-Nutzer kann dabei sowohl der Hersteller als auch der Nutzer des Wearables sein, mithin ist das Nutzerfeld weit zu fassen. Vgl. so bereits *Heidrich/Wegener*, MMR 2010, 803 (803).

der Verarbeitung von Daten i. S. d. Art. 4 Nr. 2 DSGVO infrage kommen, fest.[205] Wenn der Nutzer eines Wearables als Betroffener i. S. d. Art. 4 Nr. 1 DSGVO einzuordnen wäre, würde daher aus einer Gegenüberstellung der Begriffe ein „Betroffener" nicht gleichzeitig als „Verantwortlicher" zu charakterisieren sein.[206] Dieses Verständnis zeigt sich auch in Art. 4 Nr. 10 DSGVO, in welchem ebenfalls eine Gegenüberstellung erfolgt. Für diese Einordnung sprechen auch die sich aus Art. 1 Abs. 1, 2 DSGVO ergebenden Ziele der DSGVO, so würde ein Schutz des Grundrechtes auf Datenschutz der betroffenen Person leerlaufen, wenn er selbst für diesen Schutz verantwortlich wäre. Betroffener i. S. d. Art. 2 Abs. 1 DSGVO ist die natürliche Person, deren personenbezogene Daten verarbeitet werden.[207] Dass der Nutzer als eine solche Person angesehen werden kann, ist nicht klärungsbedürftig, und daher greift auch die dargestellte systematische Erwägung in Bezug auf die Frage der Verantwortlichkeit durch.

Ohnehin ist dem Nutzer keine Entscheidungsbefugnis in Bezug auf Zwecke und Mittel der Datenverarbeitung zuzuerkennen. So liegt die Entscheidung, welche Daten durch das Wearable erhoben werden und wie die Darstellung und Analyse dieser Daten erfolgt, beim Hersteller des Wearables beziehungsweise beim Hersteller der App.[208] Auch auf die Mittel, welche zur Verarbeitung verwandt werden, hat der Nutzer keinerlei Einfluss.[209] Alle Entscheidungen, die dem Nutzer somit verbleiben, wie der Nutzungsentschluss oder mögliche Individualisierungen kann der Nutzer nur im vom Hersteller vorgegebenen Rahmen treffen.[210]

Im Ergebnis ist somit eine Charakterisierung des Nutzers als Verantwortlicher i. S. d. DSGVO als abwegig und systemwidrig abzulehnen.[211]

---

205 Sydow/*Raschauer* Art. 4 DSGVO Rn. 119.

206 So auch Sydow/*Raschauer* Art. 4 DSGVO Rn. 119.

207 DWWS/*Weichert* Art. 4 DSGVO Rn. 8; Ehmann/Selmayer/*Klabunde* Art. 4 DSGVO Rn. 12.

208 Vgl. *Dregelies,* VuR 2017, 256 (258).

209 Vgl. *Dregelies,* VuR 2017, 256 (258).

210 Vgl. *Wagner*, ZD 2018, 304 (309).

211 Vorstellbar ist eine solche Einordnung jedoch, sobald Daten Dritter betroffen sind. Hierbei kann auch eine gemeinsame Verantwortlichkeit von Hersteller und Nutzer des technischen Gerätes angenommen werden, umso Unbilligkeiten in Bezug auf diese Klassifizierung zu vermeiden. Insoweit zutreffend *Wagner*, ZD 2018, 304 (312).

2. *Hersteller von Wearables*

Als weiterer Akteur rückt der Hersteller des Wearables als potenzieller Verantwortlicher in den Blickpunkt. Hierbei ist jedoch die durch Hardware und Software bedingte Trennung zu beachten. Auch wenn die ins Wearable eingebauten Sensoren – sprich Hardware – die technische Voraussetzung für die Erhebung der Daten ist, wird man die Verarbeitung der Daten zunächst dem Betriebssystem – also der Software – zuordnen. Damit könnte der Hersteller der Software[212] als Verantwortlicher i. S. d. Art. 4 Nr. 7 DSGVO anzusehen sein.[213]

Wie dargestellt wurde, müsste der Hersteller die Entscheidungsgewalt in Bezug auf Zwecke und Mittel der Datenverarbeitung innehaben. Ob eine solche gegeben ist, ist durch eine Analyse im Einzelfall unter Berücksichtigung der jeweiligen Verarbeitungsvorgänge sowie der beteiligten Akteure zu ermitteln.

Maßstab dafür, ob eine alleinige Entscheidungsgewalt des Herstellers vorliegt, ist der jeweilige Steuerungsgrad in Bezug auf die Datenverarbeitung. Typischerweise kann angenommen werden, dass der Hersteller des Wearables die Einsatzmöglichkeit des Wearables festsetzt.[214] Außerdem entscheidet er, welche Daten erhoben werden und wie eine Darstellung dieser Daten erfolgen soll. Darüber hinaus kann der Hersteller über die Nutzungsmöglichkeit der Wearables-Daten bestimmen. Beispielsweise kann eine Datennutzung zu Zwecken der Produktverbesserung oder des Marketing, also für eigene Zwecke, erfolgen.[215] Somit wird man in diesen Fällen dem Hersteller die Entscheidungsgewalt über die Zwecke der Datenverarbeitung zuerkennen. Zudem schafft der Hersteller durch die Bereitstellung des Betriebssystems die Infrastruktur, die notwendig ist, um eine Verarbeitung von Daten vornehmen zu können. Sollte eine erste Darstellung und Analyse der Daten bereits auf dem Gerät als solches erfolgen, so wird man auch hier das Betriebssystem als das ausschlaggebende Mittel der Verarbeitung qualifizieren können. Folglich entscheidet der Hersteller typischerweise auch über die Mittel der Datenverarbeitung.

Man wird daher den Hersteller zumeist als datenschutzrechtlichen Verantwortlichen klassifizieren.[216]

---

212 Im Folgenden dennoch als „Hersteller" oder als „Hersteller des Wearables" bezeichnet.

213 Für die Einordnung auch *Wilmer*, K&R 2016, 382 (385).

214 Generell in Bezug auf Anbieter von informationstechnischen Leistungen und die Entscheidungshoheit bzgl. der Einsatzmöglichkeiten der Leistung *Wagner*, ZD 2018, 304 (309).

215 Vgl. Apple in Datenschutzrichtlinie v. 27.10.2021; Garmin in Datenschutzrichtlinie v. 29.04.2021; FitBit in Datenschutzrichtlinie v. 16.08.2021.

216 So auch, jedoch ohne Argumentation, *Gorzala*, RdW 2019, 146 (147).

3. *App-Anbieter*

Ebenfalls Verantwortlicher könnte ein Anbieter von Gesundheitsapps – also Software – sein, welche die Auswertung der durch das Wearable generierten Daten übernimmt. Diese Auswertung kann entweder auf dem Smartphone des Nutzers oder auf dem Wearable selbst erfolgen. Diese Anbieter können die Wearable-Hersteller oder Drittanbieter sein. Das ausschlaggebende Kriterium zur Einordnung als Verantwortlicher ist erneut die Entscheidungsgewalt über Zweck und Mittel der Verarbeitung. Dabei ist zu beachten, dass die Problematik der Verantwortlichkeit von App-Anbietern sich auch außerhalb des Wearable-Kontext stellt, wenn eine Installation auf einem Smartphone erfolgt.[217]

Auch daher muss eine Analyse im jeweiligen Einzelfall erfolgen. Je nach konkreter Ausgestaltung der Verarbeitungsvorgänge und dem Verhältnis zum Hersteller des Wearables könnte auch eine Einordnung als Auftragsverarbeiter oder eine gemeinsame Verantwortlichkeit für möglich gehalten werden.[218] Eine alleinige Verantwortlichkeit wird man jedoch auf Grund einer Entscheidungsgewalt über Zwecke und Mittel typischerweise annehmen können, wenn diese Entscheidungen durch den App-Anbieter eigenständig erfolgt.[219] Dadurch, dass die App-Anbieter die Software konzipieren, legen sie fest, welche personenbezogenen Daten verwendet werden und in welchem Umfang eine Verarbeitung stattfindet.[220] Der Umstand, dass der App-Anbieter an die Hardwarekonzeption gebunden ist, hat auf diese Entscheidungsgewalt keinen Einfluss.[221] Somit führen die genannten Festlegungen in Kombination mit dem Fall, dass eine Verarbeitung für die Zwecke des App-Anbieters vorgenommen wird, dazu, dass eine alleinige Verantwortlichkeit gegeben ist.[222] Eine Verarbeitung für eigene Zwecke des App-Anbieters ist insbesondere dann anzunehmen, wenn er Daten des Nutzers für Zwecke wie Produktverbesserung der App oder Marketing verarbeitet. Somit ist die Möglichkeit einer alleinigen Verantwortlichkeit des App-Anbieters zu bejahen.

217 Auf die Parallelität weist auch *Wilmer* hin, in: K&R 2016, 382 (385).
218 Vgl. EHKS/*Rammos* § 25 Rn. 75 ff.
219 Vgl. EHKS/*Rammos* § 25 Rn. 75.
220 Vgl. *Art. 29 – Datenschutzgruppe*, Stellungn. 02/2013, WP 202, S. 12.
221 So i. E. auch Bräutigam/Kraul/*Rücker/Dienst*, Internet of Things § 6 Rn. 200.
222 Im Ergebnis so zu der Frage der Verantwortlichkeit von auf dem Smartphone installierten Apps *Art. 29 – Datenschutzgruppe*, ebd.

4. *Cloud-Service Provider*

Auch der Cloud-Service-Provider könnte als verantwortliche Stelle i. S. d. Art. 4 Nr. 7 DSGVO in Betracht kommen. Hierbei muss jedoch eine Unterscheidung zwischen verschiedenen Datentypen vorgenommen werden. Denn maßgeblich sind für die hier zu erfolgende Betrachtung lediglich die Daten, die von Wearables stammen und nicht diejenigen, die im Zusammenhang mit der Cloudnutzung stehen.[223] So verarbeitet der CSP regelmäßig Daten über den jeweiligen Nutzer der Cloud-Infrastruktur, wie z. B. Daten zum Nutzungsverhalten oder Rechnungsinformationen.[224] Für diese Datenverarbeitung liegt die datenschutzrechtliche Verantwortlichkeit vollständig beim CSP.[225]

Ob eine Verantwortlichkeit und damit eine Entscheidungshoheit auch in Bezug auf die in der Cloud gespeicherten Daten gegeben ist, hängt von der Ausgestaltung des Cloud-Services und dessen Einbindung in den Wearable-Kontext ab. Entscheidend ist daher zunächst, wer als „Nutzer" der Cloud anzusehen ist. Einerseits könnte dies der Nutzer des Wearables sein und andererseits der Hersteller der Wearables, der sich des Cloud-Services für die Bereitstellung seiner Leistung bedient. Hierbei ist die Ausgestaltung im Einzelfall maßgebend, man wird jedoch davon ausgehen können, dass überwiegend der Hersteller der Wearables auf Cloud-Computing zurückgreift, um z. B. eine gerätebedingte niedrige Rechenkapazität auszugleichen.[226] Man wird daher zumeist den Hersteller des Wearables als Nutzer der Cloud ansehen können. Wie bereits oben dargelegt, ist der Hersteller als Verantwortlicher i. S. d. Art. 4 Nr. 7 DSGVO in Bezug auf die Datenverarbeitung anzusehen.[227] Hierdurch wird jedoch nicht ausgeschlossen, dass der CSP ebenfalls als Verantwortlicher für eine Verarbeitung der Wearable-Daten qualifiziert werden kann.[228] Entscheidungserheblich ist vielmehr, wie das Verhältnis zwischen Hersteller und CSP im Einzelfall ausgestaltet ist. Dabei wird der CSP regelmäßig selbst keine Entscheidungshoheit in Bezug auf den Zweck

---

223 Diese Unterscheidung macht auch *Jotzo*, in: Der Schutz personenbezogener Daten in der Cloud S. 100 Rn. 135 ff.

224 *Jotzo*, Der Schutz personenbezogener Daten in der Cloud S. 106 Rn. 138.

225 So auch *Jotzo*, Der Schutz personenbezogener Daten in der Cloud S. 106 Rn. 138 m. w. N.

226 Das mit der Größe des Wearables verbundene Problem der geringen Hardwareleistung sieht auch *Wilmer*, K&R 2016, 382 (383).

227 Vgl. S. 67.

228 Für eine Verantwortlichkeit neben dem Nutzer spricht sich auch *Jotzo* aus in: Der Schutz personenbezogener Daten in der Cloud S. 100 Rn. 135.

der Datenverarbeitung haben. Es ist vielmehr davon auszugehen, dass ein weisungsabhängiges Tätigwerden des CSP für den Wearable-Hersteller erfolgt. Ausnahmsweise kann auch eine gemeinsame Verantwortlichkeit i. S. d. Art. 4 Nr. 7 i. V. m. Art. 26 Abs. 1 DSGVO angenommen werden.[229] Der CSP wird somit zumeist nicht als Verantwortlicher i. S. d. Art. 4 Nr. 7 DSGVO anzusehen sein, sondern vielmehr ist davon auszugehen, dass der CSP als Auftragsverarbeiter i. S. d. Art. 4 Nr. 8 DSGVO zu kategorisieren ist.[230]

5. *Behandler und Krankenversicherungen*

Eine weitere relevante Gruppe sind die Behandler und die Krankenversicherungen, die mit den durch die Wearables erhobenen Daten in Berührung kommen. So wäre z. B. vorstellbar, dass Behandler im Rahmen ihrer Behandlung auf die Daten des Wearables zugreifen und diese verarbeiten. Krankenversicherungen könnten ihrerseits Wearables-Daten für eigene Zwecke wie Bonusprogramme oder Prämiensysteme verarbeiten. Für diese Verarbeitungsvorgänge sind die genannten Stellen als Verantwortliche zu qualifizieren. So treffen in den jeweiligen Bereichen diese Akteure die notwendigen Entscheidungen über Zweck und Mittel der Verarbeitung. Hierbei sollten jedoch aufseiten der Behandler die unterschiedlich möglichen Organisationsformen beachtet werden. Maßgeblich ist in Bezug auf die Organisationsformen vor allem, ob der einzelne Behandler als Angestellter tätig wird.[231] So wird man zum Beispiel in einem Medizinischen Versorgungszentrum, welches angestellte Ärzte beschäftigt, davon ausgehen, dass das MVZ als Institution die verantwortliche Stelle ist und nicht der einzelne behandelnde Arzt.

6. *Forschungseinrichtungen*

Ebenfalls relevant kann eine Datenverarbeitung im Zusammenhang mit Wearables durch Forschungseinrichtungen werden. Hierbei sind die genauen Ausgestaltungen der einzelnen Forschungsprojekte ein besonderer Problemfaktor.

So ist maßgeblich, ob der Proband – also der Nutzer des Wearables – die Daten von seinem Gerät direkt an die Forschungseinrichtung sendet oder aber

229 Vgl. hierzu und zu den Voraussetzungen *Jotzo*, Der Schutz personenbezogener Daten in der Cloud S. 106 Rn. 153 ff.

230 Im Ergebnis so auch *Wilmer*, K&R 2016, 382 (386); Bräutigam/Kraul/*Rücker/Dienst*, Internet of Things § 6 Rn. 201.

231 Auf dieses Problem weist *Dochow*, MedR 2019, 279 (283) hin.

der Hersteller die Daten erhebt und diese dann anschließend an die Forschungseinrichtung übermittelt. Zwar wäre erneut das ausschlaggebende Kriterium für die Frage der Verantwortlichkeit, wer über Zwecke und Mittel der Verarbeitung entscheidet[232], allerdings kann gerade aufgrund der Vielzahl von möglichen Szenarien dies nicht abstrakt festgestellt werden. Vielmehr ist eine Prüfung im Einzelfall geboten, bei der vor allem die genaue Ausgestaltung des Forschungsprojektes in den Mittelpunkt der Betrachtung zu stellen ist.[233]

7. Zusammentreffen von Verantwortlichen

Problematisch ist, dass innerhalb der komplexen Akteursstruktur verschiedene Datenverarbeitungsvorgänge erfolgen und dabei auch Kooperationen oder Überschneidungen zwischen den verschiedenen denkbaren Verantwortlichen möglich werden. Fraglich ist daher, wie mit der Situation des Aufeinandertreffens der Akteure umzugehen ist. Im Fokus stehen dabei vor allem das Verhältnis von Hersteller und App-Anbieter sowie von Hersteller und Behandler.

Denkbar ist neben der Einzelverantwortlichkeit und der Auftragsverarbeitung vor allem das Vorliegen einer gemeinsamen Verantwortlichkeit nach Art. 26 DSGVO.[234] Von einer gemeinsamen Verantwortlichkeit ist auszugehen, wenn zwei oder mehr Verantwortliche gemeinsam die Zwecke der und die Mittel zur Verarbeitung festlegen.[235]

Umstritten ist, wann von einer „Gemeinsamkeit" der Festsetzung von Zweck und Mittel der Verarbeitung ausgegangen werden kann. Einerseits wird gefordert, dass jeder Akteur eigene Zwecke mit der Datenverarbeitung verfolgen muss.[236] Es muss demnach eine eigene Entscheidungskontrolle bestehen. Fraglich bleibt jedoch, wann ein solches Kontrollmaß in ausreichender Weise gegeben ist. Einige Stimmen lassen bereits einen geringfügigen Einfluss auf die Datenverarbeitung ausreichen[237], während andere ein gewolltes Zusammenwirken verlangen.[238] Andererseits wird angenommen, dass das Merkmal der „Gemeinsamkeit" zu bejahen ist, wenn mehr als ein Akteur einen entscheidenden Einfluss auf das

---

232 Vgl. oben S. 62.

233 Exemplarische für klinische Prüfungen *Schiemann/Peters/Zumdick*, A&R 2019, 147.

234 So auch *Rammos*, in: EHKS § 25 Rn. 73.

235 Vgl. Art. 26 Abs. 1 S. 1 DSGVO.

236 BeckOK-DatenschutzR/*Spoerr* Art. 26 DSGVO Rn. 16.

237 Unter Bezugnahme zur Entscheidung EuGH, Urt. v. 05.06.2018, Wirtschaftsakademie, C-210/16, ECLI:EU:C:2018:388 so *Lezzi/Oberlin*, ZD 2018, 398 (400).

238 So Paal/Pauly/*Martini* Art. 26 DSGVO Rn. 21.

„Ob“ und „Wie“ der Datenverarbeitung hat.[239] Für das weite Begriffsverständnis spricht unter anderem der Zweck der Verantwortlichkeit und die Schutzwürdigkeit des Betroffenen. Gerade in Hinblick auf die komplexe Struktur bei mehreren zusammenwirkenden Akteuren bietet die gemeinschaftliche Verantwortlichkeit eine Möglichkeit eines verstärkten Schutzes der Rechte des Betroffenen. Gestützt wird dieses weite Verständnis auch von der Rechtsprechung der EuGH.[240] Der EuGH geht davon aus, dass eine gemeinsame Verantwortlichkeit dann gegeben sein muss, wenn ein Akteur aus Eigeninteresse auf die Datenverarbeitung Einfluss nimmt.[241] Dafür muss jedoch nicht zwingend ein Zugang zu den betreffenden personenbezogenen Daten bestehen.[242] Außerdem muss die Verantwortlichkeit nicht gleichwertig sein, vielmehr kann sie in verschiedenen Verarbeitungsphasen unterschiedlich ausgeprägt sein.[243] Dabei gibt der EuGH zu bedenken, dass im Rahmen einer Verarbeitungskette vor- oder nachgelagerte Verarbeitungsvorgänge, auf die einer der Akteure keinen Einfluss hat, nicht unter die gemeinsame Verantwortlichkeit fallen.[244] Somit ist jeweils eine Einordnung anhand der genannten Kriterien im Einzelfall vorzunehmen.[245]

Im Kontext Wearables ist zunächst auf das Aufeinandertreffen von Hersteller und App-Anbieter abzustellen. Dabei erscheint eine gemeinsame Verantwortlichkeit gem. Art. 26 DSGVO möglich zu sein. Insbesondere im Rahmen einer Kooperation zwischen diesen Akteuren wird man eine solche bejahen müssen. So ist zum Beispiel vorstellbar, dass der Hersteller den App-Anbieter bei der Erstellung der App unterstützt oder das Dateiformat der erhobenen Daten an die App anpasst. In diesen Fällen ist von einem Eigeninteresse der beteiligten Akteure und einem Einfluss auf die Datenverarbeitungsschritte auszugehen.

239 *EDPB* Guidelines 07/2020 Rn. 54.

240 EuGH, Urt. v. 05.06.2018, Wirtschaftsakademie, C-210/16, ECLI:EU:C:2018:388 Rn. 28 mit Hinweis auf EuGH, Urt. v. 13.05.2014, Google Spain, C-131/12, ECLI:EU:C: 2014:317 Rn. 34.

241 EuGH, Urt. v 29.07.2019, Fashion ID, C-40/17, ECLI:EU:C:2019:629 Rn. 68; EuGH, Urt. v 10.07.2018, Zeugen Jehova, C-25/17, ECLI:EU:C:2018:551 Rn. 68.

242 EuGH, Urt. v 10.07.2018, Zeugen Jehova, C-25/17, ECLI:EU:C:2018:551 Rn. 69; EuGH, Urt. v. 05.06.2018, Wirtschaftsakademie, C-210/16, ECLI:EU:C:2018:388 Rn. 38.

243 EuGH, Urt. v 29.07.2019, Fashion ID, C-40/17, ECLI:EU:C:2019:629 Rn. 68; EuGH, Urt. v 10.07.2018, Zeugen Jehova, C-25/17, ECLI:EU:C:2018:551 Rn. 66.

244 EuGH, Urt. v 29.07.2019, Fashion ID, C-40/17, ECLI:EU:C:2019:629 Rn. 74.

245 *Rammos* bezeichnet in EHKS § 25 Rn. 82 auf Grund der Rechtsprechung des EuGH das weite Verständnis als entscheidenden Maßstab für die Praxis.

Sollte jedoch keine Kooperation zwischen den Akteuren bestehen und lediglich die Installation einer App auf dem Wearables oder dem Smartphone des Nutzers erfolgen, so ist fraglich, ob von einer gemeinsamen Verantwortlichkeit ausgegangen werden kann. Insbesondere steht in Frage, inwieweit der Hersteller auf die durch den App-Anbieter erfolgende Datenverarbeitung Einfluss nehmen kann, als auch der App-Anbieter auf die Datenverarbeitung durch den Hersteller. So könnte zwar dem Hersteller ein Verursachungsbeitrag zur Datenverarbeitung durch den App-Anbieter zugerechnet werden, jedoch erwächst aus diesem kein Einfluss auf die Datenverarbeitung. Vielmehr wird die Erhebung der Daten durch das Wearable als bloße vorgelagerte Datenverarbeitung in einer Verarbeitungskette anzusehen sein. Mit Blick auf die Rechtsprechung des EuGH kann somit in diesem Fall nicht von einer gemeinsamen Verantwortlichkeit ausgegangen werden.[246] Grundsätzlich sind aber abhängig von der Ausgestaltung im Einzelfall sowohl eine Einzelverantwortlichkeit als auch eine gemeinsame Verantwortlichkeit im Wearable-Kontext denkbar.[247]

Auch die Kooperation zwischen Hersteller und Behandler stellt eine problematische Situation mit Blick auf die Verantwortlichkeit dar.[248] Eine solche Kooperation könnte zum Beispiel vorliegen, wenn sich die Akteure der Auswertung der Wearable-Daten durch den Hersteller beziehungsweise des von ihm bereitgestellten Service bedienen. Insbesondere könnte sich aus dieser Situation ergeben, dass der Hersteller seine Rolle als „Verantwortlicher" verliert. Er könnte in diesem Szenario vielmehr als „Auftragsverarbeiter" anzusehen sein. Gegen diese Einordnung spricht jedoch, dass die hier angesprochenen Akteure keine oder zumindest keine exklusive Kontrolle über die Verarbeitung der Daten innehaben.[249] So wird z. B. dennoch eine Verarbeitung zumindest auch zu eigenen Geschäftszwecken des Herstellers vorgenommen werden. Außerdem wird ein direkter Einfluss der hier genannten Personengruppen bezüglich der genauen Analyse der Daten ebenfalls auszuschließen sein. Daher sind zwei unterschiedliche Varianten denkbar. Einerseits kann bei einem kooperativen Zusammenwirken von Herstellern und den hier genannten Akteuren von einer gemeinsamen Verantwortlichkeit i. S. d. Art. 4 Nr. 7 DSGVO und Art. 26 DSGVO auszugehen

---

246 Vgl. EuGH, Urt. v. 29.07.2019, Fashion ID, C-40/17, ECLI:EU:C:2019:629 Rn. 74.

247 Ebenso *Rammos,* in: EHKS § 25 Rn. 82 der auf die Ausgestaltung im Einzelfall hinweist.

248 Zur Parallelproblematik bei der Frage der „Verantwortlichkeit" im Rahmen der Telemedizin vgl. *Dochow* MedR, 2019, 636 (640).

249 So zur Parallelproblematik in der Telemedizin auch *Dochow,* MedR 2019, 636 (641).

sein. Anderseits ist es möglich, die jeweiligen Akteure als unabhängig voneinander tätige Verantwortliche einzustufen.

Ersteres setzt wieder eine gemeinsame Entscheidung über Zwecke und Mittel der Datenverarbeitung voraus. Der Hersteller des Wearables wird zumeist trotz einer Kooperation die Funktionen und auch die Steuerung des Wearables durch das Betriebssystem festlegen. Insoweit besteht keine Einflussmöglichkeit des Behandlers auf die Datenverarbeitung. Allerdings ermöglicht der Behandler durch den Einsatz des Wearables im Rahmen seiner Behandlung die Datenverarbeitung durch den Hersteller. Zumindest insoweit kann daher von einer gewissen Einflussmöglichkeit die Rede sein. Auch unter Berücksichtigung der Schutzwürdigkeit des Betroffenen wird man somit eine gemeinsame Verantwortlichkeit annehmen können.[250]

Jenseits der Kooperation zwischen Hersteller und Behandler hingegen erscheint eine Einflussmöglichkeit abwegig. Diese wird man insbesondere verneinen müssen, wenn der Behandler z. B. lediglich auf die Daten eines durch seinen Patienten privat genutzten Fitnesstrackers zugreift und diese weiterverarbeitet. Somit liegt in diesen Szenarien eine Einzelverantwortlichkeit für die jeweiligen Datenverarbeitungsvorgänge vor. Zuletzt wäre auch die Situation denkbar, dass ein Gerät, welches auf eine „stand-alone"[251] Lösung zurückgreift, durch den Behandler verwendet wird. Hierbei kann der Hersteller mangels Zugriffes überhaupt nicht als Verantwortlicher angesehen werden. Da die Verarbeitung jedoch durch den Behandler erfolgt, ist dieser alleiniger Verantwortlicher für die ihn betreffende Datenverarbeitung.

8. *Zusammenfassung*

Mit Blick auf die komplexe und fragmentierte Struktur der Akteure, welche im Zusammenhang mit der Verarbeitung von personenbezogenen Daten im Kontext von Wearables stehen, lässt sich resümierend festhalten, dass je nach der genauen Ausgestaltung des Datenverarbeitungsvorgangs die unterschiedlichen Akteure als Verantwortliche zu qualifizieren sind. Hierbei fällt vor allem auf, dass die jeweiligen Verarbeitungsvorgänge, wenn sie isoliert betrachtet werden können, eine Einordnung erleichtern. In Fällen, in denen eine solche

---

250 So zur Parallelproblematik in der Telemedizin auch *Dochow,* MedR 2019, 636 (642).
251 Vgl. oben S. 43.

isolierte Betrachtung ausscheidet, kann entweder eine gemeinsame Verantwortlichkeit von Akteuren anzunehmen sein oder aber eine jeweilige unabhängige Verantwortlichkeit.

In Hinblick auf dieses Ergebnis erscheint der Ansatz der deutschen Datenschutzbehörden, der eine Mitverantwortlichkeit für die Rechtmäßigkeit der Angebote von Wearables und Gesundheitsapps für all diejenigen fordert, die aus Geschäftsinteresse Wearables „in den Umlauf bringen oder ihren Vertrieb systematisch unterstützen" fragwürdig.[252] Vor allem stellt sich hierbei die Frage nach einer dogmatischen Grundlage und welche Rechtsfolge aus einer solchen „Mitverantwortlichkeit" erwachsen soll. Auch bleibt eine Spezifizierung aus, wann eine taugliche Unterstützungshandlung anzunehmen ist. Damit schafft die Entschließung vor allem eines, nämlich Rechtsunsicherheit mit Blick auf die ohnehin bereits mehr als problematische Frage der Verantwortlichkeit.[253]

E. Rechtsgrundlage der Datenverarbeitung

Die zentrale Problematik, welche sich im Zusammenhang mit den datenschutzrechtlichen Rahmenbedingungen einer Wearable-Nutzung stellt, ist die Frage, wann die Verarbeitung der weiter oben genannten Datentypen durch die Akteure rechtmäßig ist.

I. Verarbeitung durch den Hersteller

Zunächst steht in Frage, ob sich eine Datenverarbeitung durch den Hersteller legitimieren lässt. Dabei ist die zentrale Norm, die Gründe nennt, die eine solche Legitimation begründen können Art. 6 DSGVO. Außerdem ist im Rahmen der Verarbeitung von besonderen Datentypen Art. 9 DSGVO beachtlich.

1. Verarbeitung allgemeiner personenbezogener Daten

Doch zunächst soll die Verarbeitung „allgemeiner personenbezogener Daten" beleuchtet werden, denn gerade durch die Erstellung von Nutzerprofilen und anderen Leistungen der Hersteller werden typischerweise auch solche Daten erhoben. Dabei rückt die gerade angesprochene zentrale Norm des Art. 6

---

252 Vgl. S. 2 Entschließung der 91. Konferenz der unabhängigen Datenschutzbehörden des Bundes und der Länder vom 06/07.04.2016 zu Wearables und Gesundheitsapps.

253 Im Ergebnis so auch *Wilmer*, K&R 2016, 382 (386).

DSGVO in den Mittelpunkt. Art. 6 Abs. 1 DSGVO benennt Legitimationsgründe[254], auf welche eine Datenverarbeitung gestützt werden muss, um rechtmäßig zu sein.[255] Hierdurch wird vor allem die sich aus Art. 8 Abs. 2 S. 1 GRCh primärrechtlich ergebenden Anforderungen einer notwendigen Legitimation der Datenverarbeitung gewahrt.[256] Zur Folge hat dieses Prinzip in concreto, dass jede Verarbeitung von personenbezogenen Daten das Vorliegen eines Erlaubnistatbestandes voraussetzt.[257]

Taugliche Erlaubnistatbestände stehen für die Verarbeitung allgemeiner personenbezogener Daten abschließend in Art. 6 Abs. 1 lit. a- f DSGVO zur Verfügung.[258] Eine Datenverarbeitung kann dabei jedoch auf mehrere der von Art. 6 Abs. 1 DSGVO genannten Rechtsgrundlagen gestützt werden, dies ergibt sich einerseits aus dem deutschen Wortlaut der DSGVO, der von „mindestens" spricht, und noch offensichtlicher aus dem englischen Wortlaut, in dem von „... *at least one of the following applies* " die Rede ist.[259]

Fraglich ist, welche Erlaubnistatbestände des Art. 6 Abs. 1 DSGVO eine Datenverarbeitung durch den Hersteller des Wearables beziehungsweise der Gesundheitsapps legitimieren würden. Bei diesen Verantwortlichen handelt es sich um Stellen, die dem nicht-öffentlichen Bereich zuzuordnen sind, und daher ist insbesondere an die Ermächtigungen aus Art. 6 Abs. 1 lit. a, b und f zu denken.[260]

---

254 Die häufig verwendete Bezeichnung als „Verbot mit Erlaubnisvorbehalt" ist dogmatisch verfehlt, so setzt dieses schließlich ein Genehmigungserfordernis voraus; die Bezeichnung ablehnend auch BeckOK-DatenschutzR/*Albers/Veit* Art. 6 DSGVO Rn. 11.

255 SHS/*Albrecht* Art. 6 DSGVO Rn. 1; BeckOK-DatenschutzR/*Albers/Veit* Art. 6 DSGVO Rn. 1.

256 So auch SHS/*Albrecht* Art. 6 DSGVO Rn. 2.

257 Vgl. DWWS/*Wedde* Art. 6 DSGVO Rn. 5; Sydow/*Reimer* Art. 6 DSGVO Rn. 1.

258 BeckOK-DatenschutzR/*Albers/Veit* Art. 6 DSGVO Rn. 15; DWWS/*Wedde* Art. 6 DSGVO Rn. 4; Gola/*Schulz* Art. 6 DSGVO Rn. 1.

259 Auch auf die englische Fassung verweisend SJTK/*Schwartman/Jacquemain* Art. 6 Abs. 1 DSGVO Rn. 7.

260 *Schulz* spricht in Gola Art. 6 DSGV Rn. 6 von „Erlaubnistrias"; im Ergebnis so auch GSSV/*Assion/Nolte/Veil* Art. 6 DSGVO Rn. 12; EHKS/*Rammos* § 25 Rn. 67; noch zu Art. 7 DSRL für die Anwendung bei „IoT" die *Art. 29 – Datenschutzgruppe*, Stellungn. 08/2014, WP 223, S. 15.

Hierbei ist auch das Erforderlichkeitsprinzip beachtlich, welches sich „übergreifend" auf alle Erlaubnistatbestände außer den der Einwilligung i. S. d. Art. 6 Abs. 1 lit. a DSGVO bezieht.[261]

a. Einwilligung i. S. d. Art. 6 Abs. 1 lit. a DSGVO

Gerade der Erlaubnistatbestand der Einwilligung ist als Erstes in den Mittelpunkt der Betrachtung zu stellen.

Dass die Einwilligung eine taugliche Ermächtigungsgrundlage ist, ergibt sich bereits aus der primärrechtlichen Basis der DSGVO. So nennt Art. 8 Abs. 2 S. 1 GRCh die Einwilligung ausdrücklich als eine Rechtfertigung für eine Einschränkung des Grundrechts auf Datenschutz.[262] Dass dies als konsequent zu bezeichnen ist, hängt vor allem damit zusammen, dass Art. 8 GRCh eine beherrschende Stellung des Einzelnen über die ihn betreffenden Daten statuiert und damit auch eine Bestimmungsmacht beziehungsweise Verfügungsbefugnis des Einzelnen anzuerkennen ist.[263] Die daraus resultierende Datensouveränität[264] spielt auch für die Betroffenen eine sehr wichtige Rolle, so gibt bei Umfragen die überragende Mehrheit der Befragten an, selbst bestimmen zu wollen, welche Daten wem anvertraut werden.[265] Doch dieser Wunsch des Einzelnen nach einer Legitimation der Datenverarbeitung auf Basis seiner souveränen Entscheidung begegnet immer größer werdender Skepsis. Die Einwilligung wird teilweise nur noch als bloße Fiktion der Legitimation bezeichnet.[266]

Gerade mit Blick auf Wearables und damit verbundener Prinzipien wie „Big-Data" und „IoT" stellt sich die Frage, ob die Einwilligung genau zu einer solchen bloßen Legitimationsfiktion verkommt oder eben doch Ausdruck der Autonomie des Einzelnen sein kann. Letzteres zu sichern ist der mit den Regelungen zur Einwilligung wesentlich verfolgte Zweck.[267] Daher wird im Folgenden zu untersuchen sein, inwieweit die Vorgaben der DSGVO im Zusammenhang mit

---

261 Kühling/Buchner/*Buchner/Petri* Art. 6 DSGVO Rn. 15.

262 SHS/*Schantz* Art. 6 Abs. 1 DSGVO Rn. 3; Gola/*Schulz* Art. 7 DSGVO Rn. 12.

263 So auch Ehmann/Selmayer/*Heckmann/Paschke* Art. 6 DSGVO Rn. 1.

264 Der Begriff der „Datensouveränität" wird an dieser Stelle als der selbstbestimmte und verantwortliche Umgang des Einzelnen mit seinen ihn betreffenden personenbezogenen Daten verstanden; vgl. zum Begriff auch *Deutscher Ethikrat*, Stellungn. Big Data und Gesundheit S. 251 ff.

265 92% der Befragten gaben dies laut Stiftung Münch, Repräsentative Bevölkerungsbefragung zu Datenschutzaspekten im Gesundheitssektor, 2015 S. 7 an.

266 So SHS/*Schantz* Art. 6 Abs. 1 DSGVO Rn. 4.

267 Sydow/*Ingold* Art. 7 DSGVO Rn. 2.

Wearables eingehalten werden, beziehungsweise wie diese eingehalten werden können.

aa. Anforderungen an die Einwilligung

Regelungen zur Einwilligung finden sich an verschiedenen Stellen der DSGVO.[268] So enthält Art. 4 Nr. 11 DSGVO die Legaldefinition für die Einwilligung, Art. 7 DSGVO konturiert die Anforderungen weiter, und Art. 8 DSGVO enthält besondere Voraussetzungen für die Einwilligung von Kindern.

Außerdem nennen Art. 6 Abs. 1 lit. a, Art. 9 Abs. 2 lit. a DSGVO sowie einige ErwGr. die Einwilligung und beziehen sich im Zusammenhang mit der Frage der Rechtmäßigkeit der Verarbeitung auf diese. Gem. Art. 4 Nr. 11 DSGVO ist die Einwilligung „jede freiwillig für einen bestimmten Fall in informierter Weise und unmissverständlich abgegebene Willensbekundung in Form einer Erklärung oder einer sonstigen eindeutigen bestätigenden Handlung, mit der die betroffene Person zu verstehen gibt, dass sie mit der Verarbeitung der sie betreffenden personenbezogenen Daten einverstanden ist.". Aus dieser Legaldefinition lassen sich bereits in großem Umfang die die Einwilligungen tragenden Prinzipien sowie erste Voraussetzungen einer wirksamen Einwilligung ableiten.

(1) Form der Einwilligung

So müsste eine taugliche Einwilligung potenziell bestehenden Formerfordernissen entsprechen, um als wirksam anzusehen zu sein.

(a) Formerfordernis

§ 4a Abs. 1 S. 3 BDSG a. F. i. V. m. § 126 BGB statuierte das Erfordernis der Schriftform.[269] Danach musste der Betroffene die Einwilligung schriftlich festsetzen und darüber hinaus eigenhändig unterschreiben.

Wie sich aus ErwGr. 32 S. 1 DSGVO ergibt, sieht die DSGVO ein solches Schriftformerfordernis nicht mehr vor.[270] Vielmehr werden beispielhaft potenzielle Formen der Einwilligung aufgeführt, so sind die „schriftliche", „mündliche" und „elektronische" Form ausdrücklich genannt.[271] Man könnte diesen Verzicht

---

268 Ein Überblick findet sich beispielsweise auch in DWWS/*Däubler* Art. 7 DSGVO Rn. 2 ff.

269 Vgl. Simitis/*Simitis* § 4a BDSG a. F. Rn. 33.

270 SHS/*Klement* Art. 7 DSGVO Rn. 39; Kühling/Buchner/*Buchner/Kühling* Art. 7 DSGVO Rn. 27; Gola/*Schulz* Art. 7 DSGVO Rn. 41; *Krohm*, ZD 2016, 368 (370).

271 Vgl. *Krohm*, ZD 2016, 368 (370).

der Schriftform als die „Akzeptanz der Realität“ bezeichnen, denn die gängige Internetkommunikation wird nun als für die Einwilligung taugliches Verfahren miterfasst.[272] Hierdurch wird darüber hinaus kein „mehr“ an Rechtsunsicherheit im Vergleich zur alten Rechtslage geschaffen, denn Art. 7 Abs. 1 DSGVO verpflichtet den Verantwortlichen eine taugliche Einwilligung nachweisen zu können, und so wird der mit der Schriftform bezweckte Schutz gleichwertig ermöglicht.[273]

(b) ausdrückliche oder konkludente Einwilligung

Auch wenn ErwGr. 32 S. 1 DSGVO keine Schriftform mehr verlangt, so macht S. 3 deutlich, dass eine Einwilligung durch bloßes Stillschweigen oder Untätigkeit nicht möglich ist.[274]

Eine konkludente Einwilligung ist jedoch grundsätzlich möglich, auch wenn im Gesetzgebungsverfahren die Kommission und das Europäische Parlament gefordert hatten, gerade eine solche auszuschließen.[275] Wie jedoch bereits die Legaldefinition aus Art. 4 Nr. 11 DSGVO zeigt, konnten sich beide mit dieser Forderung nicht durchsetzen.[276] So ist eine „eindeutige bestätigende Handlung“ als ausreichend anzusehen. Aus dieser Formulierung lässt sich ableiten, dass eine konkludente Einwilligung möglich ist.[277] Allerdings kann fraglich sein, wann eine konkludente Einwilligung i. S. e. eindeutigen bestätigenden Handlung anzunehmen ist.[278] Es sind damit Handlungen gemeint, mit denen im jeweiligen Kontext ein Einverständnis eindeutig signalisiert wird.[279]

Gerade im Zusammenhang mit Wearables beziehungsweise den zur Auswertung der Daten oftmals nötigen Gesundheitsapps ist die Situation einer Einwilligung im sogenannten „opt-in“-Modell gegeben.[280] Wie ErwGr. 32 S. 2 DSGVO zeigt, genügt ein solches Ankreuzen eines Kästchens den Anforderungen an eine

272 Vgl. Big Data und E-Health/*Gassner* S. 41.
273 So auch SHS/*Klement* Art. 7 DSGVO Rn. 40.
274 So auch *Krohm*, ZD 2016, 368 (370).
275 Vgl. *Albrecht/Jotzo*, Das neue Datenschutzrecht der EU S. 70 Rn. 39.
276 Vgl. so auch *Albrecht/Jotzo*, ebd.
277 So auch Ehmann/Selmayr/*Heckmann/Paschke* Art. 7 DSGVO Rn. 37; SHS/*Klement* Art. 7 DSGVO Rn. 35.
278 Ebenfalls den Zweifel beachtend und Beispiele nennend DWWS/*Däubler* Art. 7 DSGVO Rn. 21.
279 Gola/*Schulz* Art. 7 DSGVO Rn. 40.
280 Vgl. z. B. Anmeldeverfahren bei Einrichtung eines FitBit-Produktes.

bestätigende Handlung.[281] So wird aus dem Kontext hier deutlich, dass dies als Zustimmung zur Datenverarbeitung zu qualifizieren ist.

Im Zusammenhang mit Wearables lässt sich zudem an eine grundlegendere Handlung anknüpfen. So kann bereits die bloße Nutzung solcher Technologie als eine eindeutig bestätigende Handlung und damit als taugliche Einwilligungshandlung zu qualifizieren sein. In diesem Fall kann folglich vom Vorliegen einer konkludenten Einwilligung ausgegangen werden.[282] Hierfür spricht, dass die Nutzung des Wearables mit vollem Funktionsumfang von der Möglichkeit einer Datenverarbeitung abhängt.

Für die Verantwortlichen könnte die konkludente Einwilligung durch Nutzung jedoch das Risiko beinhalten, im Streitfall keinen ausreichenden Nachweis über die Einwilligung führen zu können.[283] Im Ergebnis sollte daher in der Praxis Abstand von dieser Möglichkeit genommen werden.

(c) sonstige formelle Voraussetzungen der Einwilligung

Neben diesen beiden Voraussetzungen sind auch noch andere formelle Faktoren beachtlich. So ist die Einwilligung in zeitlicher Hinsicht als vorherige Zustimmung zu verstehen und damit vor der Datenverarbeitung einzuholen.[284] Damit muss der Hersteller des Wearables beziehungsweise einer Gesundheitsapp die Einwilligung seines Nutzers vor der eigentlichen Verarbeitungstätigkeit vornehmen. Im Regelfall ist von einer solchen vorherigen Zustimmung auszugehen. Dies zeigt sich auch darin, dass bereits die Nutzung als konkludente Einwilligung anzusehen ist.

Außerdem muss die Einwilligung des Betroffenen als Entscheidung über die Datenpreisgabe basierend aus der sich aus Art. 8 Abs. 2 S. 1 GRCh ergebenden Datensouveränität des Einzelnen höchstpersönlich erfolgen.[285] Folge dieser Höchstpersönlichkeit ist die fehlende Möglichkeit der rechtsgeschäftlichen

---

281 So auch DWWS/*Däubler* Art. 7 DSGVO Rn. 20; nicht mehr ausreichen wird ein sog. „opt-out"-Modell, bei diesem ist eine Einwilligung die Voreinstellung und muss dann aktiv ausgeschaltet werden. Dieses Vorgehen widerspricht den Anforderungen des ErwGr. 32 S. 3 DSGVO.

282 Vgl. aber die Bewertung für Verarbeitung von besonderen personenbezogenen Daten S. 103 ff.

283 Dieses Bedenken äußert *Schulz,* in: Gola Art. 7 DSGVO Rn.39 generell gegenüber der konkludenten Einwilligung.

284 Ehmann/Selmayr/*Heckmann*/*Paschke* Art. 7 DSGVO Rn. 43; BeckOK-DatenschutzR/*Schild* Art. 4 DSGVO Rn. 126; Sydow/*Ingold* Art. 7 DSGVO Rn. 17.

285 *Ernst,* ZD 2017, 110 (111).

Stellvertretung.[286] Dies ist jedoch im Zusammenhang mit Wearables weniger problematisch, so wird der Einwilligende in der Regel der Nutzer des Wearables sein.[287] Sollte es sich bei dem Nutzer um einen Minderjährigen oder eine andere einwilligungsunfähige Person handeln, so ist die gesetzliche Stellvertretung möglich.[288]

(2) Freiwilligkeit der Einwilligung

Die Einwilligung muss „freiwillig" erfolgen. Sie soll somit auf einer freien Entscheidung des Betroffenen basieren.[289] Nur wenn das der Fall ist, kann davon gesprochen werden, dass der Betroffene tatsächlich die bestehende Herrschaftsmacht über seine Daten autonom ausübt. „Freiwilligkeit" meint dabei nicht die schlichte Abwesenheit von Zwang, sondern vielmehr, wie auch die englische Sprachfassung („*freely given*") und ErwGr. 42 S. 5 DSGVO zeigen eine Situation, in der der Nutzer eine echte oder freie Wahl hat und daher die Einwilligung als solche verweigern oder zurückziehen kann, ohne dabei einen Nachteil zu erleiden.[290] Diese angesprochene „Wahl" kann sich auf unterschiedlichste Bezugspunkte innerhalb der Verarbeitung beziehen.[291] Dabei sollte nach dem Grundsatz „Treu und Glauben" aus Art. 5 Abs. 1 lit. a DSGVO auch ein Kräftegleichgewicht zwischen dem Betroffenen und dem Verantwortlichen gegeben sein.[292]

Einer diesen Anforderungen entsprechende Einwilligung könnten im Zusammenhang mit Wearables verschiedenste Aspekte entgegenstehen.

So könnte zunächst mit ErwGr. 43 S. 1 DSGVO ein „klares Ungleichgewicht" zwischen dem Verantwortlichem und der betroffenen Person – dem Nutzer des Wearables – bestehen. Ein solches Ungleichgewicht könnte zu einer Situation des faktischen Zwangs führen, wodurch eine Freiwilligkeit ausgeschlossen wäre.[293] ErwGr. 43 S. 1 DSGVO knüpft in Bezug auf dieses Ungleichgewicht beispielhaft an das zwischen Behörde als Verantwortlichem und Bürger als Betroffenem

---

286 *Ernst*, ZD 2017, 110 (111); SHS/*Klement* Art. 7 DSGVO Rn. 37.

287 Abweichende Situation bei Kindern, hierzu siehe S. 90.

288 *Ernst*, ZD 2017, 110 (111).

289 *Ernst*, ZD 2017, 110 (111).

290 So auch *Albrecht/Jotzo*, Das neue Datenschutzrecht der EU S. 70 Rn. 39; *Ernst*, ZD 2017, 110 (111); DWWS/*Weichert* Art. 4 DSGVO Rn. 108.

291 *Ernst* stellt auf das „Ob", „Wieviel" und das „Wem" in Bezug auf die Datenverarbeitung ab, in: ZD 2017, 110 (111).

292 SHS/*Roßnagel* Art. 5 DSGVO Rn. 47.

293 Kühling/Buchner/*Buchner/Kühling* Art. 7 DSGVO Rn. 42.

bestehendes Verhältnis an.[294] Es müsste daher eine diesem Subordinationsverhältnis entsprechende Beziehung zwischen dem Hersteller eines Wearables – als Verantwortlicher – und dem Nutzer des Wearables – als Betroffener – gegeben sein. Hierbei gilt es zunächst festzuhalten, dass es sich anders als bei dem Verhältnis zwischen Bürger und Behörde um ein Privatrechtsverhältnis handelt und damit ein Verhältnis zwischen Grundrechtsträgern im Sinne eines horizontalen Verhältnisses gegeben ist. Dies spricht dafür, eine vergleichbare Lage wie in einem Subordinationsverhältnis abzulehnen.Allerdings kann es auch in Privatrechtsverhältnissen zu einer asymmetrischen Rollenverteilung kommen, welche einen vergleichbaren faktischen Zwang auslöst.[295] Hieran angelehnt ist damit einerseits zu ermitteln, ob eine asymmetrische Rollenverteilung anzunehmen ist und andererseits muss sich aus einer Wertung aller denkbaren Umstände des Einzelfalles ergeben, dass eine Freiwilligkeit der Einwilligung unwahrscheinlich ist. Wann dieser Grad an „Unwahrscheinlichkeit" erreicht ist, lässt sich vor allem in Privatrechtsverhältnissen schwer herausarbeiten.[296]

Jedenfalls wird man als Maßstab das dem angesprochenen Behördenverhältnis immanent innewohnende Abhängigkeitsverhältnis heranziehen können.[297] Von einem solchen Verhältnis der Herstellers zum Nutzer wird man nicht ausgehen können. So ist der Nutzer nicht auf das Produkt – also das Wearable – angewiesen, wie er es zum Beispiel auf die Produkte von Unternehmen im Versorgungsbereich ist. Dieser Umstand könnte dann anders zu bewerten sein, wenn das Wearable im Rahmen einer ärztlichen Behandlung verordnet wird.[298] Wie sich dieser Umstand auswirkt, wird noch zu klären sein.[299] Ebenfalls auszuschließen für das Verhältnis „Hersteller-Nutzer" ist eine Abhängigkeit, wie sie zum Beispiel in Arbeitsverhältnissen vorliegt.[300]

---

294 Ehmann/Selmayr/*Heckmann/Paschke* Art. 7 DSGVO Rn. 52; Kühling/Buchner/*Buchner/Kühling* Art. 7 DSGVO Rn. 42.

295 Dies für möglich haltend im Ergebnis SHS/*Klement* Art. 7 DSGVO Rn. 56; Ehmann/Selmayr/*Heckmann/Paschke* Art. 7 DSGVO Rn. 52.

296 Von fehlender rechtsicherer Grenzziehung spricht auch *Schulz* in Gola Art. 7 DSGVO Rn. 22.

297 Diesen Maßstab sehen auch Sydow/*Ingold* Art. 7 DSGVO Rn. 27; Gola/*Schulz* Art. 7 DSGVO Rn. 23.

298 Dieses Problem sieht auch *Dregelies,* VuR 2017, 256 (260).

299 Siehe hierzu unten S. 111 ff.

300 Bei einer Ausnutzung des Ungleichgewichts zwischen Arbeitgeber und Arbeitnehmer ist eine Freiwilligkeit zu verneinen; vgl. ausführlich *Weichert*, NZA 2017, 565-570.

Abgesehen von dem zu Grunde liegenden Verhältnis könnte der Freiwilligkeit auch entgegenstehen, dass eine Nutzung des Wearables oftmals nur mit der Verwendung von bereitgestellten Analysetools möglich ist. Allerdings besteht in dieser Situation immer noch die grundsätzliche Wahl, das Wearable nicht zu verwenden oder aber eines von einem Hersteller zu verwenden, welches eine Offline-Analyse ermöglicht und so keine legitimierungsbedürftige Datenverarbeitung zum Gegenstand hat. So wird man im Ergebnis sagen, dass auch wenn bei Nutzungsentschluss keine echte Wahlmöglichkeit mehr besteht, die Freiheit des Nutzungsentschlusses als solcher als ausreichend autonomiesichernd anzusehen ist.[301] Hierbei sollte allerdings nicht außer Acht gelassen werden, dass ein möglicher Technikverzicht in Zukunft zu einer gesellschaftlichen Ausgrenzung führen kann,[302] wodurch wiederum die Freiheit des Nutzungsentschlusses nicht mehr als ausreichend angesehen werden kann.

Davon abgesehen könnte einer „Freiwilligkeit" der Einwilligung zudem ein Vorliegen eines Falles des Art. 7 Abs. 4 DSGVO entgegenstehen. Hiernach muss bei der Ermittlung der Freiwilligkeit der Umstand Berücksichtigung finden, ob die Einwilligung an die Vertragserfüllung beziehungsweise die Erbringung einer Dienstleistung geknüpft ist. Sollte dies der Fall sein und die Einwilligung sich auf einen Verarbeitungsvorgang beziehen, der für die Vertragserfüllung nicht erforderlich ist, so wird man oftmals eine „Freiwilligkeit" verneinen müssen.[303] Damit statuiert Art. 7 Abs. 4 DSGVO ein sog. „Kopplungsverbot".[304] Im Kontext von Wearable-gestützter Datenverarbeitung durch den Hersteller stellt sich nun die Frage, ob eine solche „Kopplung" anzunehmen ist. Man wird dies im Einzelfall nach der jeweiligen Ausgestaltung des zu Grunde liegenden Vertragsverhältnisses beziehungsweise der jeweiligen Einwilligung feststellen müssen. Hierbei ist gerade bei Vorliegen eines gesonderten Nutzungsvertrages davon auszugehen, dass eine Einwilligung zur Datenverarbeitung an diesen Vertrag – im Sinne

301 Im Ergebnis so auch *Dregelies*, VuR 2017, 256 (260).

302 So SHS/*Roßnagel* Art. 5 DSGVO Rn. 43.

303 Die Rechtsfolge sowie der Charakter des Art. 7 Abs. 4 DSGVO ist umstritten. So wird beispielsweise Art. 7 Abs. 4 DSGVO als eine bloße Pflicht mit Blick auf die Rechtsanwendung des Freiwilligkeitsbegriffes gesehen, *Klement*, in: SHS Art. 7 DSGVO Rn. 58; oder aber als eine Subsumtionsanleitung, *Schulz*, in: Gola Art. 7 DSGVO Rn. 25; oder aber als Abwägungsregel, wobei die „Kopplung" als Indiz für die Unfreiwilligkeit anzusehen ist, *Heckmann/Pascke*, in: Ehmann/Selmayr Art. 7 DSGVO Rn. 98.

304 Sydow/*Ingold* Art. 7 DSGVO Rn. 30; Ehmann/Selmayr/*Heckmann/Paschke* Art. 7 DSGVO Rn. 94; BeckOK-DatenschutzR/*Stemmer* Art. 7 DSGVO Rn. 40; krit. sieht die Bezeichnung SHS/*Klement* Art. 7 DSGVO Rn. 58.

eines „*take-it-or-leave-it*" – gekoppelt wird. Diese Kopplung ist allerdings für die Erfüllung des Nutzungsvertrages und der in diesem Vertrag angelegten Datenverarbeitung – als die durch den Hersteller zu erbringende Leistung – als zulässig anzusehen. Schließlich ist die Datenverarbeitung für die Vertragserfüllung erforderlich, und damit findet Art. 7 Abs. 4 DSGVO gerade keine Anwendung.

Dies kann jedoch gerade in Bezug auf die diesem Abschnitt zu Grunde liegenden „allgemeinen personenbezogenen Daten" anders zu bewerten sein. Gerade Daten wie der Name des Nutzers oder dessen Telefonnummer beziehungsweise der Zugriff auf dessen Kontakte werden nicht als erforderlich für die Leistungserbringung anzusehen sein. Ein Wearable oder eine Gesundheitsapp benötigen diese Daten nicht, um eine Analyse der durch Sensoren erhobenen Daten zur Verfügung zu stellen. Allerdings ist die genaue Ausgestaltung des jeweiligen Nutzungsvertrages zu beachten und ausschlaggebend. Sollte zum Beispiel die Möglichkeit eines Vergleiches der eigenen Leistungen mit anderen Nutzern gegeben sein[305], so werden die soeben als nicht erforderlich einzustufenden Daten für die Erbringung der Leistung erforderlich.

In einem gewissen Maß zeigt sich an dieser Stelle auch die Nähe zu der Konstellation der sog. „Dienste gegen Daten".[306] So wird die Analyse durch eine App mit einem Benutzerprofil grundsätzlich monetär entgeltlos erbracht. Als Gegenleistung des Wearables-Nutzers ist allerdings die Einwilligung in die Verarbeitung der Daten, welche erforderlich für die Analyse sind, andererseits aber auch hierfür nicht erforderliche „allgemeine personenbezogene Daten" anzusehen. Diese eigentlich nicht erforderlichen Daten werden damit ihrerseits als vertragliche Gegenleistung qualifiziert. Durch diese Qualifikation als vertragliche Gegenleistung des Nutzers im Nutzungsvertrag werden die Daten als erforderlich für die Datenverarbeitung einzustufen sein. Diese Kopplung darf jedoch nicht mit vollkommen „sachfremden" Daten erfolgen.[307] Ansonsten würde die Einschränkung des Art. 7 Abs. 4 DSGVO umgangen werden können.[308] Dieses Geschäftsmodell, welches zu einer Ökonomisierung von Daten führt, wird jedoch durch das „Kopplungsverbot" nicht untersagt.[309] Vielmehr kann man

305 So zum Beispiel bei FitBit möglich.

306 Zu diesem Geschäftsmodell instruktiv *Schweitzer*, in: Körber/Kühling Regulierung – Wettbewerb – Innovation S. 269 ff.

307 Gola/*Schulz* Art. 7 DSGVO Rn. 25.

308 Diese Umgehungsmöglichkeit sehen *Heckmann/Paschke*, in: Ehmann/Selmayr Art. 7 DSGVO Rn. 96.

309 Ehmann/Selmayr/*Heckmann/Paschke* Art. 7 DSGVO Rn. 96; BeckOK-DatenschutzR/*Stemmer* Art. 7 DSGVO Rn. 46.1; a. A. *EDPB* Guidelines 5/2020 Rn. 26.

lediglich verlangen, dass die Hersteller in diesen Konstellationen eine höhere Pflicht zur Transparenz der Datenverarbeitung trifft.[310]

Wie die vorangehende Darstellung zeigt, verbietet sich eine pauschale Lösung aufgrund der vielgestaltigen Nutzungsverhältnisse, sodass man im Einzelfall überprüfen muss, ob die durch den Hersteller verlangten Daten für dessen Leistungserbringung als erforderlich anzusehen sind. Festzuhalten bleibt, dass die Freiwilligkeit der Einwilligung im Rahmen der Benutzung von Wearables und Gesundheitsapps eines der zentralen Probleme der Einwilligung als Legitimationsgrundlage für eine Datenverarbeitung darstellt.

(3) Informiertheit der Einwilligung

Ebenfalls problematisch ist die ausreichende Informiertheit der einwilligenden Person.

Dass eine Einwilligung in informierter Weise ergehen soll, ergibt sich bereits aus Art. 4 Nr. 11 DSGVO und aus dem Prinzip der Transparenz, welches sich einerseits in Art. 5 Abs. 1 lit. a DSGVO finden lässt, als auch in Art. 7 Abs. 2 S. 1 DSGVO.[311] Wie sich hierzu ergänzend aus ErwGr. 42 S. 4 DSGVO ergibt, ist ein solcher Zustand dann anzunehmen, wenn der Betroffene die wesentlichen Umstände der Datenverarbeitung kennt.[312] Zu diesen wesentlichen Umständen der Verarbeitung gehört einerseits, wer als Verantwortlicher für diese anzusehen ist und anderseits, in welche Datenverarbeitung genau eingewilligt wird.[313] Dies wird man als das absolut nötige Mindestmaß an Information ansehen.[314] Dies zeigt sich z. B. bei einem Einsatz eines Wearables zur Blutdruckmessung[315]. Der Nutzer wird über den für die Datenverarbeitung Verantwortlichen informiert und muss explizit in die Erhebung seiner Blutdruckmesswerte einwilligen sowie in die Übermittlung dieser Werte an die App beziehungsweise einen Behandler. Ergänzend ist gem. Art. 7 Abs. 3 S. 3 DSGVO auch auf die jederzeit bestehende Möglichkeit eines Widerrufs der Einwilligung hinzuweisen.[316]

310 Ehmann/Selmayr/*Heckmann/Paschke* Art. 7 DSGVO Rn. 96.

311 Kühling/Buchner/*Buchner/Kühling* Art. 7 DSGVO Rn. 60.

312 *Albrecht/Jotzo*, Das neue Datenschutzrecht der EU S. 71 Rn. 41.

313 So verlangt es neben anderen zu erfüllenden Punkten *EDPB* Guidelines 5/2020 Rn. 64.

314 Vgl. so wohl auch *Tinnefeld/Conrad*, ZD 2018, 391 (394).

315 Wearable des Start-Up *Aktiia*.

316 Ehmann/Selmayr/*Heckmann/Paschke* Art. 7 DSGVO Rn. 88; SHS/*Klement* Art. 7 DSGVO Rn. 94.

Um diese Informationen an den Nutzer übermitteln zu können, ist die Datenschutzerklärung in einer klaren und vor allem einfachen Sprache abzufassen, damit eine durchschnittliche Person die in der Erklärung beinhalteten Informationen leicht verstehen kann.[317] Doch gerade mit Blick auf diese Transparenzvorgabe erscheint die Einwilligung problematisch. So hat eine Untersuchung der *Verbraucherzentralen* ergeben, dass alle untersuchten Datenschutzerklärungen von Wearable-Herstellern nach dem Flesch-Index[318] als „sehr schwer" oder „schwer" eingestuft werden.[319] Damit verlangen die Hersteller dem Nutzer eine hohe Lesekompetenz ab. Zwar muss dabei Beachtung finden, dass eine Datenschutzerklärung immer den Spagat zwischen Verständnis und Vollständigkeit schaffen muss,[320] aber dennoch wäre es gerade aus Sicht des Schutzes des Einzelnen notwendig, dass sich die Hersteller bemühen würden, die Verständlichkeit zur Sicherung der Autonomie in den Vordergrund zu stellen. Nur so kann die von der Einwilligung ausgehende Legitimationswirkung umfassend begründet werden.

Sollte der Wearable-Nutzer jedoch im Ergebnis nicht umfassend genug aufgeklärt werden, so ist eine auf diesen Informationen beruhende Einwilligung unwirksam. Neben diese Problematik tritt zusätzlich die Erwägung, dass auch die jeweiligen technischen Gegebenheiten Beachtung finden müssen.[321] So kann sich eine zusätzliche Komplikation dadurch ergeben, dass eine Einwilligung auf dem Wearable selbst erteilt werden soll. Die oftmals geringe Größe des Displays erschwert die Lesbarkeit der Informationen zusätzlich. Jedoch wird die Auswertung der Daten des Wearables oftmals mittels Gesundheitsapps vollführt, sodass die Einwilligungserklärung am Smartphone des Nutzers abgegeben werden muss. Hier ist diese geräteseitige Problematik bereits als unwesentlich zu bezeichnen.

Allerdings geht mit der Informiertheit der Einwilligung noch eine andere Schwierigkeit einher. Denn auch wenn eine Datenschutzerklärung als verständlich

---

317 *EDPB* Guidelines 5/2020 Rn. 67.

318 Der Flesch-Index basiert auf der Berücksichtigung der durchschnittlichen Wörter pro Satz, sowie den durchschnittlichen Silbenanzahl pro Wort und dient damit zur Bestimmung der Lesbarkeit von Texten; vgl. *Verbraucherzentrale NRW*, Wearables, Fitness-Apps und der Datenschutz S. 31 ff.

319 *Verbraucherzentrale NRW*, ebd.

320 *Von Lewinski* benennt zwei Möglichkeiten der Datenschutzerklärung, die „verständliche Fassung" und die „juristisch wasserdichte Fassung", in: PinG 2013, 12 (13).

321 Für die Beachtlichkeit Schantz/Wolff/*Schantz*, Das neue DatenschutzR Rn. 524.

anzusehen ist und damit grundsätzlich eine Legitimationswirkung denkbar erscheint, so verzichten die Nutzer oftmals auf eine eingehende Lektüre.[322]

Dies basiert vor allem darauf, dass durch die Vielzahl von nötigen Einwilligungserklärungen im Alltag des Nutzers eine gewisse Abstumpfung gegeben ist.[323] Damit erscheint es fragwürdig, ob eine Einwilligung überhaupt „in Kenntnis der Sachlage“ erklärt wird. Darauf darf es jedoch mit Blick auf den Zweck der Einwilligung nicht ankommen. So kann beispielsweise keine Pflicht zur Kenntnisnahme durch den Betroffenen aus der DSGVO hergeleitet werden.[324]

Dies gilt insbesondere mit Blick darauf, dass die Erteilung einer Einwilligung als Ausübung der Autonomie des Betroffenen anzusehen ist. Der Verzicht auf die Lektüre der Datenschutzhinweise ist ebenfalls als Ausübung dieser Autonomie anzusehen. Wäre die Unwirksamkeit der Einwilligung die rechtliche Konsequenz, hätte dies zur Folge, dass in paternalistischer Weise in die Entscheidung des Betroffenen eingegriffen werden würde. Somit besteht für den Verordnungsgeber auch keinerlei Regelungsspielraum.

Auch wenn somit mit der Frage der Informiertheit des Betroffenen im Einzelfall Bedenken einhergehen, so sind diese nicht geeignet, die von der Einwilligung ausgehende Legitimationswirkung ausreichend zu erschüttern.

(4) Bestimmtheitserfordernis und Zweckbindung

Neben die vorgenannten Anforderungen treten auch Gesichtspunkte, welche Einwilligungen inhaltlich berücksichtigen müssen.

Insbesondere ist dabei der Grundsatz der „Bestimmtheit“ anzuführen.

Wie die Legaldefinition aus Art. 4 Nr. 11 DSGVO deutlich macht, muss eine Einwilligung jeweils „für den bestimmten Fall“ abgegeben werden. Dieses Erfordernis beruht einerseits auf dem Gedanken, dass der Betroffene auf diese Weise die Dimension seiner Erklärung zu begreifen vermag.[325] Andererseits sollen dem Verantwortlichen damit deutliche Grenzen für die zulässige Datenverarbeitung gesetzt werden.[326] Die inhaltliche Bestimmtheit bezieht sich nahezu spiegelbildlich auf die Informationspflicht des Verantwortlichen und damit auf die

322 *Initiative D21*, D21-Digital-Index 2014 S. 43.
323 Vgl. *Richter*, PinG 2016, 185 (185).
324 BeckOK-DatenschutzR/*Stemmer* Art. 7 DSGVO Rn. 73.
325 *EDPB* Guidelines 5/2020 Rn. 55; Ehmann/Selmayr/*Heckmann/Paschke* Art. 7 DSGVO Rn. 63.
326 BeckOK-DatenschutzR/*Stemmer* Art. 7 DSGVO Rn. 74.

wesentlichen Merkmale, die der Betroffene im Rahmen der Informiertheit der Einwilligung kennen muss.[327]

Eine besondere Problematik für die Frage der Bestimmtheit der Einwilligung ergibt sich in Bezug auf den sich aus Art. 5 Abs. 1 lit. b DSGVO abzuleitende „Grundsatz der Zweckbindung", der seinerseits als Ursprung des Bestimmtheitserfordernis angesehen werden kann.[328] Danach soll eine Datenverarbeitung nur für festgelegte, eindeutige und legitime Zwecke erfolgen. Eine Einwilligung muss daher erkennen lassen, zu welchen Zwecken eine Verarbeitung erlaubt sein soll.[329] In concreto heißt das für den Hersteller der Wearables – als Verantwortlicher –, dass er im Einwilligungstext die Zwecke der Verarbeitung benennt und festlegt. Dabei ist zu beachten, dass verschiedene Datenverarbeitungen legitimiert werden, solange sie dem benannten Zweck zuträglich sind.[330] Der Verantwortliche muss daher in der Datenschutzerklärung die jeweiligen Zwecke der Verarbeitung – wie z. B. die Bereitstellung einer Datenanalyse – benennen und alle hierfür erforderlichen Verarbeitungsvorgänge – wie das Erheben und Speichern der Daten – aufführen, die auf die durch diesen Zweck bezogene Einwilligung legitimiert werden.

Einer ausreichenden Bestimmtheit könnte entgegenstehen, dass der Betroffene nicht weiß, welcher Nutzen mit den genannten Zwecken verbunden ist.[331] Hierfür verantwortlich könnten Formulierungen innerhalb der Datenschutzerklärungen sein, welche den Charakter einer Generalklausel aufweisen.[332] Hierbei nennt die *Art.29 – Datenschutzgruppe* beispielhafte Formulierungen wie „Verbesserung der Erfahrung des Nutzers", „Werbezwecke", „IT-Sicherheitszwecke" oder „zukünftige Forschung".[333] Für den Betroffenen bleibt insofern unklar, welcher Nutzen sich hinter den genannten Zwecken verbirgt. Allerdings ist zu beachten, dass durch detaillierte Angaben eine Spezifizierung dieser Worthülsen möglich ist, die den generalklauselartigen und damit unzulässigen Charakter entfallen lässt.[334] Dabei ist der hierfür nötige Grad der Spezifizierung im Einzelfall

---

327 Kühling/Buchner/*Buchner/Kühling* Art. 7 DSGVO Rn. 63; BeckOK-DatenschutzR/*Stemmer* Art. 7 DSGVO Rn. 74; wohl auch Sydow/*Ingold* Art. 7 DSGVO Rn. 38.

328 Vgl. Kühling/Buchner/*Buchner/Kühling* Art. 7 DSGVO Rn. 61.

329 Vgl. Sydow/*Ingold* Art. 7 DSGVO Rn. 39.

330 *EDPB* Guidelines 5/2020 Rn. 57, welche dieses Verständnis aus ErwGr. 32 DSGVO sowie Art. 5 Abs. 1 lit. b DSGVO ziehen.

331 SHS/*Klement* Art. 7 DSGVO Rn. 70.

332 SHS/*Klement* Art. 7 DSGVO Rn. 70; vgl. Sydow/*Ingold* Art. 7 DSGVO Rn. 39; Kühling/Buchner/*Buchner/Kühling* Art. 7 DSGVO Rn. 62.

333 Vgl. *Art. 29 – Datenschutzgruppe*, Stellungn. 02.04.2013, WP 203, S. 16.

334 *Art. 29 – Datenschutzgruppe*, ebd.

zu ermitteln, denn nur so kann dies einerseits dem Verarbeitungsrisiko gerecht werden und anderseits für den Betroffenen verständlich gefasst werden.[335] Gerade im Kontext der Datenerhebung von Wearables wird man dabei aufgrund der verarbeiteten Daten und der zumindest anzunehmenden Nähe zu Daten mit Gesundheitsbezug einen höheren Grad an Spezifizierung verlangen müssen.

Viele Hersteller entsprechen diesen Vorgaben bereits.[336]

(5) Beachtung der AGB-Kontrolle

Neben die Anforderungen, die die DSGVO an eine Einwilligung stellt, könnten auch die Regelungen zur Kontrolle von Allgemeinen Geschäftsbedingungen[337] treten. Hierbei ist zunächst festzuhalten, dass oftmals Einwilligungen standardisiert als Vertragsbestandteil z. B. in Form von durch den Verantwortlichen vorformulierte Erklärungen vorkommen.[338] Dies ist auch im Rahmen der Nutzung von Wearables und Gesundheitsapps vorstellbar.

Sollte es sich bei diesen Datenschutzerklärungen um die Grundlage der Einwilligung handeln[339], dann ist nach ErwGr. 42 S. 3 DSGVO die RL 93/13/EWG zu beachten.[340] Somit sind die Vorschriften, welche die AGB-Kontrolle der RL 93/13/EWG in nationales Recht umsetzen, – in Deutschland die §§ 305 ff. BGB – auf die Einwilligung im Datenschutzrecht anzuwenden.[341] Dieser Gedanke wird auch dadurch gestärkt, dass aus einer verbraucherschützenden Perspektive ein Mehr an Schutz gewährleistet wird. Im Ergebnis ist daher z. B. das Verbot der überraschenden Klauseln gem. § 305c BGB durch den Hersteller – als Verantwortlicher – zu beachten. Zudem ergibt sich aus dem Verweis auf RL/93/13/EWG auch die Möglichkeit einer inhaltlichen Prüfung der Einwilligung nach Maßgabe der §§ 305 ff. BGB.[342] ErwGr. 42 S. 3 DSGVO macht zudem deutlich,

---

335 Sydow/*Ingold* Art. 7 DSGVO Rn. 39.

336 So bspw. Apple in Datenschutzrichtlinie v. 27.10.2021 welche Überschriften wie „Sicherheit und Betrugsbekämpfung" oder „Bereitstellung unserer Dienste" in kurzen Abschnitten näher erläutert. Ebenso auch FitBit in Datenschutzrichtlinie v. 16.08.2021 bspw. Im Abschnitt „Verbesserung, Personalisierung und Entwicklung der Dienste".

337 Im folgenden AGB.

338 DWWS/*Däubler* Art. 7 DSGVO Rn. 27.

339 Für diese Einschränkung vgl. *Wendehorst/von Westphalen,* NJW 2016, 3745 (3748).

340 *Albrecht/Jotzo,* Das neue Datenschutzrecht der EU S. 71 Rn. 42; SHS/*Klement* Art. 7 DSGVO Rn. 80.

341 SHS/*Klement* Art. 7 DSGVO Rn. 81; Gola/*Schulz* Art. 7 DSGVO Rn. 42; zur alten Rechtlage so auch BGH, Urt. v. 14.03.2017 – VI ZR 721/15, K&R 2017, 403 (405); a. A. Ehmann/Selmayr/*Heckmann/Paschke* Art. 7 DSGVO Rn. 82.

342 Gola/*Schulz* Art. 7 DSGVO Rn. 42.

dass von dem Verantwortlichen die in AGB gegebene Einwilligungserklärung in verständlicher und leicht zugänglicher Form zur Verfügung gestellt werden soll, und sie in klarer und einfacher Sprache abgefasst werden soll. Somit sind Hersteller von Wearables und Gesundheitsapps gehalten, auch die nationalen Umsetzungsnormen der RL/93/13/EWG zu beachten. So könnten beispielsweise unverständlich formulierte Einwilligungen am sich aus § 307 Abs. 1 S. 2 BGB ergebenden Transparenzgebot scheitern.[343]

bb. Einwilligung bei Kindern

Neben Erwachsenen sind auch Kinder potenzielle Nutzer von Wearables. Dies zeigt sich beispielhaft an der Möglichkeit, Accounts für Kinder einzurichten.[344]

Wie ErwGr. 38 DSGVO zeigt, ist diese Gruppe von möglichen Betroffenen jedoch besonders schützenswert. Dies lässt sich vor allem damit begründen, dass sie sich weniger der „Risiken, Folgen und Garantien und ihren Rechten“ in Bezug auf die Datenverarbeitung bewusst sind. Dieser notwendige besondere Schutz findet in der DSGVO an unterschiedlichen Stellen Ausdruck.[345] Für die Einwilligung wird Art. 7 DSGVO durch Art. 8 DSGVO ergänzt.[346] Dieser besondere Schutz findet jedoch nur in einem beschränkten Anwendungsbereich Geltung. Die Beschränkung liegt dabei sowohl personell als auch sachlich vor.[347] Dass es sich in personeller Hinsicht um ein „Kind“ als Betroffenen handeln muss, erscheint offensichtlich. Allerdings ist unklar, wann von einem „Kind“ im Sinne des Art. 8 DSGVO gesprochen werden kann.[348] Man wird davon ausgehen können, dass die Begrifflichkeiten „Minderjähriger“ und „Kind“ gleichbedeutend zu verwenden sind.[349]

In sachlicher Hinsicht knüpft Art. 8 DSGVO an „Dienste zur Informationsgesellschaft“ an. Diese werden durch die DSGVO in Art. 4 Nr. 25 legaldefiniert, wobei dies mittels eines Verweises auf den Begriff des Dienstes aus Art. 1 Nr. 1

---

343 *Dregelies,* VuR 2017, 256 (269) mwN.

344 So bspw. FitBit; Apple; Empatica.

345 Vgl. *Joachim,* ZD 2017, 414 (414) in deren Aufzählung von Normen aus der DSGVO dies deutlich wird.

346 Vgl. Kühling/Buchner/*Buchner/Kühling* Art. 8 DSGVO Rn. 1; *Joachim,* ZD 2017, 414 (414).

347 Vgl. Kühling/Buchner/*Buchner/Kühling* Art. 8 DSGVO Rn. 1; Ehmann/Selmayr/*Heckmann/Paschke* Art. 8 DSGVO Rn. 16 f.

348 Ehmann/Selmayr/*Heckmann/Paschke* Art. 8 DSGVO Rn. 16.

349 Vgl. *EDPB* Guidelines 5/2020 Rn. 127 mit Anknüpfung an Art. 1 UN-Kinderrechtskonvention.

lit. b RL 2015/1636/EU erfolgt.[350] Nach dieser Definition ist der Anwendungsbereich dann eröffnet, wenn es sich um eine Dienstleistung handelt, „die in der Regel gegen Entgelt elektronisch im Fernabsatz und auf individuellen Abruf des Empfängers“ der Leistung erbracht wird. Fraglich ist, ob eine Datenverarbeitung im Kontext mit Wearables unter diese Definition fällt. Hierbei wird man zwischen der Erhebung von Daten durch die Wearables als solchen und der Analyse durch Gesundheitsapps differenzieren müssen.

Im erst genannten Fall ist bereits die Einordnung als „Dienstleistung“ problematisch. So wird man den Begriff der „Dienstleistung“ im Gleichlauf zur sich aus Art. 57 Abs. 1 AEUV ergebenden Dienstleistungsfreiheit verstehen müssen.[351] Dabei ist vor allem maßgeblich, dass die Leistung nicht einer anderen Grundfreiheit zuzuordnen ist.[352] Wie jedoch bereits dargelegt, sind Wearables als Hardware, also körperlicher Gegenstand einzuordnen.[353] Damit unterfällt die Leistung jedoch der Warenverkehrsfreiheit, sodass eine Einordnung als „Dienstleistung“ ausscheiden muss. Anderes ergibt sich jedoch mit Blick auf die zur Auswertung notwendigen Gesundheitsapps. Solche sind als Software und damit unkörperliche Leistungen zu qualifizieren.[354] Somit wird man diesbezüglich grundsätzlich eine Dienstleistung im Sinne des Art. 57 Abs. 1 AEUV und damit auch im Sinne des Art. 4 Nr. 25 DSGVO annehmen können.

Diese Dienstleistung müsste jedoch auch „in der Regel gegen Entgelt“ erfolgen, wobei sich dieser Definitionsbestandteil als Doppelung zum Verständnis nach Art. 57 Abs. 1 AEUV darstellt.[355] Dieses Entgelterfordernis wird jedoch vom EuGH sehr weit verstanden.[356] Daher ist jedes auf kommerzieller Erwägung beruhende Angebot als erfasst anzusehen.[357] Hierbei wird man beachten müssen, dass ein Angebot zur Analyse von Daten in einer Abhängigkeit zur

---

350 Diese Art des Verweises wird als grundsätzlich unproblematisch möglich angesehen, vgl. Kühling/Buchner/*Buchner/Kühling* Art. 4 Nr. 25 DSGVO Rn. 2; a. A. Paal/Pauly/*Frenzel* Art. 8 DSGVO Rn. 6.

351 SHS/*Klement* Art. 4 Nr. 25 DSGVO Rn. 6; Kühling/Buchner/*Buchner/Kühling* Art. 4 Nr. 25 DSGVO Rn. 8.

352 Vgl. Streinz/*Müller-Graff* Art. 56 AEUV Rn. 15 m. w. N.

353 Siehe oben S. 50.

354 Siehe oben S. 50.

355 Vgl. SHS/*Klement* Art. 4 Nr. 25 DSGVO Rn. 9.

356 Zeigt sich z. B. in EuGH, Urt. v. 15.09.2016, McFadden, C-484/14, ECLI:EU:C:2016:689 Rn. 41 f.

357 SHS/*Klement* Art. 4 Nr. 25 DSGVO Rn. 9; Kühling/Buchner/*Buchner/Kühling* Art. 4 Nr. 25 DSGVO Rn. 6.

Datenbereitstellung steht und damit die verarbeiteten Daten als Gegenleistung beziehungsweise „Währung" anzusehen sind.[358] Dies wird man sowohl in Bezug auf die zur Analyse erforderlichen Daten als auch für darüber hinaus verarbeitete Daten annehmen können. Dieser Überlegung folgend ist damit die Analyse von durch Wearables erhobenen Daten als „in der Regel gegen Entgelt" zu qualifizieren. Ansonsten sind die weiteren Voraussetzungen des Art. 4 Nr. 25 DSGVO gegeben. Somit ist grundsätzlich der Anwendungsbereich des Art. 8 DSGVO eröffnet.

Allerdings muss die Dienstleistung zudem einem Kind „direkt angeboten" werden. Wann ein solch direktes Angebot gegeben ist, erweist sich als problematisch. Dabei sind Fälle erfasst, die sich gezielt bereits nach ihrer Aufmachung und ihrem Inhalt an Kinder richten.[359] Dies wird man jedoch bei der Vielzahl der Gesundheitsapps und Wearables noch nicht annehmen können.[360] Vielmehr handelt es sich bei diesen um Dienstleistungen, die sowohl von Erwachsenen als auch von Kindern genutzt werden können. Diese Fälle wird man jedoch dennoch als erfasst ansehen müssen.[361] Hierfür spricht der offene Wortlaut des Art. 8 Abs. 1 S. 1 DSGVO, der ein „direktes" Angebot ausreichen lässt und nicht z. B. ein „ausschließliches" Angebot voraussetzt.[362] Zudem spricht auch der Zweck der Vorschrift für ein weites Verständnis. So soll die Vorschrift dem besonderen Schutz von Kindern dienen. Eine Beschränkung des Anwendungsbereichs auf speziell an Kinder gerichtete Angebote würde zu einer zu starken Restriktivierung führen und der Schutzgedanke würde leerlaufen.[363] Vielmehr müsste sich das Angebot gezielt an Erwachsene richten, um nicht unter den

---

358 Dies halten auch *Buchner/Kühling,* in: Kühling/Buchner Art. 4 Nr. 25 DSGVO Rn. 7 für ausreichend, um eine Entgeltlichkeit zu bejahen.

359 Kühling/Buchner/*Buchner/Kühling* Art. 8 DSGVO Rn. 16; vgl. Paal/Pauly/*Frenzel* Art. 8 DSGVO Rn. 7.

360 Gerade im Medizinbereich ist es jedoch vorstellbar spezielle Apps für Kinder zu konzipieren z. B. bei Diabetes oder ähnlichen Erkrankungen; vgl. zu den Potenzialen auch *Lampert,* Bundesgesundheitsblatt 2020, 708 ff.; vgl. z. B. das Wearable „Kiddo" von Good Parents Inc. welches speziell für ein Remote Monitoring bei Kindern konzipiert wurde.

361 Sog. „dual use" wird als erfasst angesehen von Kühling/Buchner/*Buchner/Kühling* Art. 8 DSGVO Rn. 16; Paal/Pauly/*Frenzel* Art. 8 DSGVO Rn. 7.

362 So auch Paal/Pauly/*Frenzel* Art. 8 DSGVO Rn. 7.

363 Kühling/Buchner/*Buchner/Kühling* Art. 8 DSGVO Rn. 16; Paal/Pauly/*Frenzel* Art. 8 DSGVO Rn. 7; *Krüger/Vogelsang/Weller,* Trends & Communities der Rechtsinformatik 2017, 497 (500).

Anwendungsbereich des Art. 8 DSGVO gefasst zu werden.[364] Das eine solche gezielte Ansprache von Erwachsenen stattfindet, wird man im Zusammenhang mit Gesundheitsapps jedoch nicht annehmen können. Dies hat zur Folge, dass zumindest in Bezug auf Gesundheitsapps Art. 8 DSGVO für die Einwilligung zu beachten ist. Damit geht einerseits einher, dass die Einwilligung von unter 16-Jährigen[365] durch die Träger der elterlichen Verantwortung erteilt werden kann oder aber durch das Kind selbst, jedoch mit Zustimmung durch die Eltern.[366] Der Verantwortliche, also der Hersteller der App, muss dabei gem. Art. 8 Abs. 2 DSGVO sicherstellen, dass die Einwilligung auch tatsächlich unter Mitwirkung der Träger der elterlichen Verantwortung erfolgt. Hierbei stehen ihm unterschiedliche Methoden zur Verfügung.[367] Bei über 16-Jährigen wird man hingegen unwiderlegbar annehmen müssen, dass die für die Einwilligung nötige Einsichtsfähigkeit gegeben ist.[368]

Sollte man hingegen im Einzelfall eine Anwendbarkeit des Art. 8 DSGVO doch ablehnen, so richtet sich die Möglichkeit einer Einwilligung nach der Einsichtsfähigkeit des Minderjährigen.[369] Problematisch ist daran, dass durch Wearables unterschiedlichste Daten erhoben werden, wobei vor allem die damit verbundenen Risiken Minderjährigen nicht vollkommen klar sein dürften.[370] Daher wird man im Ergebnis eine Einsichtsfähigkeit und damit die Möglichkeit der Einwilligung durch den Minderjährigen selbst ablehnen müssen.

b. Erfüllung eines Vertrages, Art. 6 Abs. 1 lit. b Alt. 1 DSGVO

Neben der Einwilligung existiert in der DSGVO die Rechtsgrundlage des Art. 6 Abs. 1 lit. b Alt. 1 DSGVO, die eine Verarbeitung dann legitimiert, wenn sie zur Erfüllung eines Vertrages, dessen Vertragspartei der Betroffene ist, erforderlich ist. Es handelt sich dabei um einen weiteren Erlaubnistatbestand für eine Verarbeitung personenbezogener Daten, der die Legitimation auf eine autonome

364 *EDPB* Guidelines 5/2020 Rn. 130; SHS/*Klement* Art. 8 DSGVO Rn. 14.

365 Beachtlich ist hierbei die in Art. 8 Abs. 1 Uabs. 2 DSGVO enthaltene Öffnungsklausel die Mitgliedsstaaten einen Spielraum von 16 Jahren bis 13 Jahren einräumt. Deutschland hat von dieser Öffnungsklausel jedoch keinen Gebrauch gemacht.

366 Vgl. statt vieler Kühling/Buchner/*Buchner/Kühling* Art. 8 DSGVO Rn. 20.

367 Instruktives Beispiel hierzu in *EDPB* Guidelines 5/2020 Rn. 138 ff.

368 Kühling/Buchner/*Buchner/Kühling* Art. 8 DSGVO Rn. 19.

369 SHS/*Klement* Art. 8 DSGVO Rn. 10; Kühling/Buchner/*Buchner/Kühling* Art. 8 DSGVO Rn. 13; Ehmann/Selmayr/*Heckmann/Paschke* Art. 8 DSGVO Rn. 9.

370 Für Fitnesstracker und Sportuhren so im Ergebnis auch *Dregelies*, VuR 2017, 256 (261).

Willensentscheidung des Betroffenen zurückführt.[371] Auch wenn diese Rechtsgrundlage stellenweise als „Selbstverständlichkeit“ bezeichnet wird, lässt der Wortlaut zumindest auf den ersten Blick unterschiedliche Fragestellungen offen.[372]

So drängt sich zunächst die Frage auf, welches Verständnis in Bezug auf den Begriff der „Erfüllung“ anzulegen ist. Hierbei ist gerade kein national zivilrechtliches Verständnis anzunehmen, sondern vielmehr ein unionsrechtliches. Daher sind neben der Herbeiführung des Leistungserfolges auch Nebenleistungspflichten und Rücksichtnahmepflichten erfasst.[373] In zeitlicher Dimension ist außerdem mit einem extensiven Verständnis davon auszugehen, dass der gesamte „Lebenszyklus“ eines Vertrages erfasst ist.[374] Gleichermaßen fraglich ist, was unter einem „Vertrag“ als Anknüpfungspunkt zu verstehen ist. Auch hier wird man nicht starr an einem zivilrechtlichen Verständnis haften, sondern ebenfalls eine autonome europarechtliche Lösung wählen.[375] Im Ergebnis wird man daher alle rechtsgeschäftlichen und rechtsgeschäftsähnlichen Schuldverhältnisse als erfasst ansehen können.[376] Hierbei sollte allerdings die teleologische Basis des Art. 6 Abs. 1 lit. b Alt. 1 DSGVO Beachtung finden, die eine autonome Willensentscheidung als Anlass für die Legitimationswirkung nimmt. Folglich kann ein Schuldverhältnis nur dann erfasst sein, wenn eine Betätigung des Betroffenen durch eindeutige Willenserklärung gegeben ist.[377]

Im Zusammenhang mit Wearables sind verschiedene vertragliche Beziehungen als Anknüpfungspunkte denkbar.

aa. Kaufvertrag

Zunächst wird an den Kaufvertrag zu denken sein, den der Betroffene beim Kauf des Wearables abschließt.[378] Hierbei ist allerdings zu beachten, dass der

---

371 So SHS/*Schantz* Art. 6 Abs. 1 DSGVO Rn. 15; Gola/*Schulz* Art. 6 DSGVO Rn. 27; BeckOK-DatenschutzR/*Albers/Veit* Art. 6 DSGVO Rn. 29; Kühling/Buchner/*Buchner/Petri* Art. 6 DSGVO Rn. 26.

372 Als „Selbstverständlichkeit“ bezeichnen dies *Buchner/Petri*, in: Kühling/Buchner Art. 6 DSGVO Rn. 26.

373 Kühling/Buchner/*Buchner/Petri* Art. 6 DSGVO Rn. 33; Gola/*Schulz* Art. 6 DSGVO Rn. 28.

374 So auch DWWS/*Wedde* Art. 6 DSGVO Rn. 27.

375 So auch Kühling/Buchner/*Buchner/Petri* Art. 6 DSGVO Rn. 27.

376 BeckOK-DatenschutzR/*Albers/Veit* Art. 6 DSGVO Rn. 30; Kühling/Buchner/*Buchner/Petri* Art. 6 DSGVO Rn. 30.

377 Im Ergebnis so auch GSSV/*Assion/Nolte/Veil* Art. 6 DSGVO Rn. 85.

378 So auch *Dregelies*, VuR 2017, 256 (258).

Kaufvertrag zumeist mit einem Händler abgeschlossen wird und nicht mit dem Hersteller des Wearables selbst.[379] Im Ergebnis wird dies jedoch unbeachtlich sein. Art. 6 Abs. 1 lit. b Alt. 1 DSGVO statuiert nicht, dass der für die Datenverarbeitung Verantwortliche auch Vertragspartner des Betroffenen werden muss.[380]

Zudem muss die Verarbeitung der Daten aber für die Vertragserfüllung erforderlich sein. Ob dies der Fall ist, bemisst sich nach dem jeweils zu Grunde liegenden Vertrag.[381] So muss ermittelt werden, ob ein unmittelbarer sachlicher Zusammenhang zwischen der beabsichtigten Datenverarbeitung und dem konkreten Zweck des Vertrages besteht.[382] Um hierbei jedoch eine uferlose Ausdehnung zu vermeiden, bietet es sich an, die den Vertrag charakterisierende Leistung auf den eigentlichen Kern zu reduzieren.[383]

Somit ist entscheidend, ob die Verarbeitung der Daten durch den Verantwortlichen zu Analysezwecken zum Vertragszweck eines Kaufvertrages gehört. Kernzweck eines Kaufvertrages ist der Austausch von Gütern.[384] Zwar wird man das Gerät oftmals nur nutzen können, wenn auf die technische Infrastruktur des Herstellers zurückgegriffen wird, jedoch steht dies nicht in direktem Zusammenhang zum Güteraustausch. Eine Datenverarbeitung zu Analysezwecken kann somit nicht als erforderliche Datenverarbeitung für die Vertragserfüllung eines Kaufvertrages angesehen werden. Erfasst wären hingegen Datenverarbeitungen zur Abwicklung des Kaufvertrages, wie z. B. Daten zu Versand oder Bezahlung.[385]

bb. Nutzungsvertrag

Als weiterer denkbarer Anknüpfungspunkt kommt ein Nutzungsvertrag in Betracht. So könnte die Verarbeitung der personenbezogenen Daten auf einen geschlossenen „Nutzungsvertrag“ zu stützen sein, der z. B. eine App-Nutzung

---

379 Dies kommt am Beispiel SmartTV zum Tragen bei *Wendehorst/von Westphalen*, NJW 2016, 3745 (3746).

380 So auch Sydow/*Reimer* Art. 6 DSGVO Rn. 18; SHS/*Schantz* Art. 6 Abs. 1 DSGVO Rn. 22.

381 Gola/*Schulz* Art. 6 DSGVO Rn. 37.

382 Vgl. Kühling/Buchner/*Buchner/Petri* Art. 6 DSGVO Rn. 39.

383 So Kühling/Buchner/*Buchner/Petri* Art. 6 DSGVO Rn. 40; *EDPB* Guidelines 2/2019 Rn. 33.

384 MüKo-BGB/*Westermann* Vor § 433 BGB Rn. 1.

385 Kühling/Buchner/*Buchner/Petri* Art. 6 DSGVO Rn. 39; SHS/*Schantz* Art. 6 Abs. 1 DSGVO Rn. 34f.

oder die Nutzung eines Analysetools zum Vertragsgegenstand hat.[386] Problematisch ist, wann ein solcher „Nutzungsvertrag“ geschlossen wird.

Zumeist wird der Vertragsschluss im Rahmen der Einrichtung des Gerätes erfolgen, wenn sich der Nutzer für die jeweiligen Analyseoptionen registriert und dabei auf Schaltflächen wie „Ich stimme zu.“ klickt.[387] Zudem kann ein Vertragsschluss auch durch die Nutzung selbst zustande kommen. So ist bereits der Hinweis auf eine App zur Auswertung der Wearable-Daten auf der Verpackung des Wearables als ein konkludentes Angebot für einen Abschluss eines Nutzungsvertrages anzusehen.[388] Durch Nutzung von App und Wearable erklärt der Nutzer konkludent die Annahme. Die vertragscharakteristische Leistung eines solchen als Dauerschuldverhältnis zu qualifizierenden Nutzungsvertrages ist die Datenverarbeitung. So ist die Bereitstellung von Analysen zu den jeweiligen Datensätzen des Nutzers als Hauptleistungspflicht von den Betroffenen auserkoren worden. Somit ist die Datenverarbeitung als für die Erfüllung des Vertrages i. S. d. Art. 6 Abs. 1 lit. b Alt. 1 DSGVO erforderlich anzusehen. Art. 6 Abs. 1 lit. b Alt. 1 DSGVO kann daher als taugliche Rechtsgrundlage für eine solche Datenverarbeitung qualifiziert werden.

cc. Erfüllung eines Vertrages und Kinder

In Frage kann diese Qualifikation jedoch im Zusammenhang mit Kindern stehen. So ist fraglich, ob Art. 6 Abs. 1 lit. b Alt. 1 DSGVO eine taugliche Rechtsgrundlage für die Datenverarbeitung bei Kindern darstellt. Wie bereits erörtert, gelten diese als besonders schützenswert.[389] In diesem Zusammenhang ist Art. 8 Abs. 3 DSGVO beachtlich. Hiernach wird durch die Regelung aus Art. 8 Abs. 1 DSGVO nicht das nationale Vertragsrecht berührt. Damit kommt es also für die Frage einer tauglichen Rechtsgrundlage für die Datenverarbeitung auf den wirksamen Abschluss eines Vertrages durch das Kind nach nationalen Vorschriften – in Deutschland, also der §§ 106 ff. BGB – an.[390] Dies hat zur Konsequenz, dass zwischen verschiedenen Situationen differenziert werden muss. Bei einem geschäftsunfähigen Minderjährigen wird man den Vertragsschluss durch

---

386 So auch *Dregelies*, VuR 2017, 256 (258).

387 So auch zu Parallelproblematik beim SmartTV *Wendehorst/von Westphalen*, NJW 2016, 3745 (3746).

388 So auch *Dregelies*, VuR 2017, 256 (258).

389 Siehe oben S. 90.

390 Paal/Pauly/*Frenzel* Art. 8 DSGVO Rn. 16.

das Kind selbst als unwirksam ansehen und somit kann eine Datenverarbeitung nicht auf Art. 6 Abs. 1 lit. b DSGVO gestützt werden.[391]

Sollten die gesetzlichen Vertreter den Vertrag mit Wirkung für und gegen das Kind gem. § 164 BGB schließen, so ist Art. 6 Abs. 1 lit. b DSGVO jedoch eine taugliche Grundlage.[392] Bei einem beschränkt geschäftsfähigen Kind i. S. d. § 106 BGB hängt der Vertragsschluss von einer Einwilligung oder Genehmigung der gesetzlichen Vertreter in den Nutzungsvertrag ab.[393] Sollte eine solche gegeben sein, kann eine im Zusammenhang mit diesem Vertrag erforderliche Datenverarbeitung gem. Art. 6 Abs. 1 lit. b DSGVO auf eine taugliche Rechtsgrundlage fußen.

In diesen Szenarien zeigt sich eine Schwäche der Regelung des Art. 8 Abs. 3 DSGVO. So wäre denkbar, dass ein Kind mangels Einwilligung oder Zustimmung der Eltern keinen Nutzungsvertrag schließen kann und damit eine Datenverarbeitung nicht auf die Rechtsgrundlage aus Art. 6 Abs. 1 lit. b DSGVO gestützt werden kann. Jedoch wäre eine im Zusammenhang mit dem Nutzungsvertrag erteilte Einwilligung des Kindes durchaus als wirksam anzusehen.[394] Dieses Dilemma könnte lediglich dadurch behoben werden, dass die nationalen Vorschriften an die Altersgrenzen der DSGVO angepasst werden. Damit würde allerdings rechtspolitisch die Altersgrenze von 18 Jahren infrage gestellt.[395]

c. *Interessenabwägung, Art. 6 Abs. 1 lit. f DSGVO*

Ebenfalls denkbar erscheint eine Legitimation der Datenverarbeitung durch Art. 6 Abs. 1 lit. f DSGVO.

Diese Vorschrift fußt auf dem Prinzip einer Interessenabwägung und zeigt damit, dass es in Gleichordnungsverhältnissen im Datenschutzrecht immer wieder zu kollidierenden Interessen von Grundrechtsträgern kommt.[396] Hierbei wird stellenweise Art. 6 Abs. 1 lit. f DSGVO fälschlicherweise als ein Auffangtatbestand[397] oder auch ein Ausnahmetatbestand[398] charakterisiert.[399] Es ist jedoch

391 Kühling/Buchner/*Buchner/Petri* Art. 6 DSGVO Rn. 31.
392 DWWS/*Däubler* Art. 8 DSGVO Rn. 12.
393 DWWS/*Däubler* Art. 8 DSGVO Rn. 12.
394 Dieses Problem sieht *Klement,* in: SHS Art. 8 DSGVO Rn. 33.
395 So SHS/*Klement* Art. 8 DSGVO Rn. 33.
396 Vgl. *Assion/Nolte/Veil* Art. 6 DSGVO Rn. 120.
397 Vgl. SJTK/*Schwartmann/Klein* Art. 6 Abs. 1 lit. f DSGVO Rn. 136; GSSV/*Assion/Nolte/Veil* Art. 6 DSGVO Rn. 120; Plath/*Plath* Art. 6 DSGVO Rn. 47.
398 Paal/Pauly/*Frenzel* Art. 6 DSGVO Rn. 26.
399 So auch Gola/*Schulz* Art. 6 DSGVO Rn. 13; Taeger/Gabel/*Taeger* Art. 6 DSGVO Rn. 106.

grundsätzlich eine Gleichrangigkeit der Erlaubnistatbestände untereinander anzunehmen und dieser Gedanke würde konterkariert, wenn eine Hierarchie in Art. 6 Abs. 1 lit. a- f DSGVO integriert werden würde.[400]

Folglich kann immer eine Interessenabwägung als möglicher Erlaubnistatbestand herangezogen werden. Hierbei ist innerhalb des Erlaubnistatbestandes eine dreigliedrige Struktur erkennbar.[401] So ist zunächst ein berechtigtes Interesse des Verantwortlichen zu ermitteln, für das wiederum die Datenverarbeitung erforderlich sein muss. In einem letzten Schritt ist dann die eigentliche Abwägung mit den Grundrechten, Grundfreiheiten und Interessen des Betroffenen vorzunehmen.

Als berechtigtes Interesse des Verantwortlichen sind sowohl rechtliche, wirtschaftliche als auch ideelle Interessen anzusehen.[402] Dieses weite Verständnis zeigt sich auch in ErwGr. 47 DSGVO.[403] Beispielsweise weist ErwGr. 47 DSGVO auf eine Kundenbeziehung zwischen Verantwortlichem und Betroffenen hin, in welcher von einem berechtigten Interesse des Verantwortlichen ausgegangen werden kann. Neben diesem Indikator für das Vorliegen eines berechtigten Interesses tritt auch die Erwägung, dass das Interesse oftmals auf die Grundrechte des Verantwortlichen zurückführbar ist.[404]

Die zu rechtfertigende Datenverarbeitung müsste für das auf diese Weise ermittelte Interesse des Verantwortlichen erforderlich sein. Das Merkmal der Erforderlichkeit verbindet somit die Datenverarbeitung und das jeweilige berechtigte Interesse des Verantwortlichen.[405] Eine „Erforderlichkeit" ist anzunehmen, wenn keine objektiv zumutbare Alternative gegeben ist.[406] Ist jene zu bejahen, so muss dann eine Abwägung mit den Interessen, Grundrechten und Grundfreiheiten des Betroffenen erfolgen. Wie sich aus ErwGr. 47 DSGVO ergibt, ist bei dieser Abwägung auch immer die vernünftige Erwartungshaltung

---

400 Für die grds. Gleichrangigkeit auch Gola/*Schulz* Art. 6 DSGVO Rn. 13; DWWS/*Wedde* Art. 6 DSGVO Rn. 14; SHS/*Schantz* Art. 6 DSGVO Rn. 11; BeckOK-DatenschutzR/*Albers/Veit* Art. 6 DSGVO Rn. 24; Kühling/Buchner/*Buchner/Petri* Art. 6 DSGVO Rn. 16.

401 So auch Paal/Pauly/*Frenzel* Art. 6 DSGVO Rn. 27; GSSV/*Assion/Nolte/Veil* Art. 6 DSGVO Rn. 120.

402 BeckOK-DatenschutzR/*Albers/Veit* Art. 6 DSGVO Rn. 49; Kühling/Buchner/*Buchner/Petri* Art. 6 DSGVO Rn. 146; SHS/*Schantz* Art. 6 Abs. 1 DSGVO Rn. 98.

403 DWWS/*Wedde* Art. 6 DSGVO Rn. 95; Paal/Pauly/*Frenzel* Art. 6 DSGVO Rn. 28.

404 So auch SHS/*Schantz* Art. 6 Abs. 1 DSGVO Rn. 98.

405 So auch BeckOK-DatenschutzR/*Albers/Veit* Art. 6 DSGVO Rn. 69.

406 DWWS/*Wedde* Art. 6 DSGVO Rn. 94.

des Betroffenen mit Blick auf die Verarbeitung sowie die Beziehung zum Verantwortlichen zu berücksichtigen.[407] Außerdem ist stets das Maß an Beeinträchtigung der Interessen des Betroffenen unter Berücksichtigung der verfolgten Interessen des Verantwortlichen zu beachten.[408] Sollte im Rahmen dieser Abwägung ein Überwiegen der Position des Betroffenen bejaht werden, so kann die zu rechtfertigende Datenverarbeitung des Verantwortlichen nicht durch Art. 6 Abs. 1 lit. f DSGVO legitimiert werden. Somit müsste im Umgang mit Wearables zunächst ein berechtigtes Interesse des Verantwortlichen gegeben sein.

Die Datenverarbeitung im Zusammenhang mit Wearables durch den Hersteller als Verantwortlichen steht für diesen in einem wirtschaftlichen Betätigungsfeld. Folglich ist grundrechtlich die Berufsfreiheit aus Art. 12 GG zu berücksichtigen.[409] Zudem besteht zwischen dem Nutzer des Wearables und dem Hersteller eine Kundenbeziehung, wie sie von ErwGr. 47 DSGVO erwähnt wird. Somit wird man für den Hersteller als Verantwortlichem geschäftliche und wirtschaftliche Interessen an der Datenverarbeitung zuerkennen müssen. Diese sind auch grundsätzlich als berechtigte Interessen im Sinne des Art. 6 Abs. 1 lit. f DSGVO anzusehen. Die jeweiligen Datenverarbeitungen müssten für dieses berechtigte Interesse auch erforderlich sein. Eine Analyse der Daten durch den Hersteller und die Bereitstellung dieser Daten für den Nutzer ist als Teil der Kundenbeziehung anzusehen und somit wird eine „Erforderlichkeit" für das wirtschaftliche Interesse des Herstellers zu bejahen sein. Hingegen wird zum Beispiel die Verarbeitung von Kontaktdaten beispielsweise zur Bereitstellung der Möglichkeit, die eigenen Aktivitäten mit Freunden über „Social Media Plattformen" zu teilen, nicht als notwendiger Bestandteil des Nutzungsvertrages anzusehen sein. Ein anderer Anknüpfungspunkt an das wirtschaftliche Interesse des Herstellers ist ebenfalls nicht ersichtlich.

Für die als erforderlich anzusehenden Datenverarbeitungen kommt es entscheidend auf die Abwägung mit den Interessen und Grundrechten des Betroffenen an. Problematisch ist dabei zunächst, dass es sich bei den Interessen des Verantwortlichen ausschließlich um wirtschaftliche Interessen handelt. Es stellt sich die Frage, ob sich daraus eine ausreichende Legitimationsgrundlage ergibt.

---

407 BeckOK-DatenschutzR/*Albers/Veit* Art. 6 DSGVO Rn. 72; Gola/*Schulz* Art. 6 DSGVO Rn. 55.

408 BeckOK-DatenschutzR/*Albers/Veit* Art. 6 DSGVO Rn. 72.

409 Die Berufsfreiheit garantiert juristischen Personen unter anderem die Freiheit einem Erwerbszweck nachzugehen und ein Gewerbe zu betreiben, vgl. 50, 290 (363); BVerfGE 30, 292 (312).

Dabei ist beachtlich, dass Wearables als Teil des Prinzips des „IoT" allgegenwärtige Datenerhebung ermöglichen und diese auch in Situationen erfolgen kann, die üblicherweise einer Datenerhebung verschlossen wären.[410] Gerade wenn Daten mit einem Bezug zur Gesundheit oder auch der Intimsphäre des Betroffenen durch die Wearables verarbeitet werden.[411] Diese Erwägung wird auch dadurch bestärkt, dass Wearables oftmals Alltagsgegenstände sind und damit dem Nutzer die Datenerhebung weniger bewusst ist, also eine Situation der Vertraulichkeit geschaffen wird.[412] Hierbei ist auch zu beachten, dass selbst „allgemeine personenbezogene Daten" aufgrund der besonderen Verarbeitungssituation eine große Nähe zum sensiblen Datenbereich aufweisen.[413] Diese sich aus dem Wesen eines Wearables ergebenden Besonderheiten führen dazu, dass im Zusammenhang mit Wearables rein wirtschaftliche Motive nicht als ausreichend anzusehen sind, um eine Legitimation für die Datenverarbeitung zu begründen.[414]

Folglich wird man ein Überwiegen des Interesses des Betroffenen annehmen können, und damit kann Art. 6 Abs. 1 lit. f DSGVO nicht als Ermächtigungsgrundlage für die Verarbeitung verstanden werden. Mit Blick auf die sich aus dieser Ermächtigungsgrundlage ergebenden großen Rechtsunsicherheit für den Verantwortlichen, ist dies auch unter diesem Gesichtspunkt ein billiges Ergebnis.[415]

d. Zusammenfassung

Zusammenfassend ergibt sich für die Legitimation der Datenverarbeitung von allgemeinen personenbezogenen Daten folgendes Bild: Eine Verarbeitung der genannten Daten ist durch die Hersteller von Wearables und Gesundheitsapps auf zwei taugliche Legitimationsgrundlagen zu stützen.

---

410 SHS/*Schantz* Art. 6 Abs. 1 DSGVO Rn. 121; *Art. 29 – Datenschutzgruppe*, Stellungn. 08/2014, WP 223, S. 15.

411 *Art. 29 – Datenschutzgruppe*, Stellungn. 08/2014, WP 223, S. 15.

412 SHS/*Schantz* Art. 6 Abs. 1 DSGVO Rn. 121; Bräutigam/Kraul/*Rücker/Dienst*, Internet of Things § 6 Rn. 218.

413 So bspw. sind erhebliche Rückschlüsse auf Lebensgewohnheiten möglich; vgl. auch SHS/*Schantz* Art. 6 Abs. 1 DSGVO Rn. 121.

414 So auch *Art. 29 – Datenschutzgruppe*, Stellungn. 08/2014, WP 223, S. 15; SHS/*Schantz* Art. 6 Abs. 1 DSGVO Rn.121; EuGH, Urt. v. 13.05.2014, Google Spain, C-131/12, ECLI:EU:C:2014:317 Rn. 74 ff.

415 Zur Rechtsunsicherheit SHS/*Schantz* Art. 6 Abs. 1 DSGVO Rn. 86; Kühling/Buchner/*Buchner/Petri* Art. 6 DSGVO Rn. 142; DWWS/*Wedde* Art. 6 DSGVO Rn. 92.

Einerseits wird dabei die Einwilligung gem. Art. 6 Abs. 1 lit. a DSGVO trotz der geäußerten Bedenken in Bezug auf die von ihr ausgehende Legitimationswirkung die praktisch relevanteste Lösung sein und bleiben. Allerdings wird sich zeigen müssen, wie die weitere und steigende Entwicklung von Big Data-Anwendungen im Zusammenspiel mit der Apathie der Nutzer in Bezug auf den Schutz ihrer Daten diese Legitimation weiter erschüttert wird. Hierbei gilt es Lösungen zu erarbeiten, welche die Autonomie des Einzelnen größtmöglich fördern und gleichzeitig nicht als zu bevormundend einzustufen sind.[416]

Anderseits bietet der zwischen Nutzer und Hersteller geschlossene Nutzungsvertrag, welcher für die Analyse der Datensätze abgeschlossen wird, eine taugliche Verarbeitungsgrundlage nach Art. 6 Abs. 1 lit. b DSGVO. Es ist allerdings in besonderem Maße der Charakter dieser Daten zu beachten, denn oftmals werden für die Analyse gerade Daten benötigt, die der Kategorie des Art. 9 Abs. 1 DSGVO zuzuordnen sind. Nicht greifen kann durch die Nähe der verarbeitenden Daten zum besonders sensiblen Lebensbereich des Nutzers die Interessenabwägung aus Art. 6 Abs. 1 lit. f DSGVO. Hierbei ist jedoch ohnehin den Herstellern aus Gründen der Rechtssicherheit von einer auf diese Legitimationsgrundlage gestützten Datenverarbeitung abzuraten.

2. *Verarbeitung besonderer Kategorien personenbezogener Daten*

Wie bereits erörtert wurde, werden von Wearables und den mit ihnen verbundenen Gesundheitsapps vor allem sensible personenbezogene Daten verarbeitet.[417]

Auf Grund der damit einhergehenden erhöhten Eingriffsintensität unterliegen diese Daten mit Blick auf die Frage der Rechtmäßigkeit der Verarbeitung erhöhten Anforderungen.[418]

a. *Allgemeines*

Diese erhöhten Anforderungen finden sich an verschiedenen Stellen in der DSGVO.

Art. 9 DSGVO stellt Rechtsgrundlagen für die Datenverarbeitung von sensiblen personenbezogenen Daten zur Verfügung. Die Vorschrift statuiert zunächst ein prinzipielles Verarbeitungsverbot von den in Art. 9 Abs. 1 DSGVO genannten Daten.[419] Dieses Verarbeitungsverbot basiert auf dem Gedanken,

---

416 Um eine Lösung bei Big-Data Anwendungen bemüht beispielhaft *Augsberg/v. Ulmenstein,* GesR 2018, 341-347.

417 Siehe S. 57 ff.

418 Vgl. Kühling/Buchner/*Weichert* Art. 9 DSGVO Rn. 4.

419 SHS/*Petri* Art. 9 DSGVO Rn. 2; Kühling/Buchner/*Weichert* Art. 9 DSGVO Rn. 7;

dass sensible personenbezogene Daten eine besondere Nähe zu den Grundrechten und Grundfreiheiten der Betroffenen aufweisen, deshalb einerseits eine höchstpersönliche Natur zeigen, andererseits als identitätsstiftend anzusehen sind.[420] Zu diesem Verarbeitungsverbot kennt Art. 9 Abs. 2 DSGVO jedoch Ausnahmetatbestände.

Es stellt sich die Frage, wie das Verhältnis zu den sich aus Art. 6 Abs. 1 DSGVO ergebenden Erlaubnistatbeständen ausgestaltet ist. Hierbei sind zweierlei Ansätze denkbar.

Möglich erscheint es einerseits, Art. 9 DSGVO als *lex specialis* anzusehen, der Art. 6 DSGVO verdrängt.[421]Anderseits könnte man annehmen, dass Art. 9 DSGVO lediglich zusätzliche Vorgaben neben Art. 6 DSGVO schafft, also eine normative Überlagerung gegeben ist.[422] Für diese letztgenannte Ansicht spricht zunächst, dass ErwGr. 51 S. 5 DSGVO ausdrücklich die allgemeinen Anforderungen der Verordnung als „zusätzlich" anwendbar erklärt.[423] Zudem kann der Wortlaut des Art. 6 DSGVO herangezogen werden. So knüpft dieser an jede Verarbeitung von personenbezogenen Daten an und bezieht sich nicht nur auf gewisse Datenkategorien.[424]

Dass somit durch Art. 9 DSGVO zusätzliche Eingriffsvoraussetzungen geschaffen werden, lässt sich vor allem mit der höheren Intensität eines Eingriffes in den sensiblen Lebensbereich des Betroffenen begründen.[425] Damit ist im Ergebnis bei Vorliegen von besonderen personenbezogenen Daten sowohl die Legitimation nach Art. 9 DSGVO als auch die Rechtsgrundlage aus Art. 6 Abs. 1 DSGVO zu prüfen. Folglich entfaltet Art. 9 DSGVO bei Fehlen eines Ausnahmetatbestandes in Bezug auf alle allgemeinen Zulässigkeitstatbestände eine Sperrwirkung.[426] Diese greift auch in Bezug auf einige der sich aus Art. 6 Abs. 1

DWWS/*Wedde* Art. 9 DSGVO Rn. 2; Gola/*Schulz* Art. 9 DSGVO Rn. 1.

420 Paal/Pauly/*Frenzel* Art. 9 DSGVO Rn. 6.

421 So *Albrecht/Jotzo*, Das neue Datenschutzrecht der EU S. 78 Rn. 58; Sydow/*Kampert* Art. 9 DSGVO Rn. 63; GSSV/*Korge* Art. 9 DSGVO Rn. 3.

422 BeckOK-DatenschutzR/*Albers/Veit* Art. 9 DSGVO Rn. 11; DWWS/*Wedde* Art. 9 DSGVO Rn. 3; SJTK/*Jaspers/Schwartmann/Mühlenbeck* Art. 9 DSGVO Rn. 21; BT-Drs. 18/11325, S. 94; SHS/*Petri* Art. 9 DSGVO Rn. 2; Kühling/Buchner/*Weichert* Art. 9 DSGVO Rn. 4; so wohl auch Gola/*Schulz* Art. 9 DSGVO Rn. 5.

423 So auch BeckOK-DatenschutzR/*Albers/Veit* Art. 9 DSGVO Rn. 11; Gola/ *Schulz* Art. 9 DSGVO Rn. 5.

424 *Matejek/Mäusezahl*, ZD 2019, 551 (554).

425 Vgl. Kühling/Buchner/*Weichert* Art. 9 DSGVO Rn. 4.

426 BeckOK-DatenschutzR/*Albers/Veit* Art. 9 DSGVO Rn. 11; *Schulz* sieht in Gola Art. 9 DSGVO Rn. 1 eine grundsätzliche Sperrwirkung für die Verarbeitungsgrundlage

DSGVO ergebenden Verarbeitungsgrundlagen. So kann eine Datenverarbeitung, welche durch Art. 9 Abs. 2 lit. a DSGVO zulässig ist, nur auf die Rechtsgrundlage des Art. 6 Abs. 1 lit. a DSGVO gestützt werden.[427] Beachtlich ist, dass einige Zulässigkeitstatbestände des Art. 9 Abs. 2 DSGVO Überschneidungen mit denen des Art. 6 Abs. 1 DSGVO aufweisen.[428] In dieser Konstellation erfolgt bereits mit der Prüfung des Tatbestandes aus Art. 9 Abs. 2 DSGVO eine inzidente Prüfung.[429] Für den Einsatz von Wearables und Gesundheitsapps heißt dies im Ergebnis, dass bei der Verarbeitung von sensiblen personenbezogenen Daten sich zusätzlich zu den Voraussetzungen des Art. 6 Abs. 1 DSGVO auch eine Legitimation aus Art. 9 Abs. 2 DSGVO ergeben muss. Die Rechtsgrundlage für eine Datenverarbeitung von sensiblen personenbezogenen Daten ergibt sich somit aus Art. 6 DSGVO i.V.m. Art. 9 Abs. 2 DSGVO.

b. Die Erlaubnistatbestände gem. Art. 9 DSGVO

Eine Legitimation einer Datenverarbeitung von besonderen personenbezogenen Daten kann sich aus der abschließenden Aufzählung aus Art. 9 Abs. 2 DSGVO ergeben.

aa. Art. 9 Abs. 2 lit. a DSGVO

Art. 9 Abs. 2 lit. a DSGVO statuiert die erste denkbare Ausnahme zu dem sich aus Art. 9 Abs. 1 DSGVO ergebenden Verarbeitungsverbot, welche auch gleichzeitig die in Bezug auf den Einsatz von Wearables und Gesundheitsapps häufigste Grundlage für die Datenverarbeitung durch den Hersteller sein wird.[430]

Dabei ist erneut die privatautonome Entscheidung des Nutzers zugunsten einer Datenverarbeitung die Möglichkeit, die notwendige Legitimation zu begründen.[431] Mittel der Ausübung dieser Selbstbestimmung ist die in Art. 9 Abs. 2 lit. a DSGVO genannte „ausdrückliche Einwilligung". Trotz dieser terminologischen

---

aus Art. 6 Abs. 1 lit. f DSGVO. Meines Erachtens ist dies nicht mit dem angelegten Verständnis zu Art. 9 DSGVO als zusätzliche Voraussetzung konsistent. So ist die Erwägung zu berücksichtigen, dass im Rahmen einer Interessenabwägung gerade die Besonderheiten von sensiblen Daten Beachtung finden können.

427 Beispielsweise bei Fitness-Apps so *Matejek/Mäusezahl*, ZD 2019, 551 (556).

428 *Matejek/Mäusezahl*, ZD 2019, 551 (556).

429 *Matejek/Mäusezahl*, ZD 2019, 551 (556).

430 Als einschlägige Rechtsgrundlage sehen dies ausdrücklich *Art. 29 Gruppe*, Letter to the European Commission, DG CONNECT on mHealth, Annex vom 05.02.2015 S. 5; SJTK/*Jaspers/Schwartmann/Mühlenbeck* Art. 9 DSGVO Rn. 126.

431 Vgl. BeckOK-DatenschutzR/*Albers/Veit* Art. 9 DSGVO Rn. 57.

Unterscheidung zu Art. 6 Abs. 1 lit. a DSGVO greifen die Regelungen des Art. 7 DSGVO sowie Art. 4 Nr. 11 DSGVO auch für die Einwilligung i. S. d. Art. 9 Abs. 2 lit. a DSGVO.[432] Somit sind auch die Vorgaben der Informiertheit und Freiwilligkeit der Einwilligung beachtlich.[433] Hierbei sind erneut die bereits geäußerten Bedenken bezüglich der Legitimationswirkung der Einwilligung zu beachten. Diese Bedenken werden durch die Einordnung der Daten als „sensibel" sogar noch verstärkt werden, allerdings greift hier erneut die Erwägung, dass die Preisgabe dieser besonders geschützten Daten ebenfalls vom Schutz der informationellen Selbstbestimmung und der Datenautonomie des Betroffenen gedeckt sein muss. Mit der Anknüpfung an das Merkmal der „Ausdrücklichkeit" zeigt sich bereits terminologisch die erhöhte Anforderung für die Legitimation der Datenverarbeitung im Vergleich zur „Einwilligung" aus Art. 6 Abs. 1 lit. a DSGVO.[434] Allerdings ist unklar, wann eine solche „Ausdrücklichkeit" anzunehmen ist und damit auch welche rechtlichen Anforderungen an die Einwilligung im Zusammenhang mit der Verarbeitung von sensiblen personen-bezogenen Daten, welche durch Wearables und Gesundheitsapps verarbeitet werden, zu stellen sind. Das Merkmal der „Ausdrücklichkeit" wirkt dabei sowohl auf den Gegenstand der Einwilligung als auch auf die Form und die vorangegangene Information der betroffenen Personen.[435] Primär bezieht sich die Ausdrücklichkeit darauf, dass sich die Einwilligung klar und unmissverständlich auf die Verarbeitung sensibler Daten beziehen muss.[436] Daraus folgt auch, dass der betroffenen Person unzweideutig die zu verarbeitenden Daten, die Art der Daten, die Verarbeitungsvariante und der Zweck der Verarbeitung mitzuteilen ist.[437] Für die Hersteller von Wearables und Gesundheitsapps heißt das, dass die jeweiligen bereitgestellten Datenschutzerklärungen, auf denen die Einwilligung basiert, dieses Maß an Bestimmtheit aufweisen müssen, um eine Legitimation für die Verarbeitung von sensiblen Daten erreichen zu können. Dabei bietet sich insbesondere eine separate Einholung, also eine Einholung getrennt von der Einwilligung in die Verarbeitung von sonstigen personenbezogenen Daten an. Auf diese Weise kann die

---

432 Kühling/Buchner/*Weichert* Art. 9 DSGVO Rn. 53; DWWS/*Wedde* Art. 9 DSGVO Rn. 52; BeckOK-DatenschutzR/*Albers/Veit* Art. 9 DSGVO Rn. 58; SHS/*Petri* Art. 9 DSGVO Rn. 33.

433 Ehmann/Selmayr/*Schiff* Art. 9 DSGVO Rn. 34.

434 Ehmann/Selmayr/*Schiff* zu Art. 9 DSGVO Rn. 33.

435 BeckOK-DatenschutzR/*Albers/Veit* Art. 9 DSGVO Rn. 60; Kühling/Buchner/*Weichert* Art. 9 DSGVO Rn. 47.

436 Gola/*Schulz* Art. 9 DSGVO Rn. 14; Kühling/Buchner/*Weichert* Art. 9 DSGVO Rn. 47.

437 Vgl. *Kühling/Seidel,* in: Kingreen/Kühling Gesundheitsdatenschutzrecht S. 102; Ehmann/Selmayr/*Schiff* zu Art. 9 DSGVO Rn. 33.

besondere Wichtigkeit und Sensibilität der verwendeten Daten dem Nutzer sichtbar gemacht werden. Neben diese inhaltlichen Erwägungen tritt, dass das Erfordernis der „Ausdrücklichkeit" Auswirkungen auf die zulässige Form der Einwilligung hat. Wie ErwGr. 32 S. 1 DSGVO zeigt und auch bereits dargelegt wurde, besteht für die Einwilligung grundsätzlich Formfreiheit. Insbesondere durch ErwGr. 32 S. 1 DSGVO genannt werden die schriftliche, elektronische und mündliche Form der Einwilligung. Auf Grund der Formfreiheit ist grundsätzlich auch eine stillschweigende beziehungsweise konkludente Einwilligung möglich. Das Merkmal der „Ausdrücklichkeit" schränkt diese Formfreiheit jedoch teilweise ein. So verlangt die „Ausdrücklichkeit", dass die bestätigende Handlung unzweideutig und unmissverständlich erfolgt. Von einer solchen Abgabe kann bei einer lediglich konkludenten oder stillschweigenden Einwilligung jedoch nicht ausgegangen werden. Somit schließt das Merkmal der „Ausdrücklichkeit" die konkludente Einwilligung aus.[438] Damit scheidet eine Einwilligung durch bloße Nutzung des Wearables, welche vorangehend als ausreichend für eine Legitimation bezeichnet wurde[439], für die Verarbeitung von sensiblen personenbezogenen Daten aus.[440]

Die Formfreiheit könnte auch noch an anderer Stelle durch das Merkmal der „Ausdrücklichkeit" eingeschränkt werden. So könnte zu erwägen sein, die mündliche Form der Einwilligung aufgrund des Schutzzweckes des Art. 9 DSGVO nicht als ausreichend anzusehen.[441] Hierfür soll danach gerade sprechen, dass es ansonsten aus einer *ex post*-Betrachtung unmöglich ist sicherzustellen, dass die Einwilligung den Erfordernissen des Art. 9 DSGVO entsprechend ergangen ist.[442] Diese Einschränkung geht jedoch zu weit und wird insbesondere nicht vom Wortlaut des Art. 9 DSGVO verlangt.[443] Dennoch ist nicht unbeachtet zu lassen, dass den Verantwortlichen gem. Art. 7 Abs. 1 DSGVO eine Nachweis- und Beweispflicht in Bezug auf die erteilte Einwilligung trifft. Um dieser Pflicht im Bereich der sensiblen personenbezogenen Daten nachzukommen, ist dem Verantwortlichen zu raten, eine dem Nachweis zugängliche Form wie etwa die Schriftform oder die elektronische Form für die Einwilligungserklärung

---

438 SHS/*Petri* Art. 9 DSGVO Rn. 33; Kühling/Buchner/*Weichert* Art. 9 DSGVO Rn. 47; Gola/*Schulz* Art. 9 DSGVO Rn. 16; Sydow/*Kampert* Art. 9 DSGVO Rn. 14; Ehmann/Selmayr/*Schiff* Art. 9 DSGVO Rn. 33; SJTK/*Jaspers/Schwartmann/Mühlenbeck* Art. 9 DSGVO Rn. 123.

439 Siehe oben S. 79 f.

440 So auch *Gorzala*, RdW 2019, 146 (148).

441 So Ehmann/Selmayr/*Schiff* Art. 9 DSGVO Rn. 35.

442 Ehmann/Selmayr/*Schiff* Art. 9 DSGVO Rn. 35.

443 Sydow/*Kampert* Art. 9 DSGVO Rn. 14; SHS/*Petri* Art. 9 DSGVO Rn. 33.

zu verlangen.[444] Für den Bereich der Wearables und der Gesundheitsapps wird sich hieraus kein großes Umdenken ergeben müssen. So wird die Einwilligung zumeist auf elektronischem Wege erfolgen. Die Nachweismöglichkeit ist dem Hersteller – als Verantwortlichem – also ohne Weiteres möglich.

Auch wenn sich hierbei keine Risiken zeigen, so enthält Art. 9 Abs. 2 lit. a DSGVO für die Verantwortlichen einen beachtenswerten Risikofaktor. So bietet Art. 9 Abs. 2 lit. a DSGVO die Möglichkeit, das Verarbeitungsverbot aus Art. 9 Abs. 1 DSGVO durch unionale und mitgliedsstaatliche Regelungen „einwilligungsfest" zu machen.[445] Gerade dadurch, dass die Einwilligung für private Akteure als zentrale Möglichkeit für die Legitimation der Datenverarbeitung anzusehen ist, erscheint eine solche Ausschlussbefugnis bedrohlich. Allerdings wird zu beachten sein, dass ein solcher Ausschluss der Einwilligung ein Eingriff in die Selbstbestimmung der Betroffenen ist und damit nur in Ausnahmefällen relevant werden wird.[446] Einen solchen Ausnahmefall wird man annehmen können, wenn die Umstände ergeben, dass eine Freiwilligkeit einer Einwilligung grundsätzlich als unrealistisch erscheint.[447] Eine solche Situation erscheint in Bezug auf das Verhältnis zwischen Hersteller des Wearables und dessen Nutzers als abwegig, denn es besteht grundsätzlich keine Abhängigkeitslage oder eine ähnliche Situation. Der deutsche Gesetzgeber hat bisher auch nicht von der sich aus Art. 9 Abs. 2 lit. a DSGVO ergebenden Ermächtigung Gebrauch gemacht.

Ebenfalls erneut beachtenswert ist die Einordnung von Kindern als Nutzer von Wearables und Gesundheitsapps. Hierbei wird oftmals von einer Anwendung des Art. 8 DSGVO auf die Einwilligung i. S. d. Art. 9 Abs. 2 lit. a DSGVO ausgegangen.[448] Hierfür könnte man anführen, dass ErwGr. 51 S. 5 DSGVO die Verschärfung des Art. 9 Abs. 2 lit. a DSGVO als zusätzliche Voraussetzung qualifiziert, die neben die allgemeinen Regelungen treten. Hiermit verkennt man jedoch die sich aus Art. 9 Abs. 1 DSGVO ergebende besondere Schutzwürdigkeit von sensiblen Daten. Gerade im Zusammenspiel dieser besonders

---

444 DWWS/*Wedde* Art. 9 DSGVO Rn. 51; Gola/*Schulz* Art. 9 DSGVO Rn.17; Sydow/*Kampert* Art. 9 DSGVO Rn. 14; BeckOK-DatenschutzR/*Albers/Veit* Art. 9 DSGVO Rn. 61; SHS/*Petri* Art. 9 DSGVO Rn. 33; Gorzala, RdW 2019, 146 (148).

445 Paal/Pauly/*Frenzel* Art. 9 DSGVO Rn. 22.

446 Paal/Pauly/*Frenzel* Art. 9 DSGVO Rn. 22; Ehemann/Selmayr/*Schiff* Art. 9 DSGVO Rn. 35; Sydow/*Kampert* Art. 9 DSGVO Rn. 15; Kühling/Buchner/*Weichert* Art. 9 DSGVO Rn. 48.

447 So Kühling/Buchner/*Weichert* Art. 9 DSGVO Rn. 48.

448 So ohne Argumentation Kühling/Buchner/*Klement* Art. 8 DSGVO Rn. 1; DWWS/*Wedde* Art. 9 DSGVO Rn. 52.

schützenswerten Daten und den als besonders schützenswert anzusehenden Kindern als Betroffenen erscheint eine Anknüpfung an feste Altersgrenzen problematisch.[449] So ergibt sich die Schutzbedürftigkeit in Bezug auf Minderjährige besonders aus der fehlenden Fähigkeit der Abschätzung von mit der Datenverarbeitung verbundenen Risiken. Gerade bei sensiblen Daten als Gegenstand der Verarbeitung sind diese besonders schwer zu überblicken.[450] Dieses Argument wird zusätzlich durch die in Art. 8 Abs. 1 UAbs. 2 DSGVO enthaltene Öffnungsklausel bestärkt, denn durch diese kann die Altersgrenze auf 13 Jahre reduziert werden, wodurch die generelle Einsichtsfähigkeit noch mehr infrage gestellt ist. Ergänzend kann zusätzlich das Argument angeführt werden, dass auch der Wortlaut des Art. 8 Abs. 1 DSGVO ausdrücklich nur an die Einwilligung i. S. d. Art. 6 Abs. 1 lit. a DSGVO anknüpft und damit die vorangehende Argumentation sich mit diesem deckt. Im Ergebnis wird damit der Anwendungsbereich des Art. 8 DSGVO nicht eröffnet sein, und die Einwilligungsfähigkeit wird im Einzelfall ermittelt werden müssen. Dies erscheint vor allem dadurch problematisch, dass diese dann notwendige Einzelfallprüfung für die Hersteller von Wearables erhebliche Rechtsunsicherheiten schafft. Mit Blick auf die besondere Schutzwürdigkeit von Kindern ist diese jedoch hinzunehmen.

bb. Art. 9 Abs. 2 lit. h DSGVO

Vorstellbar erscheint auch eine Legitimation aufgrund von Art. 6 Abs. 1 DSGVO i.V.m. Art. 9 Abs. 2 lit. h DSGVO. Danach ist eine Datenverarbeitung abweichend vom Verarbeitungsverbot aus Art. 9 Abs. 1 DSGVO erlaubt, wenn sie erforderlich für Zwecke der Gesundheitsvorsorge, der medizinischen Diagnostik oder der Versorgung oder Behandlung im Gesundheits- und Sozialbereich ist. Dabei muss die Verarbeitung entweder auf Grundlage des Unionsrechts oder mitgliedstaatlichen Rechtes erfolgen oder aber aufgrund eines Vertrages mit einem Angehörigen eines Gesundheitsberufes. Die in Deutschland konkretisierende nationale Norm zu dieser Rechtsgrundlage findet sich in § 22 Abs. 1 Nr. 1 lit. b BDSG, wobei sich hierbei keine weiteren Voraussetzungen ergeben, sondern lediglich eine Wiederholung der sich aus Art. 9 Abs. 2 lit. h ergebenden Voraussetzungen erfolgt.[451]

---

449 So auch SHS/*Klement* Art. 8 DSGVO Rn. 17.

450 Im Ergebnis so auch *Dregelies*, VuR 2017, 256 (261).

451 Vgl. Auernhammer/*Kramer/Oberbeck* § 22 BDSG Rn. 15; Kühling/Buchner/*Weichert* § 22 BDSG Rn. 5.

Allerdings kommt es durch Art. 9 Abs. 3 DSGVO zu einer Verflechtung von Datenschutzrecht und Berufsgeheimnisschutzrecht.[452] Es muss danach eine Verarbeitung durch Fachpersonal erfolgen, welches einem Berufsgeheimnis unterliegt, beziehungsweise durch eine andere Person, die einer solchen Geheimhaltungspflicht ebenfalls unterfällt. Wie § 22 Abs. 1 Nr. 1 lit. b BDSG deutlich macht, ist mit diesem Fachpersonal vor allem ärztliches Personal gemeint.[453] In Bezug auf den Hersteller von Wearables ist gerade diese personelle Voraussetzung des Art. 9 Abs. 3 DSGVO hinderlich für die Legitimation der Datenverarbeitung durch Art. 9 Abs. 2 lit. h DSGVO.[454] Möglich erscheint lediglich eine Qualifikation als eine „andere Person" i. S. d. Art. 9 Abs. 2 lit. h DSGVO, welche damit auch dem Berufsgeheimnis unterliegen muss. Einem solchen unterliegen die Hersteller jedoch, wie sich aus § 203 Abs. 4 Nr. 1 StGB ergibt vor allem dann, wenn sie als Auftragsverarbeiter für einen der Geheimnispflicht unterliegenden Verantwortlichen zu qualifizieren sind.[455] Wie allerdings bereits dargestellt, ist davon auszugehen, dass ein kooperatives Zusammenwirken zwischen Behandler und Hersteller entweder zu einer gemeinsamen Verantwortlichkeit führt oder aber zu einer nebeneinander separat laufenden Verantwortlichkeit und damit gerade kein solches Verhältnis der Auftragsdatenverarbeitung gegeben ist.[456] Daher wird man nur ausnahmsweise eine Legitimation der Datenverarbeitung durch den Hersteller auf Art. 6 Abs. 1 i.V.m. Art. 9 Abs. 2 lit. h DSGVO stützen können.

cc. Art. 9 Abs. 2 lit. i DSGVO

Art. 6 Abs. 1 DSGVO i. V. m. Art. 9 Abs. 2 lit. i DSGVO kann für den Hersteller von Wearables – als privater Verarbeiter – eine taugliche Legitimationsgrundlage darstellen. Dies kann auch unter Berücksichtigung der Wertung des ErwGr. 52 S. 2 DSGVO jedoch nur dann angenommen werden, wenn die Verarbeitung ausschließlich zu Zwecken erfolgt, welche im öffentlichen Interesse im Bereich der öffentlichen Gesundheit liegen.[457] Ein öffentliches Interesse liegt vor, wenn es

---

452 Vgl. Kühling/Büchner/*Weichert* Art. 9 DSGVO Rn. 138.

453 Vgl. Kühling/Buchner/*Weichert* § 22 BDSG Rn. 15.

454 Dies verkennend und daher undifferenziert als taugliche Grundlage ansehend *Gorzala,* RdW 2019, 146 (149).

455 Vgl. Specht/Mantz/*Paschke* § 13 Rn. 82; SHS/*Petri* Art. 9 DSGVO Rn. 90.

456 Vgl. oben S. 71 ff.

457 BeckOK-DatenschutzR/*Albers/Veit* Art. 9 DSGVO Rn. 95; Auernhammer/*Greve* Art. 9 DSGVO Rn. 34.

sich um ein Interesse der gesamten Bevölkerung oder zumindest eines weiten Teils dieser also einem Interesse der Allgemeinheit handelt.[458] Demnach kann eine Datenverarbeitung, die zumindest auch kommerziellen Interessen dient, nicht durch Art. 9 Abs. 2 lit. i DSGVO legitimiert werden.[459] Wann von einem öffentlichen Interesse im Bereich der Gesundheit ausgegangen werden kann, wird durch den Wortlaut des ErwGr. 54 und der in Art. 9 Abs. 2 lit. i DSGVO beispielhaft deutlich.

Im Zusammenhang mit Wearables erscheint vor allem die Anknüpfung an die Gewährleistung hoher Qualitäts- und Sicherheitsstandards bei Medizinprodukten[460] möglich. Jedoch könnte hierdurch nur eine diesem Zweck dienende Datenverarbeitung legitimiert werden. Für die hier überwiegend zu prüfenden Verarbeitungsszenarien kann Art. 9 Abs. 2 lit. i DSGVO in diesem Zusammenhang daher keine ausreichende Legitimation bieten.[461] Auch denkbar wäre eine Anknüpfung an die „Volksgesundheit" als ein vorstellbares öffentliches Interesse.[462] Die Datenverarbeitungen, welche in diesem Zusammenhang stehen könnten, stehen jedoch auch immer im kommerziellen Interesse des Herstellers oder anderer Akteure, wie z. B. Versicherungen. Somit kann sich keine Legitimation aus Art. 6 Abs. 1 DSGVO i. V. m. Art. 9 Abs. 2 lit. i DSGVO ergeben.

dd. Art. 9 Abs. 2 lit. j DSGVO

Eine potenzielle Ermächtigungsgrundlage bietet Art. 6 Abs. 1 DSGVO i. V. m. Art. 9 Abs. 2 lit. j DSGVO in Verbindung mit den konkretisierenden mitgliedsstaatlichen oder unionalen Vorschriften. So ist es grundsätzlich denkbar, dass durch Wearables erhobene Daten in der Forschung eingesetzt werden. Die Beleuchtung dieser Ermächtigungsgrundlage steht jedoch in engem Zusammenhang mit der Datenverarbeitung mit Forschungsstellen, sodass eine Darstellung im weiteren Verlauf erfolgt.[463]

---

458 SJTK/*Jaspers/Schwartmann/Mühlenbeck* Art. 9 DSGVO Rn. 180; Kühling/Buchner/*Weichert* Art. 9 DSGVO Rn. 89.

459 DWWS/*Wedde* Art. 9 DSGVO Rn. 129; Kühling/Buchner/*Weichert* Art. 9 DSGVO Rn. 116; vgl. auch ErwGr. 54 S. 4 DSGVO.

460 Zur Einordnung von Wearables als Medizinprodukte siehe unten S. 163 ff.

461 Undifferenziert dies bejahend *Gorzala*, RdW 2019, 146 (149).

462 Zum Begriff der „Volksgesundheit" vgl. ausführlich *Frenzl*, DöV 2007, 243 ff.; BVerfG, Urt. v. 11.06.1958– 1 BvR 596/56, BVerfGE 7, 377; BVerfG, Urt. v. 08.06.1960– 1 BvL 53/55, BVerfGE 11, 168.

463 Siehe unten S. 122 ff.

c. Zusammenfassung

Zusammenfassend ergibt sich für den Großteil der Datenverarbeitungsvorgänge von besonderen personenbezogenen Daten i. S. d. Art. 9 Abs. 1 DSGVO durch die Hersteller von Wearables, dass diese auf eine ausdrückliche Einwilligung i. S. d. Art. 9 Abs. 2 lit. a DSGVO zu stützen sind und keine anderen tauglichen Legitimationsgrundlagen einschlägig sind. Mit Blick auf die bereits stellenweise anklingende Kritik an der Legitimationswirkung der Einwilligung erscheint gerade diese Feststellung im Zusammenhang mit sensiblen personenbezogenen Daten als problematisch. Allerdings ist dabei zu beachten, dass die DSGVO selbst an die Einwilligung i. S. d. Art. 9 Abs. 2 lit. a DSGVO erhöhte Anforderungen stellt und daher ein verbesserter Schutz der Autonomie des Einzelnen gegeben ist.

II. Verarbeitung im Behandlungskontext

Neben den Hersteller treten eine ganze Reihe weitere Akteure.

Dabei ist in Bezug auf die Verwendung von Wearables im Gesundheitsbereich vor allem auf die Behandler als datenverarbeitende Stelle sowie die Krankenkassen einzugehen. So ergeben sich für beide Akteure starke Unterschiede im Vergleich zu dem bisher Ausgeführten.

1. Verarbeitung durch den Behandler

Die Verarbeitung von Wearable-Daten durch den Behandler ist davon geprägt, dass neben den Heilberufen auch Krankenhäuser unter diesen Begriff zu fassen sind. Somit sind ganz verschiedene Stellen mit unterschiedlichen Eigenschaften mit der Datenverarbeitung betraut. Neben den Krankenhäusern sind vor allem Ärzte beachtliche Stellen. Je nachdem, welche Einrichtung dabei als Behandler anzusehen ist, sind andere Anforderungen an die Rechtmäßigkeit der Datenverarbeitung zu stellen. Außerdem gilt es bei der Frage zu beachten, in welchem Zusammenhang die Datenverarbeitung steht. So kann neben dem Rückgriff auf die Daten aus dem nutzereigenen Wearable eventuell auch ein Wearable, welches als Medizinprodukt[464] in der professionellen Behandlung eingesetzt wird, als Instrument der Datenerhebung und Verarbeitung dienen. Denkbar ist zum Beispiel die permanente Kontrollmöglichkeit des Gesundheitszustands eines Patienten durch den Arzt mittels „Remote Monitoring".[465] Neben dem Kontext,

---

464 Zu dieser Einordnung vgl. unten S. 163 ff.

465 Vgl. auch *Katzenmeier*, MedR 2019, 259 (264).

in welchem die Datenverarbeitung erfolgt, ist die Klassifizierung des Datums ausschlaggebend.[466] Dabei wird man annehmen können, dass vor allem Gesundheitsdaten erhoben werden, sodass eine nähere Betrachtung der Verarbeitung von sonstigen personenbezogenen Daten dahinstehen kann.[467] Zusätzlich müssen auch immer die Regelungen zur ärztlichen Schweigepflicht, welche parallel zum Datenschutzrecht gelten[468], Beachtung finden.

a. *Wearable Datenverarbeitung durch den Arzt*

Für die Rechtmäßigkeit der Verarbeitung von sensiblen personenbezogenen Daten durch den Arzt oder auch die Geschäftsführung eines MVZ ist, wie auch beim Hersteller, zunächst Art. 6 Abs. 1 DSGVO i. V. m. Art. 9 DSGVO als taugliche Grundlage für die Legitimation beachtlich. Auf die Rechtmäßigkeit sonstiger personenbezogener Daten ist aufgrund ihres geringen Vorkommens im Behandlungskontext nicht einzugehen.

aa. *Einwilligung, Art. 9 Abs. 2 lit. a DSGVO*

Zunächst kann ebenfalls die Einwilligung gem. Art. 6 Abs. 1 DSGVO i. V. m. Art. 9 Abs. 2 lit. a DSGVO die taugliche Grundlage für die Datenverarbeitung darstellen. Dabei gilt überwiegend das bereits oben Ausgeführte.[469]

Eine taugliche Legitimationswirkung könnte jedoch am Fehlen der „Freiwilligkeit“ scheitern. Schließlich kann ein bestehendes Machtungleichgewicht dieses Merkmal infrage stellen oder sogar entfallen lassen.[470] Gerade für das Verhältnis von Arzt-Patient lässt sich festhalten, dass es sich durch eine Asymmetrie auszeichnet.[471] Diese Asymmetrie fußt vor allem auf der Wissenshoheit des Arztes.[472] Dabei gilt es zu berücksichtigen, dass ErwGr. 43 DSGVO eine Einwilligung nicht bereits im Rahmen jeder Asymmetrie ausschließt, sondern der Wortlaut ein „klares Ungleichgewicht“ verlangt. Ein solches ist beispielsweise gegenüber einer Behörde oder gegenüber dem Arbeitgeber anzunehmen.[473]

---

466 Vgl. hierzu oben S. 55 ff.

467 Vgl. hierzu bereits oben S. 57.

468 Vgl. hierzu ausführlich *Dochow*, MedR 2019, 279 und MedR 2019, 636.

469 Vgl. oben S. 77 ff. und S. 103 ff.

470 Vgl. dazu ausführlicher oben S. 81.

471 Vgl. Specht/Mantz/*Paschke* § 13 Rn. 56; *Dochow*, GesR 2016, 401 (404); Kühling/Buchner/*Weichert* Art. 9 DSGVO Rn. 51.

472 *Dochow*, GesR 2016, 401 (404); Vgl. *Kühling/Seidel*, in: Kingreen/Kühling Gesundheitsdatenschutzrecht S. 151 f.

473 *EDPB* Guidelines 05/2020 Rn. 16 ff.

Im Bereich des Gesundheitswesens hätte die Annahme eines „klaren Ungleichgewichts“ zur Folge, dass der Wegfall der Einwilligung durch die Schaffung einer Vielzahl gesetzlicher Erlaubnistatbestände ausgeglichen werden müsste.[474] Zudem würde die Einwilligung im Verhältnis von Arzt-Patient generell in Frage gestellt werden. Daher erscheint es geboten, ein „klares Ungleichgewicht“ nur in besonderen Fällen, wie z. B. in der Beziehung zu einer Behörde, anzunehmen.[475]

Ein Ausschluss der Einwilligung als Verarbeitungsgrundlage könnte sich zudem aus einer Wertung aller in Frage kommender Umstände ergeben, wenn die „Freiwilligkeit“ der Abgabe der Einwilligung im Einzelfall als „unwahrscheinlich“ anzusehen ist.[476] Bei dieser Einzelfallbetrachtung wird man dabei grundsätzlich zwischen der Verwendung des eigenen Gerätes und dem Einsatz eines professionellen Gerätes durch den Behandler oder auf Grund einer Verordnung des Behandlers unterscheiden müssen.

So kann die Preisgabe der durch das patienteneigene Wearable erhobenen Daten gerade als Ausübung der Datensouveränität des Patienten angesehen werden.[477] Dabei hat der Nutzer eine echte Wahlfreiheit, ob er dem Arzt diese Daten zur Verfügung stellen möchte oder nicht. Deutlich problembehafteter ist die Situation, in der eine Verordnung durch den Behandler erfolgt.[478] Gerade mit Blick auf die durch das Digitale-Versorgung-Gesetz Ende 2019 erfolgte Implementierung eines Kostenersatzes für digitale Gesundheitsanwendungen durch die gesetzlichen Krankenkassen in § 33a SGB V erscheint eine Häufung solcher Verordnungen wahrscheinlich.[479] So könnte durch die Verordnung die Wahlfreiheit des Patienten bezüglich einer Datenverarbeitung durch das Wearable beziehungsweise den Behandler abzulehnen sein.[480] Hierfür könnte zunächst sprechen, dass der Patient innerhalb der durch ein Ungleichgewicht geprägten Beziehung zum Arzt durch diesen zu einer Datenpreisgabe oder auch nur zur schlichten Verwendung eines Wearables veranlasst wird. Dies könnte zur Folge haben, dass sich der Patient nicht durch eine freie Wahl von dieser Veranlassung entziehen kann, so hält er eine Behandlung für notwendig, und damit entsteht ein innerer Zwang, eine Einwilligung für anscheinend notwendige Schritte zu

---

474 So bereits *Dochow*, GesR 2016, 401 (404).

475 I. E. so auch *Dochow*, GesR 2016, 401 (404).

476 Vgl. dazu bereits oben S. 82.

477 Specht/Mantz/*Paschke* § 13 Rn. 13.

478 Diese Problematik sieht auch *Dregelies*, VuR 2017, 256 (259).

479 § 33a SGB V bzw. die zugehörige DiGAV enthalten auch Vorgaben bzgl. des Datenschutzes, vgl. unten S. 266 ff.

480 So wohl *Dregelies*, VuR 2017, 256 (259); Specht/Mantz/*Paschke* § 13 Rn. 56.

erteilen.[481] Tatsächlich besteht jedoch die freie Wahl des Patienten, eine verordnete Leistung nicht in Anspruch zu nehmen. Zudem könnte der Patient auch einen anderen Behandler aufsuchen und sich eine zweite Meinung oder eine andere Behandlungsalternative ohne den Einsatz von Apps und Wearables aufzeigen lassen.[482] Somit besteht die Möglichkeit, die Notwendigkeit der Behandlung in der vorgeschlagenen Form einer Prüfung zu unterziehen. Folglich ist nicht davon auszugehen, dass die Wahlfreiheit des Patienten in einer Weise beschnitten wird, dass von einer Unwahrscheinlichkeit des Vorliegens der „Freiwilligkeit" einer Einwilligung auszugehen ist. Somit ist eine Einwilligung im Verhältnis von Arzt und Patient als taugliche Legitimationsgrundlage anzusehen.

Fraglich ist indes noch, ob sich eine durch einen Behandler erfolgende Verordnung auf das Verhältnis zwischen Hersteller des Wearables und Patient auswirkt. So könnte in diesem Verhältnis die Freiwilligkeit der Einwilligung entfallen. Zwar gilt es zu berücksichtigen, dass der Nutzungsentschluss des Patienten durch die Verordnung des Behandlers beeinflusst wird, dennoch besteht für den Patienten die Möglichkeit, entgegen der Verordnung zu handeln. Im Ergebnis hat eine Verordnung demnach im Regelfall keine Auswirkung auf das Verhältnis zwischen dem Hersteller des Wearables und dem Patienten.

bb. Art. 9 Abs. 2 lit. h DSGVO i. V. m. § 22 Abs. 1 Nr. 1 lit. b BDSG

Eine weitere Verarbeitungsgrundlage könnte in Art. 6 Abs. 1 DSGVO; Art. 9 Abs. 2 lit. h DSGVO i. V. m. § 22 Abs. 1 Nr. 1 lit. b BDSG zu erblicken sein.

Dabei greift diese Grundlage, wenn die Verarbeitung für Zwecke der Gesundheitsvorsorge oder die medizinische Diagnostik erforderlich ist. Dies ist dann anzunehmen, wenn ein direkter Zusammenhang zwischen den medizinischen Fachaufgaben und der Datenverarbeitung besteht.[483] Gerade in dem Szenario einer Verordnung des Behandlers wird ein solch ausreichender Zusammenhang anzunehmen sein. Daneben kann die Verarbeitung auch auf einen abgeschlossenen Vertrag mit einem Angehörigen eines Gesundheitsberufes gestützt werden. In dem hier betrachteten Fall handelt es sich um den Behandlungsvertrag gem. § 630a BGB.

Wie bereits ausgeführt, kommt es jedoch zu einer Verschränkung mit dem Geheimnisschutzrecht.[484] So handelt es sich bei der Datenverarbeitung durch

---

481 Specht/Mantz/*Paschke* § 13 Rn. 56.

482 Freie Arztwahl gem. § 76 SGB V.

483 SHS/*Petri* Art. 9 DSGVO Rn. 88.

484 Vgl. oben S. 107 f.

den Behandler, anders als bei der Verarbeitung durch den Hersteller, um eine taugliche Person i.S.d. Art. 9 Abs. 3 DSGVO beziehungsweise § 22 Abs. 1 Nr. 1 lit. b BDSG. So unterliegen Ärzte der ärztlichen Schweigepflicht nach § 203 StGB, § 9 MBO-Ä und demnach einer besonderen Geheimhaltungspflicht im Sinne des Art. 9 Abs. 3 DSGVO. Damit kann auch die Datenverarbeitung durch ein vom Behandler verordnetes Wearable auf Grund dieser einschlägigen Legitimationsgrundlage erfolgen. Aus der angesprochenen Verschränkung mit dem Geheimnisschutzrecht ergibt sich jedoch, dass Art. 9 Abs. 2 lit. h DSGVO i. V. m. § 22 Abs. 1 Nr. 1 lit. b BDSG keine taugliche Verarbeitungsgrundlage für eine Verarbeitung durch den Hersteller als Verantwortlichen bietet. Ein denkbarer Lösungsansatz wäre die Ausweitung der Schweigepflicht aus § 203 StGB und § 9 MBO-Ä auch auf andere Verantwortliche der Datenverarbeitung. Dies würde jedoch zu einer weiteren Ausweitung des Personenkreises führen und droht damit die Schweigepflicht immer weiter zu entwerten.[485] Damit bleibt für eine Datenverarbeitung durch den Hersteller im Behandlungskontext nur die Rechtsgrundlage aus Art. 6 Abs. 1 DSGVO i.V.m. Art. 9 Abs. 2 lit. a DSGVO.

b. Wearable Datenverarbeitung durch Krankenhäuser

Für die Frage der Rechtmäßigkeit der Datenverarbeitung im Krankenhaus ist wieder auf Art. 6 Abs. 1 DSGVO i.V.m. Art. 9 DSGVO abzustellen.

Durch die in der DSGVO gegebenen Öffnungsklauseln, auch im Rahmen des Art. 9 DSGVO ergeben sich aber zu berücksichtigende Schwierigkeiten. So wird man im Ergebnis die datenschutzrechtliche Rechtmäßigkeit der Verarbeitung immer im Zusammenhang mit der jeweiligen Trägerschaft des Krankenhauses beurteilen müssen.[486] So greift das BDSG für alle Krankenhäuser in öffentlicher

485 Vor dieser Entwertung durch die aktuellen Änderungen zur Neuregelung des Schutzes von Geheimnissen bei der Mitwirkung Dritter an der Berufsausübung von schweigepflichtigen Personen nach BT-Drs. 18/11936 warnte bereits *Petri,* in: SHS Art. 9 DSGVO Rn. 90.

486 Ein Sonderproblem stellt die Datenverarbeitung durch Krankenhäuser in kirchlicher Trägerschaft dar. So ermöglicht Art. 91 Abs. 1 DSGVO das Fortbestehen eigener kirchlicher Datenschutzregelungen. Bei der evangelischen Kirche findet sich mit dem DSG-EKD und bei der katholischen Kirche mit dem KDG eine entsprechende datenschutzrechtliche Regelung. Allerdings ist umstritten, ob diese Regelungen auf eine privat-rechtliche Einrichtung der Religionsgemeinschaft, wie z. B. einem von einer GmbH geführten kirchlichen Krankenhaus, Anwendung finden kann. Dies wird man ablehnen müssen, so dass die gleichen Regelungen wie bei einer öffentlichen Trägerschaft greifen müssen.; vgl. Paal/Pauly/*Pauly* Art. 91 DSGVO Rn. 10;

Trägerschaft des Bundes und für private Träger, wobei hingegen das Landesdatenschutzgesetz bei öffentlicher Trägerschaft durch die Länder und Kommunen eingreift.[487] Letzteres gilt aber nicht, wenn die Krankenhäuser als Wettbewerbsunternehmen eingestuft werden, denn insoweit verweisen die Landesdatenschutzgesetze auf das BDSG.[488] Dieses System wird durch datenschutzrechtliche Vorgaben in allen Bundesländern durch Regelungen zum Datenschutz in den jeweiligen Landeskrankenhausgesetzen zusätzlich überlagert.[489] Für Krankenhäuser unter privater oder öffentlicher Trägerschaft des Bundes sind taugliche Verarbeitungsgrundlagen, wie auch bei der Datenverarbeitung durch den Arzt als Behandler, Art. 6 Abs. 1 i.V.m. Art. 9 Abs. 2 lit. a DSGVO sowie Art. 6 Abs. 1 i.V.m. Art. 9 Abs. 2 lit. h i. V. m. § 22 Abs. 1 Nr. 1 lit. b BDSG. Für die Datenverarbeitung durch die Krankenhäuser in öffentlicher Trägerschaft der Länder greift Art. 6 Abs. 1; Art. 9 Abs. 2 lit. h i. V. m. den jeweiligen Landesvorschriften[490]. Die Landesvorschriften entsprechen dabei weitestgehend dem § 22 Abs. 1 Nr. 1 lit. b BDSG. Daher gelten sowohl bezüglich des Landesrechts als auch bezüglich des BDSG umfassend die bereits soeben erfolgten Darstellungen, weshalb auf eine erneute Betrachtung verzichtet werden kann. Ein Einsatz von Wearables in Krankenhäusern unter den dargestellten Bedingungen ist somit möglich.

2. *Verarbeitung durch die Krankenkasse*

Bei der Datenverarbeitung von Wearable-Daten ist zwischen der gesetzlichen Krankenversicherung und der privaten Krankenversicherung zu differenzieren.

BeckOK-DatenschutzR/*Mundil* Art. 91 DSGVO Rn. 12; a. A. *Hauser/Haag*, Datenschutz im Krankenhaus S. 119 ff.; vgl. ausführlich zum kirchlichen Datenschutz auch *Preuß*, ZD 2015, 217 ff.

487 Umfassend hierzu *Hauser/Haag*, Datenschutz im Krankenhaus S. 30f.

488 Vgl. bspw. § 2 Abs. 4 LDSG-SH; zur Anwendung des BDSG vgl. auch DWWS/*Weichert* § 2 BDSG Rn. 14ff.; Gola/Schulz § 2 BDSG Rn. 27.

489 Vgl. *Hauser/Haag*, Datenschutz im Krankenhaus S. 39 ff.

490 Baden-Württemberg: § 45 LKHG-BW; Bayern: Art. 27 BayKrG; Berlin: § 24 Abs. 2 LKG-B i.V.m. § 33 BlnDSG; Brandenburg: § 28 BbgKHEG; Bremen: § 38 BremKrhG; Hamburg: § 8 HmbKHG; Hessen: § 20 HDSG; Mecklenburg-Vorpommern: §33 LKHG M-V; Niedersachsen: § 17 NDSG; Nordrhein-Westphalen: §§ 10 ff. GDSG NW; Rheinland-Pfalz: § 36 LKG-RP; Saarland: § 13 SKHG; Sachsen: § 33 SächsKHG; Sachsen-Anhalt: § 16 KHG-LSA; Schleswig-Holstein: § 36 LKHG-SH; Thüringen: § 27 ThürKHG.

a. gesetzliche Krankenversicherung

Eine Darstellung der Probleme, die bei der Verarbeitung der durch Wearables erhobenen Daten durch die gesetzliche Krankenversicherung auftreten, würde an dieser Stelle auf Grund der Beachtung des Sozialdatenschutzes als bereichsspezifischer Schutz zu weitgehend sein und eine hohe Exkursdichte verursachen. Somit ist auf die Ausführungen in Kapitel III hinzuweisen.[491]

b. private Krankenversicherung

Im Zusammenhang mit der Datenverarbeitung durch die private Krankenversicherung fehlen die soeben erwähnten Verstrickungen mit dem Sozialrecht, sodass diesbezüglich an dieser Stelle eine datenschutzrechtliche Beleuchtung erfolgen kann. Hierbei ist insbesondere kein umfassender sektorspezifischer Datenschutz beachtlich, sondern lediglich einige spezialgesetzliche Vorschriften zum Beispiel aus dem VVG und GendDG, welche neben der DSGVO und dem BDSG zu beachten sind.[492] An diesem Maßstab müssen sich im Zusammenhang mit Wearables vor allem zwei Szenarien messen lassen. So besteht einerseits die Möglichkeit, individualisierte Versicherungstarife anzubieten, bei denen die Tarifhöhe sich nicht alleine aus einer Berechnung ergibt, sondern bei der gerade auch das jeweilige Verhalten des Versicherten einen Einfluss hat (sog. „*pay-as-you-live*"-Tarife).[493] Anderseits gibt es die Möglichkeit, ein Monitoring von gesundheitsbezogenem Verhalten des Nutzers durchzuführen und daran angelehnt, einen Bonus auszuzahlen oder Nachlässe auf die Versicherungsprämie zu gewähren.[494]

In beiden Konstellationen stehen die durch Wearables und Gesundheitsapps erhobenen und verarbeiteten Daten im Fokus, wobei vor allem Daten maßgeblich sind, welche der besonderen Kategorie von personenbezogenen Daten zuzuordnen sind. Dies hat die Konsequenz, dass für die Frage der Rechtmäßigkeit der Datenverarbeitung durch die private Krankenversicherung Art. 6 Abs. 1 DSGVO i.V.m. Art. 9 DSGVO ausschlaggebend ist. § 213 VVG ist dabei nicht beachtlich.

---

491 Vgl. hierzu S. 225 ff.

492 Vgl. *Washausen*, in: Kingreen/Kühling Gesundheitsdatenschutzrecht S. 406; ausführlich hierzu *Washausen*, Der Gesundheitsdatenschutz im Privatversicherungsrecht S. 46 ff.

493 Sassenberg/Faber/*Schaloske* Teil 4 Kap.D Rn. 30; vgl. zur versicherungsrechtlichen Zulässigkeit unten S. 287 ff.

494 So bspw. Generali Vitality; vgl. zur versicherungsrechtlichen Zulässigkeit unten S. 287 ff.

Dieser statuiert ein Einwilligungserfordernis des Versicherten für eine Datenerhebung von Gesundheitsdaten bei Dritten, wie Ärzten, Krankenhäusern, sonstigen Leistungserbringern oder anderen Versicherern.[495] Mit der Vorschrift wird einerseits dem Informationsinteresse des Versicherers Rechnung getragen und andererseits die Sensibilität der Daten des Versicherten berücksichtigt.[496] Die Erhebung der Gesundheitsdaten mittels Wearables erfolgt gerade beim Versicherten selbst. Somit ist keine Erhebungssituation i.S.d. § 213 VVG gegeben. Dadurch, dass § 213 VVG keine Anwendung findet, kommt es ausschließlich auf die gegebenen Maßstäbe aus DSGVO und BDSG an, welche bereits dargestellt wurden. Potenzielle Erlaubnistatbestände, abgesehen von der sogleich zu beleuchtenden Einwilligung gem. Art. 6 Abs. 1 DSGVO i. V. m. Art. 9 Abs. 2 lit. a DSGVO, finden sich in den Art. 6 Abs. 1 DSGVO i. V. m. Art. 9 Abs. 2 lit. e, f und h DSGVO.[497] Dabei kann Art. 6 Abs. 1 DSGVO i. V. m. Art. 9 Abs. 2 lit. e DSGVO keine taugliche Verarbeitungsgrundlage bieten. Dies würde nämlich voraussetzen, dass die Daten durch den Betroffenen öffentlich gemacht wurden, also willentlich einem unbestimmten Personenkreis zugänglich gemacht wurden.[498] Bei den hier betrachteten Geschäftsmodellen erfolgt eine Übermittlung der Daten gezielt an den Versicherer als Verarbeiter der Daten. Daher ist ein bestimmter Adressat gegeben und nicht der notwendige unbestimmte Personenkreis.

Ebenso unpassend ist im relevanten Szenario Art. 6 Abs. 1 DSGVO i.V.m. Art. 9 Abs. 2 lit. f DSGVO. So ermöglicht dieser die Verarbeitung besonderer personenbezogener Daten im Zusammenhang mit der Durchsetzung und Verteidigung von Rechtsansprüchen. Hierbei ist allerdings erforderlich, dass es zu einem Konflikt zwischen den Parteien einer Rechtsbeziehung gekommen ist, um den Anwendungsbereich dieser Ausnahme zu eröffnen.[499] An einem solchen Konflikt fehlt es jedoch. Sollte man eine Rechtsbeziehung ausreichen lassen, würde man außerdem eine Ausnahme vergleichbar zu Art. 6 Abs. 1 lit. b DSGVO schaffen, welche der Verordnungsgeber ausdrücklich nicht vorgesehen hat.

Denkbar wäre eine Legitimation aus Art. 6 Abs. 1; Art. 9 Abs. 2 lit. h DSGVO i. V. m. § 22 Abs. 2 Nr. 1 lit. b BDSG. Hierbei kann zunächst festgehalten werden,

---

495 Prölss/Martin/*Voit* § 213 VVG Rn. 1; NK-VVG/*Muschner* § 213 VVG Rn. 9; MüKoVVG/*Eberhardt* § 213 VVG Rn. 1.

496 MüKoVVG/*Eberhardt* § 213 VVG Rn. 2; Prölss/Martin/*Voit* § 213 VVG Rn. 2f.

497 So zum Teil auch Specht/Mantz/*Spittka* § 12 Rn. 30.

498 Kühling/Buchner/*Weichert* Art. 9 DSGVO Rn. 78; SHS/*Petri* Art. 9 DSGVO Rn. 58; Sydow/*Kampert* Art. 9 DSGVO Rn. 31.

499 So Kühling/Buchner/*Weichert* Art. 9 DSGVO Rn. 84; zustimmend Ehmann/Selmayr/*Schiff* Art. 9 DSGVO Rn. 48; dies wohl verkennend Gola/*Schulz* Art. 9 DSGVO Rn. 28.

dass durch die neue Konzeption in der DSGVO keine Unterscheidung zwischen öffentlicher und privater Verwaltung von Systemen im Gesundheits- und Sozialbereich gemacht wird und daher private Versicherungen sich grundsätzlich auf diese Ausnahme stützen könnten.[500] Allerdings ist problematisch, ob die Tarifhöhenbestimmung durch Wearable-Daten oder eine Bonuszahlung taugliche Vorgänge sind, die einer solchen Legitimation offen stehen. Dies wird man verneinen müssen. So ergibt sich aus ErwGr. 52 S. 2 DSGVO, dass Verarbeitungen gemeint sind, welche die Qualität und Wirtschaftlichkeit von Abrechnungsverfahren innerhalb des Versicherungssystems gewährleisten.[501] Bei den angesprochenen Szenarien handelt es sich vielmehr um eigenständige wirtschaftliche Entscheidungen der privaten Krankenversicherungen, die nicht im konkreten Zusammenhang mit der Leistungsabrechnung stehen. Auch wenn eine steuernde Wirkung zu erkennen ist, welche präventiven Charakter aufweist, sind derartige Maßnahmen auch nicht unmittelbar dem Behandlungsbereich zuzurechnen.

Damit steht den privaten Krankenversicherungen nur noch die Möglichkeit einer Einwilligung gemäß Art. 6 Abs. 1 DSGVO i.V.m. Art. 9 Abs. 2 lit. a DSGVO zur Verfügung.[502] Hierbei gelten die gleichen Grundsätze wie im Rahmen der Einwilligung beim Hersteller.[503] Dennoch gibt es einige anzusprechende Besonderheiten. Insbesondere zeigen sich Probleme in Bezug auf die Freiwilligkeit und die Informiertheit der Einwilligung. Dabei ist zunächst beachtlich, dass das Verhältnis zwischen dem privaten Versicherer und dem Versicherten als ein Privatrechtsverhältnis anzusehen ist, in welchem die Frage der Unfreiwilligkeit der Einwilligung besonders schwierig zu beantworten ist.[504] Insbesondere wird man innerhalb des Verhältnisses nicht von einer Abhängigkeit sprechen können, welche eine Freiwilligkeit der Einwilligung unwahrscheinlich erscheinen lässt.[505] Denn auch in diesem Verhältnis ist der Nutzer nicht auf Bonusprogramme beziehungsweise auf Wearable-Daten gestützte Tarife angewiesen. Denkbar wäre neben einer Wahl eines Standardtarifes auch der Verzicht einer Teilnahme an einem solchen Programm. Im Ergebnis ist damit die Freiheit des Entschlusses zur Nutzung eines solchen Angebotes durch den Versicherten ausreichend

---

500 *Weichert*, DANA 2016, 48 (51); Gola/*Schulz* Art. 9 DSGVO Rn. 36.

501 SHS/*Petri* Art. 9 DSGVO Rn. 84.

502 Ausweislich der Datenschutzerklärung beruft sich z. B. die Generali für die Verarbeitung von Gesundheitsdaten im Rahmen ihres Vitality Programm auf eine solche.

503 Siehe hierzu S. 103 ff.

504 Vgl. dazu oben S. 82.

505 Vgl. hierzu oben S. 82.

autonomiesichernd. Hierbei ist wiederum festzuhalten, dass mit dem weiteren Fortschritt der Digitalisierung ein Technikverzicht zu einer Ausgrenzung führen kann, welche erneut die autonomiesichernde Wirkung infrage stellt.[506] Denkbar wäre zum Beispiel, dass der Fortschritt dazu führt, dass keine oder nur kostenintensive Tarife ohne Wearable-Daten angeboten werden. Jedoch ist dies nicht die alleinige Problematik bezüglich der Freiwilligkeit der Einwilligung im hier gegenständlichen Verhältnis. So stellt sich insbesondere die Frage nach der Zulässigkeit der Verknüpfung von Versicherungsleistung und der Erteilung der Einwilligung.[507] In concreto könnte eine solche Verknüpfung gegen das sich aus Art. 7 Abs. 4 DSGVO ergebende Kopplungsverbot verstoßen.[508] Allerdings ist gerade bei der Wahl eines hier angesprochenen Tarifes oder eines Programmes festzuhalten, dass die Versicherung die Gesundheitsdaten verarbeiten muss, denn ansonsten könnte weder die Höhe des Tarifes noch die Prämienstufe bestimmt werden.[509] Aber damit ist die Datenverarbeitung gerade erforderlich, und Art. 7 Abs. 4 DSGVO findet keine Anwendung. Im Ergebnis ist eine Einwilligung im Verhältnis zwischen Versicherten und Versicherer grundsätzlich freiwillig.

Durch den Versicherer sind außerdem auch die Transparenzvorgaben mit Blick auf die Informiertheit der Einwilligung zu beachten. Der Versicherte muss demnach die wesentlichen Umstände der Datenverarbeitung kennen. Zu diesen wesentlichen Umständen gehören einerseits, wer als Verantwortlicher für die Datenverarbeitung anzusehen ist und anderseits, in welche Datenverarbeitung genau eingewilligt wird.[510] Bei Prämienprogrammen sind zudem weitere Umstände als wesentlich anzusehen. So ist durch den Versicherer deutlich zu machen, welche Daten als Grundlage zur Berechnung von Prämienpunkten herangezogen werden sollen und wie diese konkret erfolgt.[511] Nur auf diese Weise kann der Versicherte seine Einwilligung in informierter Weise abgeben. Im Ergebnis kann dann die Einwilligung gem. Art. 9 Abs. 2 lit. a DSGVO als die taugliche Legitimationsgrundlage für die Datenverarbeitung durch den privaten Versicherer angesehen werden.

506 Vgl. zum Argument des Technikverzichts SHS/*Roßnagel* Art. 5 DSGVO Rn. 43.
507 Problem sieht auch *Spittka*, in: Specht/Mantz § 12 Rn. 38.
508 Vgl. hierzu ausführlich oben S. 83 f.
509 Vgl. auch Specht/Mantz/*Spittka* § 12 Rn. 38.
510 So verlangt es neben anderen zu erfüllenden Punkten *EDPB* Guidelines 5/2020 Rn. 64.
511 So z. B. bei Generali Vitality.

III. Verarbeitung durch den Cloud-Service Provider

Abgesehen von einer stelleninternen Cloud-Nutzung durch den Hersteller kann es auch zu einer Einbeziehung eines externen CSP kommen. Für die stelleninterne Cloudnutzung ergeben sich keinerlei Besonderheiten zur Frage der Rechtmäßigkeit der Datenverarbeitung. Vielmehr handelt es sich um eine aus datenschutzrechtlicher Sicht rechtlich unbeachtlichen Verarbeitung innerhalb der verantwortlichen Stelle.[512] In Bezug auf die Nutzung einer Cloud-Infrastruktur, welche von einem externen CSP bereitgestellt wurde, ist für die Frage der Rechtmäßigkeit die Einordnung als Auftragsverarbeiter relevant.[513] Aus dieser Einordnung ergeben sich die maßgeblichen Vorschriften für eine Verarbeitung durch den CSP. So stellt die DSGVO eine ganze Reihe von Anforderungen an die Einbeziehung eines Auftragsverarbeiters. Insbesondere beachtlich für Hersteller von Wearables sind einerseits die Vorgaben zur Auswahl und Kontrolle von Auftragsverarbeitern und anderseits die Anforderungen, welche die DSGVO an die Bindung durch einen Nutzungsvertrag oder ein anderes Rechtsinstrument stellt. Dass eine sorgfältige Auswahl und eine Kontrolle erfolgen muss, ergibt sich aus dem Wortlaut des ErwGr. 81 DSGVO, welcher von „betrauen" spricht.[514] Eine Kontrollmöglichkeit des Verantwortlichen ergibt sich dann seinerseits aus Art. 28 Abs. 3 lit. h DSGVO, der dazu ermächtigt, Überprüfungen und Inspektionen durchzuführen. Die DSGVO sieht daneben nicht nur die Notwendigkeit einer Bindung durch einen Nutzungsvertrag vor, sondern vielmehr statuiert Art. 28 Abs. 3 DSGVO einen gewissen Mindeststandard.[515] Durch diese inhaltlichen Vorgaben werden auch bereits der Zweck und das Mittel der Verarbeitung festgelegt.[516] Neben diesen beachtlichen inhaltlichen Vorgaben enthält Art. 28 Abs. 9 DSGVO auch eine Formvorgabe für den Vertrag, so muss eine schriftliche Form gegeben sein, welche auch elektronisch möglich ist.[517] Wenn all diese angesprochenen Punkte gegeben sind, kann ein CSP in rechtmäßiger Weise als Auftragsverarbeiter in die Datenverarbeitung einbezogen werden.

---

512 *Art. 29 – Datenschutzgruppe*, Stellungn. 01/2010, WP 169, S. 19.

513 Vgl. hierzu oben S. 69 ff.

514 So *Albrecht/Jotzo*, Das neue Datenschutzrecht der EU S. 97 Rn. 25.

515 SHS/*Petri* Art. 28 DSGVO Rn. 57; *Albrecht/Jotzo*, Das neue Datenschutzrecht der EU S. 97 Rn. 26; Kühling/Buchner/*Hartung* Art. 28 DSGVO Rn. 64.

516 SHS/*Petri* Art. 28 DSGVO Rn. 51.

517 Kühling/Buchner/*Hartung* Art. 28 DSGVO Rn. 94 f.; SHS/*Petri* Art. 28 DSGVO Rn. 92.

Fraglich ist aber, ob die vom Auftragsverarbeiter durchgeführte Datenverarbeitung rechtfertigungsbedürftig ist. Man wird davon ausgehen können, dass zumindest der Vorgang des „Speicherns", welcher einen rechtfertigungsbedürftigen Verarbeitungsschritt darstellt, durch den CSP erfolgt. Allerdings sind auch andere Verarbeitungsvorgänge je nach genauer Ausgestaltung vorstellbar. Doch richten sich all diese nach den gleichen rechtlichen Anforderungen. Problematisch ist, dass Art. 28 DSGVO nicht als eigener Erlaubnistatbestand angesehen wird, denn der Wortlaut des Art. 6 Abs. 1 DSGVO macht deutlich, dass eine Verarbeitung nur gerechtfertigt ist, wenn eine dort aufgeführte Rechtsgrundlage vorhanden ist.[518] Somit könnte es für die Frage der Rechtmäßigkeit der Datenverarbeitung auf das Vorliegen einer tauglichen Rechtsgrundlage nach Art. 6 Abs. 1 DSGVO ankommen. Jedoch wurde zur alten Rechtslage eine „Privilegierungswirkung" der Auftragsverarbeitung angenommen. Von einer solchen wurde gesprochen, da die Weitergabe an einen Auftragsverarbeiter keiner eigenen Rechtsgrundlage bedurfte.[519] Fraglich ist, ob diese „Privilegierungswirkung" auch Niederschlag in der DSGVO gefunden hat. Hierbei ist allerdings zu beachten, dass aufgrund der autonomen europarechtlichen Auslegung die bisherigen, zum nationalen Recht angeführten Argumente nicht undifferenziert übernommen werden dürfen.[520] Allerdings sprechen auch aus einer rein europarechtlichen Betrachtung die stärkeren Argumente für die Beibehaltung der Privilegierung und den damit einhergehenden Verzicht einer eigenen Rechtsgrundlage.[521]

So wird man vor allem aufgrund der Systematik annehmen müssen, dass keine Rechtsgrundlage erforderlich ist, denn würde man das Vorliegen einer solchen verlangen, hätte dies zur Konsequenz, dass an die Auftragsverarbeitung höhere Anforderungen gestellt werden als an eine Übermittlung von Daten.[522] Diese Schlussfolgerung entspricht dem Zweck der Auftragsverarbeitung, der gerade eine effiziente und kostengünstige Verarbeitung durch einen Dienstleister dem Verantwortlichen ermöglichen will.[523] Ebenfalls für diese Ansicht spricht, dass die Legaldefinition aus Art. 4 Nr. 10 DSGVO deutlich macht, dass der

---

518 SHS/*Petri* Art. 28 DSGVO Rn. 33.

519 Vgl. Simitis/*Petri* § 11 BDSG a. F. Rn. 43.

520 So auch *Hartung/Büttner*, DuD 2017, 549 (549).

521 Andere Ansicht u. a. Rossnagel/*Barlag* § 3 Rn. 4 bzw. *Hofmann* § 3 Rn. 251.

522 SHS/*Petri* Art. 28 DSGVO Rn. 33.

523 *Albrecht/Jotzo*, Das neue Datenschutzrecht der EU S. 97 Rn. 22 m. w. N.

Auftragsverarbeiter nicht als Dritter anzusehen ist sowie die strikte Bindung des Auftragsverarbeiters an den Verantwortlichen, die Art. 29 DSGVO statuiert.[524]

Somit kann eine Datenverarbeitung durch den CSP als Auftragsverarbeiter in rechtmäßiger Weise erfolgen, wenn er unter Einhaltung der Vorgaben der DSGVO in die Verarbeitung einbezogen wurde. Eine Problematik könnte sich aus dem Umstand ergeben, dass der CSP seinen Sitz in einem Drittland hat. Hierbei gilt es dann, die noch darzustellenden Vorgaben zu beachten.[525]

IV. Verarbeitung im wissenschaftlichen Kontext

Auch im wissenschaftlichen Kontext kann eine Datenerhebung durch Wearables und eine Verarbeitung dieser Daten erfolgen. Eine der Folgen der Ermöglichung einer Selbstvermessung durch den Probanden mittels Wearables ist zum Beispiel der Abbau struktureller Hindernisse, was zu einer größeren Teilnehmerzahl und damit einer größeren verfügbaren Datenmenge führt.[526] Außerdem ist eine Datenerhebung über längere Zeiträume insbesondere auch im Alltag der Probanden möglich.[527] Diese Entwicklung zeigt sich beispielhaft durch die Einführung des *Apple ResearchKit*. Hierbei bietet *Apple* den Forschern ein Entwicklungs-Framework[528], mit welchem eine effiziente Gestaltung von klinischen Studien möglich ist und bei welchem auch auf die Sensorik des iPhones beziehungsweise einer *Apple Watch* – also einem Wearable – durch den Forschenden zugegriffen werden kann.[529] Damit stellt sich in diesem Bereich für den Verantwortlichen[530] die Frage der Rechtmäßigkeit der Datenverarbeitung, wobei erneut der Fokus der Betrachtung auf besonderen personenbezogenen Daten liegt.

Dabei gilt es zunächst zu bedenken, dass die Forschung nach Art. 13 GRCh einen grundrechtlichen Schutz genießt, aber auch anderseits jeder Betroffene

---

524 Kühling/Buchner/*Hartung* Art. 28 DSGVO Rn. 15ff; *Albrecht/Jotzo*, Das neue Datenschutzrecht der EU S. 97 Rn. 22; SHS/*Petri* Art. 28 DSGVO Rn. 32.

525 Vgl. hierzu unten S. 127 ff.

526 So *Schumacher*, in: Andelfinger/Hänisch, eHealth S. 49.

527 *Schumacher*, ebd.

528 Stellt einen Open Source Rahmen dar, in welchem Programmierer eine Anwendung z. B. eine App erstellen können. Durch Nutzung der Vorlage sind insbesondere Teile der Struktur der Anwendung bereits vorgegeben und eine Einbindung z. B. einer Wearable-Sensorik ist einfacher möglich.

529 Andelfinger/Hänisch/*Schumacher*, eHealth S. 49.

530 Vgl. S. 70.

den Schutz aus Art. 8 GRCh.[531] Auf diesem grundrechtlichen Spannungsfeld ergeben sich eine Reihe von Besonderheiten. Dies zeigt sich zunächst darin, dass die Datenverarbeitung zu Forschungszwecken in der gesamten DSGVO einen gewissen Grad an Privilegierung erfährt. Dieser wird aber unter den Vorbehalt des Art. 89 Abs. 1 DSGVO gestellt, welcher bei einer Datenverarbeitung geeignete Garantien für Rechte und Freiheiten der betroffenen Person verlangt und so versucht, einen Ausgleich der grundrechtlich geschützten Interessen zu schaffen.[532] Dabei ist Art. 89 Abs. 1 DSGVO selbst jedoch nicht als Erlaubnistatbestand anzusehen.[533]

1. Art. 9 Abs. 2 lit. j DSGVO i. V. m. § 27 Abs. 1 BDSG

Eine erste denkbare Legitimationsgrundlage findet sich in Art. 6 Abs. 1 DSGVO; Art. 9 Abs. 2 lit. j DSGVO i. V. m. § 27 Abs. 1 BDSG bzw. den einschlägigen Regelungen aus den vorrangigen Landesgesetzen. Die Landesgesetze werden vor allem dadurch relevant, dass Forschungseinrichtungen von Ländern und Hochschulen betrieben werden können.[534] Dabei macht der deutsche Gesetzgeber mit § 27 Abs. 1 BDSG bzw. den jeweiligen Landesnormen von der Öffnungsklausel des Art. 9 Abs. 2 lit. j DSGVO Gebrauch.[535]

Eine Datenverarbeitung zu Forschungszwecken nach § 27 BDSG ist zulässig, wenn die Verarbeitung für die wissenschaftliche Forschung erforderlich ist und wenn im Rahmen einer Interessenabwägung das Interesse an der Verarbeitung dem Interesse der betroffenen Person erheblich überwiegt.[536]

Fraglich ist zunächst zweierlei: Einerseits ist problematisch, welche Forschung überhaupt als privilegiert und damit als von § 27 BDSG erfasst anzusehen ist, und anderseits stellt sich mit Blick auf den Wortlaut des Art. 9 Abs. 2 lit. j DSGVO die Frage, ob die wissenschaftliche Forschung im öffentlichen Interesse liegen muss.

---

531 DWWS/*Weichert* Art. 89 DSGVO Rn. 3; *Roßnagel*, ZD 2019, 157 (158); Ehmann/Selmayr/*Raum* Art. 89 DSGVO Rn. 7.

532 Kühling/Buchner/*Buchner/Tinnefeld* Art. 89 DSGVO Rn. 3.

533 Kühling/Buchner/*Buchner/Tinnefeld* Art. 89 Rn. 1; Sydow/*Hense* Art. 89 DSGVO Rn. 1; Gola/*Pötters* Art. 89 DSGVO Rn. 4; BeckOK-DatenschutzR/*Eichler* Art. 89 DSGVO Rn. 1.

534 Kühling/Buchner/*Buchner/Tinnefeld* § 27 BDSG Rn. 6; z. B. § 13 LDSG-SH.

535 BT-Drs. 18/11325 S. 99.

536 BeckOK-DatenschutzR/*Schlösser-Rost/Koch* § 27 BDSG Rn. 30 ff.

Für die erste Frage sehen weder das BDSG noch die DSGVO eine Legaldefinition vor. Lediglich ErwGr. 159 S. 2 DSGVO macht deutlich, dass die Begrifflichkeit der „wissenschaftlichen Forschung" weit auszulegen ist.[537] Diese weite Auslegung fußt ihrerseits auf Art. 13 GRCh.[538] Damit wird man im Ergebnis, wie auch ErwGr. 159 S. 2 DSGVO klarstellt, die technologische Entwicklung, die Grundlagenforschung, die angewandte Forschung sowie die privatfinanzierte Forschung als vom Forschungsprivileg umfasst ansehen.[539] Aufgrund dieses weiten Anwendungsbereiches der Privilegierung ist damit ein Großteil der vorstellbaren Forschungsvorhaben erfasst. Damit bleibt die Frage offen, ob die wissenschaftliche Forschung auch im öffentlichen Interesse liegen muss. Hiergegen spricht der Wortlaut des Art. 9 Abs. 2 lit. j DSGVO, welcher einen Zusammenhang zwischen den Archivzwecken und dem öffentlichen Interesse herstellt.[540] Gestärkt wird diese Annahme durch einen Vergleich mit der englischen Sprachfassung, welche ebenfalls eine grammatikalische Trennung zwischen dem *„scientific or historical research"* und den *„archiving purposes in the public interest"* vornimmt. Ein weiteres Argument für den Verzicht auf das öffentliche Interesse stellt der Umstand dar, dass ErwGr. 159 S. 2 DSGVO gerade für eine weite Auslegung und damit umfassende Geltung streitet, die durch ein zusätzliches Erfordernis aber eingeschränkt wird.

Im Ergebnis kommt es für die Frage der Rechtmäßigkeit der Datenverarbeitung entscheidend auf die Erforderlichkeit sowie die Vornahme der Interessenabwägung gem. § 27 Abs. 1 BDSG an. Die Erforderlichkeit der Datenverarbeitung für die wissenschaftliche Forschung bestimmt sich danach, ob es kein gleich geeignetes, weniger belastendes Mittel gibt.[541] Insbesondere könnte einer Erforderlichkeit entgegenstehen, dass für die Forschung anonyme oder pseudonyme Daten verwendet werden können.[542]

---

537 Sydow/*Kampert* Art. 9 DSGVO Rn. 52; BeckOK-DatenschutzR/*Albers/Veit* Art. 9 DSGVO Rn. 101.

538 Kühling/Buchner/*Buchner/Tinnefeld* Art. 89 DSGVO Rn. 13.

539 *Roßnagel* ZD 2019, 157 (159); Paal/Pauly/*Pauly* Art. 89 DSGVO Rn. 7; SJTK/*Schwartmann/Mühlenbeck/Wybitul* Art. 89 DSGVO Rn. 22.

540 So auch SHS/*Petri* Art. 9 DSGVO Rn. 98; a. A. DWWS/*Wedde* Art. 9 DSGVO Rn. 133; Kühling/Buchner/*Weichert* Art. 9 DSGVO Rn. 122; Ehmann/Selmayr/*Schiff* Art. 9 DSGVO Rn. 63.

541 BeckOK-DatenschutzR/*Schlösser-Rost/Koch* § 27 BDSG Rn. 30.

542 BeckOK-DatenschutzR/*Schlösser-Rost/Koch* § 27 BDSG Rn. 30; Paal/Pauly/*Pauly* § 27 BDSG Rn. 7.

Im Rahmen der Interessenabwägung gilt es zu ermitteln, ob die wissenschaftlichen Interessen des Verantwortlichen den Interessen des Betroffenen erheblich überwiegen.[543] Es erfolgt eine Abwägung zwischen der Forschungsfreiheit und dem Recht auf informationelle Selbstbestimmung.[544] Dabei kann insbesondere das Ziel der Forschung in Hinblick auf Interessen der Gemeinschaft ein solches erhebliches Überwiegen begründen.[545] Problematisch an dieser Abwägung im Einzelfall ist vor allem, dass durch das Merkmal des „erheblichen Überwiegen" eine zu restriktive Anwendung des § 27 Abs. 1 BDSG möglich erscheint.[546] Im Ergebnis kann daher eine Datenverarbeitung nur in wenigen Fällen auf Grundlage des Art. 6 Abs. 1; Art. 9 Abs. 2 lit. j DSGVO i.V.m. § 27 Abs. 1 BDSG durch den Verantwortlichen erfolgen.

2. Art. 9 Abs. 2 lit. a DSGVO

Sollte eine Interessenabwägung somit nicht zugunsten des Verantwortlichen ausfallen, bleibt für das Forschungsvorhaben der Rückgriff auf eine Einwilligung gem. Art. 6 Abs. 1 DSGVO i.V.m. Art. 9 Abs. 2 lit. a DSGVO möglich.

Das heißt im Ergebnis, dass die Anforderungen die Art. 4 Nr. 11, 7 und auch Art. 9 Abs. 2 lit. a DSGVO aufstellen, einzuhalten sind.[547] Jedoch wirkt sich die eingangs dieses Abschnittes angesprochen Privilegierung auch an dieser Stelle aus. So erkennt der Verordnungsgeber ausweislich des ErwGr. 33 DSGVO die Problematik, dass der Zweck der Datenverarbeitung bei Forschungsprojekten oftmals noch nicht zum Zeitpunkt der Datenerhebung vollständig angegeben werden kann.[548] Beispielsweise ist denkbar, dass personenbezogene Daten in Datenbanken gespeichert werden und diese für verschiedene noch näher zu bestimmende Forschungsvorhaben verwendet werden sollen. Diese Problematik löst die DSGVO dadurch, dass bei wissenschaftlicher Forschung geringere Anforderungen an die Bestimmtheit der Einwilligung gestellt werden können, wenn dies für wissenschaftlich zwingend angesehen wird.[549] Jedoch ist bei der

---

543 Kühling/Buchner/*Buchner/Tinnefeld* § 27 BDSG Rn. 11; BeckOK-DatenschutzR/*Schlösser-Rost/Koch* § 27 BDSG Rn. 31; Paal/Pauly/*Pauly* § 27 BDSG Rn. 8.

544 BeckOK-DatenschutzR/*Schlösser-Rost/Koch* § 27 BDSG Rn. 32.

545 Vgl. Kühling/Buchner/*Buchner/Tinnefeld* § 27 BDSG Rn. 12.

546 So bereits BR-Drs. 110/1/17, S. 34 in welcher die Streichung des Wortes „erheblich" angestrebt wurde.

547 Vgl. hierzu bereits oben S. 78 ff. und S. 103 ff.

548 Ehmann/Selmayr/*Raum* Art. 89 DSGVO Rn. 35; *Roßnagel*, ZD 2019, 157 (160).

549 *Roßnagel*, ZD 2019, 157 (160); SHS/*Caspar* Art. 89 DSGVO Rn. 38.

Verarbeitung von besonderen personenbezogenen Daten die Reduktion der Bestimmtheit aufgrund der besonderen Schutzwürdigkeit der Daten kritisch, und daher muss trotz der Möglichkeit der Reduktion der Verantwortliche sicherstellen, dass die grundsätzlichen Anforderungen an eine wirksame Einwilligung eingehalten werden.[550] Beispielsweise könnte eine getrennte Einwilligung in allgemein beschriebene Forschungszwecke erfolgen und für spezielle Phasen eine erneute Einwilligung eingeholt werden.[551]

3. *Einschränkungen des Art. 89 Abs. 1 DSGVO*

Zudem statuiert Art. 89 Abs. 1 DSGVO einige Einschränkungen, welche es bei der Durchführung der Datenverarbeitung zu beachten gilt und die dazu dienen, einen Ausgleich im dargestellten grundrechtlichen Spannungsverhältnis zu schaffen. Diese Einschränkungen treten neben die allgemein beachtlichen Maßnahmen, wie z. B. die aus Art. 25 DSGVO. Dabei statuiert Art. 89 Abs. 1 DSGVO, dass vor allem der Grundsatz der Datenminimierung gewährleistet werden soll.[552] Exemplarisch wird dafür die Pseudonymisierung genannt.[553] Auch der Bundesgesetzgeber greift diese Einschränkungen auf. So verweist er aus § 27 Abs. 1 S. 2 BDSG auf § 22 Abs. 2 S. 2 BDSG, um so den Schutz der Grundrechte und das Interesse des Einzelnen zu ermöglichen.[554] Dabei zählt § 22 Abs. 2 S. 2 BDSG mögliche Maßnahmen auf, wobei es sich bei diesem Katalog aufgrund des Wortlautes („insbesondere") um eine nicht abschließende Aufzählung handelt.[555] Ergänzt wird dies dadurch, dass gem. § 27 Abs. 3 BDSG besondere personenbezogene Daten zu anonymisieren sind, wenn nicht der Forschungszweck einen Personenbezug verlangt.[556] Gerade die Anonymisierung der Daten ist damit als Pflicht für den Verantwortlichen ausgestaltet. Allerdings wird im medizinischen Bereich argumentiert werden, dass nur mit einer Verknüpfung von Daten aus unterschiedlichen Jahren Verlaufsstudien zu Krankheiten und Behandlungen möglich sind.[557] Damit ergibt sich bereits, dass in diesen Fällen lediglich eine Pseudonymisierung der Daten infrage kommt.

---

550 So *EDPB* Guidelines 05/2020 Rn. 159.

551 Diese Beispiel nennt *EDPB* Guidelines 05/2020 Rn. 159.

552 SHS/*Casper* Art. 89 DSGVO Rn. 49; Ehmann/Selmayr/*Raum* Art. 89 DSGVO Rn. 47.

553 Ehmann/Selmayr/*Raum* Art. 89 DSGVO Rn. 48.

554 Vgl. BT-Drs. 18/11325 S. 99.

555 Kühling/Buchner/*Buchner/Tinnefeld* § 27 BDSG Rn. 15.

556 Vgl. Gola/*Pötters* Art. 89 Rn. 11.

557 *Krawczak/Weichert*, Vorschlag einer modernen Infrastruktur für die medizinische Forschung in Deutschland, S. 7.

4. *Zusammenfassung*

Der Einsatz von Wearables in der Forschung ist nach dem Vorangehenden auf rechtmäßige Weise möglich. Dabei gilt es für die Forschenden vor allem die Einschränkungen des Art. 89 Abs. 1 DSGVO sowie die jeweiligen nationalen, die Öffnungsklauseln ausfüllenden Regelungen und die sich daraus ergebenden Beschränkungen zu beachten. Damit besteht im Ergebnis die Möglichkeit, Studien und Forschung mit Hilfe von Wearables und Apps durchzuführen. Hierdurch erscheint es möglich, dass größere Datenmengen insbesondere aus alltäglichen Situationen in Studien einfließen können. In Kombination mit den Möglichkeiten zur Datenauswertung durch Big-Data Anwendung kann ein echter Mehrwert für die Forschung geschaffen werden. Das Datenschutzrecht findet dabei im grundrechtlich aufgeladenen Spannungsfeld die notwendige Balance zwischen dem Schutz des Bürgers und gleichzeitig einer Unterstützung der Forschung.

V. Besondere Verarbeitungssituationen

1. *Drittstaaten-Übermittlung*

Im Zusammenhang mit der Datenverarbeitung im Kontext Wearables ist aufgrund der Hersteller als oft international agierende Unternehmen zu beachten, dass häufig ein Datentransfer in einen sogenannten Drittstaat erfolgt.[558] Hierbei stellt sich die Frage, in welchem rechtlichen Rahmen sich eine solche Übermittlung bewegt. Die DSGVO regelt eine Übermittlung in Drittstaaten in den Art. 44 ff. DSGVO. Problematisch ist, wann von einer „Übermittlung" i. S. d. Art. 44 ff. DSGVO auszugehen ist und somit der Anwendungsbereich der Vorschriften eröffnet ist. Dabei ist zunächst beachtlich, dass die deutsche Sprachfassung eine gewisse Unsicherheit birgt. So ist die in den Art. 44 ff. DSGVO angesprochene Datenübermittlung nicht als „Übermittlung" i. S. d. Art. 4 Nr. 2 DSGVO zu verstehen.[559] Ein Blick in die englische Sprachfassung bietet insoweit durch die Verwendung der Bezeichnung „*transfer*" anstelle von „*transmission*" Klarheit.[560] Es stellt sich mangels Legaldefinition die Frage danach, wann von einer „Übermittlung" i. S. d. Art. 44 ff. DSGVO die Rede ist. Hierbei spricht der

---

558 Beispielsweise weisen Apple, FitBit, Garmin, Empatica und Google in ihren Datenschutzerklärungen aus, dass eine Übertragung in Staaten außerhalb der EU bzw. der EWR erfolgen kann.

559 SHS/*Schantz* Art. 44 DSGVO Rn. 10; Paal/Pauly/*Pauly* Art. 44 DSGVO Rn. 3.

560 SHS/*Schantz* Art. 44 DSGVO Rn. 10; Paal/Pauly/*Pauly* Art. 44 DSGVO Rn. 3.

Zweck der Art. 44 ff. DSGVO dafür, einen weiten Übermittlungsbegriff zu wählen und damit alle Handlungen zu erfassen, bei welchen ein Empfänger Kenntnis in Bezug auf die Daten erlangt.[561] So sollen die Art. 44 ff. DSGVO ausweislich des Art. 44 S. 2 DSGVO sowie ErwGr. 101 DSGVO verhindern, dass das durch die DSGVO gegebene Schutzniveau durch Übermittlung unterwandert wird.[562] Der Empfänger muss keine besondere „Qualität" aufweisen. Möglich ist, dass es sich um eine im Drittland selbstständig agierende Stelle handelt oder aber um einen Teil des Verantwortlichen.[563] Als Drittland sind alle Staaten anzusehen, die nicht der EU bzw. dem EWR angehören.[564]

Liegt nach dem soeben Dargelegten der Fall einer Übermittlung vor, dann hat dies zur Konsequenz, dass für eine Rechtmäßigkeit der Datenverarbeitung auch die Art. 44 ff. DSGVO durch den Verantwortlichen zu beachten sind.[565] Damit stellen die Vorschriften zur Drittlandübermittlung eine weitere beachtliche Hürde für die Verantwortlichen bei Verarbeitung von Wearable-Daten auf.

Allerdings könnte gerade im Kontext mit Wearables eine Datenübermittlung direkt durch den Betroffenen selbst in ein Drittland erfolgen. Für dieses Szenario ist unklar, ob die Art. 44 ff. DSGVO Anwendung finden.[566] Hierbei wird man davon ausgehen müssen, dass ausweislich des Zweckes der Art. 44 ff. DSGVO auch in diesem Fall eine Eröffnung des Anwendungsbereiches anzunehmen ist, ansonsten würde eine Schutzlücke dadurch entstehen, dass eine Übermittlung direkt in einen Drittstaat erfolgt.[567]

Damit bleibt die Frage bestehen, wann eine Rechtmäßigkeit der Datenübermittlung vorliegt. Maßgeblich ist danach zunächst, in welches konkrete Land eine Datenübermittlung erfolgt. So kann die Europäische Kommission gem. Art. 45 DSGVO mittels eines als Durchführungsrechtsakt i. S. v. Art. 291 Abs. 2

---

561 Paal/Pauly/*Pauly* Art. 44 DSVO Rn. 4.

562 Kühling/Buchner/*Schröder* Art. 44 DSGVO Rn. 6; *Albrecht/Jotzo*, Das neue Datenschutzrecht der EU S. 101 Rn. 1.

563 SHS/*Schantz* Art. 44 DSGVO Rn. 10; BeckOK-DatenschutzR/*Beck* Art. 44 DSGVO Rn. 21.

564 BeckOK-DatenschutzR/*Beck* Art. 44 DSGVO Rn. 23 f.; Kühling/Buchner/*Schröder* Art. 44 DSGVO Rn. 17.

565 Kühling/Buchner/*Schröder* Art. 44 DSGVO Rn. 20; SHS/*Schantz* Art. 44 DSGVO Rn. 26; Gola/*Klug* Art. 44 DSGVO Rn. 2.

566 Eine solche Direktübermittlung ist in den Datenschutzerklärungen von Herstellern bislang nicht vorgesehen handelt sich damit vielmehr um eine hypothetische Möglichkeit der Übermittlung.

567 Im Ergebnis übereinstimmend SHS/*Schantz* Art. 44 DSGVO Rn. 14.

AEUV erlassenen Beschlusses i. S. v. Art. 288 Abs. 4 AEUV für einen Empfangsstaat, beziehungsweise ein Teilgebiet oder einen Sektor, feststellen, dass in diesem ein angemessenes Datenschutzniveau herrscht.[568] Art. 45 Abs. 2 DSGVO statuiert, wie zu ermitteln ist, ob ein „angemessenen Datenschutzniveau" gegeben ist.[569] Hierbei zeigt ErwGr. 104 S. 3 DSGVO in Anlehnung an die Rechtsprechung des EuGHs in der „Safe Harbour" Entscheidung[570], dass im Ergebnis ein gleichwertiger Schutz der Daten gegeben sein muss und kein identischer.[571]

Sollte ein solcher Beschluss vorliegen, hat das zur Konsequenz, dass die Datenübermittlung in den Drittstaat wie eine in einen EU-Mitgliedsstaat zu behandeln ist.[572] Für die Datenübermittlung im Zusammenhang mit Wearables bedeutet dies, dass, sollte lediglich eine Übermittlung in „sichere Drittstaaten" erfolgen, keine besonderen Vorgaben und Besonderheiten einzuhalten sind. Es existieren

nur für die wenigsten Länder Angemessenheitsbeschlüsse i. S. d Art. 45 Abs. 3 DSGVO, weshalb eine Datenübermittlung ins Ausland oftmals auf andere Grundlagen gestützt werden muss. So haben die Verantwortlichen gem. Art. 46 DSGVO unabhängig von der Rechtsordnung des Drittlandes die Möglichkeit, geeignete Garantien vorzusehen, um in Verbindung mit durchsetzbaren Rechten und Rechtsbehelfen eine Übermittlung zu legitimieren.[573] Diese geeigneten Garantien sollen sicherstellen, dass das Recht des Betroffenen auf Datenschutz in angemessener Weise Beachtung findet.[574] Es sind hierbei zwei Gruppen zu unterscheiden: Einmal die geeigneten Garantien nach Art. 46 Abs. 2 DSGVO, die keine Genehmigung brauchen und dann die geeigneten Garantien nach Abs. 3 DSGVO, die einer solchen bedürfen. Dabei rücken im Wearables-Kontext vor allem Binding Corporate Rules[575] i. S. d. Art. 46 Abs. 2 lit. b DSGVO i. V.

---

568 DWWS/*Däubler* Art. 45 DSGVO Rn. 2; *Albrecht/Jotzo*, Das neue Datenschutzrecht der EU S. 103 Rn. 7.

569 Gola/*Klug* Art. 45 DSGVO Rn. 5; SHS/*Schantz* Art. 45 DSGVO Rn. 6; Paal/Pauly/*Pauly* Art. 45 DSGVO Rn. 1b.

570 Vgl. hierzu EuGH, Urt. v. 06.10.2015, - Schrems I, C-362/14 ECLI:EU:C:2015:650 Tz. 73.

571 Gola/*Klug* Art. 45 DSGVO Rn. 5; SHS/*Schantz* Art. 45 DSGVO Rn. 6; Paal/Pauly/*Pauly* Art. 45 DSGVO Rn. 1b.

572 Im Ergebnis so DWWS/*Däubler* Art. 45 DSGVO Rn. 1; Angemessenheitsbeschlüsse liegen derzeit z. B. für Argentinien, Andorra, Israel, Schweiz, Südkorea, Japan oder auch Großbritannien vor.

573 SHS/*Schantz* Art. 46 DSGVO Rn. 1.

574 *Albrecht/Jotzo*, Das neue Datenschutzrecht der EU S. 104 Rn. 9.

575 Im Folgenden BCR.

m. Art. 47 DSGVO sowie Standarddatenschutzklauseln i. S. d. Art. 46 Abs. 2 lit. c, d DSGVO und Vertragsklauseln nach Art. 46 Abs. 3 lit. a DSGVO in den Mittelpunkt der Betrachtung. BCRs sind nach der Legaldefinition des Art. 4 Nr. 20 DSGVO eigenständige, durch den Verantwortlichen privatrechtlich aufgestellte Datenschutzregime.[576] Hierdurch kann innerhalb eines Konzernes oder einer Unternehmensgruppe eine konkret auf dessen Bedürfnisse zugeschnittene datenschutzrechtliche Regelung entwickelt werden.[577] Dabei statuiert Art. 47 Abs. 2 DSGVO inhaltliche Mindestvorgaben, um so zu gewährleisten, dass das durch sie festgelegte Datenschutzniveau dem der DSGVO entspricht.[578] Diese Anpassungsfähigkeit an individuelle Bedürfnisse bieten Standarddatenschutzklauseln nicht, allerdings gewähren sie dadurch ein erhöhtes Maß an Rechtssicherheit.[579] Diese Klauseln werden entweder unmittelbar durch die Kommission erlassen, oder sie durchlaufen ein Prüfverfahren und werden dann anschließend von dieser genehmigt.[580] Wenn der Verantwortliche diese Standarddatenschutzklauseln verwendet, bedeutet dies jedoch noch nicht, dass bereits ausreichende Garantien geschaffen wurden.[581] Vielmehr muss der Datenexportierende eigenständig das im Drittland vorherrschende Schutzniveau prüfen und eventuell bestehende Schutzlücken mit in den Standarddatenschutzklauseln verankerten Garantien auffüllen.[582] In diesem Fall liegen dann ausreichende Garantien vor, und eine Übermittlung der Daten in einen Drittstaat kann erfolgen. Dies ist dann kein probates Mittel, wenn die Daten an eine unselbstständige Niederlassung in einem Drittstaat übermittelt werden sollen, so kann ein Verantwortlicher mit einer solchen mangels Rechtsträgereigenschaft keinen Vertrag schließen.[583] Eine Datenübermittlung kann daher in diesen Fällen nur noch auf eine Variante des Art. 46 Abs. 3 DSGVO gestützt werden. Hierdurch wird dem Verantwortlichen die Möglichkeit eingeräumt, eine individuelle Vereinbarung zu treffen, welche dann aber einer Genehmigung durch die Aufsichtsbehörde bedarf.[584] Sollte eine

---

576 Vgl. DWWS/*Däubler* Art. 47 DSGVO Rn. 1; Paal/Pauly/*Pauly* Art. 47 DSGVO Rn. 1.
577 SHS/*Schantz* Art. 47 DSGVO Rn. 1; DWWS/*Däubler* Art. 47 DSGVO Rn. 1.
578 Kühling/Buchner/*Schröder* Art. 47 DSGVO Rn. 28.
579 *Albrecht/Jotzo*, Das neue Datenschutzrecht der EU S. 106 Rn. 13.
580 Gola/*Klug* Art. 46 DSGVO Rn. 11.
581 *Heinzke*, GRUR-Prax 2020, 436 (437).
582 *Heinzke*, GRUR-Prax 2020, 436 (437).
583 SHS/*Schantz* Art. 46 DSGVO Rn. 35; Dieses Problem wird jedoch ohnehin, aufgrund von BRCs, keine hohe praktische Relevanz entfalten.
584 DWWS/*Däubler* Art. 46 DSGVO Rn. 23; Paal/Pauly/*Pauly* Art. 46 DSGVO Rn. 44.

solche genehmigte individuelle Vereinbarung gegeben sein, ist die Datenübermittlung in das Drittland zulässig.

Wenn hingegen eine Datenübermittlung in ein „unsicheres Drittland" erfolgt und gleichzeitig keine geeignete Garantie i. S. d. Art. 46 DSGVO gegeben ist, kann nur noch nach Art. 49 DSGVO eine Übermittlung der Daten legitimierbar sein.[585] Hierfür sieht Art. 49 Abs. 1 DSGVO in einem abschließenden Katalog Ausnahmen vor.[586] Diese basieren weitestgehend auf dem Gedanken des Interesses des Betroffenen oder seiner Billigung.[587] Allerdings ist fraglich, ob ein Verantwortlicher seinen gesamten internationalen Datenfluss auf diese Ausnahmeregelung stützen kann. Gegen eine solche weitreichende Wirkung spricht zunächst der Wortlaut des Art. 46 Abs. 1 DSGVO, der von „einer Übermittlung" oder aber einer „Reihe von Übermittlungen" spricht und damit gerade nicht von einer dauerhaften Übermittlung, folglich also ein restriktives Verständnis prägt.[588] Diese Argumentation lässt sich zusätzlich auch auf eine systematische Überlegung stützen. So würden bei einer zu generalistischen Anwendung die hohen Anforderungen, die Art. 44 ff. DSGVO statuieren, leerlaufen.[589]

Zusätzlich hierzu spricht vor allem die grundrechtliche Dimension für das hier angelegte Verständnis. So wird man aus Art. 7, 8 DSGVO eine Pflicht dahingehend ableiten können, dass ein Absinken des Datenschutzniveaus zu verhindern ist. Wenn man jedoch den Ausnahmetatbestand umfassend anwendet, wird gerade dieses Schutzniveau durchbrochen.[590] Insbesondere im Zusammenhang mit Wearables ist dieses letztgenannte grundrechtliche Argument ausschlaggebend. So wurde mehrfach deutlich, dass gerade besonders schützenswerte sensible Daten im Kontext mit Wearables verarbeitet werden.[591] Diese Schutzwürdigkeit darf nicht durch eine freigiebige Übermittlung in Drittstaaten unterlaufen werden. Daher gilt es die Ausnahmen des Art. 49 Abs. 1 DSGVO auch als

585 *Albrecht/Jotzo*, Das neue Datenschutzrecht der EU S. 108 Rn. 18.

586 SHS/*Schantz* Art. 49 DSGVO Rn. 1;

587 Ähnlich Paal/Pauly/*Pauly* Art. 49 DSGVO Rn. 4.

588 SHS/*Schantz* Art. 49 DSGVO Rn. 7; BeckOK-DatenschutzR/*Lange/Filip* Art. 49 DSGVO Rn. 2; dieses restriktive Verständnis verlangt auch *EDPB* Guidelines 2/2018.

589 So SHS/*Schantz* Art. 49 DSGVO Rn. 8.

590 SHS/*Schantz* Art. 49 DSGVO Rn. 9.

591 Vgl. hierzu S. 55 ff.

solche anzusehen und darin keine Möglichkeit zur permanenten Übermittlung zu erblicken.[592]

Im Wearable-Kontext erfolgt eine Übermittlung der personenbezogenen Daten oftmals in die USA, sodass eine gesonderte Darstellung geboten ist.[593] Eine Übermittlung in die USA bringt vor allem im Hinblick auf die gänzlich unterschiedlichen Regelungsansätze und Verständnisse von Datenschutz viele Schwierigkeiten[594], so ist es im Ergebnis nicht möglich, einen generellen Angemessenheitsbeschluss zu erlassen.[595] Allerdings wurde auf Grund der enormen wirtschaftliche Bedeutung dieser Datenübermittlung – insbesondere mit Blick auf die amerikanischen Technologiekonzerne – versucht, eine andere Lösung zu schaffen.[596] So erging ursprünglich durch die Kommission ein Angemessenheitsbeschluss für Unternehmen, welche sich dem „Safe Harbour"-Abkommen und den dort festgesetzten ausgehandelten Standards unterwarfen. Allerdings wurde durch die Entscheidung des EuGHs dieses Abkommen für ungültig erklärt.[597] Darauffolgend reagierten die USA und die EU mit dem sogenannten „EU/US Privacy Shield". Jedoch ist auch dieses neue Abkommen mittlerweile vom EuGH für ungültig erklärt worden.[598] Mangels Angemessenheitsbeschluss bzw. anderer Regelung muss daher, bis die EU einen neuen Sonderweg mit den USA vereinbart hat, eine Übermittlung in die USA den Grundsätzen einer Übermittlung in „unsichere Drittländer" genügen.

2. *„Profiling"*

Im Zusammenhang mit Wearables ist auch vorstellbar, dass ein sogenanntes „Profiling" durch den Verantwortlichen vorgenommen wird.

Als „Profiling" sieht die DSGVO gem. Art. 4 Nr. 4 DSGVO jede automatische Datenverarbeitung an, welche zu dem Zweck erfolgt, bestimmte Persönlichkeitsaspekte einer natürlichen Person zu bewerten. Art. 4 Nr. 4 DSGVO

---

592 Im Ergebnis so wohl auch Ehmann/Selmayr/*Zerdick* Art. 49 Rn. 2; SHS/*Schantz* Art. 49 DSGVO Rn. 7 ff.; a. A. DWWS/*Däubler* Art. 49 DSGVO Rn. 3; Kühling/Buchner/*Schröder* Art. 49 DSGVO Rn. 2;
Paal/Pauly/*Pauly* Art. 49 DSGVO Rn. 2.

593 Vgl. hierzu Datenschutzerklärungen von Apple, FitBit, Google, Garmin etc.

594 Hierzu umfassend *Klar/Kühling*, AöR 141, 165 ff.

595 Vgl. hierzu genauer SHS/*Schantz* Art. 45 DSGVO Rn. 42.

596 SHS/*Schantz* Art. 45 DSGVO Rn. 44.

597 Vgl. hierzu EuGH, Urt. v. 06.10.2015, Schrems I, C-362/14 ECLI:EU:C:2015:650.

598 Vgl. hierzu EuGH, Urt. v. 16.07.2020, Schrems II, C-311/18 ECLI:EU:C:2020:559.

führt beispielhaft einige denkbare Aspekte auf, welche analysiert und vorhergesagt werden können.[599] In dieser beispielhaften Aufzählung findet sich unter anderem die Gesundheit als relevanter Aspekt. Gerade an dieser Schnittstelle können Wearable-Daten relevant werden.[600] So können aus den ermittelten Angaben wie Puls, Schrittzahl, Schlafverhalten, unter Umständen Rückschlüsse auf den aktuellen Gesundheitszustand beziehungsweise den zukünftigen zu erwartenden Gesundheitszustand gezogen werden. Aber auch die Erstellung eines Bewegungsprofiles auf Grund von aufgezeichneten Ortungsdaten kommt im Zusammenhang mit Wearables in Betracht.[601] In concreto ist es also möglich, detaillierte Informationen über das Privat- und Familienleben jedes einzelnen Nutzers zu ermitteln.[602] All diese neu gewonnenen Informationen ermöglichen bei einer kommerziellen Verwendung in den verschiedensten Bereichen – auch im Gesundheitsbereich – eine bessere Abstimmung und Individualisierung von Produkten und Dienstleistungen.[603] Allerdings gilt es zu beachten, dass mit dem Vorgang des „Profiling" ein nicht zu vernachlässigendes Risiko für die Interessen und Rechte des Betroffenen einhergeht.[604] Dieses Spannungsfeld sah auch der Verordnungsgeber und versucht daher, mit Regelungen zum „Profiling" in der DSGVO die Risiken für den Betroffenen einzugrenzen. Grundsätzlich ist festzuhalten, dass das „Profiling" ausweislich des ErwGr. 72 DSGVO den allgemeinen Vorschriften der DSGVO – also den Vorschriften über die Rechtmäßigkeit der Verarbeitung und den Datenschutzgrundsätzen – unterliegt.[605] Bei der Einhaltung der Datenschutzgrundsätze aus Art. 5 DSGVO sind jeweils erhöhte Anforderungen aufgrund der soeben erwähnten Risiken zu beachten. So gelten zum Beispiel erhöhte Maßstäbe in Bezug auf Informationspflichten, um die nötige Transparenz der Datenverarbeitung i. S. d. Art. 5 Abs. 1 lit. a DSGVO zu gewährleisten oder aber die besondere Achtung des Zweckbindungsgrundsatzes

599 Kühling/Buchner/*Buchner* Art. 4 Nr. 4 DSGVO Rn. 7; DWWS/*Weichert* Art. 4 DSGVO Rn. 59; SHS/*Scholz* Art. 4 Nr. 4 DSGVO Rn. 4; Paal/Pauly/*Ernst* Art. 4 Nr. 4 DSGVO Rn. 37.

600 Auf die Ermittlung eines Aktivitätsindex durch Fitnesstracker weist *Veil*, in: GSSV Art. 4 Nr. 4 DSGVO Rn. 18 hin.

601 So auch SHS/*Scholz* Art. 4 Nr. 4 DSGVO Rn. 7.

602 SHS/*Scholz* Art. 4 Nr. 4 SGVO Rn. 7.

603 *Art. 29 – Datenschutzgruppe*, Leitlinie 06.02.2018, WP 251rev.01, S. 5.

604 So auch *Art. 29 – Datenschutzgruppe*, ebd.

605 BeckOK-DatenschutzR/*Schild* Art. 4 DSGVO Rn. 65; Kühling/Buchner/*Buchner* Art. 4 Nr. 4 DSGVO Rn. 2.

aus Art. 5 Abs. 1 lit. b DSGVO.[606] Besondere Schwierigkeiten ergeben sich aus dem Grundsatz der Speicherbegrenzung aus Art. 5 Abs. 1 lit. e DSGVO. Dieser sieht eine Begrenzung der Speicherdauer auf ein notwendiges und verhältnismäßiges Maß vor. Allerdings profitiert ein Algorithmus gerade von einer großen, immer verfügbaren Datenfülle.[607] Hierbei wiegt der Schutz des Betroffenen stärker, sodass im Ergebnis eine Einhaltung des Speicherbegrenzungsgrundsatzes geboten ist. Neben der Einhaltung der Grundsätze muss außerdem eine Rechtsgrundlage für die Datenverarbeitung vorhanden sein. Diesbezüglich ist problematisch, dass unklar ist, welche Rechtsgrundlage für die Verarbeitung dienlich sein kann. Dabei wird der Fokus überwiegend auf die Einwilligung nach Art. 6 Abs. 1 lit. a DSGVO beziehungsweise Art. 9 Abs. 2 lit. a DSGVO fallen. Allerdings ist besonders entscheidend, dass diese „informiert" erfolgen muss und damit dem Betroffenen klar sein muss, worin er genau einwilligt.[608] Auch an dieser Stelle zeigt sich das Erfordernis einer gesteigerten Informationsdichte. Wie sich aus der Nennung beider möglichen Rechtsgrundlagen einer Einwilligung ergibt, ist außerdem problematisch, dass unklar ist, wie Daten zu klassifizieren sind. So ist denkbar, dass durch das „Profiling" – also die Verknüpfung von Daten – besondere personenbezogene Daten entstehen.[609] Dass es sich bei diesem „Endprodukt" um besondere personenbezogene Daten handeln kann, zeigt sich bereits in dem Umstand, dass Art. 4 Nr. 4 DSGVO, wie bereits angedeutet, ausdrücklich den Gesundheitszustand als Aspekt, welcher analysiert beziehungsweise prognostiziert werden kann, benennt.

Sollten besondere personenbezogene Daten Ausgangspunkt des „Profiling" oder „Endprodukt" dieses Vorgangs sein, so ist mit der *Art.29 – Datenschutzgruppe* zu fordern, dass neben einer tauglichen Rechtsgrundlage für die Verarbeitung und eine Vereinbarkeit mit dem ursprünglichen Zweck eine Unterrichtung des Betroffenen über die konkrete Datenverarbeitung erfolgt.[610] Gerade im Zusammenhang mit Wearables ist davon auszugehen, dass es sich um besondere personenbezogene Daten handelt.[611]

---

606 Hierzu ausführlich *Art. 29 – Datenschutzgruppe*, Leitlinie 06.02.2018, WP 251 rev.01, S. 10 ff.

607 Vgl. auch *Art. 29 – Datenschutzgruppe*, Leitlinie 06.02.2018, WP 251rev.01, S. 13.

608 *Art. 29 – Datenschutzgruppe*, Leitlinie 06.02.2018, WP 251rev.01, S. 14.

609 So auch *Art. 29 – Datenschutzgruppe*, Leitlinie 06.02.2018, WP 251rev.01, S. 16.

610 Vgl. insoweit *Art. 29 – Datenschutzgruppe*, Leitlinie 06.02.2018, WP 251rev.01, S. 17.

611 Vgl. hierzu bereits oben S. 55 ff.

Insbesondere die auf „Profiling" basierende automatisierte Entscheidungsfindung, also die Entscheidung eines Algorithmus auf Basis eines Profils, wird durch Art. 22 DSGVO einigen Beschränkungen unterworfen. Eine solche Entscheidung ist im Zusammenhang mit Wearables

z. B. dann denkbar, wenn eine Auswertung von Gesundheitsdaten zur Berechnung eines Versicherungstarifes (sog. *pay-as-you-live*"-Tarife) hinzugezogen wird.[612] Grundsätzlich enthält Art. 22 Abs. 1 DSGVO für solche automatisierte Entscheidungen ein Verbot.[613] Jedoch kann durch Einwilligung, Rechtsvorschrift oder bei Erforderlichkeit für eine Vertragserfüllung eine automatisierte Entscheidung ausnahmsweise möglich sein.[614] Im Rahmen dieser Ausnahmen ist aber zu berücksichtigen, dass Art. 22 Abs. 4 DSGVO ein grundsätzliches Verbot der automatisierten Entscheidung auf Grund „Profiling" bei besonderen personenbezogenen Daten statuiert.[615] Eine Ausnahme besteht nur bei Vorliegen eines Rechtsgrundes aus Art. 9 Abs. 2 lit. a oder g DSGVO.[616] Dabei wird für die Verantwortlichen, welche im Zusammenhang mit Wearable Daten ein Profiling vollführen, insbesondere die ausdrückliche Einwilligung als Legitimation relevant sein.

Im Ergebnis wird man also ein „Profiling" und auch eine auf solche gestützte automatisierte Entscheidung im Zusammenhang mit Wearables unter den soeben genannten Bedingungen als zulässig ansehen können.

3. *Verarbeitung zu Werbezwecken und Produktverbesserungen*

Im Kontext Wearables kann eine Verarbeitung auch zu dem Zweck erfolgen, dass für andere Produkte oder Services individualisiert nach Interesse geworben wird oder aber, dass die bestehenden Produkte und Services verbessert werden. Für beide genannten Vorgänge ist fraglich, wann und in welcher Ausgestaltung diese rechtmäßig sind.

---

612 SHS/*Scholz* Art. 22 DSGVO Rn. 23 nennt die vergleichbaren „pay-as-you-drive"-Tarife als Anwendungsbeispiel.

613 Paal/Pauly/*Martini* Art. 22 DSGVO Rn. 1; SHS/*Scholz* Art. 22 DSGVO Rn. 1.

614 Kühling/Buchner/*Buchner* Art. 22 DSGVO Rn. 27; Paal/Pauly/*Martini* Art. 22 DSGVO Rn. 3; SHS/*Scholz* Art. 22 DSGVO Rn. 2.

615 Paal/Pauly/*Martini* Art. 22 DSGVO Rn. 40; BeckOK-DatenschutzR/*v. Lewinski* Art. 22 DSGVO Rn. 58; Kühling/Buchner/*Buchner* Art. 22 DSGVO Rn. 44.

616 Kühling/Buchner/*Buchner* Art. 22 DSGVO Rn. 45 f.; BeckOK-DatenschutzR/*v. Lewinski* Art. 22 DSGVO Rn. 59.

a. Werbezwecke

Anders als das BDSG a. F. enthält die DSGVO keine speziellen, auf die Datenverarbeitung zu Werbezwecken zugeschnittenen Vorschriften mehr.[617] Damit richtet sich die Rechtmäßigkeit nach den allgemeinen Vorschriften über die Datenverarbeitung. Oftmals kann für eine Verwendung von Daten im Zusammenhang mit Wearables auf einzelne Daten aus angelegten Nutzerprofilen zurückgegriffen werden, welche als allgemeine personenbezogene Daten zu kategorisieren sind.[618] Für die Verarbeitung von allgemeinen personenbezogenen Daten zu Werbezwecken im Zusammenhang mit Wearables rücken neben einer möglichen Einwilligung gem. Art. 6 Abs.1 lit. a DSGVO vor allem die Interessenabwägung gem. Art. 6 Abs. 1 lit. f DSGVO in den Fokus.

Der Einwilligung kommt in der Praxis eine nicht unbedeutende Rolle zu, so kann bei der Erstellung eines Nutzerprofiles beim Hersteller z. B. die Zusendung von Werbung durch Auswahl einer Checkbox bestätigt werden.[619]

Sollte eine Einwilligung nicht eingeholt worden sein, steht der Weg über die Interessenabwägung offen. Ausgangspunkt für die vorzunehmende Abwägung ist ErwGr. 47 DSGVO.[620] Dieser sieht eine Datenverarbeitung zum Zwecke der Direktwerbung als eine dem berechtigten Interesse dienende Datenverarbeitung an. Außerdem gibt er vor, dass in die Abwägung die vernünftigen Erwartungen der betroffenen Person mit einzubeziehen sind. Hiermit wird im Ergebnis anerkannt, dass werbliche Betätigung durch Verfassungsrecht (z. B. Art. 16 GRCh) geschützt ist.[621] Die Abwägung ist im Einzelfall vorzunehmen, wobei neben den Folgen der Datenverarbeitung für den Betroffenen und der Frage, ob die Datenverarbeitung ausschließlich für private Interessen des Verantwortlichen erfolgt, auch die zusätzlichen Schutzmaßnahmen, welcher sich der Verantwortliche bedient, Beachtung finden müssen.[622] Hierbei ist auch das Widerspruchsrecht des Betroffenen aus Art. 21 Abs. 2 DSGVO beachtlich, welches bei Ausübung eine Interessenabwägung ausschließt.[623]

---

617 *DSK*, Kurzpapier Nr. 3 S. 1; Gola/*Schulz* Art. 6 DSGVO Rn. 68; SHS/*Ehmann* Anh. 3 zu Art. 6 DSGVO Rn. 1.

618 Zur Einordnung von Daten im Zusammenhang mit Wearables vgl. oben S. 55 ff.

619 Ähnliches Beispiel mit Vertragsformular führt *Ehmann* an, in: SHS Anh. 3 zu Art. 6 DSGVO Rn. 9.

620 Vgl. *DSK*, Kurzpapier Nr. 3 S. 1.

621 Gola/*Schulz* Art. 6 DSGVO Rn. 70; SHS/*Ehmann* Anh. 3 zu Art. 6 DSGVO Rn. 25.

622 SHS/*Ehmann* Anh. 3 zu Art. 6 DSGVO Rn. 36.

623 Vgl. Kühling/Buchner/*Buchner*/*Petri* Art. 6 DSGVO Rn. 176.

Eine Datenverarbeitung von besonderen personenbezogenen Daten zu Werbezwecken kann mangels anderer einschlägiger Erlaubnisnorm aus Art. 9 Abs. 2 DSGVO und auch aufgrund der hohen Sensibilität dieser Daten nur auf die ausdrückliche Einwilligung nach Art. 6 Abs. 1 i. V. m. Art. 9 Abs. 2 lit. a DSGVO als potenzielle Legitimationsgrundlage gestützt werden.[624]

Diese Einwilligung wäre unter den gleichen Anforderungen wie im obigen Beispiel denkbar. Im Ergebnis kann eine Datenverarbeitung zu Werbezwecken durch den Verantwortlichen auch im Zusammenhang mit Wearables erfolgen. Dabei ist allerdings zu beachten, dass der Verantwortliche in seiner Datenschutzerklärung nicht zu generalklauselartig formuliert, sonst erscheint die Rechtmäßigkeit mit Blick auf die Zweckbestimmung fraglich.

b. Produktverbesserung

Die Zweckbestimmung ist auch im Rahmen der Produktverbesserung zu beachten. So ist entscheidend, dass die Daten nur für den ursprünglich bereitgestellten Zweck verarbeitet werden dürfen und ansonsten für jede weitergehende Verarbeitung eine Einwilligung des Betroffenen gegeben sein muss.[625]

Erfolgt eine Datenerhebung unmittelbar für Zwecke der Produktverbesserung, ist ebenfalls fraglich, auf welche Legitimationsgrundlage diese Datenverarbeitung gestützt werden kann. Handelt es sich bei diesen Daten um sonstige personenbezogene Daten, ist eine Anwendung der Rechtsgrundlage aus Art. 6 Abs. 1 lit. f DSGVO denkbar. Fraglich ist aber, ob die Produktverbesserung ein berechtigtes Interesse des Verantwortlichen darstellt. Die Verbesserung des Produktes bzw. der verbundenen Services ist als ein wirtschaftliches Interesse des Verantwortlichen anzusehen. Denkbar ist hierfür z. B. die Erhebung des Benutzerverhaltens in Bezug auf das Produkt.[626] Eine solche Datenverarbeitung ist für das Erreichen des Interesses auch als erforderlich anzusehen. Zudem überwiegen die Interessen und Rechte des Betroffenen einer solchen Verarbeitung zumeist nicht. Entscheidend ist, welche konkreten Daten im Einzelfall für die Produktverbesserung hinzugezogen werden. Im Wearable Kontext werden dies oftmals Daten sein, welche als besondere personenbezogene Daten anzusehen sind. Hier kann eine Datenverarbeitung nicht mehr auf Art. 6 Abs. 1 lit. f DSGVO gestützt werden, sodass der Fokus für den Verantwortlichen auf der Einwilligung nach Art. 6 Abs. 1 i. V. m. Art. 9 Abs. 2 lit. a DSGVO liegen wird. Hierbei

---

624 So auch *DSK*, Kurzpapier Nr. 3 S. 1; a. A. Gola/*Schulz* Art. 6 DSGVO Rn. 72.

625 *Dregelies*, VuR 2017, 256 (261)

626 Vgl. Datenschutzerklärung Garmin v. 05.06.2020.

ist eine Ausgestaltung nach den gleichen Grundsätzen wie bei der Einwilligung zu Werbezwecken denkbar. So könnte bei der Erstellung eines Nutzerprofiles eine Checkbox ausgewählt werden, wodurch die Übermittlung der Daten zu Zwecken der Produktverbesserung an den Verantwortlichen zugelassen wird. Folglich steht dem Verantwortlichem die Möglichkeit einer Datenverarbeitung zu Zwecken der Produkt- und Serviceverbesserung offen.

F. weitere Verarbeitungsbedingungen

Neben das Erfordernis einer tauglichen Rechtsgrundlage für die Datenverarbeitung treten weitere Verarbeitungsbedingungen.

I. Informationspflichten, Art. 13, 14 DSGVO

Die verschiedenen Akteure müssen die sich aus Art. 13, 14 DSGVO ergebenden Informationspflichten einhalten.

Die Informationspflicht ist Ausdruck des sich aus Art. 5 Abs. 1 lit. a DSGVO ergebenden Transparenzgebotes und wichtiger Bestandteil einer effektiven Rechtsdurchsetzung.[627] Wie ErwGr. 60 DSGVO klarstellt, ist es für eine faire und transparente Verarbeitung von personenbezogenen Daten nötig, dass der Betroffene sowohl über die Verarbeitung als auch über die verfolgten Zwecke informiert ist.

Art. 13 DSGVO greift immer dann, wenn die Daten direkt bei der betroffenen Person erhoben werden.[628] Art. 14 DSGVO hingegen ist auf den Fall zugeschnitten, dass die Daten auf andere Weise als bei der betroffenen Person erhoben werden.[629] Bei einem Einsatz von Wearables und Gesundheitsapps wird man zumeist von einer Direkterhebung der Daten durch den Hersteller ausgehen können. Dennoch ist gerade in Bezug auf die anderen genannten Akteure und Kooperationen eine Erhebung auf andere Weise als bei der betroffenen Person

---

627 Paal/Pauly/*Paal/Hennemann* Art. 13 DSGVO Rn. 4; DWWS/*Däubler* Art. 13 DSGVO Rn. 1.

628 Paal/Pauly/*Paal/Hennemann* Art. 13 DSGVO Rn. 1; *Art. 29 – Datenschutzgruppe* 11.04.2018, WP 260 rev.01 Rn. 23; Kühling/Buchner/*Bäcker* Art. 13 DSGVO Rn. 1; Ehmann/Selmayr/*Knyrim* Art. 13 DSGVO Rn. 2.

629 *Art. 29 – Datenschutzgruppe* 11.04.2018, WP 260 rev.01 Rn. 23; Kühling/Buchner/*Bäcker* Art. 13 DSGVO Rn. 3; Ehmann/Selmayr/*Knyrim* Art. 13 DSGVO Rn. 3; Paal/Pauly/*Paal/Hennemann* Art. 14 DSGVO Rn. 1.

möglich. So werden die Daten beispielsweise von einer Forschungseinrichtung oder einem Behandler beim Hersteller erhoben werden.

Der genaue Inhalt der dann greifenden Informationspflichten ergibt sich aus den Katalogen des Art. 13 Abs. 1, Abs. 2 DSGVO bzw. Art. 14 Abs. 1, Abs. 2 DSGVO. Demnach haben die Verantwortlichen unter anderem über Name und Kontaktdaten der verantwortlichen Stelle, die Kontaktdaten des Datenschutzbeauftragten, Zweck und Rechtsgrundlage der Datenverarbeitung, die etwaige Absicht zur Übermittlung der Daten in Drittländer, die Dauer der Speicherung der Daten oder bei Unklarheit, die Kriterien zur Festlegung der Speicherdauer, die Betroffenenrechte aus Art. 15 ff. DSGVO und das Bestehen eines Widerrufsrechts bei Einholung einer Einwilligung als Rechtsgrundlage zu informieren.[630] Zusätzlich sind im Anwendungsbereich des Art. 14 Abs. 1 DSGVO über die Kategorie der Daten und die Quelle, aus welcher die personenbezogenen Daten stammen, zu informieren.[631] Sollte es zu einer den Zweck verändernden Weiterverarbeitung kommen, muss gem. Art. 13 Abs. 3 DSGVO bzw. Art. 14 Abs. 4 DSGVO zudem über den neuen Zweck informiert werden.[632]

1. Ausnahmen zur Informationspflicht

Die Pflicht zur Information kann jedoch auch ausgeschlossen sein bzw. teilweise entfallen. Ausnahmen finden sich sowohl in der DSGVO selbst als auch in mitgliedsstaatlichen Normen. Die entscheidende Öffnungsklausel für das nationale Recht findet sich in Art. 23 DSGVO.[633]

a. Ausnahmen zu Art. 13 DSGVO

Die sich aus Art. 13 DSGVO ergebende Informationspflicht entfällt gem. Art. 13 Abs. 4 DSGVO ganz oder teilweise dann, wenn der Betroffene bereits über die Information verfügt.[634] Der Stand der Informationen muss in Ausmaß, Genauigkeit und Klarheit dem Stand entsprechen, über den der Verantwortliche

630 Vgl. zu Einzelfragen Kühling/Buchner/*Bäcker* Art. 13 DSGVO Rn. 22 ff.; BeckOK-DatenschutzR/*Schmidt-Wudy* Art. 13 DSGVO Rn. 37 ff.; DWWS/*Däubler* Art. 13 DSGVO Rn. 4 ff.

631 Vgl. BeckOK-DatenschutzR/*Schmidt-Wudy* Art. 14 DSGVO Rn. 37 ff.

632 Ehmann/Selmayr/*Knyrim* Art. 13 DSGVO Rn. 66; BeckOK-DatenschutzR/*Schmidt-Wudy* Art. 13 DSGVO Rn. 87 ff.; Kühling/Buchner/*Bäcker* Art. 13 DSGVO Rn. 69ff.

633 Kühling/Buchner/*Bäcker* Art. 13 DSGVO Rn. 88.

634 *Art. 29 – Datenschutzgruppe* 11.04.2018, WP 260 rev.01 Rn. 56; Kühling/Buchner/*Bäcker* Art. 13 DSGVO Rn. 84.

informieren würde. Von einem „Verfügen“ über die Information ist dann auszugehen, wenn die Informationen sich nachweislich in dem Herrschaftsbereich des Betroffenen befinden.[635] Relevant kann diese Ausnahme bei Wearables und Gesundheitsapps zum Beispiel bei einer Erweiterung des Funktionsumfanges werden, wenn alle für diese Funktionserweiterung notwendigen Informationen sich bereits mit den Informationen, die bisher notwendig waren, decken. Die aus dem nationalen Recht erwachsenden weiteren Ausschlussgründe werden hingegen im Kontext von Wearables und Gesundheitsapps nicht relevant werden.

b. Ausnahmen zu Art. 14 DSGVO

Auch im Rahmen einer Datenverarbeitung i. S. d. Art. 14 DSGVO entfällt die Informationspflicht, wenn der Betroffene bereits über die Informationen verfügt.[636] Zusätzlich kennt Art. 14 Abs. 5 DSGVO noch andere Ausnahmen. So ist gem. Art. 14 Abs. 5 lit. b S. 1 Hs. 1 Alt. 1 DSGVO die Informationspflicht dann ausgeschlossen, wenn die Erteilung der Information unmöglich ist. Eine solche Unmöglichkeit ist dann anzunehmen, wenn der Verantwortliche den Betroffenen nicht kontaktieren kann.[637] Bei Wearables und Gesundheitsapps könnte eine solche fehlende Möglichkeit der Kontaktaufnahme vor allem bei Kooperationen zwischen dem Hersteller, Behandlern und Forschungseinrichtungen gegeben sein. Insbesondere dann, wenn diese Akteure lediglich pseudonyme Daten erhalten. Allerdings kann eine Information i. S. d. Art. 14 DSGVO auch über die Kooperationspartner erfolgen. Somit wird man zumeist eine Unmöglichkeit ablehnen müssen.[638]

Ein weiterer Ausschluss der Informationspflicht findet sich in Art. 14 Abs. 5 lit. b S. 2 Hs. 1 Alt. 2 DSGVO. Danach ist der Pflicht nicht nachzukommen, wenn die Mitteilung einen unverhältnismäßigen Aufwand unter Abwägung der Interessen des Betroffenen darstellt.[639] Als Kriterien für die Ermittlung der Unverhältnismäßigkeit können neben den mit der Verarbeitung verfolgten Interessen die gem. ErwGr. 62 DS-GVO genannten Punkte wie die Zahl der betroffenen Personen, das Alter der Daten und etwaige geeignete Garantien zum Schutz der Rechte und Interessen der betroffenen Person berücksichtigt werden.[640] Im

---

635 Kühling/Buchner/*Bäcker* Art. 13 DSGVO Rn. 86.

636 Vgl. Kühling/Buchner/*Bäcker* Art. 14 DSGVO Rn. 54.

637 Kühling/Buchner/*Bäcker* Art. 14 DSGVO Rn. 54 mwN.

638 Für ein enges Verständnis vgl. auch *Art. 29 – Datenschutzgruppe* 11.04.2018, WP 260 rev.01 Rn. 59.

639 Kühling/Buchner/*Bäcker* Art. 14 DSGVO Rn. 55.

640 *Art. 29 – Datenschutzgruppe* 11.04.2018, WP 260 rev.01 Rn. 63.

Zusammenhang mit Wearables und Gesundheitsapps könnte somit insbesondere bei der Verarbeitung zu wissenschaftlichen Zwecken in Forschungseinrichtungen eine Informationspflicht entfallen. Beachtlich ist dann aber, dass sowohl technische als auch organisatorische Maßnahmen zum Schutz der Rechte und Interessen der betroffenen Person gegeben sein müssen. Insbesondere, da es sich bei den verarbeiteten Daten zumeist um solche handeln wird, die als besondere personenbezogene Daten anzusehen sind.

Relevant könnte zudem der Ausschluss nach Art. 14 Abs. 5 lit. d DSGVO werden. Danach ist eine Informationspflicht ausgeschlossen, wenn die verarbeiteten Daten dem Berufsgeheimnisrecht unterliegen. Beachtlich ist aber, dass diese Ausnahme nicht den Ausschluss der Informationspflicht gegenüber dem Begünstigten des Berufsgeheimnisses ermöglicht.[641] Gerade dieser ist jedoch derjenige, dessen Daten im Wearable und Gesundheitsapp Kontext durch die verschiedenen Akteure verarbeitet werden. Somit ist ihr in diesem Kontext keine entscheidende Rolle zuzuerkennen.

Die anderen in Art. 14 Abs. 5 DSGVO sowie aus dem nationalen Recht erwachsenden weiteren Ausschlussgründe werden im Kontext von Wearables und Gesundheitsapps ebenso nicht relevant werden.

2. *Zeitpunkt und Form der Information*

Soweit eine Informationspflicht besteht, stellt sich im Kontext von Wearables und Gesundheitsapps die Frage, zu welchem Zeitpunkt und auf welche Art und Weise die Verantwortlichen dieser Pflicht nachkommen müssen.

a. *Zeitpunkt*

Der Zeitpunkt der Information ist relevant, da eine rechtzeitige Erteilung ein wesentliches Element für die Erreichung des mit den Regelungen des Art. 13, 14 DSGVO verfolgten Zwecks ist. Sollte eine Erhebung bei der betroffenen Person erfolgen, so ist gem. Art. 13 Abs. 1 DSGVO zum „Zeitpunkt der Erhebung der Daten“ zu informieren.[642] Aus dem Wortlaut und dem Zweck der Vorschrift ergibt sich, dass der Betroffene die notwendigen Informationen vor oder aber spätestens gleichzeitig mit der Datenerhebung erhält.[643] Denn ab dem Zeitpunkt

---

641 Kühling/Buchner/*Bäcker* Art. 14 DSGVO Rn. 69.

642 Ehmann/Selmayr/*Knyrim* Art. 13 DSGVO Rn. 10; *Art. 29 – Datenschutzgruppe* 11.04.2018, WP 260 rev.01 Rn. 27; Kühling/Buchner/*Bäcker* Art. 13 DSGVO Rn. 56.

643 Ehmann/Selmayr/*Knyrim* Art. 13 DSGVO Rn. 11; BeckOK-DatenschutzR/*Schmidt-Wudy* Art. 13 DSGVO Rn. 79; Plath/*Kamlah* Art. 13 DSGVO Rn. 8; Paal/Pauly/*Paal/*

der Erhebung könnte der Betroffene Gebrauch von seinen Rechten machen.[644] Bei der Verwendung von Wearables und Gesundheitsapps ist der relevante Zeitpunkt der „Erhebung“ im Rahmen der ersten Inbetriebnahme anzusiedeln. So wird die Sensorik des Wearables im Verlauf der ersten Inbetriebnahme erste Daten erheben.[645] Bei Gesundheitsapps kommt es ebenfalls zu diesem Zeitpunkt zu einer ersten Datenerhebung. Oftmals wird der Betroffene bei der Inbetriebnahme zu einer Eintragung von personenbezogenen Daten in die App veranlasst. Im Falle der Erhebung i. S. d. Art. 14 DSGVO ergeben sich die zu berücksichtigenden Zeitpunkte aus Art. 14 Abs. 3 lit. a- c DSGVO.

Art. 14 Abs. 3 lit. a DSGVO enthält eine allgemeine Regelung, während lit. b und c Sonderreglungen für bestimmte Verarbeitungssituationen schaffen.[646]

Die allgemeine Regelung sieht vor, dass die betroffene Person im Laufe einer „angemessenen Frist“ nach Erlangung der Daten zu informieren ist.[647] Die zu erfolgende Abwägung soll „unter Berücksichtigung der spezifischen Umstände der Verarbeitung der personenbezogenen Daten“ erfolgen.[648] Zudem nennt Art. 4 Abs. 3 lit. a DSGVO die zeitliche Höchstgrenze von einem Monat.[649] Sollten die Daten zur Kommunikation mit dem Betroffenen verwendet werden, und die Kommunikation vor Ablauf eines Monats erfolgen, so ist gem. Art. 4 Abs. 3 lit. b DSGVO spätestens zum Zeitpunkt der ersten Kommunikation zu informieren.[650] Werden die Daten hingegen einem anderen Empfänger offengelegt, muss gem. Art. 4 Abs. 3 lit. c DSGVO spätestens zum Zeitpunkt der ersten Offenlegung die Information erteilt werden, spätestens aber innerhalb eines Monats.[651]

Hennemann Art. 13 DSGVO Rn. 12; a. A. Kühling/Buchner/*Bäcker* Art. 13 DSGVO Rn. 56.

644 Ehmann/Selmayr/*Knyrim* Art. 13 DSGVO Rn. 11.

645 Erhalt von Daten durch Sensorik nennt auch *Knyrim,* in: Ehmann/Selmayr Art. 13 DSGVO Rn. 11 als Beispiel.

646 Kühling/Buchner/*Bäcker* Art. 14 DSGVO Rn. 27; BeckOK-DatenschutzR/*Schmidt-Wudy* Art. 14 DSGVO Rn. 79 ff; Ehmann/Selmayr/*Knyrim* Art. 14 DSGVO Rn. 7.

647 *Art. 29 – Datenschutzgruppe* 11.04.2018, WP 260 rev.01 Rn. 27; Ehmann/Selmayr/*Knyrim* Art. 14 DSGVO Rn. 8.

648 *Art. 29 – Datenschutzgruppe* 11.04.2018, WP 260 rev.01 Rn. 27; Ehmann/Selmayr/*Knyrim* Art. 14 DSGVO Rn. 8; Kühling/Buchner/*Bäcker* Art. 14 DSGVO Rn. 28.

649 *Art. 29 – Datenschutzgruppe* 11.04.2018, WP 260 rev.01 Rn. 27; Ehmann/Selmayr/*Knyrim* Art. 14 DSGVO Rn. 8; Kühling/Buchner/*Bäcker* Art. 14 DSGVO Rn. 31.

650 *Art. 29 – Datenschutzgruppe* 11.04.2018, WP 260 rev.01 Rn. 27; Ehmann/Selmayr/*Knyrim* Art. 14 DSGVO Rn. 9; Kühling/Buchner/*Bäcker* Art. 14 DSGVO Rn. 33.

651 *Art. 29 – Datenschutzgruppe* 11.04.2018, WP 260 rev.01 Rn. 27; Ehmann/Selmayr/*Knyrim* Art. 14 DSGVO Rn. 10; Kühling/Buchner/*Bäcker* Art. 14 DSGVO Rn. 37.

Für Kooperationen zwischen den verschiedenen Akteuren ist insbesondere die „Offenlegung“ der personenbezogenen Daten und somit der sich aus Art. 14 Abs. 3 lit. c DSGVO ergebende Zeitpunkt relevant. Sollte eine Situation vorliegen, die unter den Grundfall des Art. 14 Abs. 3 lit. a DSGVO fällt, ist zu beachten, dass die Vorgabe auf eine Abwägung hinausläuft.[652] Auch wenn somit ein gewisser Spielraum für die Akteure gegeben ist, sollte dennoch mit Blick auf den Zweck der Informationspflichten eine möglichst frühzeitige Information erfolgen.[653]

b. Form

Auch die Form der Darstellung der Information ist im Wearable- und App-Kontext problematisch. Wie sich aus dem Wortlaut der Art. 13, 14 DSGVO ergibt, hat der Verantwortliche die Pflicht, dem Betroffenen die Informationen „mitzuteilen“.[654] Hieraus ergibt sich, dass der Verantwortliche aktiv die Informationen bereitstellen muss bzw. den Betroffenen aktiv auf die Informationen lenken muss.[655] Eine bloße passive Bereitstellung von Informationen ist als unzureichend anzusehen.[656]

In Bezug auf die Form bzw. Darstellungsweise ergeben sich die näheren Anforderungen aus Art. 12 Abs. 1, 7, 8 DSGVO.[657] Aus Art. 12 Abs. 1 DSGVO lässt sich ein „Gebot leichter Zugänglichkeit“ ableiten, ergänzend ermöglicht Art. 12 Abs. 7, 8 DSGVO den Einsatz von standardisierten Bildsymbolen zur Bereitstellung von Informationen.[658] Eine leichte Zugänglichkeit ist dann anzunehmen, wenn der Betroffene möglichst ohne Medienbruch hinreichend spezifische Informationen erhält.[659] Dabei ist insbesondere die Tiefe der bereitgestellten Information unter Verständlichkeitserwägungen zu beachten. Die *Art. 29-Datenschutzgruppe* schlägt daher eine „Mehrebenen-Datenschutzerklärung“ vor.[660] Dabei soll Übersichtlichkeit durch Gestaltung und Gliederung der

---

652 Kühling/Buchner/*Bäcker* Art. 14 DSGVO Rn. 28.

653 *Art. 29 – Datenschutzgruppe* 11.04.2018, WP 260 rev.01 Rn. 28.

654 Ehmann/Selmayr/*Knyrim* Art. 13 DSGVO Rn. 21; *Art. 29 – Datenschutzgruppe* 11.04.2018, WP 260 rev.01 Rn. 33; Kühling/Buchner/*Bäcker* Art. 13 DSGVO Rn. 59.

655 Kühling/Buchner/*Bäcker* Art. 13 DSGVO Rn. 59; Ehmann/Selmayr/*Knyrim* Art. 13 DSGVO Rn. 21; *Art. 29 – Datenschutzgruppe* 11.04.2018, WP 260 rev.01 Rn. 33.

656 Kühling/Buchner/*Bäcker* Art. 13 DSGVO Rn. 59.

657 Kühling/Buchner/*Bäcker* Art. 13 DSGVO Rn. 58.

658 Kühling/Buchner/*Bäcker* Art. 13 DSGVO Rn. 58; Paal/Pauly/*Paal/Hennemann* Art. 13 DSGVO Rn. 5.

659 Kühling/Buchner/*Bäcker* Art. 13 DSGVO Rn. 58.

660 *Art. 29 – Datenschutzgruppe* 11.04.2018, WP 260 rev.01 Rn. 35.

Informationen geschaffen werden.[661] Zumeist wird dies dadurch realisiert, dass eine Website nach diesen Vorgaben gestaltet ist und der Verantwortliche nur noch auf diese Website verweisen muss. Im Zusammenhang mit Apps und Wearables stellt sich die Frage, wie eine Darstellung der relevanten Informationen erfolgen kann.

Für Apps finden sich verschiedene Möglichkeiten. Einerseits sind Hinweise zum Datenschutz der jeweiligen App in den jeweiligen App-Stores über einen Link verfügbar. Anderseits kann der Link auch in der App selbst aufgerufen werden. Die Website mit den Informationen sollte dann nach dem „Mehrebenen-System" aufgebaut sein.

Bei Wearables ist erneut der fehlende Bildschirm oder dessen geringe Größe ein beachtliches Hindernis zur rechtskonformen Darstellung von Informationen. Zudem ist die technische Komplexität des Wearables ein Problem. Es ist daher schwierig, einen genauen Überblick über die Verwendung der Daten zu geben.[662] Abhilfe kann einerseits dadurch geschaffen werden, dass mit Hilfe der beiliegenden Gebrauchsanleitung oder Verpackung auf die Informationen auf einer Website hingewiesen wird.[663] Ebenfalls denkbar ist die Integration eines Links zu dieser Website im Einstellungsmenü auf dem Wearable selbst oder auf dem mit ihm verbundenen Smartphone.[664] Die Website könnte dann kontextbezogene Informationen nach dem „Mehrebenen-System" bieten.

II. Technische Ausgestaltung, Art. 25 DSGVO

Die verschiedenen Akteure müssen auch zusätzliche technische Anforderungen, welche die DSGVO unter anderem in Art. 25 DSGVO statuiert, einhalten.

Dabei zeigt sich in der technischen Ausgestaltung insbesondere mit den enthaltenen Grundsätzen „Privacy by Design" und „Privacy by Default" ein Vorfeldschutz. So sind bereits in der Entwicklungs- und Planungsphase von Wearables und Gesundheitsapps diese datenschutzrechtlichen Erwägungen zu beachten.

Hierbei adressiert die Vorschrift den Verantwortlichen als Pflichtigen für die Befolgung dieser Grundsätze. Daher ist gerade der Hersteller der „Technik" – also des Wearables oder der App – nicht erfasst.[665] Nur wenn der Hersteller selbst als Verantwortlicher zu qualifizieren ist, ist er als tauglicher Normadressat

661 *Art. 29 – Datenschutzgruppe* 11.04.2018, WP 260 rev.01 Rn. 35.

662 So auch Bräutigam/Kraul/*Rücker/Dienst,* Internet of Things § 6 Rn. 249.

663 *Art. 29 – Datenschutzgruppe* 11.04.2018, WP 260 rev.01 Rn. 40 lit.c.

664 *Art. 29 – Datenschutzgruppe* 11.04.2018, WP 260 rev.01 Rn. 40 lit.c.

665 *Baumgartner/Gausling,* ZD 2017, 308 (311).

anzusehen.[666] Doch auch wenn der Hersteller nicht als Verantwortlicher einzustufen ist, so wird ihm gegenüber zumindest eine indirekte Wirkung anzuerkennen sein. Dies ergibt sich einerseits aus dem Umstand, dass die Verantwortlichen, die sich der vom Hersteller produzierten Technik bedienen, zur Einhaltung der sich aus Art. 25 DSGVO ergebenden Vorgaben verpflichten, und anderseits daraus, dass sich aus ErwGr. 78 S. 4 DSGVO der Hinweis ableiten lässt, dass eine tatsächliche Tauglichkeit zum Einsatz im europäischen Markt nur mittels Art. 25 DSGVO konformer Technik möglich ist.[667]

Damit muss zunächst der sich aus Art. 25 Abs. 1 DSGVO ergebende Grundsatz des „Privacy by Design" eingehalten werden. Dieser soll sicherstellen, dass bereits durch die Gestaltung der zur Datenverarbeitung verwendeten Technik ein gewisses Maß an Schutz der Daten implementiert wird.[668] Der anvisierte Schutz bezieht sich vor allem auf die Einhaltung der Grundsätze des Datenschutzes aus Art. 5 DSGVO, wobei der Grundsatz der Datenminimierung beispielhaft vom Verordnungstext angeführt wird.[669] Dadurch, dass die konkret vom Verantwortlichen zu treffenden Maßnahmen nicht von Art. 25 Abs. 1 DSGVO festgesetzt werden, steht ein Abwägungsspielraum unter Beachtung des Risikos für den Betroffenen sowie der Kosten der Implementierung und des Standes der Technik offen. Jedoch bietet die beispielhafte Ausführung von technischen Möglichkeiten des *EDPB* eine erste Orientierungshilfe für Verantwortliche und Hersteller.[670] Beispielsweise wird eine Datenminimierung durch Datenvermeidung oder eine schnelle Pseudonymisierung als eine Möglichkeit genannt.[671] Ebenfalls vorgeschlagen werden verkürzte Speicherzeiten bzw. schnellere Löschungen der Daten.[672] Auch Art. 25 Abs. 1 DSGVO nennt als eine mögliche Maßnahme beispielhaft die Pseudonymisierung der Daten.[673] Hierbei ist allerdings beachtlich,

666 Von dieser Einstufung wird oftmals im Wearables Kontext auszugehen sein; vgl. dazu oben S. 67.

667 DWWS/*Wedde* Art. 25 DSGVO Rn. 14; Paal/Pauly/*Martini* Art. 25 DSGVO Rn. 25; *Baumgartner/Gausling*, ZD 2017, 308 (311).

668 Paal/Pauly/*Martini* Art. 25 DSGVO Rn.10.

669 SHS/*Hansen* Art. 25 DSGVO Rn. 30; *Baumgartner/Gausling*, ZD 2017, 308 (310); Gola/*Nolte/Werkmeister* Art. 25 DSGVO Rn. 15.

670 *EDPB* Guidelines 4/2019.

671 *EDPB* Guidelines 4/2019 Rn. 76.

672 *EDPB* Guidelines 4/2019 Rn. 82.

673 Paal/Pauly/*Martini* Art. 25 DSGVO Rn. 29; vgl. auch S. 2 der Entschließung der 91. Konferenz der unabhängigen Datenschutzbehörden des Bundes und der Länder vom 06/07.04.2016 zu Wearables und Gesundheitsapps, welche ebenfalls auf die Pseudonymisierung als Maßnahme hinweist.

dass eine Verknüpfung der Daten mit dem jeweiligen Nutzerprofil essenziell für die Nutzung der Analyseservices ist. Folglich kann diese Maßnahme in der Praxis nicht ergriffen werden, ohne den angebotenen Service erheblich zu beeinträchtigen. Hingegen könnte die vom *EDPB* erwähnte Löschung der Daten mit Ablauf einer gewissen Zeit in Frage kommen. Problematisch ist diesbezüglich der Wunsch des Nutzers nach einer dauerhaften Analyse der Daten. Mithin kann auch diese Maßnahme des Datenschutzes durch Technikgestaltung in der Praxis nicht erfolgen. Als taugliche Vorkehrungen denkbar wären aber eine Begrenzung von Drittzugriffen sowie eine Verschlüsselung beim Transfer der Daten und bei der Speicherung. Insbesondere eine Abschaltmöglichkeit von Datenübertragungen zum Hersteller und damit eine Nutzung als „stand-alone"-Gerät kann als taugliche Maßnahme infrage kommen. Zu berücksichtigen ist aber, dass mit einer solchen Abschaltung ein reduzierter Nutzungsumfang oder reduzierte Analyseservices einhergehen können. Dies ist als unschädlich anzusehen.

Außerdem sollte, wenn eine Übertragung von Daten stattfindet, diese so gestaltet sein, dass keine Datenkopien erstellt werden, wenn dies nicht ausdrücklich notwendig ist.[674] Auch die Schaffung einer Möglichkeit, einen Widerspruch i. S. d Art. 21 Abs. 1 DSGVO in Bezug auf die Verarbeitung der Daten mittels eines automatischen Verfahrens gem. Art. 21 Abs. 5 DSGVO benutzerfreundlich auszuüben, kann als taugliche Maßnahme zur Umsetzung des Grundsatzes aus Art. 25 Abs. 1 DSGVO angesehen werden.[675] Hiermit wird vor allem die ansonsten eventuell bestehende Hürde einer Geltendmachung und damit Ausübung der Rechte des Betroffenen entgegengewirkt.

Ergänzend beachtlich ist auch der sich aus Art. 25 Abs. 2 DSGVO ergebende Grundsatz des „Privacy by Default". Dieser setzt daran an, dass die Werkseinstellungen des Gerätes oder der App mit Blick auf den Verarbeitungszweck möglichst datensparsam sein müssen.[676] In concreto soll also ein Gerät oder ein Dienst beim ersten Einschalten die datenschutzfreundlichsten Einstellungen für den Nutzer aufweisen.[677] Hintergrund dieser Regelung ist, dass erwiesenerweise Nutzer die gegebenen Voreinstellungen selten verändern.[678] Diese Trägheit soll

---

674 *EDPB* Guidelines 4/2019 S. 21.

675 Paal/Pauly/*Martini* Art. 25 DSGVO Rn. 32.

676 *Küll*, A&R 2019, 51 (52); Schantz/Wolff/*Wolff*, Das neue DatenschutzR Rn. 838.

677 Kühling/Buchner/*Hartung* Art. 25 DSGVO Rn. 24.

678 Vgl. hierzu *Art. 29 – Datenschutzgruppe* 05/2009, WP 163, S. 8; sowie beispielhaft die Untersuchung von *Samuelson/Zeckhauser*, Journal of Risk and Uncertainty 1988, 7 ff.

nicht mehr dem Verantwortlichen und seinem Wunsch nach Datenmaximierung dienen, sondern vielmehr dem Datenschutz und der Datenminimierung.[679]

Im Kontext mit Wearables ist zum Beispiel die Möglichkeit, seine Daten auf „Social Media Plattformen" oder in der eigenen App mit anderen Personen zu teilen, problematisch.[680] Aus Art. 25 Abs. 2 DSGVO ergibt sich, dass diese Möglichkeit bei Auslieferung ausgestellt sein muss. Außerdem dürfen keine Voreinstellungen getroffen sein, die eine Verarbeitung zu Sekundärzwecken, also zum Beispiel zu Werbezwecken oder zur Produktverbesserung vorsehen.[681] Aus der Autonomie des Betroffenen in Bezug auf seine Daten ergibt sich, dass wenn das subjektive Bedürfnis nach einem mehr an Bereitstellung besteht und damit der Betroffene das gegebene Schutzniveau reduzieren will, er dies durch eigene Einstellungen vornehmen kann.[682] Allerdings muss in dieser Situation der Verantwortliche darauf achten, den Transparenz- und Informationspflichten der Art. 13, 14 DSGVO nachzukommen.[683] Dies wäre zum Beispiel durch „Banner" oder „Pop-Up" Fenster in der App beziehungsweise auf dem Display des Wearables denkbar.[684] Zusätzlich kann neben den bereits erwähnten beispielhaften Ausführungen des *EDPB* im Rahmen der Entwicklung von Gesundheitsapps auch auf den „Code of Conduct on privacy for mobile health applications"[685] der *Art. 29-Datenschutzgruppe* abgestellt werden. Er dient App-Entwicklern als eine Hilfestellung bei der Entwicklung von Apps, um so das Vertrauen der Nutzer in den mHealth-Markt zu stärken.[686] Insbesondere Empfehlungen zur Länge der Speicherung oder dem generellen Umgang mit Daten stehen dabei im Mittelpunkt. Auch auf Art. 25 DSGVO und die dort statuierten Grundsätze wird vom CoC Bezug genommen, und es erfolgt eine kurze Beschreibung dieser sowie eine Erwähnung der Optionen, um diesen nachzukommen.[687]

679 Paal/Pauly/*Martini* Art. 25 DSGVO Rn. 46.
680 Die Möglichkeit des Teilens mit Freunden bieten z. B. FitBit oder Apple.
681 *Küll*, A&R 2019, 51 (52).
682 DWWS/*Wedde* Art. 25 DSGVO Rn. 42.
683 Hierauf weist auch *Hansen*, in: SHS Art. 25 DSGVO Rn. 56 hin.
684 Vgl. ähnlich Gola/*Werkmeister* Art. 25 DSGVO Rn. 16.
685 Im Folgenden CoC.
686 Vgl. *Bauer/Eickmeier/Eckard*, E-Health: Datenschutz und Datensicherheit, S. 80.
687 Vgl. Code of Conduct on privacy for mobile health applications S. 8.

G. Fazit

Wie deutlich wurde, sind im Zusammenhang mit Wearables aus einer datenschutzrechtlichen Perspektive die verschiedensten Herausforderungen zu bewältigen.

Die DSGVO ist der zentrale Maßstab für die aufgeworfenen Fragen. Sie ist in dem komplexen datenschutzrechtlichen Rechtsrahmen als der dominierende gesetzgeberische Akt anzusehen. Die zu beachtenden ergänzenden Regelungen aus dem BDSG bzw. den einzelnen Landesdatenschutzgesetzen sind im Zuge der Öffnungsklauseln zu beachten. Zudem existieren bereichsspezifische Regelungen, welche ebenfalls zu berücksichtigen sind.[688] In Zukunft wird die Komplexität des dargestellten Rechtsrahmens durch neue Regelung wie die geplante e-Privacy-VO, welche der DSGVO im Hinblick auf elektronische Kommunikationsdaten als *lex specialis* vorgehen soll[689], noch weiter zunehmen.

Im Kontext mit Wearables und Gesundheitsapps stellt sich unter anderem die Frage, welche Datentypen verarbeitet werden. Eine Schwierigkeit ergibt sich insbesondere aus den verschiedenen Einsatzszenarien und der Fülle an erhobenen und im Zusammenhang stehenden Daten. Das Spektrum reicht von unmittelbar durch die Sensorik des Wearables erhobenen Daten über Profildaten bis zu technischen Daten.[690] Verarbeitet werden daher im Ergebnis sowohl Daten, welche als „allgemeine personenbezogene Daten“ anzusehen sind, als auch „besondere personenbezogene Daten“ i. S. d. Art. 9 Abs. 1 DSGVO. Der Schwerpunkt der Datenverarbeitung wird allerdings zumeist bei Daten der letztgenannten Kategorie liegen. So sind die im Gesundheitsbereich durch die Sensorik des Wearables erhobenen Daten zwingend solche mit Gesundheitsbezug.

Mit diesen Daten kommen im Kontext von Wearables und Gesundheitsapps eine Vielzahl an unterschiedlichen Akteuren in Berührung. Neben den Nutzern und Herstellern ist auch an App-Anbieter, Cloud-Service Provider, Krankenkassen, Forschungseinrichtungen und Behandler zu denken.[691] Fraglich ist, welche Akteure für die jeweils durchgeführten Verarbeitungsschritte als datenschutzrechtlich Verantwortliche anzusehen sind.[692] Ermittelt werden muss dies im Einzelfall für die jeweilige Datenverarbeitung. Maßgebliches Kriterium hierfür

---

688 So sind beispielsweise das TTDSG, die Regelungen zum Sozialdatenschutz oder des VVG zu beachten.

689 Vgl. Vorschlag der EU-Kommission 2017/0003 (COD) S. 3.

690 Vgl. dazu oben S. 56.

691 Vgl. oben S. 64 ff.

692 Vgl. dazu oben S. 64 ff.

ist das Vorliegen einer Entscheidungsgewalt über wesentliche Zwecke und Mittel der jeweiligen Datenverarbeitung.[693] Auch wenn der Nutzer die Daten selbst erhebt und diese an den Hersteller übermittelt, so kann er als Betroffener i. S. d. Art. 4 Nr. 1 DSGVO nicht als Verantwortlicher anzusehen sein.[694] Der Hersteller hingegen entscheidet über die konkreten Einsatzmöglichkeiten des Wearables und darüber, welche Daten durch das Wearable erhoben werden. Somit ist er als verantwortliche Stelle für Datenverarbeitungsvorgänge anzusehen.[695] Ebenfalls als Verantwortliche zu qualifizieren sind App-Anbieter. Diese legen fest, welche personenbezogenen Daten in der jeweiligen App verwertet werden. Die bestehende Bindung an Hardwarekonzeptionen spielt keine Rolle. Zudem sind Behandler, Krankenkassen und Forschungseinrichtungen bei einer Datenverarbeitung zu eigenen Zwecken wie der Ausgestaltung der Behandlung oder von Bonusprogrammen als verantwortliche Stellen anzusehen.[696] Lediglich der CSP wird zumeist als Auftragsverarbeiter anzusehen sein.[697]Deutlich problematischer sind Kooperationen und ein gemeinschaftliches Zusammenwirken zwischen den genannten Akteuren, wie es zwischen Hersteller und App-Anbieter oder Hersteller und Behandlern denkbar ist. In diesen Fällen könnte eine gemeinsame Verantwortlichkeit i. S. d. Art. 26 DSGVO in Rede stehen. Für diese Einordnung ist entscheidend, ob beide Akteure einen Einfluss auf die jeweilige Datenverarbeitung mit Eigeninteresse haben. Für das Verhältnis zwischen Hersteller und App-Anbieter kann eine solche Einflussmöglichkeit insbesondere dann bejaht werden, wenn die App gemeinsam entwickelt wird und z. B. das durch das Wearable ausgegebene Dateiformat an die App angepasst wird. Nur aus einer bloßen Installation der App auf dem Wearable kann eine gemeinsame Verantwortlichkeit nicht abgeleitet werden. Bei einer Kooperation zwischen Herstellern und Behandlern kann eine gemeinsame Verantwortlichkeit darin begründet sein, dass der Behandler die Datenverarbeitung des Herstellers ermöglicht. In der Regel wird es sich um eine getrennte Verantwortlichkeit für jeweils eigene Verarbeitungsschritte handeln.

Entscheidend ist, auf welche Rechtsgrundlage die Verantwortlichen die von ihnen durchgeführte Datenverarbeitung stützen können. Dabei führen

---

693 *Monreal*, ZD 2014, 611 (612); DWWS/*Weichert* Art. 4 Nr. 7 DSGVO Rn. 87; Kühling/Buchner/*Hartung* Art. 4 Nr. 7 Rn. 13; vgl. dazu oben S. 62.

694 Vgl. dazu oben S. 65 f.

695 Vgl. dazu oben S. 67

696 Vgl. dazu oben S. 68 ff.

697 Vgl. dazu oben S. 69 f.

die unterschiedlichen Verarbeitungssituationen zu verschiedenen denkbaren Rechtsgrundlagen.

Als zentraler Legitimationsgrund ist aber in allen Verarbeitungssituationen die freiwillige und informierte Einwilligung anzusehen.[698] Damit wird die Datenverarbeitung auf eine Grundlage gestützt, welche sich gerade mit Blick auf den technischen Fortschritt immer weitergehender Kritik ausgesetzt sieht. So ist die „Freiwilligkeit" der Einwilligung in Hinblick auf den stetig wachsenden sozialen Druck zur Nutzung von neuen Technologien und Services kritisch zu hinterfragen. Der Nutzungsentschluss wird aber als ausreichend autonomiesichernd anzusehen sein.[699] Gleichermaßen kann auch die „Informiertheit" der Einwilligung in Anbetracht einer zweifellos existierenden Abstumpfung der Nutzer durch die Vielzahl der im Alltag auftretenden Datenschutzerklärungen infrage gestellt werden.[700] Beispielsweise kann der Verzicht der Lektüre der Datenschutzerklärung bereits als Autonomieausübung verstanden werden, welche durch die Einwilligung gerade geschützt werden soll.[701] Neben der Einwilligung ist im Behandlungskontext bei einer Datenverarbeitung, welche für Zwecke der Gesundheitsvorsorge oder die medizinische Diagnostik erforderlich ist, auch Art. 6 Abs. 1 DSGVO; Art. 9 Abs. 2 lit. h DSGVO i. V. m. § 22 Abs. 1 Nr. 1 lit. b BDSG als Rechtsgrundlage einschlägig.[702] Im Forschungsbereich kann eine Legitimation der Datenverarbeitung sich zudem aus Art. 6 Abs. 1 DSGVO; Art. 9 Abs. 2 lit. j DSGVO i.V.m. § 27 Abs. 1 BDSG ergeben.[703] Diese Möglichkeit wird nur in wenigen Fällen greifen, da die wissenschaftlichen Interessen des Verantwortlichen den Interessen des Betroffenen „erheblich überwiegen" müssen.[704]

Neben diesen Einsatzbereichen ist vorstellbar, dass Daten von Wearables in den Szenarien des „Profiling" und der „Datenverarbeitung zu Werbezwecken" eingesetzt werden.[705] Eine Legitimation dieser Verarbeitungen kann nur durch eine Einwilligung des Betroffenen erreicht werden.[706]

Im Zusammenhang mit Wearables und Gesundheitsapps steht außerdem die Übermittlung von Daten in Drittstaaten. Dabei zeigen sich insbesondere mit

698 Vgl. dazu oben S. 77 ff.
699 Vgl. dazu oben S. 83.
700 Vgl. dazu oben S. 85 ff.
701 Vgl. dazu oben S. 87.
702 Vgl. dazu oben S. 113 f.
703 Vgl. dazu oben S. 123 ff.
704 Vgl. dazu oben S. 125 f.
705 Vgl. dazu oben S. 132 ff.
706 Vgl. dazu oben S. 132 ff.

Blick auf die Datenübermittlung in die USA derzeit enorme Schwierigkeiten. Mangels eines Angemessenheitsbeschlusses bzw. anderer Regelung muss eine Übermittlung derzeit den Grundsätzen einer Übermittlung in „unsichere Drittländer" genügen.[707] Die Verantwortlichen im Wearable-Kontext müssen daher für die Legitimation einer Übermittlung in die USA gem. Art. 46 DSGVO geeignete Garantien vorsehen.[708]

Neben einer tauglichen Rechtsgrundlage sind durch die Verantwortlichen weitere Verarbeitungsbedingungen zu beachten. Insbesondere müssen die Verantwortlichen den sich aus Art. 13, 14 DSGVO ergebenden Informationspflichten nachkommen.[709] Für die Datenverarbeitung bei Wearables und Gesundheitsapps wird vor allem Art. 13 DSGVO relevant werden, in Kooperationen kann auch Art. 14 DSGVO greifen. Entscheidender Zeitpunkt für die Information sind die erste Inbetriebnahme des Wearables oder der App bzw. bei Kooperationen zwischen Akteuren die Offenlegung der Daten.[710] Die Informationen sind auf Grund der technischen Gegebenheiten und Beschränkungen idealerweise über eine nach dem „Mehrebenen-System" aufgebaute Website, deren Link dem Betroffenen in der App oder auf dem Wearable bzw. dessen Verpackung mitgeteilt wird, bereitzuhalten.[711]

Desweiteren sind die Vorgaben zur technischen Ausgestaltung nach Art. 25 DSGVO zu beachten.[712] Dazu gehört unter anderem, dass technische Maßnahmen, wie die Verschlüsselung des Datentransfers geboten sind sowie eine möglichst datensparsame Voreinstellung des Wearables bzw. der Gesundheitsapp. Im Ergebnis kann festgehalten werden, dass die DSGVO trotz aller angedeuteten Kritik ein hohes Datenschutzniveau statuiert, welches im Zusammenhang mit Wearables und Gesundheitsapps eine belastbare Grundlage bietet. Dabei muss jedoch Berücksichtigung finden, dass das Datenschutzrecht immer auch die Autonomie des Einzelnen über seine Daten schützt und damit selbst bei dem höchstmöglichen Schutzniveau die Effektivität dieses Schutzes gerade an der Freigiebigkeit der Betroffenen in Bezug auf ihre Daten hängt. Man wird sich am Ende fragen müssen, ob nun das

---

707 Vgl. dazu oben S. 127 ff.
708 Vgl. dazu oben S. 127 ff.
709 Vgl. dazu oben S. 138 ff.
710 Vgl. dazu oben S. 141 f.
711 Vgl. dazu oben S. 144.
712 Vgl. dazu oben S. 144 ff.

Credo *„Um zu heilen, müssen wir wissen. Um zu wissen, müssen wir teilen."*[713] die zentrale Aussage für die Zukunft der Datenverarbeitung im Gesundheitswesen und im Zusammenhang mit Wearables und Gesundheitsapps wird – oder ob vielleicht doch das hippokratische Verständnis von der Sensibilität von Daten dominiert. Diese Frage wird jeder Nutzer von Wearables für sich selbst beantworten müssen.

713 Dave Eggers, „The Circle" S. 175.

Kapitel II: Medizinprodukterecht

A. Grundlagen

I. Einführung

> *"If you zoom out into the future, and you look back, and you ask the question, 'What was Apple's greatest contribution to mankind?' It will be about health."*[1]

Wie sich aus diesem Zitat von *Tim Cook* ergibt, sieht der CEO einer der größten international agierenden Technologiekonzerne die Zukunft seines Unternehmens besonders in der Gesundheitsbranche. Und gibt damit gleichzeitig die Zielrichtung anderer Technologiegiganten vor.[2]

Gerade in dem in dieser Arbeit betrachteten Bereich der Digitalisierung der Medizin durch „E-Health" und „mHealth" zeigt sich vermehrt, dass neue Akteure beginnen, in das Rampenlicht der Medizinbranche zu treten. Neben Technologiekonzernen drängen auch viele kleine Start-Ups mit den von ihnen entwickelten Produkten auf den Markt, welcher bisher in Deutschland vor allem durch kleine und mittelständische Unternehmen geprägt war. Durch diese unterschiedlichen Akteure können verschiedenste Produkte Innovationen bieten und so in hohem Maße die Erbringung von Gesundheitsdienstleistungen dauerhaft verändern.

Derartige Veränderungen durch technologische Fortschritte gibt es in der Medizin seit jeher. Beispielhaft hierfür sollen zwei „Meilensteine" der Medizin stehen. Diese sind die erste nichtinvasive indirekte Blutdruckmessung, beschrieben durch *Scipione Riva-Rocci* im Jahr 1896, welche 1905 durch *Korotkoff* ergänzt wurde, und das erste EKG, welches 1903 von *Einthoven* erstellt wurde.[3]

In diesen Beispielsfällen zeigt sich die soeben bereits angesprochene Entwicklung. So ist es mithilfe der *Apple Watch* nun zum Beispiel jedermann möglich, ein einkanaliges EKG zu erstellen. Wie sich in der Praxis zeigt, stellenweise bereits mit lebensrettenden Folgen.[4] Ebenfalls erscheint es so, als könnte mit

---

1 Apple CEO Tim Cook bei einem „Mad Money" Interview auf CNBC 2019, auch mit Blick auf die Einführung der Möglichkeit ein EKG mit der Apple Watch Series 5 aufzuzeichnen.

2 Auch Amazon hat ein erstes Wearable im Dezember 2020 auf den Markt gebracht.

3 Zur Blutdruckmessung *Eckert*, Journal für Hypertonie 2006, 7 ff.; zum EKG *Lewalter/Brachmann*, Herzschrittmachertherapie+ Elektrophysiologie 2020, 239 (239).

4 Vgl. Fallbericht *Drexler et al.*, European Heart Journal 2020, 2224.

dem Marktstart des *Aktiia Blood Pressure Monitor* das erste Wearable erhältlich sein, mit dem eine manschettenfreie Messung des Blutdruckes möglich ist.[5]

Doch gerade mit Blick auf diese Innovationen stellt sich die Frage, in welchem rechtlichen Rahmen sich derartige Produkte bewegen. Dass Wearables eine Produktgruppe darstellen, die diesem innovativen Feld entspringt, ist dabei unumstritten. Durch die wachsende Zahl an Wearables (*vgl. dazu oben*) sind Fragen des Medizinprodukterechts berührt. Hier ist ein Rechtsbereich betroffen, welcher eine Vielzahl spezieller Anforderungen an die entwickelten Produkte und damit deren Hersteller stellt. Um diesem Anforderungsdruck zu entgehen, verfolgen viele Hersteller das Ziel, nicht dem Bereich der Medizinprodukte anzugehören, sondern vielmehr dem Bereich der Lifestyle- und Fitnessprodukte. So ist dieser nicht von einem komplexen Normgeflecht durchzogen und ermöglicht großen Raum für Innovationen.

Die Frage, die sich stellt, wird sein, ob sich Hersteller dem Medizinprodukterecht entziehen können oder ob sie die von diesem aufgestellten Anforderungen bei der Entwicklung und dem Vertrieb von Wearables einhalten müssen. Dabei sind die unterschiedlichen Produkte, welche im unmittelbaren Zusammenhang mit Wearables stehen, in die Betrachtung mit einzubeziehen. So ergibt sich aus dem Zusammenspiel aus Wearables, Gesundheitsapp, Smartphone und Cloud eine besondere Produktvielfalt, welche den Rechtsrahmen vor neue Herausforderungen stellt.

Bei der Darstellung der Fragestellungen steht zugleich der gesamte medizinprodukterechtliche Rechtsrahmen auf dem Prüfstand. So soll das Medizinprodukterecht trotz seines Ziels, ein hohes Gesundheitsschutzniveau für die Anwender von Medizinprodukten zu schaffen, auch zukunftsorientiert und innovationsoffen sein und nicht als „Innovationshemmnis" wirken.

Nur wenn dies der Fall ist, kann eine weitere Entwicklung von Medizinprodukten und die dazugehörige Verbesserung des Gesundheitssystems durch die genannten Akteure vorangebracht werden. Auch das sich aus dem eingangs erwähnten Zitat ergebende Cook´ sche Selbstverständnis hängt von dieser Entwicklung ab.

II. Rechtsgrundlagen des Medizinprodukterechts

Doch zunächst gilt es, die rechtliche Basis für das zu beleuchtende Rechtsgebiet darzustellen. Ebenso wie das Datenschutzrecht ist das Medizinprodukterecht

5 Marktstart in Großbritannien seit Januar 2021.

trotz seines vergleichsweisen jungen Alters[6] von einer komplexen Regelungsstruktur durchzogen.

1. *Supranationale Vorschriften*

Dabei ist bereits von Beginn an eine starke Europäisierung zu erkennen. So fußt die erste Fassung des Medizinproduktgesetzes[7] aus dem Jahr 1994 auf der RL 90/385/EWG sowie RL 93/42/EWG.[8] Mittlerweile hat eine Revision des europäischen Rechtsrahmens für Medizinprodukte stattgefunden.[9] So traten am 25.05.2017 mit der VO (EU) 2017/745 über Medizinprodukte[10] und der VO (EU) 2017/746 über *In-vitro*-Diagnostika[11] neue europäische Regelungssysteme in Kraft. Der Geltungsbeginn dieses neuen Rechtsrahmens für Medizinprodukte wurde auf den 25.05.2020 beziehungsweise den 25.05.2022 festgesetzt.[12] Durch die durch den COVID-19-Erreger ausgelöste Pandemie und die damit einhergehende Belastung des Gesundheitssystems und insbesondere der Medizinproduktbranche kam es jedoch nicht zu der erwarteten Geltung ab dem 25.05.2020.[13] Vielmehr verschob der Verordnungsgeber den Geltungsbeginn eines Großteils der Vorschriften durch die VO (EU) 2020/561 am 23.04.2020 auf den 26.05.2021.[14]

Zentraler Auslöser für die umfassende Neuregelung des Medizinprodukterechtes durch eine Verordnung war der 2010 aufgedeckte Skandal um Brustimplantate des französischen Herstellers *Poly Implant Prothèse* (PIP).[15] Der Hersteller hatte Industriesilikon anstelle von medizinisch indiziertem Silikon verwandt, woraufhin den Betroffenen in ganz Europa zur Explantation geraten wurde.[16]

---

6 *Lippert*, MedR 2017, 614 (614), sieht die europarechtlichen Regelungen aus RL 93/42 EWG und RL 90/385 EWG aus den Jahren 1990 und 1993 als das Rechtgebiet begründende Regelungen an.

7 Im Folgenden MPG.

8 BT-Drs. 12/7930 S. 3.

9 So bezeichnet dies *Graf*, in: PharmR 2016, 486 (486).

10 Im Folgenden MP-VO.

11 Im Folgenden IVD-VO.

12 Rehmann/Wagner/*Rehmann* MP-VO Entstehung Rn. 1.

13 Vgl. Erwägungsgründe der VO (EU) 2020/561.

14 *Anton*, MPR 2020, 77 (78); *Lippert*, MedR 2021, 716 (717); vgl. Art. 1 Nr. 1 VO (EU) 2020/561.

15 Vgl. Rehmann/Wagner/*Rehmann* MP-VO Entstehung Rn.1; MAH MedR/*Friedrich* § 17 Rn. 357; *Graf*, PharmR 2016, 486 (487).

16 *Graf*, PharmR 2016, 486 (487).

Dieser Skandal ließ vor allem Kritik an dem bisherigen Sicherheitskonzept des Medizinprodukterechtes laut werden. Dieser Kritik versuchen die MP-VO und die IVD-VO zu begegnen. Ausgehend von ErwGr. 1 MP-VO soll durch die Regelung ein hohes Sicherheits- und Gesundheitsschutzniveau gewährleistet werden, allerdings soll das System auch weiterhin offen und fördernd für Innovationen sein.[17] Im Ergebnis soll ein Rechtsrahmen geschaffen werden, welcher sowohl nachhaltig, solide, transparent als auch berechenbar ist.[18] Der Unionsgesetzgeber stützt sich für die Erreichung dieser Ziele auf die sich aus Art. 114 AEUV ergebende Gesetzgebungskompetenz zur Binnenmarktharmonisierung.[19]

Ebenfalls beachtlich sind die Vorgaben des *International Medical Device Regulators Forum*[20].[21] Das IMDRF ist ein seit 2011 tätiger, freiwilliger Zusammenschluss von nationalen Regulierungsbehörden für Medizinprodukte aus der ganzen Welt, welcher das Ziel hat, die internationale Harmonisierung der Medizinproduktregulierung zu beschleunigen.[22]

2. *Nationale Vorschriften*

Neben den vorrangig geltenden europäischen Regelungen VO (EU) 2017/745 und VO (EU) 2017/746 finden weiterhin nationale Regelungen Anwendung. So enthalten die beiden Verordnungen, ähnlich wie die DSGVO, Öffnungsklauseln und statuieren nationale Regelungsaufträge.[23] Um Öffnungsklauseln auszufüllen und Regelungsaufträgen nachzukommen, hat der nationale Gesetzgeber mit dem Erlass des Medizinprodukterecht-Durchführungsgesetzes[24] reagiert, welches als Teil des Medizinprodukte-Anpassungsgesetz-EU[25] eingeführt wurde. Dabei sind insbesondere Regelungen zu Zuständigkeiten von nationalen Behörden, Straf- und Bußgeldvorschriften und andere besondere nationale Anforderungen Regelungsgegenstand geworden.[26] Beispielsweise kommt der nationale Gesetzgeber

17 Vgl. ErwGr. 1 MP-VO.

18 Vgl. ErwGr. 1 MP-VO.

19 Vgl. ErwGr. 2 MP-VO.

20 Im Folgenden IMDRF.

21 Vgl. ErwGr. 5 MP-VO.

22 Vgl. https://www.imdrf.org/about; vgl. ausführlich zum IMDRF auch *Gassner,* in: Recht und Realität – FS Christoph Vedder, S. 420 ff.

23 So BT-Drs. 19/15620 S. 99; *Lippert,* MedR 2021, 716 (717).

24 Im Folgenden MPDG.

25 Im Folgenden MPEUAnpG.

26 *v. Zezschwitz,* MedR 2020, 196 (197).

durch Regelungen zur Errichtung einer Ethik-Kommission im Rahmen von klinischen Prüfungen einem Regelungsauftrag der VO (EU) 2017/745 nach.[27] Durch das MPEUAnpG werden zudem einige Bundesrechtsverordnungen ersetzt oder soweit geändert, dass sie den veränderten europäischen Vorzeichen entsprechen. Beispielsweise wird die Medizinprodukte-Sicherheitsplanverordnung durch die Medizinprodukte-Anwendermelde- und Informationsverordnung ersetzt.[28] Zudem decken die europäischen Regelungen nicht die gesamte Breite des Medizinprodukterechts ab, sodass sich auch daraus ein gewisser nationaler Regelungsspielraum ergibt. So finden sich in der MP-VO keine Regelungen zur Werbung für Medizinprodukte, sodass auch weiterhin das Heilmittelwerbegesetz[29] beachtet werden muss. Neben diesen Regelungen können auch Leitlinien und Leitfäden z. B. des *Bundesamtes für Arzneimittel und Medizinprodukte* (BfArM) beachtlich sein. Diese bieten beispielsweise eine Übersicht über einzuhaltende Regelungen und Auslegungshilfen.[30]

III. Geltungsbereich der MP-VO

Wie sich aus dem Vorgesagten ergibt, ist die MP-VO der den Rechtsrahmen dominierende Gesetzgebungsakt. Hier stellt sich insbesondere die Frage des Anwendungsbereiches. Zu differenzieren ist zwischen dem sachlichen Anwendungsbereich und der räumlichen Geltungssphäre sowie einer zeitlichen Dimension.

In sachlicher Hinsicht ergibt sich der Anwendungsbereich aus Art. 1 MP-VO i. V. m. den Begriffsbestimmungen aus Art. 2 MP-VO. Hieraus wird deutlich, dass eine Anwendung auf „Medizinprodukte" erfolgen soll. Die Legaldefinition für diesen Begriff findet sich in Art. 2 Nr. 1 MP-VO. Jedoch ist auch eine negative Abgrenzung nach Art. 1 Abs. 6 MP-VO zu beachten, aufgrund derer man sich z. B. die Frage stellen muss, ob die eigentlich als Medizinprodukte zu qualifizierenden Wearables vereinzelt auch als *In-vitro*-Diagnostika anzusehen sein können und damit unter die Geltung der IVD-VO fallen und deshalb nicht unter die MP-VO. Diese negative Abgrenzung basiert ausweislich des ErwGr. 7 MP-VO auf dem Wunsch des Unionsgesetzgebers, dass eine deutliche Abgrenzung zu anderen harmonisierenden Rechtsvorschriften der Union erfolgen soll sowie darauf, dass für *In-vitro*-Diagnostika eigene Regelungen existieren.

---

27 Vgl. auch zu anderen Ausgestaltungen *Lippert,* MedR 2021, 716 (718).
28 Vgl. *Lippert,* MedR 2021, 716 (722).
29 Im Folgenden HWG.
30 Vgl. beispielsweise Orientierungshilfe Medical Apps oder den DiGA-Leitfaden.

Wie Art. 1 Abs. 1 MP-VO deutlich macht, beziehen sich die Vorschriften der MP-VO auf das Inverkehrbringen, die Bereitstellung auf dem Markt und die Inbetriebnahme von Medizinprodukten, wodurch seinerseits eine einschränkende Wirkung in Bezug auf den Anwendungsbereich einhergeht.

Bezüglich der räumlichen Geltungssphäre knüpft Art. 1 Abs. 1 S. 1 MP-VO an die Durchführung der eben genannten Aktivitäten auf dem Gebiet der Union an. Dabei wird man davon ausgehen können, dass damit das sich aus Art. 52 EUV i. V. m. Art. 355 AEUV ergebende Unionsgebiet gemeint ist.

In zeitlicher Hinsicht ist vor allem beachtlich, dass es für eine ganze Reihe von Sonderfällen gem. Art. 120 MP-VO Übergangsfristen gibt, welche dazu dienen sollen, dass Medizinproduktehersteller sich nur langsam an die verschärften Anforderungen anpassen müssen.[31] Insbesondere sollen auf diese Weise „Überregulierung“ vermieden werden und auch während der Übergangszeit Innovationen möglich sein.[32]

Insbesondere Spezialvorschriften, die im Zusammenhang mit der *European Databank on Medical Devices* (EUDAMED) stehen, können gem. Art. 123d MP-VO eine längere Frist erhalten, nämlich in dem Fall, in dem diese Datenbank noch nicht voll funktionstüchtig eingerichtet ist.[33]

IV. fragmentierte Akteursstruktur und Medizinprodukte

Wie bereits ausführlich im zweiten Kapitel dargestellt, stehen viele unterschiedliche Akteure im Zusammenhang mit Wearables im Mittelpunkt der Betrachtung.[34] Auch im nun eingenommenen medizinprodukterechtlichen Blickwinkel bleibt diese stark fragmentierte Struktur erhalten, allerdings beziehen sich viele der darzustellenden rechtlichen Anforderungen lediglich auf einige der denkbaren Akteure.

So rückt vor allem der „Hersteller“ i. S. d. Art. 2 Nr. 30 MP-VO noch deutlicher als bereits im Rahmen des zweiten Kapitels in den Fokus der Betrachtung. Als „Hersteller“ ist danach jede natürliche oder juristische Person anzusehen, die ein Produkt herstellt, wiederherstellt oder entwickelt bzw. herstellen oder wiederherstellen lässt und dieses unter eigenem Namen oder ihrer eigenen Marke vermarktet.[35] Damit kommt es zu einer Änderung des bisher im

31 Hill/Schmitt, WiKo, A II MDR Rz. 5.
32 Hill/Schmitt, WiKo, A II MDR Rz. 5.
33 Hill/Schmitt, WiKo, A II MDR Rz. 44 f.; MAH MedR/*Friedrich* § 17 Rn. 371.
34 Vgl. dazu oben S. 64 ff.
35 Vgl. Art. 2 Nr. 30 MP-VO für die genaue Definition.

Medizinprodukterecht verwendeten Herstellerbegriffs. Dieser qualifizierte die Verpackung und Kennzeichnung des Produktes ebenso als taugliche Herstellungshandlungen und knüpfte an das erstmalige Inverkehrbringen des Produktes an.[36] Zwar ist nicht ersichtlich, dass nicht auch unter Geltung der MP-VO diese Handlungen als taugliche Herstellungshandlungen anzusehen sind, jedoch richtet sich die Verantwortlichkeit nach dem Medizinprodukterecht nun an denjenigen, der das Produkt unter seinem Namen und seiner Marke vertreibt.[37] Auf die Erstmaligkeit eines Inverkehrbringens kommt es somit nicht mehr an.[38] Aufgrund der Zuordnung der Verantwortlichkeit und der Vielzahl der an die Eigenschaft als Hersteller geknüpften Normen, ist dieser als „Zentralgestalt" des Medizinprodukterechts anzusehen.

Dadurch nimmt die Komplexität des hier zu betrachtenden Systems nicht ab, denn die unterschiedlichen regulatorischen Anforderungen der MP-VO verursachen eine ganze Reihe von behördlichen Zuständigkeiten, welche es ebenfalls zu beachten gilt.

Potenziell zuständige Behörden sind zum Beispiel das *BfArM* oder die *Zentralstelle der Länder für Gesundheitsschutz* (ZLG).

B. Einordnung als Medizinprodukt

Für die Anwendung des Medizinprodukterechts ist zunächst die Kategorisierung der verschiedenen im Kontext Wearables vorkommenden Anwendungen und Geräte als Medizinprodukte entscheidend.

I. Allgemeines

Eine Legaldefinition für den Begriff des Medizinproduktes findet sich in Art. 2 Nr. 1 MP-VO:

> *„Medizinprodukt" bezeichnet ein Instrument, einen Apparat, ein Gerät, eine Software, ein Implantat, ein Reagenz, ein Material oder einen anderen Gegenstand, das dem Hersteller zufolge für Menschen bestimmt ist und allein oder in Kombination einen oder mehrere der folgenden spezifischen medizinischen Zwecke erfüllen soll:*
> *— Diagnose, Verhütung, Überwachung, Vorhersage, Prognose, Behandlung oder Linderung von Krankheiten,*

---

36 Vgl. § 3 Nr. 15 MPG.
37 Rehmann/Wagner/*Rehmann* Art. 2 Nr. 30 Rn. 11.
38 Rehmann/Wagner/*Rehmann* Art. 2 Nr. 30 Rn. 11.

— Diagnose, Überwachung, Behandlung, Linderung von oder Kompensierung von Verletzungen oder Behinderungen,
— Untersuchung, Ersatz oder Veränderung der Anatomie oder eines physiologischen oder pathologischen Vorgangs oder Zustands,
— Gewinnung von Informationen durch die In-vitro-Untersuchung von aus dem menschlichen Körper — auch aus Organ-, Blut- und Gewebespenden — stammenden Proben und dessen bestimmungsgemäße Hauptwirkung im oder am menschlichen Körper weder durch pharmakologische oder immunologische Mittel noch metabolisch erreicht wird, dessen Wirkungsweise aber durch solche Mittel unterstützt werden kann."

Wie erkennbar wird, kommt es für die Einordnung als Medizinprodukt darauf an, ob der Hersteller das Produkt für einen der genannten Verwendungszwecke bestimmt hat. Außerdem erfolgt bereits eine Abgrenzung zur Einordnung als Arzneimittel durch den Ausschluss bestimmter Wirkungsweisen des Produktes.[39]

Würde danach eine Qualifikation als Medizinprodukt erfolgen, muss im Einzelfall noch eine Abgrenzung zu *In-vitro* Diagnostika vorgenommen werden. Denn für solche würde die IVD-VO gelten. Wie sich jedoch aus der Definition aus Art. 2 Nr. 2 IVD-VO ergibt, handelt es sich dabei z. B. um Geräte und Software, welche qua ihrer Zweckbestimmung für die *In-vitro*-Untersuchung von aus dem menschlichen Körper stammenden Proben vorgesehen sind.[40] Zu dieser Gruppe von Geräten und Software gehören die in dieser Ausarbeitung untersuchten Produkte bereits mit Blick auf ihre jeweilige Anwendungsweise typischerweise nicht. Denn Wearables und die dazugehörige Software sollen keine genommenen Proben analysieren, sondern es steht vielmehr die durchgehende Analyse von medizinischen Parametern ohne eine Probenentnahme im Mittelpunkt.

1. Zweckbestimmung

Grundlage der Einordnung als Medizinprodukt ist somit die sog. „Zweckbestimmung".

Gem. Art. 2 Nr. 12 MP-VO ist unter einer „Zweckbestimmung" die Verwendung zu verstehen, für die ein Produkt entsprechend den Angaben des Herstellers auf der Kennzeichnung, in der Gebrauchsanweisung oder dem Werbe- oder Verkaufsmaterial bzw. den Werbe- oder Verkaufsangaben und seinen Angaben bei der klinischen Bewertung bestimmt ist. Wie dabei deutlich wird, ist in erster Linie eine subjektive Dimension entscheidend. Für die Beantwortung der Frage,

---

39 Vgl. auch *Eickbusch*, MPR 2021, 52 (52).
40 Vgl. Art. 2 Nr. 2 IVD-VO.

welcher Zweck mit dem Produkt verfolgt wird, kommt es maßgeblich auf den Hersteller an.[41] Neben diese subjektive Dimension der Zweckbestimmung tritt jedoch auch eine objektive. So muss die subjektive Bestimmung auch in objektiv schlüssiger Weise untermauert sein.[42] Damit ist insbesondere gemeint, dass die Zweckbestimmung wissenschaftlich haltbar sein muss.[43] Hieraus resultiert, dass der Hersteller nicht willkürlich seine Zweckbestimmung so fassen kann, dass sein Produkt nicht dem Medizinprodukterecht unterfällt.[44] Außerdem beinhaltet die Legaldefinition des Art. 2 Nr. 1 MP-VO selbst eine objektive Komponente. So ist auch die bestimmungsgemäße Hauptwirkung des Produktes für die Einordnung als Medizinprodukt entscheidend und diese ist eindeutig objektiv zu bestimmen. Beachtlich ist außerdem, dass lange Zeit umstritten war, ob durch das Medizinprodukt ein medizinischer Zweck erfüllt werden muss. Dies ist nun mit Blick auf die Legaldefinition, wie es scheint, geklärt. So steht den vier Spiegelstrichen in Art. 2 Nr. 1 MP-VO ausdrücklich der „spezifische medizinische Zweck" vorweg.[45] Mit diesem Vorgehen folgt der Verordnungsgeber im Ergebnis dem EuGH, welcher in der Brain-Products-Entscheidung zur RL 93/42/EWG deutlich gemacht hat, dass ein solcher medizinischer Zweck erforderlich ist, um eine Qualifikation als Medizinprodukt zu begründen, auch wenn das Produkt für die Anwendung beim Menschen gedacht ist und zum Zwecke der Untersuchung physiologischer Zustände konzipiert wurde.[46] Eine Qualifikation als Medizinprodukt ist demnach nur dann möglich, wenn der in der Zweckbestimmung verfolgte Zweck medizinischer Art ist.[47] Für dieses Verständnis spricht auch, dass Produkte der Empfängnisverhütung und -förderung nicht, wie noch im Richtlinientext als einer der Spiegelstriche in Art. 2 Nr. 1 S. 1 MP-VO genannt werden, sondern eine gesonderte Erwähnung in Art. 2 Nr. 1 S. 2 MP-VO erfahren.[48]

---

41 Hill/Schmitt, WiKo, Art. 2 Nr. 1 MDR Rz. 4; *Eickbusch*, MPR 2021, 52 (52); *Berensmann/Gratzfeld*, Bundesgesundheitsblatt 2018, 314 (314); Rehmann/Tillmanns E-Health-Hdb/*Rehmann* Kap. 2 Rn. 6.

42 Hill/Schmitt, WiKo, Art. 2 Nr. 1 MDR Rz. 4.

43 So bereits zur alten Rechtslage OLG Frankfurt, PharmR 1997, 69 ff.; vgl. auch Schlussanträge Mengozzi ECLI:EU:C:2012:299 –Brain Products.

44 Vgl. zur RL 93/42/EWG so BGH, Urt. v. 18.04.2013 - I ZR 53/09, NJW-RR 2014, 46 (Rn.12).

45 *Ortner*, Medizin-Apps als Medizinprodukt S. 77.

46 Vgl. EuGH, Urt. v. 22.11.2012, Brain Products, C-219/11 ECLI:EU:C:2012:742 Tz.33; Hill/Schmitt, WiKo, Art. 2 Nr. 1 MDR Rz. 6.

47 *Ortner*, Medizin-Apps als Medizinprodukt S. 77; Hill/Schmitt, WiKo, Art. 2 Nr. 1 MDR Rz. 4.

48 So auch *Ortner*, Medizin-Apps als Medizinprodukt S. 77.

Bei Produkten, welche unter den ersten und zweiten Gedankenstrich zu fassen sind, ist der medizinische Zweck bereits impliziert.[49] Bei Produkten im Sinne des dritten Gedankenstrichs muss hingegen der medizinische Zweck gesondert vorliegen.

Wann ein solcher „medizinischer Zweck" anzunehmen ist, bereitet mit Blick auf die Produktvielfalt erhebliche Probleme.[50] Vom Vorliegen eines „medizinischen Zwecks" ist dann auszugehen, wenn das Produkt für einen Einsatz in einem medizinischen Kontext bestimmt ist. Hierfür spricht, dass das Ziel des Medizinprodukterechts ist, diejenigen zu schützen, die in aktiver oder passiver Weise mit den Produkten in diesem Bereich in Berührung kommen.[51] Vom Vorliegen eines „medizinischen Zwecks" kann somit z. B. nicht ausgegangen werden, wenn das Produkt lediglich kosmetischen Zwecken dient.

Im Ergebnis sollte daher die Zweckbestimmung den medizinischen Nutzen des Produktes ausweisen und dabei auch darstellen, durch welche Funktionsweise dieser Nutzen erreicht wird.[52] Zusätzlich hierzu sind medizinische Indikationen, Kontraindikationen, die potenziellen Nutzer und Patientengruppen sowie die Nutzungsumgebung zu beschreiben.[53]

Sollte eine Zweckbestimmung mit ausreichendem Inhalt festgelegt sein, so muss auch sichergestellt sein, dass es nicht zu einem Widerspruch zu Informationen in anderen Medien kommt, die das Produkt und dessen Leistung beschreiben.[54] Ein solcher Widerspruch kann sich beispielhaft aus dem Werbematerial des Herstellers, aus welchem sich Produktinformationen ableiten lassen, ergeben. Sollte ein solcher Widerspruch gegeben sein, wird er zulasten des Herstellers gehen müssen.[55] Schließlich liegen alle potenziellen Faktoren, die Einfluss auf die Zweckbestimmung des Produktes haben können, im Verantwortungsbereich des Herstellers.

Trotz dieses umfangreichen Systems mit dem Zusammenspiel von objektiven und subjektiven Komponenten kann eine Einordnung gerade in „Graubereichen"

---

49 So zur alten Rechtslage Schlussanträge Mengozzi ECLI:EU:C:2012:299 –Brain Products Rn. 28.

50 Albrecht/*Pramann* – CHARISMA S. 235.

51 So zur alten Rechtslage Schlussanträge Mengozzi ECLI:EU:C:2012:299 –Brain Products Rn. 28.

52 *Berensmann/Gratzfeld*, Bundesgesundheitsblatt 2018, 314 (314); *Hastenteufel/Renaud*, Software als Medizinprodukt, S. 14.

53 *Hastenteufel/Renaud*, Software als Medizinprodukt, S. 14.

54 *Berensmann/Gratzfeld*, Bundesgesundheitsblatt 2018, 314 (314).

55 So bereits zur alten Rechtslage Spickhoff/*Lücker* § 3 MPG Rn. 14a.

problematisch werden. Beispielsweise ist die Abgrenzung von Medizinprodukten zu bloßen Wellness- oder Fitnessprodukten problematisch. Geboten ist in diesen Fällen eine Analyse der Zweckbestimmung im Einzelfall und Einbeziehung aller verfügbaren Angaben und Aussagen des Herstellers. Zudem gilt es im Einzelfall zu prüfen, ob die Zweckbestimmung auch wissenschaftlich haltbar ist.

2. Rolle von Leitlinien

Außerdem ermöglichen Leitlinien in vielen Bereichen eine leichtere Orientierung. Solche werden gem. Art. 105 lit. c MP-VO insbesondere von der *Medical Device Coordination Group*[56] erlassen.[57] Diese dienen insbesondere als Orientierungshilfe für Hersteller wie auch nationale Behörden. Wie sich bereits im Zusammenhang mit der alten Rechtslage gezeigt hat, berücksichtigt aber auch der EuGH in seiner Rechtsprechung dieses Mittel des europäischen Rechts.[58] Allerdings sind auch auf nationaler Ebene Leitlinien erlassen worden, welche es zu berücksichtigen gilt.[59] Zusätzlich sind, wie ErwGr. 5 MP-VO zeigt, die ebenfalls als Leitlinien ausgestalteten Arbeitsergebnisse des *IMDRF* zu berücksichtigen. Gerade hierdurch erhofft man sich eine weltweite Angleichung des Schutzniveaus im Medizinprodukterecht.

Im Ergebnis werden daher die verschiedenen Leitlinien zur Beantwortung der Frage der Einbeziehung von Wearables und mit ihnen im Zusammenhang stehenden Anwendungen Beachtung finden müssen.

II. Einordnung

1. Wearables als Medizinprodukt

Es ist zunächst vorstellbar, das Wearable selbst als Medizinprodukt zu qualifizieren. Allerdings darf diesbezüglich keine undifferenzierte Betrachtung und Einordnung erfolgen. Vielmehr gilt es zwischen der Hardware und der zum Betrieb notwendigen Software[60] – sprich dem Betriebssystem – zu unterscheiden.

---

56 Im Folgenden MDCG.

57 Vgl. hierzu auch *Gassner/Schreiegg*, MPR 2019, 198 (198).

58 Vgl. zur MEEDEV 2.1/6; EuGH, Urt. v. 07.12.2017, Snitem, C-329/16, ECLI:EU:C:2017:947 Tz. 33.

59 Beispielsweise die „Orientierungshilfe Medical Apps" des *BfArM*.

60 Als Software ist danach mit Blick auf die Vorgabe der Software-Leitlinie, MDCG 2019-11, S. 5 eine Befehlssatzarchitektur zu verstehen, welche Eingabedaten verarbeitet und Ausgabedaten erstellt. Hierbei ist zwischen System-Software (wie dem Betriebssystem) und Anwendungssoftware (z. B. einer App) zu unterscheiden.

a. Hardware

Kernstück des Wearables ist zunächst die Hardware des Produktes. Insbesondere die zur Datenerhebung notwendigen Sensoren sind das für die Nutzung ausschlaggebende Teil.

Wie bereits angedeutet wurde, ist der entscheidende Faktor für die Frage der Einordnung des Gerätes als Medizinprodukt die vom Hersteller gegebene Zweckbestimmung des Gerätes. Grundsätzlich können Wearables eine medizinische Zweckbestimmung i. S. d. Art. 2 Nr. 1 MP-VO aufweisen. So erscheint ein bestimmungsgemäßer Einsatz im Rahmen der Diagnose, Verhütung, Überwachung, Vorhersage, Prognose, Behandlung oder Linderung von Krankheiten möglich.[61] Der Großteil der auf dem Markt erhältlichen Wearables wird jedoch wohl keine genuine medizinische Zweckbestimmung aufweisen, sondern vielmehr in erster Linie dem Graubereich der Fitnessprodukte zuzuordnen sein. Zwar weisen diese Produkte, gerade wenn es um die Frage einer gesteigerten körperlichen Aktivität zugunsten der präventiven Gesundheitsversorgung geht einen Bezug zur Gesundheit auf, jedoch wird kein ausreichender medizinischer Zweck i. S. d. Art. 2 Nr. 1 MP-VO verfolgt.[62] Insbesondere mit Blick auf den Trend des „*Quantified Self*" und der aus dieser resultierenden stärker werdenden Beachtung der eigenen Gesunderhaltung durch die Bevölkerung erweitert sich dieser „Graubereich" immer mehr. Problematisch ist, dass auch Behandlungsszenarien denkbar sind, bei denen auf Produkte aus diesem Bereich zurückgegriffen wird, wodurch wiederum die Grenzen noch stärker als ohnehin verschwimmen. So erscheint zum Beispiel der Einsatz eines Fitnesstrackers zur Steuerung der körperlichen Aktivität bei einem Adipositaspatienten, angeordnet durch den jeweiligen Behandler, als denkbar.[63] Ein weiteres mögliches Szenario steht ebenfalls im Zusammenhang mit der Steigerung der körperlichen Aktivität. So kann sich der Einsatz von Wearables im Rahmen der Nachsorge nach einem operationsbedingten Klinikaufenthalt positiv auf das Bewegungsverhalten des Patienten auswirken.[64] In beiden Fällen hat das Wearable selbst nicht zwingend eine

---

61 Vgl. beispielsweise die Wearables von *Empatica* oder das Wearable von *Aktiia*.

62 Zu vergleichbaren Einordnung von Gesundheitsapps im Graubereich, so auch *Hagenmeyer/Bühler/Egger*, GKV90Prozent 2019, 1 (4).

63 Noch zwar ohne Verschreibung, aber in Deutschland, erfolgt im Rahmen eines Pilotprojektes der DRV Knappschaft Bahn-See und der MEDIAN Klinik Mühlengrund eine Abgabe von FitBit-Fitnessbändern an übergewichtige Patienten, um eine höhere Motivation zur Bewegung zu schaffen.

64 Dies belegen Untersuchungen von Studien durch *Coughlin/Caplan/Stone*, veröffentlicht in: Journal of Cancer Survivorship 2020, 386 (390).

medizinische Zweckbestimmung, durch den konkreten Einsatz im Kontext einer Behandlung wird jedoch ein solcher Zweck verfolgt oder erfüllt. Dennochhat der tatsächlich erfolgende Einsatz keine Auswirkungen auf die Einordnung als Medizinprodukt, zumindest nicht, wenn dieser nicht ohnehin in der Zweckbestimmung des Herstellers anklingt. Oftmals wollen Hersteller die Einordnung als Medizinprodukt vermeiden, was insbesondere damit zu begründen ist, dass die umfangreichen Voraussetzungen für das Inverkehrbringen des Produktes dann nicht einzuhalten wären.[65] Zu diesem Zweck werden oftmals Formulierungen in der Gebrauchsanweisung verwandt wie: *„Dies ist kein Medizinprodukt.“*[66] Hier stellt sich insbesondere die Frage der Reichweite einer solchen „Ausschlusserklärung“. Eine solche kann durchaus tauglich sein, die Frage nach einer medizinischen Zweckbestimmung zu klären. Sollte sich allerdings aus der Gebrauchsanweisung, Kennzeichnung oder auch dem Werbematerial eine medizinische Zweckbestimmung ergeben, so muss die Erklärung als gegenstandslos angesehen werden.[67] Hierfür spricht, dass es sich im Ergebnis um die bereits oben angesprochene Situation der Ungewissheit handelt, welche zulasten des Herstellers geht. Außerdem darf eine „Ausschlusserklärung“ nicht das alleinige Einordnungskriterium sein. Ansonsten würde die Anwendung des Medizinprodukterechts zur vollständigen Disposition des Herstellers stehen. Durch die subjektive Komponente steht diesem ohnehin eine gewisse Steuerungsmöglichkeit zu. Diese darf nicht zu weit ausufern. Ansonsten würde das Ziel der MP-VO, ein hohes Schutzniveau für Medizinprodukte zu gewährleisten, gefährdet werden oder gar gänzlich fehlschlagen.

Einen möglichen Anreiz, Wearables entgegen dem bisher Üblichen als Medizinprodukte in Verkehr zu bringen, könnte sich daraus ergeben, dass der deutsche Gesetzgeber in § 33a SGB V eine Möglichkeit zum Ersatz von sog. „digitalen Gesundheitsanwendungen“ vorgesehen hat.[68] Dabei erfolgt eine Rückbindung an die medizinproduktrechtliche Einordnung, sodass nur Produkte erfasst sind,

---

65 Siehe zu Folgen der Einordnung als Medizinprodukt unten S. 184 ff.

66 Apple verwendet z. B. bei der aktuellen Apple Watch im Benutzerhandbuch die Formulierung:

„Die Apple Watch ist kein medizinisches Gerät...“.

67 Zur alten Rechtlage so *Berensmann/Gratzfeld*, Bundesgesundheitsblatt 2018, 314 (315); BGH verlangt zur alten Rechtslage in BGH, Urt. v. 18.04.2013 - I ZR 53/09, BGH NJW-RR 2014, 46 einen Ausschluss mit „hinreichender Deutlichkeit“ und setzt damit eine „Unmissverständlichkeit“ des Ausschlusses voraus.

68 Vgl. unten S. 257 ff.

welche als Medizinprodukte der Risikoklassen I und IIa zu qualifizieren sind.[69] Wenn der Hersteller diese Möglichkeit der Ersatzfähigkeit seiner Anwendung durch die GKV erreichen möchte und daraus resultierend eventuell auch größere Nutzergruppen ansprechen will, sollte demnach eine medizinische Zweckbestimmung und so eine Einordnung als Medizinprodukt angestrebt werden.

b. Software (Betriebssystem)

Dass Software grundsätzlich erfasst sein kann, ergibt sich bereits aus der Legaldefinition des Art. 2 Nr. 1 MP-VO. Dennoch ist gerade in diesem Bereich ein umfassender Diskurs über die genaue Kategorisierung als Medizinprodukt entstanden. Dies ändert sich auch nicht unter Geltung der MP-VO.

Wie bei der Einordnung von Hardware als Medizinprodukt steht die Zweckbestimmung durch den Hersteller im Vordergrund. Wichtigstes Element ist der eigene medizinische Zweck der Software.[70] Dies vertritt auch die *MDCG* in ihrer "Guidance on Qualification and Classification of Software"[71], welche die bisherige europäische Leitlinie MEEDEV 2.1/6 ersetzt.[72] Dabei prägt die Leitlinie für Software, welche einen eigenen medizinischen Zweck verfolgt, den neuen Begriff der „Medical Device Software"[73].[74] Einerseits ist irrelevant, ob die Software als eigenständig anzusehen ist (sog. „Standalone-Software") oder aber ein Medizinprodukt steuert oder beeinflusst.[75] Anderseits spielt auch, wie ErwGr. 19 MP-VO sowie die Leitlinie deutlich machen, der Ort, an welchem die Software eingesetzt wird, für die Kategorisierung als Medizinprodukt keine Rolle.[76]

Das Betriebssystem des Wearables[77] muss folglich mindestens einen der in Art. 2 MP-VO genannten medizinischen Zwecke eigenständig erfüllen, um als eigenständiges Medizinprodukt angesehen zu werden. Grundsätzlich wird man festhalten müssen, dass das Betriebssystem die softwareseitige Basis des Gerätes darstellt und damit als neutral und medizinisch unspezifisch anzusehen ist.[78] Aus dieser medizinischen Unspezifität ergibt sich, dass eine Qualifikation als

---

69 Vgl. unten S. 257 ff.

70 *Berensmann/Gratzfeld*, Bundesgesundheitsblatt 2018, 314 (314).

71 Im Folgenden „Software-Leitlinie".

72 Vgl. zum Verhältnis *Gassner/Schreiegg*, MPR 2019, 198 (199).

73 Im Folgenden MDSW; vgl. zum Begriff *Gassner/Schreiegg*, MPR 2019, 198 (198f.).

74 Vgl. Software-Leitlinie, MDCG 2019-11, S. 6.

75 Software-Leitlinie, MDCG 2019-11, S. 6 f.

76 Software-Leitlinie, MDCG 2019-11, S. 6 f.

77 So bspw. Apples WatchOS, FitBits FitBitOS, Googles WearOS.

78 Hill/Schmitt, WiKo, Art. 2 Nr.1 MDR Rz. 12.

eigenständiges Medizinprodukt regelmäßig ausscheidet.[79] Insbesondere mit Blick auf die erwähnten Betriebssysteme von *Apple*, *Google* und *FitBit* erscheint eine Kategorisierung als Medizinprodukt als abwegig.

Doch auch ohne die Verfolgung eines eigenen medizinischen Zwecks besteht für Betriebssysteme die Möglichkeit, von der MP-VO erfasst zu sein. Hierfür müsste zunächst die Hardware des Wearables als Medizinprodukt anzusehen sein. Das Betriebssystem könnte dann entweder als Zubehör zu einem Medizinprodukt qualifiziert werden[80], oder aber als Teil eines Medizinproduktes. Letzteres ist anzunehmen, wenn die Software das Medizinprodukt steuert oder beeinflusst.[81] Ohne das Betriebssystem kann eine Steuerung des Wearables durch den Nutzer nicht in einer Weise erfolgen, die die Nutzung ermöglichen würde. Mithin wird man das Betriebssystem als für den Betrieb des Wearables essenziell ansehen müssen.[82] Folglich kann das Betriebssystem als Teil des als Medizinprodukt zu qualifizierenden Wearables angesehen werden. Problematisch ist dies mit Blick auf Betriebssysteme, welche nicht spezifisch für Medizinprodukte entwickelt wurden.[83] Doch auch diese Betriebssysteme werden als Teil des Medizinproduktes anzusehen sein. Dabei werden sie von der harmonisierenden Norm IEC 62304 als „*Software of Unknown Provenance*“[84] eingestuft.[85] Daher muss der Hersteller des Medizinproduktes in seiner Risikoabwägung die Besonderheiten des medizinisch unspezifischen Betriebssystems mit beachten.[86]

c. *Zusammenfassung*

Im Ergebnis kann festgehalten werden, dass die Hardware als Medizinprodukt klassifiziert werden kann. Hierbei müssen gerade Hersteller von Fitnessarmbändern und Smartwatches, also von Produkten, welche dem angesprochenen „Graubereich“ zuzuordnen sind, ein hohes Feingefühl bei der Präsentation ihrer Produkte an den Tag legen. So kann insbesondere aus dem Werbeauftritt mit starkem Fokus auf gesundheitliche Aspekte eine Einordnung als Medizinprodukt

---

79 Hill/Schmitt, WiKo, Art. 2 Nr.1 MDR Rz. 12; vgl. zur alten Rechtslage BT-Drs. 16/ 122258, S. 26 sowie ErwGr. 6 RL 2007/47/EG.

80 vgl. zur Einordnung unten S. 181 f.

81 Software-Leitlinie, MDCG 2019-11, S. 8.

82 So in einem anderen Beispiel unter alter Rechtslage, Spickhoff/*Lücker* § 3 MPG Rn. 13.

83 Zum Problem zur alten Rechtslage schon *Läkemedelsverket,* Medical Information Systems S. 17.

84 Kurz SOUP.

85 So auch *Läkemedelsverket,* Medical Information Systems S. 17.

86 So auch *Läkemedelsverket,* Medical Information Systems S. 17.

nicht nur denkbar, sondern mit Blick auf eine sich daraus ergebende medizinische Zweckbestimmung gar geboten erscheinen. Gerade dieses Feingefühl weisen viele Hersteller bislang noch nicht auf und werben weiterhin stark mit den gesundheitlichen Aspekten ihrer Smartwatches und Fitnessarmbänder.[87]

Auch durch diese problematische Selbstdarstellung nimmt die Graubereichsproblematik immer weiter zu.

2. *Smartphone des Nutzers als Medizinprodukt*

Ein weiteres Gerät, welches im Zusammenhang mit Wearables steht, ist das Smartphone des Nutzers. Gerade hier kann es eine zentrale Rolle einnehmen. So dient es im BAN oftmals als Hub und ermöglicht dadurch die Verwaltung des Wearables und der von diesem erhobenen Daten.[88]

Um als Medizinprodukt eingeordnet werden zu können, müsste das Smartphone selbst wiederum einer tauglichen medizinischen Zweckbestimmung unterfallen. Gerade dies wird noch so gut wie nie anzunehmen sein, denn das Smartphone dient als bloße Plattform für die zur Auswertung ihrerseits notwendigen Anwendungen.[89] Der Hauptzweck des Smartphones liegt weiterhin auf der Ermöglichung von Kommunikation und im Unterhaltungsbereich und ist somit nicht medizinisch. Selbst wenn der Hersteller die Nutzung als Plattform für gesundheitsbezogene Apps als Eventualzweck des Gerätes ansieht, steht die überwiegende Nutzung des Gerätes nicht im Zusammenhang mit einem medizinischen Kontext.[90] Insbesondere könnte der Nutzer auch auf die Nutzung derartiger Apps verzichten und das Smartphone somit nicht im medizinischen Kontext nutzen. Zusätzlich dazu besteht auf Grund der mit einer Einordnung einhergehenden Anforderungen kein Interesse der Hersteller an einer solchen Kategorisierung.

Stellenweise wird eine Einordnung als Medizinprodukt auch mit der Argumentation abgelehnt, dass das maßgebliche Risiko für den Anwender nicht vom Abspielgerät ausgeht, sondern von der auf diesem betriebenen Software

---

87 Vgl. Apple (Slogan April 2021: *Die Zukunft der Gesundheit.).*

88 Ausführlich hierzu *Bauer/Eickmeier/Eckard*, E-Health: Datenschutz und Datensicherheit, S. 24.

89 *v. Zezschwitz*, MedR 2020, 196 (198); Hill/Schmitt, WiKo, Art. 2 Nr. 1 MDR Rz. 22; *Backmann*, MPR 2011, 73 (74); zu bedenken ist, dass es in Zukunft möglich sein könnte, dass Hersteller „Medizin-Smartphones“ entwickeln, diese würden dann mit entsprechender Zweckbestimmung als Medizinprodukte anzusehen sein.

90 So auch *Backmann*, MPR 2011, 73 (74).

und damit folglich keine Schutzbedürftigkeit des Nutzers besteht.[91] Durch diese Argumentation wird aber verkannt, dass Risikofaktoren kein taugliches Kriterium für die Einordnung als Medizinprodukt darstellen.[92] Außerdem würde dies zu einer Aushöhlung der subjektiven Dimension der Zweckbestimmung führen. So könnte eine vom Hersteller vorgenommene Zweckbestimmung und somit gewünschte Einordnung durch die Beachtung des Risikos gegenstandslos werden.

3. Gesundheitsapps als Medizinprodukt

Im Wearable Kontext sind außerdem, wie bereits mehrfach angedeutet, viele verschiedene Softwareanwendungen zu beachten. Bei diesen Softwareanwendungen handelt es sich oftmals um Apps, welche sowohl auf dem Smartphone des Nutzers als auch auf dem Wearable selbst installiert sein können.[93] Dabei können diese Apps nicht als integraler Bestandteil des Wearables oder des Smartphones angesehen werden, schließlich erfolgt ein eigener Vertrieb über die jeweiligen App-Stores.[94]

Anders als das Betriebssystem sind die Apps auch strukturell losgelöst von der Hardware. Denn es kann auch eine Deinstallation bei gleichzeitiger Aufrechterhaltung der Funktionen des Wearables oder des Smartphones erfolgen.

Unabhängig vom Gerät, auf welchem die Apps betrieben werden, übernehmen diese verschiedenste Funktionen. Dabei lassen sich viele Anwendungsmöglichkeiten in vier Kategorien unterteilen, wobei festzuhalten ist, dass die jeweiligen Grenzen der Kategorien fließend sind und ein einziges Produkt gleich mehreren Kategorien zugeordnet werden kann.

Die erste Kategorie bilden Apps, welche allgemeine Gesundheitsinformationen enthalten.[95] Bei diesen Apps steht die bloße Informationsweitergabe über eine Krankheit oder gesundheitsbewusstes Verhalten an den Nutzer im Mittelpunkt.

Die zweite Kategorie bilden Apps, welche der Datenübermittlung dienen.[96] Diese Anwendungen geben oftmals unveränderte Rohdaten zum Beispiel in Form eines „Remote-Monitoring" an den Behandler weiter.

---

91 So noch zur alten Rechtslage *Backmann*, MPR 2011, 73 (74).

92 Vgl. Software-Leitlinie, *MDCG* 2019-11, S. 7.

93 So z. B. die EKG-App von Apple oder die im Zusammenhang mit einem Wearable stehende Care-App von Empatica zum Zwecke des „remote monitoring".

94 *Ortner*, Medizin-Apps als Medizinprodukt S. 81.

95 Kategorie nach *Hagenmeyer/Bühler/Egger*, GKV90Prozent 2019, 1 (3).

96 Kategorie nach *Ortner*, Medizin-Apps als Medizinprodukt S. 86.

Die dritte Kategorie bilden Apps, welche die durch das Wearable erhobenen Daten auswerten und für den Nutzer bzw. seinen Behandler grafisch aufbereiten.[97] Gerade diese Apps werden die überwiegende Anzahl im Zusammenhang mit Wearables ausmachen.

Die vierte Kategorie stellen Apps dar, welche bei der Entscheidungsfindung, also behandlungsunterstützend, mitwirken.[98] Diese Anwendungen zeichnen sich insbesondere dadurch aus, dass sie konkrete Ergebnisse angeben oder aber eigenständig Handlungsempfehlungen aussprechen.

a. Einordnung

Diese Kategorienbildung kann neben der Anwendung der Software-Leitlinie der *MDCG* hilfreich für die Einordnung als Medizinprodukt sein. Unabhängig davon kommt es für diese maßgeblich erneut auf die Zweckbestimmung des Herstellers an. Dabei ergibt sich die Zweckbestimmung der App oftmals aus der im jeweiligen App-Store enthaltenen Produktbeschreibung sowie aus möglichen Werbematerialien.[99] Es steht dem Hersteller grundsätzlich nach seinem Ermessen frei, in welcher Kategorie im App-Store (z. B. „Medizin" oder „Gesundheit& Fitness") er seine App veröffentlicht.[100]

aa. Apps mit Gesundheitsinformationen

Eine im Zusammenhang mit Wearables nahezu unbedeutende Kategorie bilden Apps, welche allgemeine Gesundheitsinformationen vermitteln. So sind Wearables oftmals nicht die richtige Plattform, um diese einzusetzen. Hier wird üblicherweise eine Installation auf dem Smartphone erfolgen, um die Informationen abrufen zu können.[101]

Selbst wenn ausnahmsweise eine Installation auf einem Wearable erfolgen würde, muss davon ausgegangen werden, dass keine Qualifikation als Medizinprodukt geschehen wird. Dies lässt sich damit begründen, dass die Bereitstellung von Informationen zu Themen mit Gesundheitsbezug nicht einem der genannten Zwecke aus Art. 2 Nr. 1 S. 1 MP-VO zuzuordnen ist. So ist die Aufklärung

---

97 Kategorie nach *Ortner*, ebd.

98 Kategorie nach *Ortner*, Medizin-Apps als Medizinprodukt S. 85.

99 Albrecht/*Pramann* – CHARISMA S. 253.

100 *v. Zezschwitz*, MedR 2020, 196 (196).

101 So bspw. die ICD-Diagnoseauskunft-App der Techniker Krankenkasse mit laienverständlicher Begriffserklärung und Synonymen, um die Angaben des Behandlers auf der Krankschreibung nachvollziehen zu können.

und bloße Information über Krankheiten gerade keiner der genannten medizinischen Zwecke. Gestützt wird dieses Ergebnis auch durch die Leitlinien des *BfArM* und der *MDCG*. Diese versuchen zwischen einer nicht medizinischen und einer medizinischen Funktion der Software zu differenzieren.[102] Eine medizinische Funktion soll nach den Leitlinien zumeist anzunehmen sein, wenn die Funktion der Software über ein bloßes Speichern, Archivieren, Kommunizieren oder eine Suche hinausgeht.[103] Software kann demnach nur dann als Medizinprodukt qualifiziert werden, wenn ihre Funktion eine eigene spezifische Leistung in Hinblick auf den medizinischen Zweck erbringt.[104] Indikator für eine solche eigene Leistung kann beispielsweise jegliche Form der Einflussnahme auf Daten sein.[105] Gerade bei einer App zur reinen Vermittlung von Gesundheitsinformationen finden jedoch keine Datenverarbeitungsvorgänge über dieses geforderte Maß hinaus statt. Somit fehlt es an einer medizinischen Funktion und einer medizinischen Zweckbestimmung.

Dennoch können solche Apps durch potenzielle Fehlinformationen ein gewisses Risiko in sich tragen, sodass das auf Initiative des Gesundheitsministeriums am 01. September 2020 gestartete nationale Gesundheitsportal für Gesundheitsinformationen zur Bereitstellung verlässlicher Informationen aus der den Nutzer schützenden Sicht äußerst sinnvoll erscheint.

bb. Apps zur Datenübermittlung und Verlaufsbeobachtung

Die zweite zu nennende Kategorie sind Apps, die zur Datenübermittlung konzipiert wurden. In concreto leitet die App unverarbeitete „Rohdaten" mittels eines „Remote-Monitorings" an einen Behandler oder eine vergleichbare Person weiter. Dabei können diese Daten z. B. durch ein Wearable erhoben worden sein.[106]

Wiederum stellt sich die Frage nach der potenziellen Medizinprodukteigenschaft dieser Anwendungen. Zunächst sollte mit Blick auf die Leitlinien erneut eine ausreichende medizinische Funktion in Form einer Einflussnahme auf

102 So bereits *Lücker*, Bundesgesundheitsblatt 2018, 278 (279 f.); vgl. Software-Leitlinie, *MDCG* 2019-11, S. 8 f.; *BfArM*, Orientierungshilfe Medical Apps S. 2.

103 Vgl. Software-Leitlinie, *MDCG* 2019-11, S. 8 f.; vgl. *BfArM*, Orientierungshilfe Medical Apps S. 2.

104 Ähnlich *Lücker*, Bundesgesundheitsblatt 2018, 278 (279 f.).

105 So *BfArM*, Orientierungshilfe Medical Apps S. 2.

106 So bspw. die Empatica Care-App mit dem E4 Armband; wobei durchaus auch eine Zuordnung zu der dritten Kategorie erfolgen kann.

Daten gegeben sein.[107] Durch eine Datenübermittlung wird zumeist keine Veränderung der Daten in inhaltlicher oder interpretatorischer Art anzunehmen sein, dennoch ist zu berücksichtigen, dass zum Beispiel eine Veränderung des Dateiformates der Daten erfolgt, um einen Versand möglich zu machen.[108] Nur durch diesen Vorgang wird dann z. B. eine Einbeziehung der Daten in Therapieplanung oder Diagnostik möglich. Somit kann von einer ausreichenden medizinischen Funktion der Software ausgegangen werden.

Es müsste dennoch weiterhin eine medizinische Zweckbestimmung gegeben sein. Ob es sich um eine solche handelt, hängt in besonderem Maße vom Einsatzbereich der Anwendung ab. Ein Einsatz dieser Apps ist vor allem in Hinblick auf die Durchführung einer Überwachung, Behandlung oder auch Diagnose einer Krankheit denkbar. So ist z. B. auch für Apps, bei denen die Verlaufsbeobachtung einer Krankheit im Vordergrund steht, die Vergleichbarkeit mit Symptom- und Verlaufstagebüchern zu beachten.[109] Mithin kann in diesen Anwendungsfällen und insbesondere, wenn eine Übermittlung der Daten an einen Behandler erfolgt, von einer medizinischen Zweckbestimmung der App ausgegangen werden. Im Einzelfall kann sich ein anderes Bild ergeben. Es wäre z. B. denkbar, dass die App für ein „Remote-Monitoring" in der Form bestimmt ist, dass die Daten an einen Personaltrainer übermittelt werden und dieser anhand der Daten das jeweilige Fitnesstraining anpasst. In diesen Fällen wird mit der App gerade kein medizinischer Zweck verfolgt, vielmehr ist sie dann dem Fitness- und Wellnessbereich zuzuordnen.

cc. Apps zur Datenauswertung

Die im Zusammenhang mit Wearables wichtigste Kategorie bilden Apps zur Datenauswertung.

Auch diese könnten als Medizinprodukte anzusehen sein. So werden zwar auch für die Zwecke einer Datenauswertung Daten gespeichert, jedoch ergibt sich bereits aus der Begrifflichkeit der Datenauswertung, dass eine darüberhinausgehende Datenverarbeitung gegeben ist. Schließlich geht mit der Datenauswertung oftmals eine grafische Aufbereitung der gesammelten Daten oder sogar eine Analyse einher. Dies wiederum sind Vorgänge, die mit Blick auf die Leitlinien als Datenverarbeitung zu verstehen sind, welche eine ausreichende eigene

---

107 Software-Leitlinie, *MDCG* 2019-11, S. 8 f.; vgl. *BfArM*, Orientierungshilfe Medical Apps S. 2.

108 Dies gibt auch *Ortner* zu bedenken, in: Medizin-Apps als Medizinprodukt S. 86.

109 *Hagenmeyer/Bühler/Egger*, GKV90Prozent 2019, 1 (4).

medizinische Funktion begründen können. Daneben müssten die Apps zur Datenauswertung aber auch eine medizinische Zweckbestimmung aufweisen. Dies ist gerade bei der vorliegenden App-Kategorie problematisch. So handelt es sich bei Apps zur Datenauswertung oftmals um solche, welche im „Graubereich" zwischen Gesundheitsapps und Fitness-Apps anzusiedeln sind. Schließlich können z. B. mittels Datenauswertungs-Apps die Geh- und Laufstrecke sowie eventuell der Puls auf dem Smartphone angezeigt werden. Zwar besteht hier oftmals ein Bezug zur Gesundheit, allerdings ist die Zweckbestimmung nicht rein medizinisch.[110] Auch wenn ein Einsatz durch einen Behandler zur Steigerung der Aktivität eines Patienten denkbar erscheint, so ändert sich nichts an der oftmals fehlenden medizinischen Zweckbestimmung seitens des Herstellers.[111]

Allerdings können Apps zur Datenauswertung vielfach eine medizinische Zweckbestimmung aufweisen. Insbesondere denkbar ist, dass der Zweck einer solchen App vom Hersteller darauf gerichtet ist, der Behandlung, Diagnose oder Überwachung einer Krankheit zu dienen. Beispielsweise könnte ein Einsatz im Zusammenhang mit der Messung und Darstellung von Blutzuckerwerten oder aber mit der Darstellung von mittels Wearables gemessenen Blutdruckwerten[112] denkbar werden.

Durch die große Anwendungsvielfalt und die erhebliche Relevanz der Anwendungen im Fitnesssektor ist in besonderem Maße die Einordnung im Einzelfall vorzunehmen. Wie gezeigt wurde, kann eine Einordnung als Medizinprodukt erfolgen.

dd. Apps zur Entscheidungsfindung

Auch vorstellbar sind Apps, welche den Behandlern bei ihrer Behandlung und insbesondere deren Entscheidungsfindung unterstützen. Dies gelingt insbesondere durch die Ergebnispräsentation und Handlungsempfehlungen, welche durch die Softwareanwendung ausgesprochen werden.[113] Beispielsweise denkbar wären Apps, die nach Eingabe von Symptomen konkrete Diagnosevorschläge machen oder aber anhand von durch das Wearable gemessenen Daten eine Diagnoseentscheidung treffen.[114] In diesen Fällen ist eine eigenständige medizinische Funktion i. S. d. geforderten Mehr an Datenverarbeitung aus den

110 *Hagenmeyer/Bühler/Egger*, GKV90Prozent 2019, 1 (4).
111 Vgl. oben S. 165.
112 Aktiia Blood Pressure Monitor wäre ein taugliches Gerät.
113 *Ortner*, Medizin-Apps als Medizinprodukt S. 85.
114 *Hagenmeyer/Bühler/Egger*, GKV90Prozent 2019, 1 (4).

Leitlinien gegeben. So muss eine Analyse der gesammelten Daten erfolgen, mit deren Ergebnis dann wiederum eine Handlungsempfehlung oder Diagnose ausgesprochen werden kann.

Auch das Vorliegen eines medizinischen Zwecks ist zu bejahen. So knüpft Art. 2 Nr. 1 S. 1 MP-VO unter anderem an die Zwecke Diagnose, Verhütung, Überwachung, Vorhersage, Prognose, Behandlung und Linderung von Krankheiten an. All diese Zwecke können je nach genauer Ausgestaltung der Anwendung gegeben sein. Damit weisen Apps zur Entscheidung eine medizinische Zweckbestimmung aus. Folglich sind sie als Medizinprodukte zu qualifizieren.

b. Folgen für Hardware

Sollte eine App als Medizinprodukt eingeordnet werden, stellt sich die Frage, ob sich hieraus auch Folgen für die Hardware, auf der die App betrieben wird, ergeben können.

Besonders erheblich wäre, wenn sich daraus seinerseits eine Ableitung einer Medizinprodukteigenschaft ergeben könnte. Beispielhaft für eine solche Kombination steht die *Apple Watch Series 7* mit der installierten EKG-App.[115] Die *Apple Watch Series 7* ist mangels ausdrücklicher medizinischer Zweckbestimmung durch den Hersteller nicht als Medizinprodukt zu klassifizieren, die EKG-App hingegen wird in der zur Verfügung stehenden Gebrauchsanleitung als „softwaregestützte mobile Medizin-App" bezeichnet.[116] Ihr Bestimmungszweck ist laut Gebrauchsanleitung auf die Anfertigung eines einkanaligen EKG gerichtet, wobei der Nutzer diese Daten auch einem qualifizierten Facharzt zur Verfügung stellen kann.[117] Zudem erhält der Nutzer von der App eine Klassifizierung des angefertigten EKG, wobei beispielsweise ein Vorhofflimmern erkannt werden soll.[118] Somit ist die App als Medizinprodukt anzusehen, dies zeigt auch die in der Gebrauchsanweisung ausgewiesene CE-Kennzeichnung. Dabei bedient sich die App bei Erstellung des EKG des optischen Herzsensors der Apple Watch. Dieser ist Teil der Hardware der Apple Watch und verfolgt als solcher keinen medizinischen Zweck. So dient er gerade nicht zur Diagnose, Verhütung, Überwachung, Vorhersage, Prognose, Behandlung oder Linderung von Krankheiten,

115 Vgl. zur Apple Watch und deren Einordnung als Medizinprodukt mit Blick auf die vorinstallierte Software auch *Saliba,* in: Die rechtliche Regulierung von Gesundheits-Apps S. 45 ff.

116 Vgl. Gebrauchsanleitung EKG-App.

117 Vgl. ebd.

118 Vgl. ebd.

sondern lediglich zur Messung von physiologischen Parametern. Diese Messungen stehen ihrerseits nicht in einem medizinischen Kontext, vielmehr sind sie dem Wellness- und Fitnessbereich zuzuordnen. Folglich ist der optische Herzsensor nicht als Medizinprodukt zu qualifizieren.

Es könnte aber mit Blick auf den Rückgriff auf die Sensorik des Wearables eine Einordnung als Medizinprodukt für dieses erforderlich werden, bzw. die Sensorik könnte als Teil des Medizinproduktes anzusehen sein.[119] Beide Varianten erscheinen als möglich, aber problematisch.

Für die Frage, ob aus dem Rückgriff auf die Sensorik des Wearables eine Einordnung als Medizinprodukt für dieses erforderlich werden könnte, ist zwischen zwei Situationen zu differenzieren. Zunächst könnte eine solche Situation bei einer Personenverschiedenheit vom Hersteller des Wearables und dem Hersteller der App in Frage kommen. Diese Personenverschiedenheit würde zu einer Zweckbestimmungsproblematik führen. Denn ein Dritthersteller würde Einfluss auf die Qualifikation der Hardware nehmen und damit auch festlegen, welche Anforderungen das Produkt für ein Inverkehrbringen erfüllen müsste. Ausweislich des Wortlauts des Art. 2 Nr. 12 MP-VO soll aber gerade die Zweckbestimmung des Herstellers über die Qualifikation als Medizinprodukt entscheiden. Dies würde unterlaufen, wenn sich durch einen Zugriff auf die Hardware durch eine App die Zweckbestimmung ändern würde. Folglich kann in diesem Szenario aus dem Rückgriff auf die Sensorik für diese keine Einordnung als Medizinprodukt abgeleitet werden.

Etwas anderes könnte sich für die Situation ergeben, bei der gerade keine Personenverschiedenheit zwischen Hersteller des Wearables und Hersteller der App gegeben ist. So fällt in diesem Szenario das Argument des Leerlaufs der Zweckbestimmung durch den Hersteller sowie die Konfliktlage weg. Daher ist anzunehmen, dass die ursprüngliche die Hardware betreffende Zweckbestimmung, also die Medizinprodukteigenschaft verneinende Bestimmung im Widerspruch mit der tatsächlichen vorgesehenen Anwendung der Hardware steht. Dieser Widerspruch wird insbesondere verstärkt, wenn Werbematerialien des Herstellers das Zusammenspiel von Hardware und der darauf installierten App anpreisen. Wie bereits deutlich wurde, muss ein solcher Widerspruch in der Zweckbestimmung zulasten des Herstellers gehen, sodass eine Veränderung in der Zweckbestimmung anzunehmen sein sollte und das Wearable als Medizinprodukt zu

---

119 Letzteres nimmt *Berensmann* im Bundesgesundheitsblatt 2018, 314 (318) für die Situation an, dass ein Sensor an ein Smartphone angeschlossen wird, wodurch dann das Smartphone Teil des Medizinproduktes werden soll.

qualifizieren ist.[120] Hierfür spricht auch das Ziel des Medizinprodukterechts, ein einheitliches Medizinproduktqualitätsniveau zu schaffen und einen größtmöglichen Schutz der Nutzer zu gewährleisten. So ist die Sensorik ein immanent wichtiger Teil des Ergebnisses der App.

Ein anderer Ansatzpunkt würde sich daraus ergeben, dass die Sensorik als Teil der als Medizinprodukt zu qualifizierenden App anzusehen sein könnte. Hiergegen spricht sowohl bei Personenverschiedenheit als auch bei Personengleichheit in erster Linie, dass die App als Software zu qualifizieren ist und somit keine physische Verbindung zur Sensorik entstehen kann.[121] Außerdem würde eine solche Einordnung bei einer Personenverschiedenheit zu immensen Schwierigkeiten führen, denn im Rahmen der Konformitätsbewertung müsste eine Vorlage der notwendigen Unterlagen durch den Wearable-Hersteller, also den Hersteller der Sensorik erfolgen, welche vor allem unter dem Gesichtspunkt des Betriebsgeheimnisses als fragwürdig erscheint.[122] Mithin ist die Sensorik nicht als Teil der als Medizinprodukt qualifizierten App anzusehen.

Im Ergebnis kann somit eine Medizinprodukteigenschaft der Sensorik als Folge der Qualifikation einer App als Medizinprodukt nur dann angenommen werden, wenn ein Rückgriff durch die App auf diese erfolgt und der Hersteller der App als auch der Sensorik personengleich ist.

4. „Cloud" als Medizinprodukt

Wie bereits in Kapitel II angedeutet, wird im Zusammenspiel mit Wearables oftmals auf „Cloud-Lösungen"[123] zurückgegriffen.[124]

Dabei sind insbesondere zwei Anwendungsszenarien zu differenzieren: Einerseits die sog. Infrastructure-as-a-Service (sog. IaaS) und andererseits

---

120 Vgl. zum Widerspruch S. 162 f.

121 *Berensmann* verlangt ebenfalls eine Verbindung, wobei bei seinem Beispiel das Smartphone nicht nur via Bluetooth mit der Sensorik verbunden sein darf; Bundesgesundheitsblatt 2018, 314 (318).

122 So auch für eine vergleichbare Problematik *Berensmann*, Bundesgesundheitsblatt 2018, 314 (318).

123 Teilweise wird auch der Begriff der „Medical-Cloud" für „Cloud-Lösungen" im Gesundheitswesen verwandt. Folglich kann nicht davon gesprochen werden, dass ein besonderer Typ der Cloud gemeint ist, die Bezeichnung rührt vielmehr vom jeweiligen Einsatzgebiet her. Beispiele für solche „Medical Clouds" sind neben Clouds, die der Datenspeicherung für Gesundheitsapps dienen, z. B. Clouds für die Bereitstellung von Webservices und Softwareanwendungen im Gesundheitswesen.

124 Vgl. S. 64 ff.

Software-as-a-Service (sog. SaaS). Beide Varianten sind im Wearable-Kontext denkbar und ergänzen die Wearable-Hardware.

Bei IaaS steht die Bereitstellung von IT-Ressourcen im Vordergrund, welche verwandt werden, um z. B. mangelnde Speicherkapazität und Rechenleistung der Wearable-Hardware zu egalisieren.[125] Folglich erfolgt eine Nutzung dieses Service durch den Hersteller des Wearables.

Bei SaaS steht hingegen die Bereitstellung einer Anwendung durch einen Service-Anbieter über das Internet im Fokus.[126] Hier wird der Nutzer des Wearables zumeist auch der Nutzer der Anwendung sein. Beide möglichen Anwendungsszenarien könnten eventuell den medizinprodukterechtlichen Vorgaben unterfallen. Hier stellt sich auch die Frage, wie eine Abgrenzung dieser beiden „Cloud-Lösungen" im Kontext Wearables möglich ist. Man wird auf die genaue Ausgestaltung im Einzelfall achten müssen. Dabei kann die jeweilige Zielrichtung des Anwendungsszenarios als Richtschnur dienen. Wird die „Cloud" ausschließlich zur Datenspeicherung verwendet und damit als eine Art „Hardwareerweiterung" oder erfolgen in ihr die Analysen und Aufbereitung der erhobenen Daten, welche dann auf Geräte übermittelt werden, sodass von einer Art Softwareanwendung die Rede sein kann.

a. *Infrastructure-as-a-Service als Medizinprodukt*

Bei „IaaS" stellt sich in erster Linie die Frage, ob die fehlende Körperlichkeit dieser „Cloud-Lösung" ein Problem für die Kategorisierung als Medizinprodukt darstellt. So wird man gerade IaaS nicht als Software i. S. d. Art. 2 Nr. 1 MP-VO verstehen können, die Zielrichtung dieser „Cloud-Lösung" ist eher hardwareseitig zu sehen. Wie sich allerdings gerade aus der Erfassung von Software in Art. 2 Nr. 1 MP-VO ergibt, können auch rein intellektuelle Leistungen als Medizinprodukt anzusehen sein.[127] Daher darf die fehlende Körperlichkeit bei IaaS einer Einordnung als Medizinprodukt nicht im Weg stehen. Hierfür spricht auch, dass die Ablehnung einer tauglichen Kategorisierung als Medizinprodukt eine nicht zu rechtfertigende Ungleichbehandlung zweier nahezu identischer Sachverhalte darstellen würde. So weisen die verkörperte Hardware und die Cloud des Typs „IaaS" im Ergebnis gleiche Funktionsweisen auf. Im Ergebnis kommt es daher für die Frage der Einordnung als Medizinprodukt erneut primär auf die

---

125 *Hentschel/Leyh* in *Reinheimer*, Cloud Computing S. 10.

126 *Hentschel/Leyh* in *Reinheimer*, Cloud Computing S. 11.

127 Zur Kategorisierung als „rein intellektuelle Leistung" vgl. zur alten Rechtslage Spickhoff/*Lücker* § 3 MPG a. F. Rn. 3.

Zweckbestimmung des Herstellers an. Die Cloud des Typs „IaaS“ müsste somit ihrerseits einen medizinischen Zweck verfolgen. Doch auch wenn ein Einsatz der IaaS zum Ausgleich der geringen Rechen- und Speicherkapazität der als Medizinprodukt zu qualifizierenden Wearables erfolgt, so dient die Infrastruktur nicht selbst einem medizinischen Zweck.

Vielmehr steht die Unterstützungsfunktion der als Medizinprodukt zu qualifizierenden Hardware im Mittelpunkt der Zweckbestimmung. Dieses Ergebnis kann zudem auch mit den Erwägungen aus der Software-Leitlinie gestützt werden.[128] So wird für die Frage der Einordnung als Medizinprodukt auf eine eigenständige medizinische Funktion abgestellt. Eine solche kann eine Cloud des Typs „IaaS“ insbesondere dann nicht aufweisen, wenn lediglich Speichervorgänge von Gesundheitsdaten ermöglicht werden. Eine Einordnung als Medizinprodukt scheidet folglich aus.

b. Software-as-a-Service als Medizinprodukt

SaaS erscheint als eine neue Form der Bereitstellung von Software als mögliches Medizinprodukt. So darf es nicht durch die Form der Bereitstellung zu einem Ausschluss des Anwendungsbereiches des Medizinprodukterechts und dadurch zu einer Ungleichbehandlung kommen. Hierfür spricht auch, dass nach ErwGr. 19 MP-VO die Qualifikation als Medizinprodukt unabhängig vom Einsatzort der Software erfolgen soll. Hier sind bzgl. Fragen in Bezug auf die Einordnung als Medizinprodukt die vielfach angesprochenen Leitlinien der *MDCG* und des *BfArM* beachtenswert.

Damit gelten an dieser Stelle die Ausführungen zu Apps als Medizinprodukt uneingeschränkt. Neben dem Vorliegen einer medizinischen Zweckbestimmung ist auch auf die Verfolgung einer eigenen medizinischen Funktion in einem mehr an Datenverarbeitung abzustellen.[129] Sollten diese beiden Punkte bejaht werden können, kann ohne größere Schwierigkeiten eine Einordnung als Medizinprodukt erfolgen.

C. Einordnung als Zubehör

Neben der Einordnung als Medizinprodukt können die soeben genannten Produkte in einigen jeweils noch näher zu benennenden Situationen auch als Zubehör zu kategorisieren sein. Wie sich aus Art. 1 Abs. 1 MP-VO ergibt, regelt die

---

128 Vgl. Software-Leitlinie, *MDCG* 2019-11, S. 8 f.

129 Vgl. Software-Leitlinie, *MDCG* 2019-11, S. 8 f.

Verordnung das Inverkehrbringen, die Bereitstellung auf dem Markt und die Inbetriebnahme von für den menschlichen Gebrauch bestimmten Zubehör zu einem Medizinprodukt. Zu diesem Zweck verwendet die Verordnung, wie sich aus Art. 1 Abs. 4 MP-VO ergibt, den Begriff „Produkte" in allen Regelungen für Medizinprodukte wie auch Zubehör. Somit greifen mit der Einordnung eines Produktes als „Zubehör" insbesondere im Hinblick auf das Inverkehrbringen die gleichen Regelungen, wie auch für Medizinprodukte.

Eine Klärung, ob eine Einordnung als Zubehör erfolgen muss, sollte geleitet von der Definition aus Art. 2 Nr. 2 MP-VO, in zwei Schritten erfolgen.

Gem. Art. 2 Nr. 2 MP-VO ist „Zubehör" ein Gegenstand *„der zwar an sich kein Medizinprodukt ist, aber vom Hersteller dazu bestimmt ist, zusammen mit einem oder mehreren bestimmten Medizinprodukten verwendet zu werden, und der speziell dessen/deren Verwendung gemäß seiner/ihrer Zweckbestimmung(en) ermöglicht oder mit dem die medizinische Funktion des Medizinprodukts bzw. der Medizinprodukte im Hinblick auf dessen/deren Zweckbestimmung(en) gezielt und unmittelbar unterstützt werden soll;"*

Somit muss zunächst die abstrakte Eignung des Produktes zur Qualifikation als Zubehör gegeben sein. Das Produkt darf demnach nicht selbst bereits als Medizinprodukt qualifiziert werden. Abschließend muss dann die jeweilige Zweckbestimmung beleuchtet werden, insbesondere mit Blick auf die Verwendung und Einordnung des „Hauptproduktes".Damit ist einerseits gemeint, dass ein Verwendungszusammenhang zwischen Zubehör und Medizinprodukt gegeben sein muss, und anderseits muss das Produkt entweder eine Ermöglichungsfunktion bezüglich der Zweckbestimmung des Hauptproduktes erfüllen oder eine Unterstützungsfunktion bezüglich der medizinischen Funktion aufweisen. Auch wenn mit dieser Definition eine gewisse Nähe zur Zubehördefinition aus § 97 BGB zu erkennen ist, so kann dennoch für das Verständnis der Begrifflichkeit nicht auf diesen abgestellt werden, denn das nationale Zivilrecht kann nicht den europarechtlich ausgestalteten Begriff erläutern.[130] Ebenfalls nicht herangezogen werden kann damit die Regelung des § 93 BGB zu wesentlichen Bestandteilen.[131] So ist auch für die Frage der Einordnung eines Produktes als Zubehör

130 Zur alten Rechtslage auf § 97 BGB eingehend Rehmann/Wagner/*Rehmann* § 3 MPG Rn. 13.

131 Zur alten Rechtlage geht Rehmann/Wagner/*Rehmann* § 3 MPG Rn. 13 auf § 93 BGB ein.

zu einem Medizinprodukt ein autonomes europarechtliches Verständnis an den Tag zu legen.[132]

I. Wearables als Zubehör

Zunächst einmal kann wiederum das Wearable selbst eine Zubehöreigenschaft aufweisen.

Hierbei wird konsequenterweise wieder zwischen Hardware und Software unterschieden.

1. Hardware

Grundsätzlich wäre Hardware, welche nicht als Medizinprodukt zu klassifizieren ist, abstrakt geeignet, als Zubehör zu gelten. Dabei ist vor allem das Szenario vorstellbar, bei dem auf dem Wearable, welches nicht als Medizinprodukt anzusehen ist, eine App läuft, welche ihrerseits als Medizinprodukt zu qualifizieren ist. Diese Gemengelage ergibt sich bei Personenverschiedenheit vom Hersteller des Wearables und Hersteller der App.[133] Allerdings müsste für eine Einordnung als Zubehör der Hersteller des Wearables in seiner Zweckbestimmung einen Verwendungszusammenhang zwischen dem Wearables und der konkreten App annehmen.

Problematisch ist, dass der Hersteller des Wearables die Vielzahl der auf dem Markt erhältlichen Apps nicht überblicken kann. Auch wenn objektiv ein Verwendungszusammenhang anzunehmen ist, so lassen sich daraus keine Rückschlüsse auf die subjektive Dimension der Zweckbestimmung ziehen. Vielmehr gilt es erneut zu berücksichtigen, dass die Einordnung als Medizinprodukt oder auch Zubehör zu einem Medizinprodukt nicht von der Einordnung durch Dritthersteller abhängen darf. Somit wird eine Qualifikation des Wearables als Zubehör trotz potenziell zu bejahenden Ermöglichungs- oder Unterstützungsfunktionen zumeist abzulehnen sein. Dieses Ergebnis kann auch dadurch bestärkt werden, dass der Hersteller bereits eine Einordnung als Medizinprodukt auf Grund der damit verbundenen Anforderungen vermeiden will.

Etwas anderes könnte sich beispielsweise dann ergeben, wenn das Wearables gezielt entwickelt wird, um im Zusammenhang mit einer als Medizinprodukt zu qualifizierenden App oder einer anderen Hardwarekomponente zu dienen.

---

132 Zur alten Rechtlage geht Rehmann/Wagner/*Rehmann* § 3 MPG Rn. 13 auf § 93 BGB ein.

133 Siehe dazu auch bereits oben S. 175 f.

Bereits aus dem Ziel eines Zusammenwirkens der Produkte ergibt sich ein ausreichender Verwendungszusammenhang i. S. d. Art. 2 Nr. 2 MP-VO. Eine Ermöglichungs- und Unterstützungsfunktion könnte insbesondere dann bejaht werden, wenn die Sensorik des Wearables spezifische Daten an eine App weitergeben soll, ohne welche die medizinische Funktion der App nicht verfolgt werden könnte.[134]

Im Ergebnis kommt es somit für die Einordnung des Wearables als Zubehör auf eine Prüfung des Einzelfalles unter Einbeziehung der jeweiligen Zweckbestimmungen an. Entscheidend wird vor allem sein, ob der objektiv vorliegende Verwendungszusammenhang der verschiedenen Produkte von der subjektiven Zweckbestimmung des Herstellers gedeckt ist.

2. *Software (Betriebssystem)*

Auch Software könnte als Zubehör eingeordnet werden.

Problematisch ist aber, dass Software bereits die abstrakte Eignung als taugliches Zubehör abgesprochen werden könnte. Einer solchen Eignung könnte entgegenstehen, dass Art. 2 Nr. 2 MP-VO von einem „Gegenstand" spricht. Einem natürlichen Wortsinn entsprechend wird damit qua Definition eine Verkörperung verlangt werden müssen. Software kann eine solche jedoch gerade nicht aufweisen. Gegen diese am Wortlaut orientierte Auslegung spricht zunächst ein Vergleich mit anderssprachigen Versionen des Verordnungstextes. Die englische, spanische und französische Fassung wählen Varianten, welche zumindest nicht zwingend eine Verkörperung verlangen.[135] Besonders deutlich wird dies in der italienischen Sprachfassung, in welcher von *„prodotto"* also „Produkt" die Rede ist. Somit wird in dieser Fassung die Nähe zum Begriff des Medizinproduktes deutlich. So ist unstreitig, dass Software als solches qualifiziert werden kann. Dabei wird gerade keine Körperlichkeit gefordert.

Ein weiteres Argument für die abstrakte Eignung als Zubehör ergibt sich aus dem in ErwGr. 19 MP-VO zu erkennenden Willen des Verordnungsgebers. So macht ErwGr. 19 MP-VO deutlich, dass Einsatzort und Verbindung zwischen Software und Produkt keinen Einfluss auf die Einordnung von Software als

---

134 Vgl. ähnlich *Berensmann/Gratzfeld*, Bundesgesundheitsblatt 2018, 314 (316).

135 Englisch „article" kann als „Ware" übersetzt werden; Französich „article" wird übersetzt als „Artikel" und weist damit eine erhebliche Nähe zu „Produkt" bzw. „Warenbegriff" auf; Spanisch „artículo" kann ebenfalls als „Artikel" übersetzt werden, diese Übersetzung knüpft an die Bedeutung als „Handelsgegenstand" an, wobei damit ebenfalls eine Nähe zum „Warenbegriff" anzunehmen ist.

Medizinprodukt oder Zubehör haben. Damit wird vorausgesetzt, dass Software als Zubehör angesehen werden kann.

Deshalb wird man im Ergebnis eine abstrakte Eignung von Software als Zubehör annehmen können.

Wie bereits oben ausgeführt, ist das Betriebssystem des Wearables üblicherweise nicht als eigenständiges Medizinprodukt zu qualifizieren.[136] Vielmehr wird man das Betriebssystem des Wearables als Teil des Medizinproduktes qualifizieren müssen und demnach ist eine gesonderte Einordnung als Zubehör i. S. d. Art. 2 Nr. 2 MP-VO nicht zielführend und geboten.[137] Zudem wird bei allgemeinen Betriebssystemen ein vom Hersteller intendierter Verwendungszusammenhang oder auch eine gezielte Ermöglichungs- und Unterstützungsfunktion abzulehnen sein.[138]

II. Smartphone als Zubehör

Wie bereits mehrfach angeklungen, spielt das Smartphone des Nutzers eine zentrale Rolle in der Verwaltung des Wearables. Das Smartphone wäre grundsätzlich mangels Medizinprodukteigenschaft als Zubehör denkbar. Dabei sind zwei unterschiedliche mögliche Szenarien zu unterscheiden.

Einerseits könnte das Smartphone Zubehör zu einem als Medizinprodukt qualifizierten Wearable darstellen, und anderseits könnte es Zubehör zu einer Gesundheitsapp sein, welche als Medizinprodukt einzuordnen ist.

In beiden Szenarien ist eine Einordnung als Zubehör jedoch nicht geboten. Auch wenn erneut unter objektiven Gesichtspunkten ein Verwendungszusammenhang anzuerkennen ist, so wird dieser nicht als von der subjektiven Zweckbestimmung des Herstellers gedeckt anzusehen sein. Die Zweckbestimmung des Herstellers ist auch nicht auf eine Ermöglichungs- oder Unterstützungsfunktion des jeweiligen Medizinproduktes gerichtet, vielmehr liegt der Hauptzweck des Produktes im Bereich Kommunikation und Unterhaltung.

Bestärkt wird diese Einordnung durch die Erwägung, dass der Hersteller des Smartphones in seiner Zweckbestimmung keinen Verwendungszusammenhang integrieren will, um sich nicht dem Regime des Medizinprodukterechts zu unterwerfen.

---

136 Siehe o. S. 166 f.

137 Siehe o. S. 166 f.

138 I.E. so auch *BfArM*, Orientierungshilfe Medical Apps, S. 5.

III. Apps als Zubehör

Das Apps abstrakt geeignet sind, als Zubehör zu gelten, ergibt sich bereits aus den obigen Ausführungen zu Software. Allerdings dürfen sie nicht als eigenständige Medizinprodukte anzusehen sein. Tauglich als Zubehör können neben Apps, welche auf einem als Medizinprodukt zu qualifizierenden Wearable installiert sind, auch Apps sein, welche auf dem Smartphone des Nutzers installiert wurden.

Entscheidend kommt es für die Einordnung als Zubehör gem. Art. 2 Nr. 2 MP-VO auf den Verwendungszusammenhang und die Ermöglichungs- oder Unterstützungsfunktion im Hinblick auf das im Zusammenhang stehende Medizinprodukt an. Problematisch bei dieser Einordnung ist, dass Apps, welche im Zusammenhang mit Medizinprodukten stehen, oftmals bereits selbst als Medizinprodukte zu qualifizieren sind. Dies wird insbesondere für Apps gelten, welche der Datenauswertung oder der Entscheidungsfindung dienen.[139] Dennoch ist auch vorstellbar, dass Hersteller Apps entwickeln, welche beispielsweise im Zusammenspiel mit einem als Medizinprodukt einzuordnenden Wearable wirken sollen. In diesen Fällen ist ein Verwendungszusammenhang anzunehmen. Fraglich erscheint aber, ob eine Ermöglichungs- oder Unterstützungsfunktion in Bezug auf die medizinische Zweckbestimmung des Gerätes angenommen werden kann. Dies könnte zum Beispiel dann bejaht werden, wenn durch die App eine Speicherung der durch das Wearable erhobenen Daten und Analysen erfolgt und auf diese Weise ein späterer Zugriff auf die Daten möglich wird. Hierdurch würde beispielsweise eine Untersuchung der Daten durch den Behandler möglich gemacht werden und der medizinische Zweck des Wearables zumindest unterstützt. Im Ergebnis können Apps somit Zubehör zu einem Medizinprodukt darstellen.[140]

IV. Cloud als Zubehör

Auch die im Zusammenhang mit der Wearable-Nutzung stehende Cloud-Infrastruktur könnte als Zubehör anzusehen sein. Wie sich bereits aus den Ausführungen zu Software ergibt, ist die fehlende Verkörperung kein Hindernis für diese Einordnung.[141] Es bietet sich wiederum an, zwischen den beiden bereits genannten Anwendungsszenarien zu unterscheiden.[142]

---

139 Siehe o. S. 169 ff.

140 I. E. übereinstimmend *Berensmann/Gratzfeld*, Bundesgesundheitsblatt 2018, 314 (316).

141 Siehe o. S. 181 f.

142 Siehe o. S. 176 f.

1. Infrastructure-as-a-Service als Zubehör

Bei IaaS als Anwendungsszenario erscheint, wie bereits oben dargelegt, eine Einordnung als Medizinprodukt eher fernliegend. Denkbar könnte jedoch eine Einordnung als Zubehör sein.

Damit kommt es erneut entscheidend auf die die Cloud betreffende Zweckbestimmung des Herstellers sowie des CSP an. Die Cloud des Typs „IaaS" kann im Kontext mit Wearables für den Ausgleich der technischen Limitierungen des Wearables eingesetzt werden. Somit ist ein Verwendungszusammenhang anzunehmen. Durch diese Einsatzweise kann auch das Vorliegen der Ermöglichungs- oder Unterstützungsfunktion angenommen werden. Insbesondere die Ermöglichung des Einsatzes von Wearables nach deren Zweckbestimmung ist ein wohl häufig auftretendes Szenario. So kann zum Beispiel ein umfassendes Gesundheitsmonitoring durch die gerätebedingte niedrige Speicherkapazität insbesondere bei längeren Monitoringvorgängen nicht in ausreichendem Maß erfolgen, und damit könnten eventuelle Ziele in Bezug auf die Behandlung oder die Diagnostik nicht oder nur sehr schwer erreicht werden. Somit kann eine Cloud des Typs „IaaS", welche im Kontext mit Wearables eingesetzt wird, als Zubehör zu einem Medizinprodukt angesehen werden.

2. Software-as-a-Service als Zubehör

Auch eine Cloud des Typs „SaaS" könnte als Medizinprodukt angesehen werden. Dabei ist jedoch eine gewisse Parallele zu den bereits angesprochenen Apps beachtlich.[143] So werden SaaS oftmals bereits als Medizinprodukt zu qualifizieren sein.

Sollte diese Qualifikation abzulehnen sein, so wird man mit den gleichen Erwägungen wie zu Apps im Einzelfall eine Ermöglichungs- und Unterstützungsfunktion in Bezug auf eine medizinische Zweckbestimmung bejahen können. Im Ergebnis kann eine Cloud des Typs „SaaS" somit Zubehör zu einem Medizinprodukt sein.

D. Folgen der Einordnung

Wenn ein Wearable bzw. eine mit einem solchen im Zusammenhang stehende Gesundheitsapp als Medizinprodukt bzw. Zubehör zu qualifizieren ist, dann greifen die Regelungen des Medizinprodukterechts.

---

143 Siehe o. S. 183.

I. Klassifizierung

Wenn eines der genannten Produkte als Medizinprodukt anzusehen ist, erfolgt eine Klassifizierung dieses Produktes. Davon hängen wiederum die einzuhaltenden Regelungen und Verfahrensschritte ab, welche bei und vor Inverkehrbringen des Produktes zu beachten sind. Nach Art. 51 Abs. 1 S. 1 MP-VO erfolgt diese Klassifizierung mit Blick auf die Zweckbestimmung des Produktes und der verbundenen Risiken in vier Klassen. Dabei sind Produkte der Klasse I solche mit einem geringen Risikopotenzial. Produkte der Klasse IIa weisen ein mittleres Risikopotenzial auf. Der Klasse IIb unterfallen Produkte, welche ein erhöhtes Risikopotenzial aufweisen. Produkte mit einem besonders hohen Risikopotenzial sind der Klasse III zuzuordnen. Wie die Klassifizierung genau zu erfolgen hat, bestimmt sich gem. Art. 51 Abs. 1 S. 2 MP-VO nach Anhang VIII der MP-VO. Dieser enthält dafür in seinem Kapitel I Definitionen sowie in Kapitel II Durchführungsvorschriften und in Kapitel III 22 Klassifizierungsregeln.[144] Innerhalb der Klassifizierungsregeln lässt sich eine Systematik erkenne.[145] So befassen sich die Regeln 1 bis 4 mit nichtinvasiven Produkten, die Regeln 5 bis 8 mit invasiven Produkten und die Regeln 9 bis 13 mit aktiven Produkten.[146] Die Regeln 14 bis 22 werden als „besondere Regeln“ bezeichnet und beziehen sich auf spezielle Produkte. Im Mittelpunkt für die Klassifizierung der hier behandelten Produktgruppen stehen, wie zu zeigen sein wird, insbesondere die Klassifizierungsregeln 9-13 des Kapitel III. Dabei ist, wie bereits erwähnt, die Zweckbestimmung des Produktes ausschlaggebend für die Anwendung der einzelnen Regelungen. Sollten mehrere der Klassifizierungsregeln einschlägig sein, so sieht Anhang VIII Nr. 3.5 MP-VO als eine Art „Kollisionsnorm“ vor, dass immer die strengste Regel und damit die höchste Klassifizierung einschlägig ist.[147]

Sollte es bei der Regelanwendung zu Meinungsverschiedenheiten zwischen dem Hersteller und den benannten Stellen kommen, so trifft die Klassifizierungsentscheidung die zuständige Behörde des jeweiligen Mitgliedsstaates.[148]

---

144 Rehmann/Wagner/*Wagner* Art. 51 MP-VO Rn. 133; *v. Zezschwitz,* MedR 2020, 196 (199).

145 *Mayr/Thiermann/Schrack/Kiesselbach*, Das neue Medizinprodukterecht § 2 Rn. 29.

146 *Mayr/Thiermann/Schrack/Kiesselbach*, Das neue Medizinprodukterecht § 2 Rn. 29.

147 Rehmann/Wagner/*Wagner* Art. 51 MP-VO Rn. 132.

148 Rehmann/Wagner/*Wagner* Art. 51 MP-VO Rn. 136; In Deutschland ist gem. § 85 Abs. 2 Nr. 1 MPDG i.V.m. § 6 MPDG das BfArM zuständig.

1. *Klassifizierung von Wearables*

Doch wie sind nun Wearables zu klassifizieren?

Wie bereits deutlich wurde, ist dafür die Zweckbestimmung erforderlich, und damit verbietet sich wiederum eine verallgemeinernde Betrachtung. Dennoch lassen sich an dieser Stelle grundsätzliche Aussagen treffen.

Auch wenn grundsätzlich vorstellbar ist, dass Wearables auch invasiv, also nach Art. 2 Nr. 6 MP-VO durch Eindringen durch die Körperoberfläche oder durch eine Körperöffnung eingesetzt werden können und damit die Regeln 5 bis 8 des Anhangs VIII gelten würden, so kann man davon ausgehen, dass der überwiegende Teil der am Markt erhältlichen Wearables als nicht invasive Produkte anzusehen sind.

Jedoch erscheint eine Klassifizierung als „aktive Produkte" möglich. Für diese findet sich eine Legaldefinition in Art. 2 Nr. 4 MP-VO. Danach sind Medizinprodukte als „aktive Produkte" einzustufen, wenn deren Betrieb von einer Energiequelle abhängig ist und das Gerät mittels Änderung der Dichte oder Umwandlung dieser Energie wirkt.[149] Somit kommt es neben der Betriebsart auch auf eine spezifische Wirkweise des Produktes an. Bezüglich der Betriebsart kann festgehalten werden, dass Wearables überwiegend erfasst sein sollten. So stellen sie bereits qua ihrer Definition[150] eine Technologie dar, welche von einer Versorgung mit Energie abhängig ist. Üblicherweise wird die für den Betrieb notwendige Stromversorgung durch die Verwendung von Lithium-Ionen-Batterien erreicht.[151] Problematischer ist die Einordnung im Hinblick auf die konkrete Wirkweise des Wearables. Das Wearable müsste mittels Änderung der Dichte oder Umwandlung der Energie wirken. Eine Wirkung durch Umwandlung von Energie kann sowohl im Produkt als auch zwischen dem Produkt und dem Gewebe erfolgen.[152] Wearables weisen eine ganze Fülle von Sensoren auf, wobei die konkrete Ausgestaltung vom jeweiligen Einzelfall abhängig ist. Ein oftmals in Wearables eingesetzter Sensor ist ein sog. PPG-Sensor[153]. Dieser Sensor gibt Licht an das Gewebe und Blut ab und misst die Lichtabsorption mittels eines optischen

---

149 Guidance on classification of medical devices, *MDCG* 2021- 24 S. 10 f.

150 Vgl. dazu oben S. 27.

151 So z. B. im Empatica embrace 2 oder Aktiia Blood Pressure Monitor.

152 Guidance on classification of medical devices, *MDCG*, 2021- 24 S. 10.

153 Sensor zur Durchführung einer Photoplethysmographie. Beispielsweise verbaut im Aktiia Blood Pressure Monitor oder Empatica E4; vgl. dazu technisch *Kyriacou/Allen*, Photoplethysmography: Technology, Signal Analysis and Applications.

Sensors.[154] Bei diesem Verfahren wird somit die Energie des Wearables in Licht umgewandelt, welches dann in das Gewebe des Nutzers abgegeben wird. Also kann in diesem Fall eine Wirkung des Wearables durch Energie bejaht werden. Auch andere verbaute Sensoren geben Energie ab, um Messungen zu ermöglichen.[155] Daher weisen Wearables auch die nötige Wirkweise auf, um als aktive Medizinprodukte qualifiziert zu werden.

Damit greifen für die Frage der Klassifizierung folglich die Regeln 9 bis 13 des Anhangs VIII.

Doch mit dieser Erkenntnis nimmt die Komplexität der Klassifizierung nicht ab.

So wird in diesen Regeln wiederum eine Differenzierung vorgenommen. Zu unterscheiden sind danach „aktive therapeutische Produkte" und „aktive Produkte zu Diagnose- und Überwachungszwecken". Für beide Typen von aktiven Produkten ist eine Definition im Anhang VIII der MP-VO enthalten. Danach sind „aktive therapeutische Produkte" solche, *„[...] die dazu bestimmt sind, biologische Funktionen oder Strukturen im Zusammenhang mit der Behandlung oder Linderung einer Krankheit, Verwundung oder Behinderung zu erhalten, zu verändern, zu ersetzen oder wiederherzustellen."*[156]

„Aktive Produkte zu Diagnose- und Überwachungszwecken" sind nach Anhang VIII 2.5 MP-VO solche, *„[...] die dazu bestimmt sind, Informationen für die Erkennung, Diagnose, Überwachung oder Behandlung von physiologischen Zuständen, Gesundheitszuständen, Erkrankungen oder angeborenen Missbildungen zu liefern."*

Dass Wearables diese genannten Zwecke erfüllen können, erscheint zunächst denkbar. Allerdings wird man größtenteils davon ausgehen müssen, dass diese der zweiten Kategorie zuzuordnen sind. Aus dieser Einordnung ergeben sich wiederum Folgen für die Frage nach der richtigen Klassifizierung. So ist auf „aktive Produkte zu Diagnose- und Überwachungszwecken" Regel 10 anwendbar. Danach können solche Produkte – also auch Wearables – potenziell den Risikoklassen IIa sowie IIb zugeordnet werden. Eine Einordnung in Risikoklasse IIa erfolgt gem. Spiegelstrich 1 der Regel 10 insbesondere dann, wenn das Produkt dazu bestimmt ist, Energie abzugeben, welche vom menschlichen Körper

---

154 *Kyriacou/Allen*, Photoplethysmography: Technology, Signal Analysis and Applications S. 2.

155 Beispielsweise Sensoren zur Messung der elektrodermalen Aktivität. Beispielsweise verbaut im Empatica E4.

156 Vgl. Anhang VIII 2.4 MP-VO.

resorbiert wird.[157] Im Zusammenhang mit Wearables sind verschiedenste Sensoren denkbar, welche Energie aussenden, welche der Körper resorbiert, sodass grundsätzlich eine Klassifizierung in Klasse IIa denkbar erscheint. Wie am Beispiel des PPG-Sensors deutlich wird, können Wearables beispielsweise Energie in Form von Licht aussenden, wobei dieses zu einem Teil durch Gewebe und Blut des Nutzers resorbiert wird. Jedoch ist gerade in Hinblick auf PPG-Sensoren die in Spiegelstrich 1 der Regel 10 enthaltene Ausnahme zu beachten. Danach sind Produkte der Klasse I zuzuordnen, wenn sie den Körper des Patienten im sichtbaren Spektralbereich ausleuchten. Hierunter sind jedoch nicht nur Produkte zu fassen, welche durch Licht eine verbesserte Sicht auf den Patienten ermöglichen sollen, sondern auch Produkte, die Licht im sichtbaren Spektralbereich, im Diagnoseprozess und für die Diagnose verwenden.[158] Für das mit PPG-Sensoren durchgeführte Diagnoseverfahren wird Licht aus dem sichtbaren Spektralbereich verwendet.[159] Somit wäre die Ausnahme aus Spiegelstrich 1 der Regel 10 anzuwenden und Wearables mit einem PPG-Sensor wären der Klasse I zuzuordnen.

Wearables könnten zudem unter Spiegelstrich 3 der Regel 10 gefasst werden. So sind Produkte der Klasse IIa zuzuordnen, wenn sie eine direkte Diagnose oder Kontrolle von vitalen Körperfunktionen ermöglichen. Wearables dienen in erheblichem Umfang der Überwachung verschiedenster physiologischer Parameter. Insbesondere die Blutsauerstoffsättigung, der Puls oder der Blutdruck können als vitale Körperfunktion angesehen werden.[160]

Dient das Wearable somit der Kontrolle dieser Parameter, ist es von Spiegelstrich 3 der Regel 10 erfasst und somit der Klasse IIa zuzuordnen. Zudem kann gem. Spiegelstrich 3 der Regel 10 eine Einordnung in die Risikoklasse IIb für den Fall erfolgen, dass das Medizinprodukt zur Überwachung physiologischer Parameter bestimmt ist und eine Veränderung der Parameter zu einer unmittelbaren Gefahr des Patienten führen kann bzw. wenn ein Einsatz im Rahmen einer Diagnose in klinischen Situationen verwendet wird.[161] Wearables werden nach heutigem Entwicklungsstand jedoch noch nicht in diesen Situationen eingesetzt,

157 Guidance on classification of medical devices, *MDCG*, 2021- 24 S. 42 nennt Ultraschallgeräte als Beispiel.

158 Vgl. Guidance on classification of medical devices, *MDCG*, 2021- 24 S. 43.

159 Vgl. *Kyriacou/Allen*, Photoplethysmography: Technology, Signal Analysis and Applications S. 2.

160 So auch Guidance on classification of medical devices, *MDCG*, 2021- 24 S. 43.

161 Guidance on classification of medical devices, *MDCG*, 2021- 24 S. 42 nennt Patienten-Monitore auf Intensivstationen zur Überwachung von Vitalparametern als Beispiel.

sodass eine Anwendung der in Spiegelstrich 3 der Regel 10 enthaltenen Verschärfung der Klassifizierung abzulehnen ist.

Somit sind Wearables zumeist der Risikoklasse IIa zuzuordnen.

2. *Klassifizierung von Software im Wearable Kontext*

Es wurde die Vielfältigkeit der möglichen Softwareanwendungen im Zusammenhang mit Wearables bereits mehrfach deutlich. Aus Art. 2 Nr. 4 MP-VO ergibt sich, dass Software ebenfalls als aktives Produkt gilt. Damit könnte man grundsätzlich die bereits soeben genannten Klassifizierungsregeln anwenden. In Regel 11 existiert aber eine eigene, ausschließlich auf Software anwendbare Klassifizierungsregel, und zusätzlich hierzu enthält Anhang VIII Nr. 3.3 MP-VO eine Durchführungsvorschrift mit Softwarebezug.

a. *Anwendungsbereich von Regel 11*

Allerdings erscheint bereits der konkrete Anwendungsbereich der Regel 11 im Ergebnis fraglich.[162] Mit Blick auf den Wortlaut und auf die sich aus der „Software-Leitlinie“ ergebenden Beispiele scheint es ganz so, als würde Regel 11 für alle Arten von Software eingesetzt werden.[163]

Hierbei steht allerdings die genannte Durchführungsvorschrift in Anhang VIII Nr. 3.3 MP-VO gerade dieser Annahme unter systematischen Erwägungen entgegen. So erfolgt eine Klassifizierung auf eigenständige Weise nur bei eigenständiger Software und nicht bei Steuerungssoftware. Diese wird gem. Anhang VIII Nr. 3.3 MP-VO auf gleiche Weise klassifiziert wie das Produkt, auf welchem sie installiert ist.[164] Folglich würde die Anwendung der Regel 11 auf Steuerungssoftware eine überflüssige Doppelung darstellen. Diese systematische Erwägung spiegelt sich auch in den Unterlagen aus dem Gesetzgebungsverfahren wider, in denen von „unabhängiger Software“ die Rede ist.[165] Somit kann Regel 11 nur für eigenständige Software greifen.[166] Die hier betrachteten Apps sind als eine solche eigenständige Software anzusehen, sodass dem Vorgesagten folgend die

162 Dazu auch bereits *Gassner,* MPR 2016, 109 ff.

163 Vgl. Software-Leitlinie, *MDCG* 2019-11, S. 27 f.; *Gassner,* MPR 2016, 109 (112).

164 Vgl. auch Rehmann/Tillmanns E-Health-Hdb/*Rehmann* Kap. 2 Rn. 15.

165 Vgl. Rat 9261/16 ADD9 26.05.2016, S. 15; *Gassner,* MPR 2016, 109 (112); dazu auch *Hofmann,* MPR 2021, 161 (163).

166 So auch *Gassner,* MPR 2016, 109 (112); *Graf,* PharmR 2017, 57 (59); Rehmann/Tillmanns E-Health-Hdb/*Rehmann* Kap. 2 Rn. 15; a. A. Software-Leitlinie, *MDCG* 2019-11, S. 12; *Hofmann,* MPR 2021, 161 (164).

Klassifizierung von Apps nach Anhang VIII Regel 11 MP-VO erfolgt. Der Fokus soll primär auf Software zur Datenauswertung liegen, welche bereits als die Kategorie mit der größten Wichtigkeit für Wearables bezeichnet wurde.[167]

b. Klassifizierung nach Regel 11

Regel 11 kann zum Zwecke der Klassifizierung in drei Varianten unterteilt werden, wobei es für die Entscheidung, welche Variante einschlägig ist, auf die Zweckbestimmung des Herstellers ankommt.[168]

Regel 11 erfasst in seinen ersten drei Absätzen Software, welche dazu bestimmt ist, Informationen zu liefern, die für diagnostische und therapeutische Zwecke verwendet werden können.

Im vierten Absatz der Regel 11 ist Software erfasst, welche für die Kontrolle von physiologischen Prozessen bestimmt ist.

Im fünften Absatz wird als Auffangtatbestand die gesamte Software, welche für andere Zwecke als die vorgenannten bestimmt ist erfasst.

Handelt es sich somit bei der Software um solche, die dazu bestimmt ist, zur Entscheidungsfindung für diagnostische und therapeutische Zwecke Information zu liefern, greifen die ersten drei Absätze der Regel 11.[169] Damit ist eine unter diese Kategorie fallende Software grundsätzlich der Risikoklasse IIa zuzuordnen.[170]

Fraglich ist, ob sich die Zweckbestimmung auf die konkrete Verwendung der Daten beziehen muss.[171] In concreto stellt sich die Frage, ob die Zweckbestimmung des Herstellers die Verwendung der erhobenen Informationen für diagnostische und therapeutische Zwecke vorsehen muss. Würde man dies nicht verlangen, müsste man von einem starken Ausufern der Risikoklassifizierung ausgehen, denn dann würde jede noch so weit entfernte Möglichkeit des Einsatzes der Software bereits zu einer Klassifizierung nach Klasse IIa führen.[172] Dies widerspricht auch der Systematik des Medizinprodukterechts, und vor allem der sich aus dieser ergebenden zentralen Rolle des Herstellers in Bezug auf die Einflussnahme auf das von ihm produzierte Produkt. Damit ist davon auszugehen, dass die jeweilige Zweckbestimmung auch die Nutzung der Daten enthalten

---

167 Siehe o. S. 170.

168 Software-Leitlinie, *MDCG* 2019-11, S. 13 spricht von Unterregelungen.

169 Software-Leitlinie, *MDCG* 2019-11, S. 13.

170 Vgl. *Prütting/Wölk*, MedR 2020, 359 (362); *Jakobs/Huber*, MPR 2019, 1 (5).

171 Dieses Problem sehen auch *Prütting/Wölk*, MedR 2020, 359 (363).

172 *Prütting/Wölk*, MedR 2020, 359 (363).

muss, entbehrlich kann dies nur dann sein, wenn der Hersteller von einer entsprechenden Nutzung der Daten durch den Nutzer ausgehen kann.[173]Dass Software zur Datenauswertung, welche im Kontext mit Wearables steht, im Rahmen der Informationsgewinnung für die Entscheidungsfindung für diagnostische und therapeutische Zwecke eingesetzt wird, ist denkbar. Insbesondere wenn die Hersteller auf die Möglichkeit des Aufsuchens eines Behandlers mit den erhobenen Daten hinweisen, kann von einer Nutzung zur Diagnose ausgegangen werden.[174]

Demnach kann grundsätzlich eine Einordnung in Risikoklasse IIa erfolgen.

Software, die dazu bestimmt ist, zur Entscheidungsfindung für diagnostische und therapeutische Zwecke Information zu liefern, kann gem. Regel 11 Abs. 2 und 3, aber auch den Risikoklassen IIb und III zuzuordnen sein. Eine solche Klassifizierung ist dann angezeigt, wenn die zu treffenden Entscheidungen den Tod oder irreversible bzw. schwerwiegende Verschlechterungen des Gesundheitszustandes verursachen können. Wie sich aus dem Wortlaut ableiten lässt, müsste die bloße Möglichkeit dieser Folgen als ausreichend für die hohe Klassifizierung anzusehen sein.[175] Somit müsste auch bei einer noch so langen Kausalkette eine erhöhte Klassifizierung erfolgen.[176] Diese am Wortlaut orientierte Auslegung vermag daher nicht zu überzeugen. Das eigentliche Ziel des Verordnungsgebers, welches von der „Software-Leitlinie“ bestärkt wird, Risikoaspekte mit zu berücksichtigen, läuft damit leer.[177] Vielmehr kann von einer „Überregulierung“ gesprochen werden.[178] Diese „Überregulierung“ versucht das *MDCG* durch die Implementierung von Risikoerwägungen im Rahmen der Anwendung der Regel 11 zu vermeiden.[179] Demnach soll Regel 11 der Umsetzung von Leitlinien auf internationaler Ebene, insbesondere der Leitlinien des *IMDRF* dienen.[180] Daher sind die Vorgaben des *IMDRF* zur Kategorisierung von Risiken bei Software beachtlich.[181] Danach bestimmt sich das Risiko auf der Grundlage einer Kombination aus der Bedeutung der von der Software bereitgestellten

173 *Prütting/Wölk*, MedR 2020, 359 (363).
174 Dieser Hinweis findet z. B. in der Gebrauchsanweisung zur Apple EKG-App.
175 *Hofmann*, MPR 2021, 161 (166); *Prütting/Wölk*, MedR 2020, 359 (363); *Gassner*, MPR 2016, 109 (112).
176 *Prütting/Wölk*, MedR 2020, 359 (363).
177 So auch schon *Gassner*, MPR 2016, 109 (112).
178 *Gassner*, MPR 2016, 109 (112).
179 Software-Leitlinie, *MDCG* 2019-11, S. 13f.
180 Software-Leitlinie, *MDCG* 2019-11, S. 14; *Hofmann*, MPR 2021, 161 (167).
181 Software-Leitlinie, *MDCG* 2019-11, S. 14.

Informationen für die Entscheidung im Gesundheitswesen und der Gesundheitssituation oder dem Zustand des Patienten.[182] Problematisch an diesem Vorgehen ist einerseits, dass die konkrete Art der rechtlichen Einbeziehung in Frage zu stellen ist und anderseits, dass die Risikoerwägung des IMDRF keinen Raum für die Anwendung der Klasse I offenlässt.[183] Für eine Einbeziehung von Risikoerwägungen spricht insbesondere, dass auf diese Weise eine sachgerechte Beschränkung der ausufernden Risikoklassifizierung möglich wird. Unter Einbeziehung der Risikoerwägungen wird insbesondere die Bedeutung der Information für die Entscheidung zumeist noch in Frage gestellt werden können. So können sich aus den bereitgestellten Informationen zwar erste Schlüsse ziehen lassen, jedoch werden zumeist aussagekräftigere Verfahren folgen müssen, welche einen erheblich größeren Einfluss auf die Entscheidungen haben werden. Daher kann im Regelfall nicht davon ausgegangen werden, dass Apps zur Datenauswertung den Klassen IIb und III zuzuordnen sind. Sollte im Einzelfall doch eine Entscheidungserheblichkeit gegeben sein, kann eine Risikoklassifizierung in Klasse IIb und sogar III möglich werden.

Denkbar ist auch, dass Software im Wearable-Kontext unter die zweite Variante der Regel 11 zu fassen ist. Dient sie nach ihrer Zweckbestimmung der Kontrolle physiologischer Prozesse, so ist sie grundsätzlich der Risikoklasse IIa zuzuordnen.[184] Jedoch ist eine Klassifizierung in die Risikoklasse IIb angezeigt, wenn die Software zur Kontrolle von vitalen physiologischen Parametern[185] bestimmt ist und eine Änderung dieser Parameter zu einer unmittelbaren Gefahr für den Patienten führen kann. Die Kontrolle physiologischer Parameter wird von vielen Wearables und den mit ihnen verknüpften Apps vorgenommen. Damit erscheint erneut eine Zuordnung zur Risikoklasse IIa geboten. Allerdings handelt es sich bei den Parametern beispielsweise um den Blutdruck oder den Puls, welche als vitale Parameter anzusehen sind und demnach könnte gerade die Ausnahme aus Regel 11 Abs. 4 greifen. Hiernach wäre eine Zuordnung zu Risikoklasse IIb angezeigt, wenn die Software für die Kontrolle von vitalen Parametern bestimmt ist,

---

182 Software-Leitlinie, *MDCG* 2019-11, S. 14 sowie S. 26; *Hofmann*, MPR 2021, 161 (167); *Prütting/Wölk*, MedR 2020, 359 (364).

183 *Hofmann*, MPR 2021, 161 (169); *Prütting/Wölk*, MedR 2020, 359 (364); Software-Leitlinie, *MDCG* 2019-11, S. 14.

184 *Prütting/Wölk*, MedR 2020, 359 (362); *Jakobs/Huber*, MPR 2019, 1 (5).

185 Beispielsweise Blutdruck, Puls oder Körpertemperatur; vgl. mit weiteren Beispielen, Software-Leitlinie, *MDCG* 2019-11, S. 14.

wobei die Art der Änderung dieser Parameter zu einer unmittelbaren Gefahr für den Patienten führen könnte.

Man wird aber gerade bei Produkten, die dazu bestimmt sind, im Rahmen von Routineuntersuchungen oder der Überwachung der Parameter zu Hause nicht von einer „unmittelbaren Gefahr“[186] für den Patienten ausgehen können. Somit kann eine Einstufung in Klasse IIa erfolgen.[187]

Sollte Software sowohl der Kontrolle physiologischer Prozesse als auch der Lieferung von Informationen zur Entscheidung für diagnostische oder therapeutische Zwecke dienen, so wird Variante 1 der Regel 11 angewendet werden.[188] Somit findet die zweite Variante von Regel 11 nur dann Anwendung, wenn die Software ausschließlich der Kontrolle physiologischer Prozesse dient.[189] Für diese Einordnung als spezielle Klassifizierungsregel spricht, dass dadurch Software zur Kontrolle physiologischer Prozesse im Gleichlauf zu aktiven Produkten die unter Gedankenstrich 3 der Regel 10 fallen und somit denselben Verwendungszweck aufweisen, klassifiziert wird.[190] Im Ergebnis würde daher eine mobile App, die dazu bestimmt ist, den Herzschlag eines Benutzers zu analysieren, Anomalien zu erkennen und einen Arzt entsprechend zu informieren, gemäß Regel 11 Variante 1 der Klasse IIb zugeordnet werden, wenn die von der Software bereitgestellten Informationen dazu bestimmt sind, den Arzt bei der Diagnose zu unterstützen.[191] Wie hier erkennbar wird, hängt es somit im erheblichem Maße von dem jeweiligen Zuschnitt der Zweckbestimmung durch den Hersteller ab. Insbesondere wird es daher in der Praxis auf die genaue Ausgestaltung der Gebrauchsanweisung ankommen.[192]

3. *Klassifizierung einer „Cloud“*

Für die Frage der Klassifizierung einer Cloud-Lösung kommt es ganz entscheidend auf deren genaue Ausgestaltung an. So gilt es wieder zwischen den bereits oben genannten Typen zu differenzieren.

---

186 Zu diesem Begriff ausführlich *Hofmann,* MPR 2021, 161 (168).
187 So auch im Beispiel aus Anhang IV Software-Leitlinie, *MDCG* 2019-11, S. 27.
188 Software-Leitlinie, *MDCG* 2019-11, S. 14.
189 So auch Software-Leitlinie, *MDCG* 2019-11, S. 14.
190 Software-Leitlinie, *MDCG* 2019-11, S. 14.
191 Beispiel aus Anhang IV Software-Leitlinie, *MDCG* 2019-11, S. 27.
192 *Hofmann,* MPR 2021, 161 (168).

a. *Klassifizierung Infrastructure-as-a-Service*

Zwar wurde eine Einordnung der Cloud des Typs IaaS als Medizinprodukt abgelehnt, und damit müsste keine Klassifizierung erfolgen[193], allerdings kann eine Cloud dieses Typs als Zubehör angesehen werden[194], und damit ist wiederum eine Klassifizierung erforderlich.

Besonders problematisch ist, wie eine solche erfolgen soll und welche Regeln für diese Klassifizierung greifen. So steht, wie bereits oben angedeutet, bei einer Cloud des Typs IaaS der Ausgleich hardwareseitiger Beschränkungen der jeweiligen Produkte im Vordergrund der Anwendung.[195] Somit kann die hier gegenständliche Cloud nicht als Software i. S. d. Medizinprodukterechts angesehen werden. Es erfolgt nämlich keine Verarbeitung von Eingabedaten oder Erstellung von Ausgabedaten durch die Cloud des Typs IaaS.[196] Indes würde sich anbieten, die gleichen Maßstäbe in Bezug auf die Klassifizierung anzuwenden, welche auch für die Wearable-Hardware greifen. Hiergegen könnte jedoch sprechen, dass eine Cloud nicht als „aktives Medizinprodukt" i. S. d. Art. 2 Nr. 4 MP-VO gelten kann. So hängt der Betrieb der Cloud des Typs „IaaS" zwar von dem Betrieb einer Energiequelle ab, jedoch fehlt es an der spezifischen Wirkweise mittels Änderung der Dichte oder Umwandlung dieser Energie.

Somit kann eine Klassifizierung der Cloud des Typs „IaaS" nur unter Anwendung der Regeln 1 bis 4 für „nicht invasive, passive Produkte" erfolgen. Gem. Regel 1 sind alle nicht invasiven Produkte grundsätzlich der Risikoklasse I zuzuordnen. Bei dieser Klassifizierung bleibt es gem. Regel 1, wenn keine der Regeln 2 bis 4 einschlägig ist. Eine Cloud des Typs „IaaS" kann für keinen der in den Regeln 2 bis 4 genannten Zwecke dienlich sein. Somit ist Cloud des Typs „IaaS" gem. Regel 1 der Risikoklasse I zuzuordnen.

b. *Klassifizierung Software-as-a-Service*

Die Klassifizierung einer Cloud Typ SaaS erfolgt wie bei Software generell. Damit gelten die bereits oben gemachten Ausführungen zu Regel 11 umfassend.[197] Im Ergebnis wird es zumeist zu einer Klassifizierung als Medizinprodukt der Risikoklasse IIa kommen, wobei je nach Zweckbestimmung auch eine Klassifizierung der Risikoklasse IIb denkbar erscheint.

---

193 Vgl. zur fehlenden Eigenschaft als Medizinprodukt oben S. 177 f.

194 Siehe o. S. 183 f.

195 Vgl. oben S. 176 ff.

196 Vgl. zum Begriffsverständnis Software-Leitlinie, *MDCG* 2019-11, S. 5.

197 Vgl. oben S. 189 ff.

II. Konformitätsbewertungsverfahren

Ein entscheidender Schritt auf dem Weg, das als Medizinprodukt zu qualifizierende und klassifizierte Wearable, beziehungsweise die als solches qualifiziert und klassifizierte Softwareanwendung, in Verkehr zu bringen, ist die Durchführung eines Konformitätsbewertungsverfahrens durch den Hersteller. An dessen Ende steht die notwendige Anbringung der CE-Kennzeichnung.

1. Grundlagen

Regelungen zu diesem Verfahren finden sich in der MP-VO an verschiedenen Stellen. Besonders entscheidend ist das Kapitel V der MP-VO, in dessen zweiten Abschnitt alle grundlegenden Regelungen zum Konformitätsbewertungsverfahren enthalten sind. Beachtenswert sind hier die dieses Verfahren betreffende Legaldefinitionen, welche sich aus den Art. 2 Nr. 40 MP-VO bis Art. 2 Nr. 42 MP-VO ergeben.

In einer dieser Legaldefinitionen zeigt sich das Ziel des Konformitätsbewertungsverfahrens. So soll ausweislich des Art. 2 Nr. 40 MP-VO mit der Durchführung des Verfahrens festgestellt werden, ob die Anforderungen, welche die MP-VO statuiert, durch das Produkt erfüllt werden.

Die Durchführung des Verfahrens steht in der Verantwortung des Herstellers.[198] Die genaue Ausgestaltung ist abhängig von der jeweiligen Risikoklassifizierung des zu prüfenden Produktes. Art. 52 MP-VO verweist hierfür je nach Risikoklasse auf verschiedene Verfahrensmöglichkeiten, welche in den Anhängen IX bis XI der MP-VO eine detaillierte Ausgestaltung erfahren.

Das erste anzusprechende Verfahren der Konformitätsbewertung findet seine Grundlage in Art. 52 Abs. 7 DSGVO. Der Hersteller führt dabei den Nachweis der Konformität durch die Erstellung von technischen Dokumentationen.[199] Anschließend erstellt er eine EU-Konformitätserklärung.[200]

Die zweite denkbare Verfahrensmöglichkeit findet sich in Anhang IX der MP-VO. Danach erfolgt die Konformitätsbewertung auf Basis eines Qualitätsmanagmentsystems und der Bewertung der technischen Dokumentation unter Beteiligung einer „benannten Stelle".[201] Eine solche ist nach Art. 2 Nr. 42 MP-VO

---

198 MAH MedR/*Friedrich* § 17 Rn. 411.

199 Lücker/Baumann/*Lücker* MedProdR B 6.4.1; *Mayr/Thiermann/Schrack/Kiesselbach*, Das neue Medizinprodukterecht § 2 Rn. 79.

200 MAH MedR/*Friedrich* § 17 Rn. 412; *Mayr/Thiermann/Schrack/Kiesselbach*, Das neue Medizinprodukterecht § 2 Rn. 79.

201 *Mayr/Thiermann/Schrack/Kiesselbach*, Das neue Medizinprodukterecht § 2 Rn. 81.

eine Konformitätsbewertungsstelle, die nach den Vorgaben der MP-VO benannt wurde.[202] Diese Benennung erfolgt gem. Art. 35 ff. MP-VO durch die jeweiligen national zuständigen Behörden[203]. Die angesprochenen Regelungen dienen der einheitlichen Behördenpraxis in den unterschiedlichen Ländern.[204] Auch wenn die „benannte Stelle" das Konformitätsbewertungsverfahren durchführt, so ändert sich nichts an der Verantwortlichkeit des Herstellers für dieses Verfahren.[205] Die genaue Ausgestaltung des Verfahrens gem. Anhang IX ist dabei von der Risikoklasse des zu bewertenden Produktes abhängig.

Auch im dritten Verfahren ist die „benannte Stelle" beteiligt. In dem Verfahren nach Anhang X der MP-VO erfolgt zunächst eine Prüfung der technischen Dokumentation und anschließend führt die „benannte Stelle" an Baumustern Laboruntersuchungen und Prüfungen durch, um die Konformität bestätigen zu können.[206] Die Ergebnisse werden dokumentiert und es erfolgt die Ausstellung einer EU-Baumusterprüfbescheinigung.[207] Das Verfahren der Baumusterprüfung wird an dieser Stelle zwar als eigenes Verfahren bezeichnet, ist jedoch innerhalb der Konformitätsbewertung von Medizinprodukten immer nur in Kombination mit dem Verfahren aus Anhang XI der MP-VO durchzuführen.[208]

Bei diesem Verfahren erfolgt die Konformitätsbewertung auf Grundlage einer Produktkonformitätsprüfung. Diese Prüfung erfolgt ausweislich Anhang XI MP-VO in zwei Teilen. So wird zum einen eine Bewertung mit Blick auf die Produktionsqualitätssicherung vorgenommen und zum anderen eine Bewertung anhand der Produktprüfung.[209] Die Produktionsqualitätssicherung erfolgt

---

202 Bei diesen „Stellen" handelt es sich zumeist um privatwirtschaftliche Unternehmen, beispielsweise ist die *TÜV SÜD Product Service GmbH* eine solche.

203 In Deutschland wären gem. § 85 MPEUAnpG grundsätzlich die Landesbehörden für die Ermächtigung der „benannten Stelle" zuständig. Durch Verwaltungsabkommens über die Übertragung von Aufgaben an die *Zentralstelle der Länder für Gesundheitsschutz* (ZLG) bei Arzneimitteln und Medizinprodukten vom 24.11.2017 wurde diese jedoch als die zuständige Behörde für Verfahren nach Art. 35 ff. MP-VO bzw. Art. 31 ff. IVD-VO eingesetzt. Neben der Benennung hat das *ZLG* auch eine Überwachungs- und Neubewertungsmöglichkeit gem. Art. 44, 45 MP-VO, welche ergänzt wird durch eine Kontrollmöglichkeiten der Kommission aus Art. 47 MP-VO.

204 Rehmann/Wagner/*Rehmann* Kapitel IV MP-VO Rn. 111.

205 MAH MedR/*Friedrich* § 17 Rn. 411.

206 *Mayr/Thiermann/Schrack/Kiesselbach*, Das neue Medizinprodukterecht § 2 Rn. 94.

207 *Mayr/Thiermann/Schrack/Kiesselbach*, Das neue Medizinprodukterecht § 2 Rn. 94.

208 *Mayr/Thiermann/Schrack/Kiesselbach*, Das neue Medizinprodukterecht § 2 Rn. 96.

209 *Mayr/Thiermann/Schrack/Kiesselbach*, Das neue Medizinprodukterecht § 2 Rn. 97.

gem. Anhang XI, Teil A MP-VO durch eine Prüfung des Qualitätsmanagmentsystems. Das System muss dabei so ausgestaltet sein, dass gewährleistet ist, dass die Produkte entsprechend der Baumusterprüfbescheinigung oder der technischen Dokumentation gefertigt werden können.[210] Die Produktprüfung erfolgt gem. Anhang XI, Teil B MP-VO durch die Prüfung jedes Produktes durch die benannte Stelle beispielsweise durch Untersuchung und Erprobung.[211]

Neben diese Verfahren treten spezielle Verfahren wie beispielsweise das Verfahren nach Anhang VIII MP-VO für Sonderanfertigungen und das Konsultationsverfahrens (Scrutiny-Verfahren)[212] für bestimmte Produkte, welche abschließend in Art. 54 Abs. 1 MP-VO aufgeführt werden.

Für die Frage, welches der vielfältigen Verfahren einschlägig ist, kommt es entscheidend auf die Risikoklasse des jeweiligen Produktes an. Lediglich eine technische Dokumentation wird unabhängig von der jeweiligen Risikoklasse des Produktes nach Art. 10 MP-VO verlangt.[213] Der geforderte Mindestinhalt dieser technischen Dokumentation wird von der MP-VO in ihrem Anhang II statuiert. Gem. Anhang II Nr. 6.1 lit. c MP-VO ist Teil dieser Dokumentation unter anderem ein Bericht zur klinischen Bewertung[214] des jeweiligen Produktes.

Bei Produkten, welche der Klasse I zuzuordnen sind, wird die Konformität durch den Hersteller gem. Art. 52 Abs. 7 MP-VO grundsätzlich durch die Ausstellung einer EU-Konformitätserklärung gem. Art. 19 MP-VO als nach dem ersten dargestellten Verfahren erklärt. Lediglich in einigen Sonderfällen ist hier eine Einbeziehung der benannten Stelle erforderlich.[215] Bei Produkten

210 Vgl. Anhang XI, Teil A, 6.3 MP-VO.

211 Vgl. Anhang XI, Teil B, 15. MP-VO.

212 In diesem Verfahren sollen die benannten Stellen Expertengremien damit beauftragen, die von ihnen erstellten Berichte zu prüfen. Im Ergebnis erstellt die benannte Stelle also einen Bericht, den sie bei der Kommission einreicht, und welche dies zur Stellungnahme an ein Expertengremium weiterreicht. Dieses Gremium kann dann ein Gutachten erstellen, welches von der benannten Stelle zu berücksichtigen ist.

213 Lücker/Baumann/*Lücker* MedProdR B 6.4.1.

214 Gem. Art. 2 Nr. 44 MP-VO ist darunter ein systematischer und geplanter Prozess zur kontinuierlichen Generierung, Sammlung, Analyse und Bewertung der klinischen Daten zu einem Produkt zu verstehen. Welcher dazu dient, die Sicherheit und Leistung – einschließlich des klinischen Nutzens – des Produkts bei vom Hersteller vorgesehener Verwendung zu überprüfen.

215 Gem. Art. 52 Abs. 7 lit. a-c MP-VO sind diese Sonderfälle Produkte der Klasse I, welche steril in Verkehr gebracht werden oder eine Messfunktion aufweisen oder welche wiederverwendbare chirurgische Instrumente sind.

der Klasse IIa erhält der Hersteller nach Art. 52 Abs. 6 MP-VO die Wahlmöglichkeit zwischen zwei verschiedenen Konformitätsbewertungsverfahren. Dabei kann einerseits das Verfahren nach Anhang IX Kapitel I, III MP-VO gewählt werden, wobei zusätzlich eine Bewertung der technischen Dokumentation eines repräsentativen Produkts jeder Produktkategorie erfolgt oder anderseits eine Bewertung nach Anhang XI Nr. 10 oder 18 erfolgen, bei der eine Bewertung der technischen Dokumentation für zumindest ein repräsentatives Produkt jeder Produktkategorie erfolgen muss.[216]

Bei Produkten der Klasse IIb greift gem. Art. 52 Abs. 4 MP-VO ebenfalls die gerade beschriebene Wahlmöglichkeit, wobei die zweite Wahlmöglichkeit nach Anhang XI mit einer Baumusterprüfung nach Anhang X durchzuführen ist.[217] Sollte ein Produkt der Klasse III angehören, erfolgt die Konformitätsbewertung gem. Art. 52 Abs. 3 MP-VO nach Anhang IX oder Anhang XI i. V. m. einer Baumusterprüfung nach Anhang X.[218] Auch bei diesen Produkten kann die Durchführung des Konsultationsverfahrens erforderlich sein. Es ist nicht nur die Klassifizierung ausschlaggebend. Darüber hinaus sind bei einigen Produkten spezifische Aspekte zu prüfen, wie sich aus Art. 52 Abs. 9-11 MP-VO ergibt.[219]

2. *Verfahren für Wearables (Hardware)*

Gerade bezüglich der Hardware erscheint das soeben geschilderte Vorgehen, je nach Einordnung des Wearables in die verschiedenen möglichen Risikoklassen, unproblematisch möglich.

Beachtlich ist aber, dass, sollte ein Wearable der Risikoklasse I zuzuordnen sein, dennoch eine Beteiligung der „benannten Stelle“ erforderlich sein könnte. So könnte ein Wearable als Medizinprodukt mit Messfunktion anzusehen sein. Wann vom Vorliegen einer Messfunktion auszugehen ist, wird von der MP-VO nicht näher definiert. Jedoch dienen die im Wearable verbauten Sensoren der Kontrolle von physiologischen Parametern. Eine solche Kontrolle ist nur durch die Messung der entsprechenden Parameter zu erreichen. Daher wird man Wearables als Medizinprodukte mit Messfunktionen ansehen können. Somit ist gem. Art. 52 Abs, 7 lit. b MP-VO trotz einer Klassifikation nach Risikoklasse I, eine Einbeziehung der benannten Stelle erforderlich. Deren Einbeziehung bezieht sich dann jedoch nur auf die Konformität der Messfunktion.[220]

---

216 Lücker/Baumann/*Lücker* MedProdR B 6.4.1; MAH MedR/*Friedrich* § 17 Rn. 412.

217 MAH MedR/*Friedrich* § 17 Rn. 412; Lücker/Baumann/*Lücker* MedProdR B 6.4.1.

218 Lücker/Baumann/*Lücker* MedProdR B 6.4.1.

219 Vgl. auch mit Beispielen Lücker/Baumann/*Lücker* MedProdR B 6.4.1.

220 Vgl. auch Lücker/Baumann/*Lücker* MedProdR B 6.4.1.

Außerdem muss im Rahmen der technischen Dokumentation zusätzlich zu den ohnehin zu liefernden Informationen gem. Anhang II Nr. 6.2 lit. f MP-VO eine Beschreibung der Methode enthalten sein, durch welche die Genauigkeit der Messung gewährleistet wird.

Wie bereits angedeutet, ist auch der Bericht der klinischen Bewertung der technischen Dokumentation beizufügen. In diesem ist gem. Art. 61 Abs. 1 MP-VO ein ausreichender klinischer Nachweis über die Erfüllung der grundlegenden Leistungs- und Sicherheitsanforderungen zu erbringen. Dabei ist der Umfang dieser Nachweise vom Einzelfall abhängig. So kann es auch bereits ausreichend sein, eine Bewertung der vorhandenen wissenschaftlichen Literatur vorzunehmen.[221] Im Kontext mit Wearables ist eine eigene klinische Prüfung zur Generierung klinischer Daten wohl nicht zu erbringen. So sieht Art. 61 Abs. 4 MP-VO eine solche für implantierbare Produkte und Produkte der Risikoklasse III vor.

Die hier beleuchteten Wearables sind, wie ausgeführt, weder der Risikoklasse III zuzuordnen noch qua der angelegten Wortbedeutung implantierbar.[222]

Abgesehen davon stehen vor allem die physikalischen und elektrischen Prüfnachweise im Fokus, mit denen die Produktsicherheit belegt wird.[223] Um im Kontext der Konformitätsbewertung ansonsten die gegebenen Vorgaben einhalten zu können, bietet es sich in besonderem Maße an, sich nach den Vorgaben harmonisierter Normen wie z. B. EN 6060-1 zu richten.[224]

3. *Verfahren für Software im Wearable Kontext*

Wie ebenfalls bereits ausgeführt wurde, sind nahezu alle möglichen Risikoklassifizierungen für im Wearable Kontext relevante Software denkbar. Software wird unter dem gültigen Klassifizierungssystem grundsätzlich der Klasse IIa zuzuordnen sein, sodass mit Blick auf Art. 52 Abs. 6 MP-VO die Einbeziehung einer benannten Stelle erforderlich ist. Diese Einbeziehung erfolgt zumeist über ein zertifiziertes, vollständiges Qualitätsmanagementsystem nach Anhang IX sowie einer Bewertung der technischen Dokumentationen.[225]

Diese Verfahrenswahl wird auch für die als Medizinprodukt eingeordnete Software der Klassen IIb und III gelten, denn aus der mit Software verbundenen

---

221 *Berensmann/Gratzfeld*, Bundesgesundheitsblatt 2018, 314 (319).

222 Bei sog. „Implantables" müsste jedoch bereits auf Grund der von der Wortbedeutung vorausgesetzten „Implantierbarkeit" eine „klinische Prüfung" durchgeführt werden.

223 *Berensmann/Gratzfeld*, Bundesgesundheitsblatt 2018, 314 (318).

224 So auch bereits *Berensmann/Gratzfeld*, Bundesgesundheitsblatt 2018, 314 (318).

225 So auch *Hastenteufel/Renaud*, Software als Medizinprodukt, S. 18.

Eigenart ergibt sich, dass eine Produktionsqualitätssicherung bzw. Produktprüfung und eine Baumusterprüfung nicht als zielführend angesehen werden können.[226] So ist bei Software eine vollständige Endprüfung kaum möglich.[227]

Damit hat der Hersteller zunächst ein Qualitätsmanagementsystem zu entwickeln.[228]

Dieses erfordert die Einschaltung der benannten Stelle, welche als unabhängige Stelle die Kontrolle übernimmt.[229] Bei der Entwicklung eines Qualitätsmanagmentsystems helfen harmonisierte Normen wie ISO 13485 dem Hersteller, die notwendigen Vorgaben einzuhalten. Jedenfalls wird die Durchführung eines Konsultationsverfahrens nach Art. 54 Abs. 1 MP-VO nicht erforderlich sein. So wird Software nicht als eines der Produkte genannt, für welche dieses Verfahren erforderlich ist.

Sollte Software, wie in seltenen Fällen noch denkbar, der Klasse I zuzuordnen sein, so kann der Hersteller mittels der EU-Konformitätserklärung nach Art. 19 MP-VO, folglich ohne Einbeziehung der benannten Stelle, die Konformität darlegen.[230]

Gem. Art. 10 Abs. 9 MP-VO wird zudem die Erstellung eines Qualitätsmanagementsystems gefordert. Ein solches System verlangt auch die harmonisierte Norm IEC 62304 für jegliche medizinische Software.[231] Außerdem müssen Hersteller von Klasse I-Software die allgemeinen Pflichten erfüllen und daher eine technische Dokumentation anfertigen und bereithalten.[232] Zu diesen allgemeinen Pflichten gehört wiederum die Anfertigung einer klinischen Bewertung. Diese kann in Bezug auf Software als ein laufender Prozess verstanden werden.[233] Dabei gelten grundsätzlich die gleichen Rahmenbedingungen wie bereits für Wearables dargestellt, jedoch sollten stellenweise auch die mit Software einhergehenden Besonderheiten beachtet werden.[234] Damit wird wohl nach der

---

226 *Hastenteufel/Renaud*, Software als Medizinprodukt, S. 19; so auch bereits *Coordination of Notified Bodies Medical Devices,* Recommendation NB-MED/2.2/Rec4-Software and Medical Devices S. 6.

227 *Berensmann*, Bundesgesundheitsblatt 2018, 314 (317).

228 *Berensmann*, Bundesgesundheitsblatt 2018, 314 (317).

229 Spickhoff/Kossak/Kvit/*Handorn,* AFM, Die Reform des Medizinprodukterechts in Deutschland und Europa S. 95; *Hastenteufel/Renaud*, Software als Medizinprodukt, S. 18; *v. Zezschwitz,* MedR 2020, 196 (199).

230 *Hastenteufel/Renaud*, Software als Medizinprodukt, S. 19.

231 So auch *Hastenteufel/Renaud*, Software als Medizinprodukt, S. 19.

232 *Hastenteufel/Renaud*, Software als Medizinprodukt, S. 19.

233 Clinical Evaluation of MDSW, *MDCG* 2020-1, S. 9.

234 Vgl. dazu umfassend Clinical Evaluation of MDSW, *MDCG* 2020-1, S. 9 ff.

hier vorgenommen Klassifizierung in maximal Risikoklasse IIb ebenfalls keine klinische Prüfung erforderlich sein.

Gerade bei Software steht auch die Weiterentwicklung – mittels Updates nach Inverkehrbringen – durch den Hersteller als eine Möglichkeit im Raum. Zu solchen Updates enthält Anhang IX MP-VO keine Angaben, jedoch stellt Anhang IX Kapitel I Nr. 1 MP-VO klar, dass das vom Hersteller entwickelte Qualitätsmanagementsystem den gesamten Lebenszyklus des betroffenen Produktes über wirksam sein muss. Dabei sollte die klinische Bewertung immer eine Überprüfung und eventuelle Überarbeitung erfahren. Ansonsten unterliegen im Rahmen der technischen Dokumentation gem. Anhang IX Kapitel II Nr. 4.10 MP-VO Änderungen am genehmigten Produkt erneut dem Genehmigungserfordernis durch die benannte Stelle. Dabei erfolgt eine Bewertung der geplanten Änderung durch die benannte Stelle. Entweder wird danach eine neue Konformitätsbewertung notwendig, oder aber es erfolgt ein Nachtrag zur EU-Bescheinigung.[235]

III. Produktkennzeichnung

Mit der Einordnung als Medizinprodukt gehen verschiedene Kennzeichnungspflichten einher.

Namentlich ist dies einerseits die mit der Konformitätsbewertung zusammenhängende CE-Kennzeichnung sowie anderseits die unabhängige „Unique Device Identification"[236].

1. CE-Kennzeichnung

Mit Abschluss des jeweiligen Konformitätsbewertungsverfahrens und vor „Inverkehrbringen" des Produktes ist dieses gem. Art. 20 Abs. 1 MP-VO durch den Hersteller mit einer CE-Kennzeichnung zu versehen. Ausgenommen davon sind lediglich Prüfprodukte und Sonderanfertigungen.

Hier dient die Kennzeichnung der Dokumentation der Konformität des jeweiligen Medizinproduktes mit den jeweiligen gesetzlichen Bestimmungen.[237] Durch sie wird also die Zulässigkeit der Herstellung des Vertriebes und der Anwendung des Produktes im gesamten Europäischen Wirtschaftsraum gewährleistet.[238]

---

235 Vgl. Anhang IX Kapitel II Nr. 4.10 MP-VO.

236 Im Folgenden UDI.

237 Hölters/*Kaufmann/Ramb* Rn. 17.50.

238 Hölters/*Kaufmann/Ramb* Rn. 17.50; ergibt sich auch aus Art. 30 Abs. 3 VO (EG) 765/2008.

a. *Durchführung der Kennzeichnung*

Schwierigkeiten können sich jedoch im Einzelnen im Rahmen der genauen Durchführung der Kennzeichnung ergeben. In jedem Fall sind mittels des Verweises aus Art. 20 Abs. 2 MP-VO die allgemeinen Grundsätze nach Art. 30 VO (EG) 765/2008 zu beachten. Für die Durchführung der Kennzeichnung ist lediglich entscheidend, dass nur der Hersteller beziehungsweise sein Bevollmächtigter zur Anbringung der Kennzeichnung befugt ist. Im Rahmen dieser Anbringung ist dabei nochmals der daraus folgende Erklärungswert zu berücksichtigen.

Auch ist bedeutsam, dass in Fällen, in denen die Beteiligung der benannten Stelle im Rahmen der Konformitätsbewertung erforderlich ist, nach Art. 20 Abs. 5 MP-VO deren Kennnummer mit zu nennen ist.

aa. *Kennzeichnung von Wearables*

Im Rahmen der Kennzeichnung von Wearables sind noch keine Schwierigkeiten erkennbar.

So ist gem. Art. 20 Abs. 3 S. 1 MP-VO die CE-Kennzeichnung grundsätzlich gut sichtbar, leserlich und dauerhaft auf dem Produkt beziehungsweise bei sterilen Produkten auf der Verpackung anzubringen. Zusätzlich dazu soll die CE-Kennzeichnung ausweislich Art. 20 Abs. 3 S. 3 MP-VO in der Gebrauchsanweisung und auf der Handelsverpackung erscheinen.

Beide Möglichkeiten lassen sich bei den typischen Anwendungsbeispielen von Wearables umsetzen. Sollte jedoch im Einzelfall aufgrund der Beschaffenheit des Wearables eine Kennzeichnung nicht möglich sein oder zum Beispiel auf Grund der Größe nicht als sinnvoll erachtet werden, so kann nach Art. 20 Abs. 3 S. 2 MP-VO eine Kennzeichnung auf der Verpackung erfolgen, sodass auch in diesen Szenarien eine ausreichende Möglichkeit gegeben ist.

bb. *Kennzeichnung von Software*

Hingegen zeigt sich im Bereich der Software die Schwierigkeit einer Kennzeichnung. So sind die Regelung aus Art. 20 MP-VO auf die Kennzeichnung von körperlichen Gegenständen zugeschnitten. Das EU-Recht macht daher keine genauen Vorgaben, wie eine Kennzeichnung bei nicht verkörperten Produkten erfolgen soll. Zunächst denkbar wird eine Integration der Kennzeichnung in der App. Dabei sind vor allem zwei Wege möglich. Einerseits kann eine CE-Kennzeichnung auf dem sog. „Splash-Screen“[239] erfolgen.[240] Andererseits

239 Der „Splash-Screen“ ist der „Startbildschirm“ einer Software.
240 So auch *Hastenteufel/Renaud*, Software als Medizinprodukt, S. 19.

ist eine CE-Kennzeichnung in einem „About"-Dialog denkbar.[241] Beide Kennzeichnungsmöglichkeiten erscheinen als mit den EU-Vorgaben vereinbar und sinnvoll.

Dennoch könnte eine Kennzeichnung auch auf andere Weise erfolgen. So ermöglicht Art. 20 Abs. 3 S. 2 MP-VO die Anbringung der CE-Kennzeichnung auf der Verpackung. Eine solche ist bei Software jedoch mangels Vertriebsweg über verkörperte Datenträger nahezu ausgeschlossen.

Eine CE-Kennzeichnung wird darüber hinaus von den Softwareherstellern zumeist auf ihren jeweiligen Websites erwähnt.[242] Um den Anforderungen des Art. 20 Abs. 3 MP-VO zu genügen, wird diese Kennzeichnung alleine nicht ausreichen. So erfolgt gerade keine Kennzeichnung „auf dem Produkt" oder „auf der Verpackung". Als Ergänzung zu einer Kennzeichnung in der Software selbst sollte die CE-Kennzeichnung aber auf der Website erwähnt werden.

Auf den Vertriebsplattformen für Apps[243] wird bisher eine CE-Kennzeichnung oftmals nicht deutlich. Auch in den jeweiligen Beschreibungstexten der Apps findet sie keinen Niederschlag.

Vereinzelt wird eine Kennzeichnung in die verfügbaren Vorschaubilder der App integriert.[244]

Wünschenswert wäre jedoch vielmehr, dass durch diese soeben genannten Vertriebsplattformen die Möglichkeit einer Einbindung in den jeweiligen Informationsabschnitten zu den jeweiligen Apps eingeführt wird. Damit würde eine Kennzeichnung analog zu einer Kennzeichnung auf der Verpackung eines Produktes verstanden werden können. Vorbild hierfür könnte die Einbindung einer Verlinkung auf die jeweilige Datenschutzerklärung in *Apples* App-Store sein.

Zusätzlich bleibt der Grundsatz erhalten, dass eine Kennzeichnung in die nach Art. 10 Abs. 11 i. V. m. Anhang I Abs. 23 MP-VO notwendige Gebrauchsanweisung einzufügen ist.

b. Fazit zur CE-Kennzeichnung

Die CE-Kennzeichnung als Bestandteil der Pflicht zur Kennzeichnung von Medizinprodukten ist ein seit Jahren funktionierendes System, welches auch in anderen Bereichen sinnvollerweise seinen Einsatz findet. Wie sich allerdings in

---

241 Vgl. *Hastenteufel/Renaud*, ebd.

242 So z. B. bei den Apps „Kalmeda", „Selfapy" oder „zanadio".

243 Apples App-Store und Google Play Store.

244 Vgl. Vorschaubild der App „Mindable" in Apples App-Store.

den soeben gemachten Ausführungen zeigt, ist gerade im Bereich der Digitalisierung ein erheblicher Regelungsbedarf auszumachen.

Insbesondere bei der Durchführung der Kennzeichnung von Software wäre es wünschenswert, wenn der europäische Gesetzgeber einheitliche Regelungen schaffen würde. Nur so kann in Zukunft das Ziel der CE-Kennzeichnung, dem Verbraucher als Nachweis für die Konformität des Produktes mit den jeweiligen gesetzlichen Bestimmungen zu dienen, erreicht werden.

2. *UDI-Kennzeichnung*

Die zweite notwendige Kennzeichnung von als Medizinprodukt eingestuften Wearables und mit dieser einhergehenden Software ist die „Unique Device Identification" (UDI)-Kennzeichnung, welche eine der zentralen Neuerungen der MP-VO darstellt. Hauptziel der UDI-Kennzeichnung ist es, die Rückverfolgbarkeit von Medizinprodukten zu erleichtern.[245]

Damit geht einher, dass insgesamt eine bessere Kontrolle und Überwachung der Aktivitäten in Bezug auf Medizinprodukte erfolgen kann.[246] Die Einführung dieses Systems basiert auf internationalen Zielen, welche sich insbesondere in Leitlinien der *IMDRF* zeigen.[247] Das europäische System folgt den bereits im Jahr 2007 in den USA eingeführten Regelungen, welche insbesondere die Patientensicherheit steigern sollten.[248] Die Produktkennzeichnung erfolgt durch die UDI. Diese ermöglicht eine weltweit eindeutige Identifizierung eines einzelnen Produktes.

Dabei setzt sich diese ausweislich Anhang VI Teil C 3.3. MP-VO aus zwei Bestandteilen zusammen.[249]

Der UDI ist danach aufzutrennen in die UDI-DI und die UDI-PI.

---

245 MAH MedR/*Friedrich* § 17 Rn. 390; Rehmann/Wagner/*Rehmann* Art. 25, 26 MP-VO Rn. 102.

246 *Graf*, PharmR 2017, 317 (319).

247 Vgl. *IMDRF*, UDI system Application Guide 21.03.2019 und UDI Guidance 09.12.2013.

248 Rehmann/Wagner/*Rehmann* Art. 27, 28 MP-VO Rn. 104.

249 *Graf*, PharmR 2017, 317 (319); Rehmann/Wagner/*Rehmann* Art. 27, 28 MP-VO Rn. 105; *Bartz et al.* MPJ 2017, 203 (204); *IMDRF*, UDI System Application Guide 21.03.2019 S. 8; fälschlicherweise drei Bestandteile nehmen *Hastenteufel/Renaud*, in: Software als Medizinprodukt, S. 30 an.

Die UDI-DI ist nach der Begriffsbestimmung aus Anhang VI Teil C 1. MP-VO ein Code, der zu einem Produktmodell gezählt wird.[250] Die UDI-PI hingegen ist die Kennzeichnung der Produktionseinheit des Produktes.[251] Zusätzlich dazu existiert eine sog. Basis-UDI-DI, welche nicht Teil der UDI wird, dennoch aber primär das Produktmodell auszeichnet und daher als Ordnungsmerkmal in der UDI-Datenbank und auf Bescheinigungen sowie der EU-Konformitätserklärung ausgewiesen wird.[252] Um die Basis-UDI-DI in die Datenbank eintragen zu können, muss der Hersteller des Produktes seinerseits registriert sein, dabei ist zu beachten, dass die UDI-Datenbank fester Bestandteil der EUDAMED werden soll. Entscheidend zu klären ist, wie eine Kennzeichnung der Produkte mit der UDI erfolgt.

a. Kennzeichnung von Wearables

Die Kennzeichnung von Wearables als betroffene Produktgruppe erscheint zunächst unproblematisch. Die UDI muss nach Anhang VI Teil C 4.1. MP-VO sowohl in der maschinenlesbare (AIDC) als auch in der menschlich lesbaren (HRI) Version angebracht werden.

Sollte es Schwierigkeiten bereiten, beide Formate anzubringen, wird das AIDC-Format favorisiert, wobei diese Favorisierung nur dann greift, wenn das Produkt in Gesundheitseinrichtungen verwandt wird, ansonsten sollte das HRI-Format als das Anzubringende angesehen werden.[253]

Die Kennzeichnung hat gem. Anhang VI Teil C 4.1. MP-VO nicht nur auf dem Produkt selbst zu erfolgen, sondern auch auf allen höheren Ebenen der Produktverpackung. Hierbei gilt es zu beachten, dass die UDI-DI auf den unterschiedlichen Ebenen jeweils unterschiedlich sein muss, denn nach Anhang VI Teil C 3.4. MP-VO gilt der Grundsatz der Einmaligkeit. Hierbei ist vom Hersteller insbesondere die Leserlichkeit der Kennzeichnung zu beachten, so ist z. B. bei einem Barcode zu prüfen, ob dieser auf der jeweiligen Verpackungsebene in ausreichender Qualität angebracht werden kann.[254]

---

250 Beispielhaft könnte z. B. auf die GTIN zurückgegriffen werden, dieses Beispiel bringen auch *Bartz et al.*, in: MPJ 2017, 203 (206) an.

251 Beispiele hierfür sind zum Beispiel Seriennummern, Losnummer oder auch Herstellungs- oder Verfallsdatum.

252 Vgl. Guidance on BASIC UDI-DI and changes to UDI-DI, *MDCG* 2018-1 Rev. 4, S. 2 f.

253 Vgl. Anhang VI Teil C 4.7. MP-VO.

254 *Bartz et al.*, MPJ 2017, 203 (206).

Eine neue UDI-DI und damit eine Änderung der UDI ist immer dann erforderlich, wenn sich aus einer Änderung die Möglichkeit der Fehlidentifikation des Produktes oder eine unsichere Rückverfolgbarkeit ergibt.[255]

b. Kennzeichnung von Software

Ein Sonderfall bietet die Kennzeichnung von Software, welche, wie bereits mehrfach erwähnt, im Zusammenhang mit Wearables stehen kann. Dabei ist zunächst zu beachten, dass eine Kennzeichnung nur dann als nötig erscheint, wenn die Software als eigenständiges Medizinprodukt anzusehen ist.[256]

Sollte eine Auslieferung des Produktes auf einem physischen Datenträger erfolgen, so bedeutet dies, dass eine Kennzeichnung wie bei dem Wearable selbst erfolgen kann.[257] Allerdings wird man anerkennen müssen, dass gerade im Zusammenhang mit Wearables insbesondere Software in Form von Apps relevant wird. Damit bietet sich eine Kennzeichnung insbesondere im Startfenster oder anderen Informationsfenstern an, wobei das HRI-Format gewählt werden muss.[258]

Auch für diese Kennzeichnung wäre, wie bereits bei der CE-Kennzeichnung neben einem gesonderten Informationsfenster auch die Einbindung nach Vorbild der Datenschutzhinweise auf den jeweiligen Vertriebsplattformen der Apps wünschenswert. Die Analogie zur Kennzeichnung auf Verpackungen würde genauso in diesem Fall durchgreifen.

Fraglich erscheint noch, wann im Zusammenhang mit Software eine Änderung der UDI-DI beziehungsweise der UDI-PI als geboten erscheint.

Die MP-VO unterscheidet in Anhang VI zwischen geringfügigen Änderungen der Software, die eine Änderung der UDI-PI mit sich bringen, und einigen Sonderfällen, in denen die UDI-DI geändert werden muss.[259]

Insbesondere Fehlerbehebungen oder Sicherheitspatches gelten als geringfügige Änderungen. Hingegen ist gem. Anhang VI Teil C 6.5.2. MP-VO z. B. die Änderung an Algorithmen, welche die Datenauswertung der Software beeinflussen, ein Sonderfall, der eine UDI-DI Änderung mit sich bringt.

---

255 Vgl. Anhang VI Teil C 3.9. MP-VO.

256 So auch *Hastenteufel/Renaud*, Software als Medizinprodukt, S. 31.

257 Vgl. Anhang VI Teil C 6.5.4. lit. a MP-VO; *Hastenteufel/Renaud*, ebd.

258 Vgl. Anhang VI Teil C 6.5.4. lit. b, d MP-VO; *Hastenteufel/Renaud*, ebd.

259 Vgl. Anhang VI Teil C 6.5. MP-VO.

IV. Pflicht zur Beifügung einer Gebrauchsanweisung

Neben einer Kennzeichnung muss grundsätzlich jedes Medizinprodukt mit einer Gebrauchsanweisung versehen werden. Dies ergibt sich aus Art. 10 Abs. 11 MP-VO i. V. m. Anhang I Abs. 23 MP-VO.

1. Grundlagen der Beifügungspflicht

Als Gebrauchsanweisung sind gem. Art. 2 Nr. 14 MP-VO die vom Hersteller zur Verfügung gestellten Informationen zu verstehen, welchen der Nutzer die Zweckbestimmung und konkrete Verwendung des Produktes wie eventuell zu ergreifende Vorsichtsmaßnahmen entnehmen kann.

Von dieser Pflicht gibt es nach Anhang I Abs. 23.1 lit. d MP-VO eine Ausnahme für den Fall, dass ein Produkt der Klasse I oder IIa zuzuordnen ist, und eine sichere Anwendung auch ohne eine Gebrauchsanweisung gewährleistet ist.

Zusätzlich zu der soeben beschriebenen Pflicht zur Beifügung einer Gebrauchsanweisung stellt die MP-VO auch Vorgaben für die Modalitäten der Beifügung sowie inhaltliche Vorgaben auf. Dabei ist zunächst die, wie sich aus dem *argumentum e contrario* aus Anhang I Abs. 23.1 lit. f MP-VO ergibt, die Papierform die übliche Form der Beifügung. Eine von dieser abweichenden Form ist nach Anhang I Abs. 23.1 lit. f MP-VO unter den Vorgaben der VO (EU) 207/2012[260] denkbar. Danach sind elektronische Gebrauchsanweisungen für die in Art. 3 VO (EU) 207/2012 genannten Produktgruppen möglich. Hierbei sind die von dieser Verordnung aufgestellten besonderen Voraussetzungen zu beachten, denn die MP-VO ersetzt diese Bedingungen gerade nicht.[261] Eine dieser besonderen Hürden stellt nach Art. 3 Abs. 2 VO (EU) 207/2012 die Einschränkung der Nutzungsgruppe dar. So wird verlangt, dass das Medizinprodukt oder das Zubehör ausschließlich für die Verwendung durch professionelle Nutzer bestimmt ist, und mit einer Verwendung durch eine andere Person nach vernünftigem Ermessen nicht gerechnet werden muss. Zusätzlich sind eine ganze Reihe von weiteren Voraussetzungen und Modalitäten zu beachten.

Aus einer inhaltlichen Perspektive statuiert Anhang I Abs. 23.4 MP-VO den Mindestinhalt der Gebrauchsanweisung. Erneut steht die Zweckbestimmung des

---

260 VO (EU) Nr. 207/2012 über elektronische Gebrauchsanweisungen für Medizinprodukte wird, wie ErwGr. 98 MP-VO deutlich macht, durch die MP-VO nicht berührt und bleibt weiterhin gültig. Die Gültigkeit würde damit enden, dass die Kommission gem. der MP-VO einen Durchführungsrechtsakt erlässt.

261 *Lücker*, Bundesgesundheitsblatt 2018, 278 (283).

Produktes mit genauer Angabe der Indikationen und Kontraindikationen, Patientenzielgruppe und vorgesehener Anwender im Fokus.[262] Ebenfalls beachtlich in inhaltlicher Hinsicht ist die sich aus Art. 7 MP-VO ergebende Untersagung der Irreführung. Damit ist gemeint, dass unter anderem die Gebrauchsanweisung den Anwender oder Patienten hinsichtlich der Zweckbestimmung, Sicherheit und Leistung des Produktes nicht irreführen darf, zum Beispiel, indem dem Produkt Funktionen oder Eigenschaften zugeschrieben werden, die es nicht besitzt.

Im Zusammenhang mit den hier besprochenen Anwendungen und Produkten stellt sich insbesondere die Frage der Umsetzung dieser Vorgaben.

2. Umsetzung der Pflicht im Kontext von Wearables

Die Umsetzung der soeben dargestellten Vorgaben in Bezug auf die Gebrauchsanweisung beziehungsweise die Beifügung dieser stellt für das Wearable keine besondere Hürde dar. So kann dem Wearable als verkörpertes Produkt eine Gebrauchsanweisung beigelegt werden. Damit sind bzgl. der Modalitäten keine Besonderheiten zu beachten.

Jedoch könnte man mit Blick auf die Ausnahme nach Anhang I Abs. 23.1 lit. d MP-VO und die Risikoklassifizierung von Wearables[263] eine Entbehrlichkeit einer Gebrauchsanweisung für möglich halten. Dafür müsste, wie bereits erörtert, eine sichere Anwendung ohne Gebrauchsanweisung gewährleistet sein. Ob eine solche Gewährleistung denkbar erscheint, lässt sich aufgrund der verschiedenen Nutzergruppen nicht pauschal beantworten.

Während man beim Einsatz eines Wearables der Risikoklasse I und IIa durch einen Behandler wohl von einer solchen Gewährleistung ausgehen kann, erscheint diese bei der Nutzung durch Laien eher fragwürdig.[264] Gerade diese letztgenannte Nutzung ist die wohl Häufigere. Daher wird man wohl überwiegend das Erfordernis einer Gebrauchsanweisung aufrechterhalten, hierfür spricht auch erneut das Ziel der MP-VO, ein hohes Gesundheitsschutzniveau für Patienten und Anwender zu schaffen. Dieses würde konterkariert, wenn dem Nutzer Informationen zur korrekten Anwendung oder zur Ergreifung von Vorsichtsmaßnahmen vorenthalten würden. Allerdings sollte nicht die Praktikabilität aus dem Blickfeld verloren gehen.

---

262 Vgl. Anhang I Abs. 23.4 lit. b MP-VO.

263 Siehe oben S. 185 ff.

264 So auch bzgl. Nutzung von Software durch Laien, *Lücker,* Bundesgesundheitsblatt 2018, 278 (283).

Im Ergebnis bleibt damit festzuhalten, dass eine Gebrauchsanweisung in Papierform beigefügt werden sollte.

3. Umsetzung der Pflicht bei Software, insbesondere bei Apps

Deutlich problematischer hingegen ist die Umsetzung der Pflicht bei mit Wearables im Zusammenhang stehender Software und Apps.

Neben der soeben thematisierten potenziellen Entbehrlichkeit einer Gebrauchsanweisung aufgrund der Ausnahme gem. Anhang I Abs. 23.1 lit. d MP-VO ist hierbei zusätzlich auch die Modalität der Beifügung problematisch.

In Bezug auf die Ausnahme sind weitere Ausführungen weitestgehend entbehrlich, schließlich muss diesbezüglich das bereits Ausgeführte gelten. Im Bereich der Gesundheitsapps wird eine Gewährleistung einer sicheren Anwendung ohne Gebrauchsanleitung besser vorstellbar. Insbesondere könnten nach der Installation der App eine von der Software geführte Anwendung erfolgen, welche dem Nutzer die Funktionen und Anwendungsarten erläutert. Auf diese Weise könnte eine sicherer Gebrauch gewährleistet werden.

Sollte diese Ausnahme nicht greifen, stellt sich die Frage der Modalität der Beifügung. In diesem Zusammenhang werden insbesondere die fehlende Verkörperung des Produktes und der Vertrieb über App-Stores problematisch. So kann die Beifügung der Gebrauchsanleitung weder auf der Verpackung noch in Papierform erfolgen.

Zwar ist sie auch in elektronischer Form denkbar, allerdings müssen in diesem Fall die Bedingungen der VO (EU) Nr. 207/2012 eingehalten werden. Dafür müsste die Software zunächst als tauglich i. S. d Art. 3 VO (EU) Nr. 207/2012 anzusehen sein. Danach ist solche Software potenziell erfasst, die als eigenständige Software anzusehen ist. Zugegeben soll in der MP-VO die Unterscheidung zwischen eigenständiger Software und Steuerungssoftware eine verringerte bzw. keine Rolle mehr spielen[265], jedoch wären Gesundheitsapps ohnehin als eigenständig anzusehen.

Auch wenn damit zwar der Anwendungsbereich der VO (EU) Nr. 207/2012 eröffnet ist, sind dennoch die weiteren Voraussetzungen zu erfüllen. Insbesondere die Beschränkung der Nutzergruppe auf ausschließlich professionelle Nutzer bei gleichzeitig fehlender Verwendungswahrscheinlichkeit durch andere Personen nach Art. 3 Abs. 2 VO (EU) Nr. 207/2012, ist für die hier begutachteten Gesundheitsapps, welche im Zusammenhang mit Wearables stehen, eine nahezu

---

265 Vgl. Software-Leitlinie, *MDCG* 2019-11, S. 3 Fn. 2.

unüberwindliche Hürde. So ist der Nutzergruppenzuschnitt oftmals nicht auf den professionellen Nutzer ausgelegt. Daher wird man zumeist eine Beifügung in elektronischer Form für nicht zulässig halten müssen.

4. Fazit

Die Pflicht zur Beifügung einer Gebrauchsanleitung ist mit Blick auf das Ziel der MP-VO, ein hohes Gesundheitsschutzniveau für Patienten und Anwender zu gewährleisten, nachvollziehbar. Jedoch erscheint die Festsetzung der Modalitäten, welche durch die MP-VO vorgenommen werden, antiquiert. Insbesondere bei Software, welche als Medizinprodukt zu qualifizieren ist, zeigt sich dieses Problem. Besonders bemerkenswert ist, dass dem Verordnungsgeber dieser Bereich und dessen wachsende Bedeutung bewusst ist, wie sich z. B. in den eingeführten besonderen Klassifizierungsregeln zeigt, er dennoch eine verkörperte Gebrauchsanweisung verlangt. Auch die Ausnahme zur Papierform aus VO (EU) Nr. 207/2012 ist viel zu restriktiv, um einen angemessenen Lösungsansatz zu bieten. Insofern besteht ein dringender Regelungsbedarf. Wobei der Erlass von Durchführungsvorschriften durch die Kommission gem. ErwGr. 98 MP-VO bereits einen geeigneten Lösungsansatz bietet.Hierbei könnte man wiederum, wie bereits im Zusammenhang mit der CE-Kennzeichnung, eine Lösung über die Vertriebsplattformen der Gesundheitsapps kreieren, welche analog zu einer Verpackungsinformation einzuordnen wäre. So würde es sich anbieten, neben der Verlinkung der Datenschutzhinweise, wie es in *Apples App-Store* vorgenommen wird, auch eine Verlinkung zu einer elektronischen Form der Gebrauchsanweisung auf der Website des Herstellers einzurichten. Damit würde der jeweilige Informationsabschnitt im App-Store immer mehr zu der „zentralen Sammelstelle" für die Aufklärung des Nutzers werden.

V. Überwachung

Mit der Zertifizierung als Medizinprodukt und der damit einhergehenden Erklärung der Konformität des Produktes mit den Vorgaben der MP-VO endet die Kontrolle des Gerätes nicht. Nach dem Inverkehrbringen muss sichergestellt werden, dass das Medizinprodukt einwandfrei funktionstüchtig ist und keine bislang unentdeckten Risiken für den Verwender aufweist.

Zu diesem Zweck greift ein umfassendes Überwachungskonzept bestehend aus drei verschiedenen Verfahren, welche sich wiederum in zwei Gruppen unterscheiden.[266] So sind einerseits die vom Hersteller abhängigen Verfahren

266 Vgl. auch MAH MedR/*Friedrich* § 17 Rn. 432.

der Überwachung nach Inverkehrbringen unter Berücksichtigung der jeweiligen Risikoklasse des Produktes sowie das Vigilanzverfahren zu beleuchten und anderseits die von der Behörde abhängige Überwachung des Marktes.

1. herstellerabhängige Überwachung

Die beiden vom Hersteller abhängigen Verfahren der Überwachung nach dem Inverkehrbringen und der Vigilanz sind eng miteinander verknüpft.

a. Überwachung nach Inverkehrbringen

Unter der „Überwachung nach dem Inverkehrbringen" versteht man nach der Legaldefinition aus Art. 2 Nr. 60 MP-VO ein Erhebungs- und Überprüfungsverfahren von Erfahrungen in Bezug auf die auf den Markt gebrachten Medizinprodukte, mit welchem ein potenzieller Bedarf an zu ergreifenden Maßnahmen festgestellt werden kann.

Dieses Verfahren wird, wie bereits erwähnt und von ErwGr. 34 MP-VO gefordert, durch den Hersteller beziehungsweise einer Organisationseinheit des Herstellers durchgeführt.

Eine solche Überwachung folgt dabei einem vom Hersteller nach den Vorgaben des Art. 84 MP-VO i. V. m. Anhang III Abschnitt 1.1. MP-VO ausgestalteten Überwachungsplan.[267]

In diesem Plan wird unter anderem festgelegt, auf welche Daten für die Überwachung zurückgegriffen wird und welche Auswertungsmethoden verwandt werden, außerdem sind bereits potenziell zu ergreifende Maßnahmen zu nennen.[268] Dieser Plan und das daraus resultierende Überwachungssystem ist nach Art. 83 Abs. 1 S. 2 MP-VO seinerseits Bestandteil des Qualitätsmanagmentsystems, welches wiederum, wie bereits erörtert, im Rahmen des Konformitätsbewertungsverfahren durch die benannten Stellen eine Begutachtung erfährt. Insoweit muss man den benannten Stellen eine Beteiligung an der vom Hersteller abhängigen Überwachung zuerkennen. Das Überwachungssystem muss dazu geeignet sein, während des gesamten Lebenszyklus des Produktes Daten über die Qualität und Sicherheit aufzuzeichnen und zu analysieren, um aus diesen Ergebnissen ableiten zu können, ob Maßnahmen ergriffen werden müssen und wenn dies bejaht wird, welche konkret eingesetzt werden.[269] Außerdem

267 Hill/Schmitt, WiKo, A V MDR Rz. 10.

268 *Hastenteufel/Renaud*, Software als Medizinprodukt, S. 32 f.

269 Hill/Schmitt, WiKo, A V MDR Rz. 10.

können mit den in diesem Verfahren erhobenen Daten unter anderem auch Aktualisierungen der Gebrauchsanweisung oder der Kennzeichnung des Produktes vorgenommen werden.[270]

Innerhalb des Überwachungssystems kommt jedoch erneut eine Risikoerwägung zum Tragen, sodass die jeweilige Produktklassifizierung über die genauen Verfahrensschritte entscheidet. Wie bereits dargelegt, können Wearables und die im Zusammenhang mit diesen stehenden Softwareanwendungen allen möglichen Risikoklassen zuzurechnen sein[271], sodass beide denkbaren Überwachungsverfahren eingesetzt werden. Dabei unterscheiden sich die Verfahren nicht in ihren Zielen, sondern vielmehr in der jeweiligen Art und der Häufigkeit der zu erstellenden Berichte.

aa. Post Market Surveillance Report

Die geringsten Anforderungen stellt die MP-VO an Medizinprodukte der Klasse I. Zu diesen Produkten gehören, wie bereits erörtert, auch eine Vielzahl von Wearables, und somit greift gerade für Hersteller dieser Produkte die Pflicht aus Art. 85 MP-VO.

Danach muss ein Bericht sog. „*Post Market Surveillance Report*“ (PMSR) erstellt werden, der eine Zusammenfassung der Ergebnisse und Schlussfolgerungen der nach dem Überwachungsplan durchgeführten Überwachung beinhaltet.[272]

Sollten außerdem Maßnahmen durch den Hersteller ergriffen worden sein, ist eine Begründung sowie eine Beschreibung dieser dem Bericht anzufügen. Der Bericht muss außerdem der zuständigen Behörde auf deren Ersuchen vorgelegt werden.[273]

bb. Periodic Saftey Update Report

Bezüglich der Klassen IIa, IIb sowie III ist diese Berichtspflicht verschärft. So ist der Bericht als sog. „*Periodic Saftey Update Report*“ (PSUR) eher als Sicherheitsbericht zu klassifizieren und regelmäßig zu aktualisieren.[274] Außerdem gibt Art. 86 Abs. 1 S. 2 lit. a-c MP-VO vor, dass besondere Daten fester Bestandteil dieses Berichts sind.

---

270 Vgl. für weitere Verwendungszwecke Art. 83 Abs. 3 lit. a - h MP-VO.

271 Zur Klassifizierung s. o. S. 189 f.

272 Hill/Schmitt, WiKo, A V MDR Rz. 12.

273 Abweichend bei Klasse III Produkten hier greift Art. 86 Abs. 2 MP-VO.

274 Hill/Schmitt, WiKo, A V MDR Rz. 13.

Die Frage der regelmäßigen Aktualisierung hängt wiederum von der jeweiligen Klassifizierung ab. So ist der Aktualisierungsrhythmus für Produkte der Klasse IIa auf den Bedarfsfall oder spätestens alle zwei Jahre ausgestaltet. Dem hingegen wird bei Produkten der Klassen IIb und III eine jährliche Aktualisierung verlangt.

Die Berichte werden der benannten Stelle, welche für die Konformitätsbewertung zuständig ist, vorgelegt und auf das Verlangen der zuständigen Behörde auch dieser.

b. Vigilanz

Das Vigilanzverfahren ist kein proaktives Überwachungsverfahren, sondern vielmehr ein reaktives Meldeverfahren von gesetzlich statuierten Ereignissen und Entwicklungen.

Ziel dieses Verfahrens ist die Gewährleistung der Sicherheit des Medizinproduktes durch eine laufende und systematische Überwachung.[275] Durch den Hersteller müssen gem. Art. 87 Abs. 1 lit. a MP-VO sogenannte „schwerwiegende Vorkommnisse" gemeldet werden.[276] Nach den Legaldefinitionen aus Art. 2 Nr. 64, 65 MP-VO ist damit eine Fehlfunktion oder Verschlechterung der Eigenschaften oder Leistung eines auf dem Markt befindlichen Produktes gemeint, welche direkt oder indirekt gravierende Folgen für die öffentliche Gesundheit oder die mit dem Gerät in Berührung kommenden Personen haben kann.[277] Auch wenn im Wearable-Kontext derartige Vorkommnisse derzeit eine geringe Relevanz haben werden, so ist nicht auszuschließen, dass zukünftige Entwicklungen dazu führen können, dass Situationen auftreten, welche eine Meldung i. S. d Art. 87 Abs. 1 lit. a MP-VO erforderlich machen.[278] Sollte ein solcher Fall gegeben sein, muss die Meldung unverzüglich nach Feststellung eines Kausalzusammenhangs erfolgen oder aber spätestens innerhalb von 15 Tagen nach Kenntnis der Vorkommnisse.[279] Allerdings kann die Frist je nach Vorkommnis auf zwei Tage verkürzt werden. Zusätzlich hierzu hat der Hersteller gem. Art. 87 Abs. 1 lit. b MP-VO auch „Sicherheitskorrekturmaßnahmen im Feld" zu

---

275 Vgl. MAH MedR/*Friedrich* § 17 Rn. 435.

276 Vgl. Rehmann/Tillmanns E-Health-Hdb/*Rehmann* Kap. 2 Rn. 44.

277 Vgl. ausführlich Art. 2 Nr. 65 lit. a - c MP-VO.

278 Beispielsweise wenn Wearables vitale Parameter in einer Behandlungssituation messen und bei einer Fehlfunktion somit die Gefahr einer fehlerhaften Behandlung besteht.

279 Hill/Schmitt, WiKo, A V MDR Rz. 20.

melden.[280] Gem. Art. 2 Nr. 68 MP-VO sind darunter Maßnahmen zu verstehen, welche der Hersteller aus technischen oder medizinischen Gründen ergriffen hat, um ein schwerwiegendes Vorkommnis zu verhindern oder dessen Risiko zu minimieren.

Zusätzlich dazu muss der Hersteller gem. Art. 88 MP-VO Trendmeldungen machen.[281] Damit ist gemeint, dass jeder signifikante Anstieg der Häufigkeit oder des Schweregrades von nicht schwerwiegenden Vorkommnissen gemeldet werden muss, wenn diese Auswirkung auf die Nutzen-Risiko-Analyse haben können. Ob ein Anstieg signifikant ist, ergibt sich gem. Art. 88 Abs. 1 S. 2 MP-VO aus dem Vergleich von Häufigkeit oder Schwere solcher Ereignisse mit Blick auf das betreffende Produkt. Selbst wenn mit Art. 88 Abs. 1 S. 2 MP-VO eine gewisse Orientierungshilfe gegeben wird, ist der Begriff des „signifikanten Anstiegs" stark auslegungsbedürftig und beinhaltet damit einen gewissen Grad an Rechtsunsicherheit.[282] Diese Rechtsunsicherheit ist vor allem mit Blick auf das Ziel der MP-VO, einen einheitlichen Anwendungsrahmen in allen Mitgliedsstaaten zu schaffen, kritisch zu bewerten. Daher wird man in der Praxis ein erhebliches Maß an Konkretisierung vornehmen müssen.

Die Meldung dieser gerade beschriebenen Ereignisse erfolgt dann durch den Hersteller an die zuständigen Behörden mittels eines elektronischen Meldesystems, welches durch die Mitgliedsstaaten und die dort zuständigen Behörden eingerichtet wird.

Aus der Vigilanz ergibt sich nicht nur eine Meldepflicht, sondern zusätzlich eine Untersuchungspflicht des Herstellers. Im Rahmen dieser erfolgt eine Bewertung der Vorkommnisse und der Sicherheitskorrekturmaßnahmen.

2. behördenabhängige Überwachung

Auch wenn bei den bereits beschriebenen, vom Hersteller abhängigen Überwachungs- und Meldeverfahren eine Beteiligung der Behörden in gewissem Maße erfolgt, gibt es auch eine rein behördlich erfolgende Überwachung.

Dieses Verfahren ist die in den Art. 93 ff. MP-VO geregelte Marktüberwachung. Dafür sind in Deutschland nach § 85 Abs. 1 MPEUAnpG die jeweiligen Behörden der Bundesländer zuständig.

280 Vgl. Rehmann/Tillmanns E-Health-Hdb/*Rehmann* Kap. 2 Rn. 44.

281 Vgl. *Graf*, PharmR 2017, 317 (321); Rehmann/Tillmanns E-Health-Hdb/*Rehmann* Kap. 2 Rn. 44.

282 Geben auch Hill/Schmitt, WiKo, A V MDR Rz. 24 zu bedenken.

In diesem Verfahren wird gem. Art. 93 Abs. 1 MP-VO durch stichprobenartige Kontrolle die Übereinstimmung von Merkmalen und Leistungen der Produkte kontrolliert. Zu diesem Zweck können sowohl Unterlagen überprüft, als auch physische Kontrollen des Produktes oder Laboruntersuchungen durchgeführt werden.

Über diese Überwachungstätigkeiten sind im Vorhinein Jahrespläne durch die Behörde zu erstellen, und im Anschluss besteht eine Berichtspflicht über die einzelnen Kontrollen. Zusätzlich dazu hat die jeweilige Behörde auch eine Zusammenfassung aller Ergebnisse ihrer Kontrollen zu veröffentlichen.

Sollte bei der Kontrolle die Behörde zu dem Schluss kommen, dass eine Nonkonformität des Produktes gegeben ist, und ein unvertretbares Risiko für die öffentliche Gesundheit oder die Gesundheit und Sicherheit der mit dem Produkt in Berührung kommenden Personen vorliegt, kann die Behörde den Hersteller auffordern, diesen Zustand zu beseitigen. Dafür werden die erforderlichen Maßnahmen mit Blick auf den Wortlaut des Art. 95 Abs. 2 MP-VO durch die Behörde bestimmt.[283]

Sollte er dieser Aufforderung nicht nachkommen, kann die Behörde eigene Maßnahmen durchführen, dabei ist jedoch zu beachten, dass eine Meldung dieser Maßnahmen an die Mitgliedsstaaten der Europäischen Union sowie an die Kommission erfolgen muss. An dieser Stelle zeigt sich das Ziel eines gemeinsamen Vorgehens der Mitgliedsstaaten und der Versuch, ein einheitlichen europaweites Schutzniveau zu gewährleisten. Die Kommission nimmt ihrerseits eine Bewertung der Maßnahmen vor und kann mittels Durchführungsrechtsakt diese für gerechtfertigt oder ungerechtfertigt einstufen.[284]

Wird hingegen im Kontrollverfahren nur eine Nonkonformität festgestellt, verpflichten sich die Hersteller zur Beseitigung dieser innerhalb einer festgesetzten Frist. Auch hier kann die Behörde bei einer Untätigkeit des Herstellers eigene Maßnahmen erlassen, wobei sie in diesem Fall erneut die gerade beschriebene Meldepflicht trifft.

E. Fazit

Wie gezeigt wurde, ist das Medizinprodukterecht eine Rechtsmaterie, deren entscheidende Rechtsgrundlage die seit dem 26.05.2021 geltende MP-VO und damit eine sehr junge europäische Vorschrift ist.

283 Rehmann/Wagner/*Wagner* Art. 93 ff. MP-VO Rn. 205.
284 Rehmann/Wagner/*Wagner* Art. 93 ff. MP-VO Rn. 207.

Die zentralste Frage im Zusammenhang mit Wearables, Gesundheitsapps und mit ihnen im Zusammenhang stehenden Produkten wie Smartphones und Cloud-Anwendungen ist, ob sich diese Produkte überhaupt diesem neu geregelten Rechtsbereich unterwerfen müssen. Entscheidend ist, ob eine Einordnung als Medizinprodukt erfolgen kann. Komplikationen bereitet dabei die Vielzahl der denkbaren Einsatzfelder und Einsatzbereiche. Die Einordnung hängt in besonderem Maße an den vom Hersteller mit den Produkten verfolgten Zielen. So steht schließlich – anders als im Datenschutzrecht – der vom Medizinprodukterecht gewährte Schutz nicht zur Disposition des einzelnen Nutzers. Vielmehr liegt diese Dispositionsfähigkeit durch die Anknüpfung an die stark subjektiv geprägte Zweckbestimmung in einem nicht unerheblichen Maß beim Hersteller.[285] Unverkennbar ist der in einem gewissen Maß existierende Wunsch der Hersteller von Wearables und Gesundheitsapps, eine Kategorisierung als Medizinprodukt oder Zubehör zu vermeiden, auch wenn dies der eingangs dargestellten Überzeugung von *Tim Cook* zu widersprechen scheint.

Verkompliziert wird die Einordnung als Medizinprodukt durch die gegebene Nähe zum Bereich der Fitnessprodukte, aus welcher sich ein erheblicher „Graubereich" ergibt, den viele Hersteller – so scheint es zumindest – auszunutzen wissen. Im Ergebnis muss daher eine Analyse im Einzelfall erfolgen, ob dem jeweiligen Produkt eine medizinische Zweckbestimmung zuzuerkennen ist.

Für die Einordnung der Wearable-Hardware als Medizinprodukt kommt es somit insbesondere auf die Außendarstellung des Wearables an. So ist grundsätzlich vorstellbar, dass ein bestimmungsgemäßer Einsatz des Wearables im Rahmen der Diagnose, Verhütung, Überwachung, Vorhersage, Prognose, Behandlung oder Linderung von Krankheiten erfolgen soll. Sollte sich dies aus der Zweckbestimmung ergeben, sind auch oftmals verwendete Ausschlusserklärungen wie: „*Dies ist kein Medizinprodukt.*"[286] als gegenstandslos anzusehen.[287] Zudem bereitet der Einsatz im Behandlungskontext von Wearables, welche dem Fitnessbereich zuzuordnen sind, Probleme. Jedoch darf auch dieser tatsächliche Einsatz keine Auswirkung auf die Zweckbestimmung des Herstellers haben.[288] Ist dieser Einsatz jedoch in der Zweckbestimmung intendiert, liegt ein taugliches Medizinprodukt vor.

---

285 Vgl. oben S. 160 f.

286 Apple verwendet z. B. bei der aktuellen Apple Watch im Benutzerhandbuch die Formulierung: „Die Apple Watch ist kein medizinisches Gerät...".

287 Vgl. oben S. 165.

288 Vgl. oben S. 165.

Nur als Teil eines Medizinproduktes ist hingegen das Betriebssystem des Wearables anzusehen.

Das oftmals im Zusammenhang mit Wearables und Gesundheitsapps verwendete Smartphone wird regelmäßig mangels medizinischer Zweckbestimmung nicht als Medizinprodukt anzusehen sein.[289]

Für Gesundheitsapps ergibt sich ein ähnliches Bild wie für die Wearable-Hardware. Besonderes Augenmerk sollte für die Bestimmung des Zwecks auf die im jeweiligen App-Store enthaltenen Produktbeschreibungen sowie auf mögliche Werbematerialien gelegt werden. Zudem sollte die Software eine eigene spezifische Leistung in Hinblick auf den medizinischen Zweck erbringen.[290] Insbesondere Gesundheitsapps, die der ärztlichen Entscheidungsfindung dienen, werden demnach als Medizinprodukte anzusehen sein.[291]

Sollten Gesundheitsapps als Medizinprodukt qualifiziert werden, kann dies zudem Auswirkungen auf die Hardware, auf der sie installiert ist, haben. So kann bei Personenidentität der Hersteller der Produkte angenommen werden, dass eine die Medizinprodukteigenschaft verneinende Zweckbestimmung des Wearables im Widerspruch zur tatsächlich vorgesehenen Verwendung steht. Ein solcher Widerspruch geht zulasten des Herstellers, und das Wearable ist als Medizinprodukt zu qualifizieren.[292]

Bei Cloudanwendungen ist zwischen zwei Typen zu differenzieren.[293] Cloudanwendungen des Typs „IaaS" werden nicht selbst einem medizinischen Zweck dienen, vielmehr steht die Unterstützungsfunktion der als Medizinprodukt zu qualifizierenden Hardware im Mittelpunkt der Zweckbestimmung.

Hingegen gilt für eine Cloud-Anwendung des Typs „SaaS" bereits das zu Gesundheitsapp ausgeführte. So soll gem. ErwGr. 19 MP-VO die Qualifikation als Medizinprodukt unabhängig vom Einsatzort der Software erfolgen.[294]

Ebenfalls relevant kann die Einordnung als „Zubehör" i. S. d. Art. 2 Nr. 2 MP-VO sein, auf welche die gleichen Regeln anzuwenden wären wie auf Medizinprodukte. Wieder lässt sich hier keine einheitliche Einordnung vornehmen, jedoch sind erneut Szenarien denkbar, in denen eine solche Einordnung erfolgen

289 Vgl. oben S. 168 f.

290 Vgl. oben S. 171; Software-Leitlinie, *MDCG* 2019-11, S. 8 f.; *BfArM*, Orientierungshilfe Medical Apps S. 2.

291 Vgl. oben S. 173 f.

292 Vgl. oben S. 174 ff.

293 Vgl. oben S. 176 f.

294 Vgl. oben S. 178.

kann.[295] Entscheidend kommt es dabei auf den in der Zweckbestimmung verankerten Verwendungszusammenhang mit einer Ermöglichungs- und Unterstützungsfunktion an.[296] Wearables können eine solche Funktion insbesondere in Hinblick auf Gesundheitsapps aufweisen. Das Betriebssystem des Wearables hingegen kann als Teil eines Medizinproduktes nicht als Zubehör qualifiziert werden.

Für Gesundheitsapps hingegen kann ein Verwendungszusammenhang angenommen werden, problematischer ist die Ermöglichungs- und Unterstützungsfunktion in Bezug auf die medizinische Zweckbestimmung eines Medizinprodukts. Diese kann aber z. B. dann bejaht werden, wenn durch die App eine Speicherung der durch das Wearable erhobenen Daten und Analysen erfolgt, und auf diese Weise ein späterer Zugriff auf die Daten möglich wird.

Für Cloud-Anwendungen des Typs „IaaS" stehen ohnehin der Verwendungszusammenhang und eine Ermöglichungsfunktion, insbesondere beim Ausgleich von technischen Limitierungen im Vordergrund.[297] Cloud-Anwendungen des Typs „SaaS" können ähnlich wie Apps nur teilweise als Zubehör anzusehen sein.

Für die als Medizinprodukt zu qualifizierenden Produkte muss im Anschluss eine Klassifizierung in die Risikoklassen des Medizinprodukterechts erfolgen. Diese ist von der jeweiligen Zweckbestimmung und damit dem jeweiligen Einsatzfeld des Produktes abhängig.[298] Wearables selbst werden zumeist als „aktive Produkte" i. S. d. Art. 2 Nr. 6 MP-VO anzusehen sein.[299] Für derartige Produkte richtet sich die Klassifizierung nach den Regeln 9 -13 Anhang VIII der MP-VO.[300] Ein Großteil der als Medizinprodukte zu qualifizierenden Wearables werden als „aktive Produkte zu Diagnose- und Überwachungszwecken" i. S. d. Regel 10 Anhang VIII der MP-VO anzusehen sein.[301] Im Ergebnis kann daher zumeist eine Klassifizierung in Risikoklasse IIa erfolgen. Für Gesundheitsapps greift Regel 11 Anhang VIII der MP-VO.[302] Im Wearable Zusammenhang wird die Zweckbestimmung dieser Apps zumeist auf die „Kontrolle physiologischer Parameter" fokussiert sein.[303] Demnach erscheint insbesondere eine

295 Vgl. oben S. 178 ff.
296 Vgl. oben S. 179.
297 Vgl. oben S. 183 f.
298 Vgl. oben S. 185 ff.
299 Vgl. oben S. 186 f.
300 Vgl. oben S. 187.
301 Vgl. oben S. 187.
302 Vgl. oben S. 189 ff.
303 Vgl. oben S. 192.

Klassifizierung in die Risikoklassen IIa und IIb wahrscheinlich. Die gleiche Klassifizierung greift für Cloud-Anwendungen des Typs „SaaS".[304] Eine Cloud des Typs „IaaS" wird hingegen mangels einschlägiger anderer Regeln nach Regel 1 Anhang VIII der MP-VO in Risikoklasse I zu klassifizieren sein.[305]

Nach der Klassifizierung richtet sich dann die konkrete Ausgestaltung des notwendigerweise zu durchlaufende Konformitätsbewertungsverfahrens.[306]

Wearables und Gesundheitsapps müssen nach Abschluss des Konformitätsbewertungsverfahren mit der nötigen Kennzeichnung versehen werden. Die anzubringende CE-Kennzeichnung dokumentiert die Konformität des Produktes mit den jeweiligen gesetzlichen Bestimmungen.[307] Die UDI dient der dauerhaften Rückverfolgbarkeit von Medizinprodukten.[308] Für die Anbringung beider Kennzeichnungen auf einem Wearable ergeben sich keine Schwierigkeiten.

Mangels Verkörperung ist die Kennzeichnung von Software problematisch. So existieren keine Regelungen zur Kennzeichnung von nichtverkörperten Produkten. Einerseits denkbar ist die Integration der Kennzeichnung in die Software selbst. So kann die Kennzeichnung im „Splash-Screen" angezeigt sein oder im „About"-Dialog der App.[309] Anderseits denkbar wäre eine Kennzeichnung analog zu der auf der Verpackung eines verkörperten Produktes in der jeweiligen Vertriebsplattform der App.[310]

Neben der Kennzeichnungspflicht besteht gem. Art. 10 Abs. 11 MP-VO i. V. m. Anhang I Abs. 23 MP-VO eine Pflicht zur Beifügung einer Gebrauchsanweisung.[311] Dieser Beifügungspflicht kann bei Wearables als verkörperte Produkte erneut ohne große Hürden nachgekommen werden.[312] Schwieriger ist dies bei Softwareanwendungen. Insbesondere da bisher eine rein technische Beifügung ausgeschlossen zu sein scheint. So greift bei der Anwendung durch einen Laien insbesondere nicht die Ausnahme aus nach Art. 3 Abs. 2 VO (EU) Nr. 207/2012.[313] Anbieten würde sich auch hier die Integration einer elektronischen Gebrauchsanweisung in der jeweiligen Vertriebsplattform der App.[314]

---

304 Vgl. oben S. 194.
305 Vgl. oben S. 194 f.
306 Vgl. dazu S. 195 ff.
307 Vgl. oben S. 201.
308 Vgl. oben S. 204.
309 Vgl. oben S. 202 und S. 206.
310 Vgl. oben S. 203 und S.206.
311 Vgl. oben S. 207 ff.
312 Vgl. oben S. 208 f.
313 Vgl. oben S. 209.
314 Vgl. oben S. 210 f.

Zusätzlich sind die durch die MP-VO statuierten umfassenden Vorgaben für die Überwachung der inverkehrgebrachten Produkte durch die Hersteller zu beachten.[315]

In diesem dargestellten Rechtsgefüge, welches das Ziel verfolgt, ein hohes Patientenschutzniveau zu sichern und gleichzeitig innovationsfördernd zu sein, müssen sich Hersteller und Entwickler den beschriebenen Herausforderungen stellen. Fraglich bleibt aber, ob innerhalb dieses rechtlichen Rahmens Technologiegroßkonzerne und Start-Ups sowie alteingesessene Medizinproduktehersteller der Medizinbranche bahnbrechende digitale Fortschritte und damit neue medizinische „Meilensteine" liefern können, wie seinerzeit *Riva-Rocci, Korotkoff* und *Einthoven.*

315 Vgl. oben S. 210 ff.

Kapitel III: Sozial- und Versicherungsrecht

A. Grundlagen

I. Einführung

> *„Wir werden das erste Land auf der Welt sein, in dem die gesetzlichen Kassen das Ganze finanzieren, wenn es einen Mehrwert gibt. Wir zeigen damit für viele, viele andere, wie man es machen kann. Und ja, das ist auch ein Stück Neuland."*[1]

Am 07. November 2019 bezieht der damalige Gesundheitsminister *Jens Spahn* zum Digitale-Versorgung-Gesetz[2] Stellung, durch welches unter anderem die Ersatzfähigkeit von sogenannten „Digitalen Gesundheitsanwendungen" eingeführt wurde.

Dabei ist das DVG als Ausprägung der voranschreitenden Digitalisierung im Gesundheitswesen anzusehen, welche ausweislich des Rahmenplans 2019-2022 des Bundesgesundheitsministeriums auch im Blickpunkt des Gesetzgebers angelangt ist.[3] Gleichzeitig drängt die Digitalisierung damit in den ältesten Zweig der Sozialversicherung, der schließlich seine Geburtsstunde am 15. Juni 1883 unter dem damaligen Reichskanzler *Otto von Bismarck* feierte.

Dabei wird das DVG wohl vor allem ein Zwischenschritt sein. So ergibt sich aus dem Rahmenplan das Ziel des Bundesministeriums für Gesundheit, auch die richtigen Rahmenbedingungen für einen schnellen Weg von Innovationen in die gesetzliche Krankenversicherung schaffen zu wollen. Einer der Bausteine ist, das Vertrauen der Bürger in digitale Produkte zu stärken und die Bezahlung derartiger Technologien durch die Versicherungen zu ermöglichen.[4] Es stellt sich jedoch die Frage, wie dieser rechtliche Rahmen ausgestaltet sein soll und unter welchen Voraussetzungen die ca. 73 Millionen gesetzlich Versicherten die digitalen Möglichkeiten nutzen können.[5]

---

1 Damaliger Gesundheitsminister Jens Spahn am 07.11.2019 zum DVG, Plenarprotokoll 19/124 S. 15371.

2 Im Folgenden DVG.

3 Vgl. *Bundesministerium für Gesundheit*, Rahmenplan Ressortforschung 2019-2022 S. 10 ff.

4 Vgl. *Bundesministerium für Gesundheit*, Rahmenplan Ressortforschung 2019-2022 S. 12.

5 *Bundesministerium für Gesundheit*, https://www.bundesgesundheitsministerium.de/themen/krankenversicherung/grundprinzipien/geschichte.html.

Bei dieser Betrachtung dürfen die Mitglieder der privaten Krankenversicherung und damit das Versicherungsrecht nicht unberücksichtigt bleiben. Auch hier stellt sich, wenn auch aus einem ganz anderen Blickwinkel, die Frage nach der Nutzungsmöglichkeit digitaler Technologien im Zusammenhang mit ihrer Gesundheit.

Als Felder, in denen die Digitalisierung in beiden Versicherungsformen eine tragende Rolle spielt, können insbesondere die Behandlung von Krankheiten und die Prävention ausgemacht werden. Folglich gilt es die Bedingungen darzustellen, unter denen Wearables und Gesundheitsapps in diesen Feldern von den Versicherten beider Versicherungszweige in Anspruch genommen werden können. Dies führt vor allem zu der Frage der Ersatzfähigkeit der von *Spahn* erwähnten „digitalen Gesundheitsanwendungen".

Bei der Betrachtung gilt es, die mit der Digitalisierung verbundenen Potenziale im Auge zu behalten. Die fortschreitende Digitalisierung innerhalb der Krankenversorgung zeigt zum Beispiel einen potenziellen Lösungsweg für die Kostensteigerung, welche im Zusammenhang mit dem demografischen Wandel steht. Zusätzlich ermöglicht sie auch älteren Menschen einen besseren Zugang zur ärztlichen Versorgung und schafft eine erhöhte Autonomie des Einzelnen.[6]

Dennoch sollte man nicht den Blick auf potenzielle Risiken verlieren. So sind beispielsweise Erwägungen des Datenschutzes, welche im Zusammenspiel aus Krankenversicherung, Apps und Produkten des „IoT" eine Rolle spielen, zu berücksichtigen. Gleichzeitig entstehen Versicherungstarife oder Programme, welche das, die gesetzliche Krankenversicherung tragende Solidaritätsprinzip in Gefahr bringen. Aber auch der Einsatz von Produkten in der privaten Krankenversicherung erscheint nicht ganz ohne Schwierigkeiten.

Damit bietet der nun für die Krankenkassen bereitete Weg ins von *Spahn* beschworene „Neuland" zahlreiche Komplikationen und zu überwindende Hürden.

Es wird zu zeigen sein, wie dieses „Neuland" konkret ausgestaltet ist.

II. Rechtsgrundlagen des Sozial- und Versicherungsrechts

Bevor der Blick auf die Herausforderungen im Sozial- und Versicherungsrecht fällt, gilt es auch hier zunächst die Rechtsgrundlagen darzustellen. Dabei kommt

6 Vgl. dazu Achter Altersbericht „Ältere Menschen und Digitalisierung", BT-Drs. 19/21650 S. 87 ff.

in besonderem Maße, wie bereits angedeutet, der in Deutschland vorherrschende Dualismus im Krankenversicherungssystem zum Tragen.[7]

1. gesetzliche Krankenversicherung

Der rechtliche Rahmen der gesetzlichen Krankenversicherungen fußt heute überwiegend auf dem SGB V. Diese Rechtsgrundlage trat am 01.01.1989 in Kraft.[8] Diese einfachgesetzliche Grundlage wird zudem vom Verfassungsrecht getragen, wobei das GG selbst keine direkten Aussagen zur gesetzlichen Krankenversicherung enthält.[9] Vielmehr ist einer Reihe von unterschiedlichen Normen und Prinzipien eine Rolle beziehungsweise eine beeinflussende Wirkung zuzuerkennen.[10] Dies zeigt sich auch in der Rechtsprechung des BVerfG und des BSG.[11]

Zu diesem Geflecht aus verfassungsrechtlichen Einflüssen und einfachgesetzlichen Grundlagen gesellen sich eine ganze Reihe von untergesetzlichen Normen.

So enthält das SGB V an vielen Stellen Ermächtigungen zum Erlass von Rechtsverordnungen.[12] Aber auch die Satzungen der Krankenkassen spielen eine gewichtige Rolle.[13]

Anders als in den bisherig dargestellten Rechtsgebieten, hat das Europarecht eine sehr überschaubare Einflussmöglichkeit auf das Sozialrecht.

Zwar enthält das Primärrecht der Union Vorschriften mit einer Wirkung auf das Sozialrecht, jedoch geht es insbesondere um die grenzüberschreitende Inanspruchnahme von Leistungen aus dem heimischen Sozialversicherungssystem.[14] Darüber hinaus hat die Europäische Union zwar nach Art. 168 AEUV das Ziel, einen Beitrag zu einem hohen Gesundheitsschutzniveau zu erbringen, wobei

---

7 Vgl. dazu auch Krankenversicherungsrecht/*Sodan* §1 Rn.1; BVerfG spricht von „zwei Versicherungssäulen", BVerfG 123,186 = NJW 2009, 2033 Rn. 175.

8 Vgl. KassKomm/*Peters,* Vorb. zum SGB V Rn. 5; KKW/*Waltermann* Einl. SGB V Rn. 2.

9 KassKomm/*Peters,* Vorb. zum SGB V Rn. 17.

10 Vgl. Krankenversicherungsrecht/*Sodan* § 2 Rn. 1 ff.; KassKomm/*Peters,* Vorb. zum SGB V Rn. 17; KKW/*Waltermann* Einl. SGB V Rn. 5 ff.

11 Vgl. Krankenversicherungsrecht/*Sodan* § 2 Rn. 1 ff.; KassKomm/*Peters,* Vorb. zum SGB V Rn. 17; KKW/*Waltermann* Einl. SGB V Rn. 5 ff.

12 Beispielhaft hierfür steht die Digitale Gesundheitsanwendungen-Verordnung (DiGAV), für die die Verordnungsermächtigung durch Art. 1 Nr. 23 DVG in die §§ 134 Abs. 3 S. 17; 139e Abs. 7- 9 SGB V eingefügt wurde.

13 KassKomm/*Peters,* Vorb. zum SGB V Rn. 19;

14 KKW/*Waltermann* Einl. SGB V Rn. 12.

dieser in der Verbesserung des öffentlichen Gesundheitswesens liegen kann, jedoch ist ausweislich des Art. 168 Abs. 7 AEUV auch die mitgliedsstaatliche Verantwortung für die Festlegung der Gesundheitspolitik sowie die Organisation des jeweiligen Gesundheitswesens gewahrt.[15] In concreto heißt das vor allem, dass es keine Regelungskompetenz der Union in Bezug auf die jeweiligen sozialen Versicherungssysteme gibt.

2. *private Krankenversicherung*

Für die private Krankenversicherung fehlte es lange Zeit an einer eigenständigen Regelung im Versicherungsvertragsgesetz[16]. Dennoch war der Rahmen des VVG bereits einschlägig.[17] Seit dem 01.01.2008 ist auch ein besonderer Teil zu Krankenversicherungen in das VVG eingefügt.[18] Dabei greifen neben den §§ 192 ff. VVG auch die Vorschriften aus dem allgemeinen Teil des VVG.[19] Zusätzlich spielen das Versicherungsaufsichtsgesetz[20] sowie allgemeine Versicherungsbedingungen eine maßgebliche Rolle.[21] Letztere orientieren sich an den von dem Verband der privaten Krankenversicherungen ausgegebenen Musterbedingungen, wie zum Beispiel den Musterbedingungen 2009 für die Krankheitskosten- und Krankenhaustagegeldversicherung[22].[23]

Neben diesen speziellen Vorgaben aus dem VVG und dem VAG kann auch das BGB eine Rolle spielen, denn es handelt sich in dem Verhältnis zwischen Versicherungsnehmer und Versicherungsgeber um einen privatrechtlichen Vertrag.[24] Außerdem befasst sich stellenweise auch das SGB V mit der Regelungsmaterie der privaten Krankenversicherung, schließlich existieren Schnittstellen, an denen dann eine Regelung als zielführend anzusehen ist.[25] Auch in diesem Kontext ist erneut das Verfassungsrecht zu beachten. Entscheidend ist, dass die

15 KKW/*Waltermann* Einl. SGB V Rn. 11.

16 Im Folgenden VVG.

17 Bach/Moser/*Rudolph* Teil A, Rn. 1.

18 Bach/Moser/*Rudolph* Teil A, Rn. 1.

19 Bach/Moser/*Rudolph* Teil A, Rn. 4.

20 Im Folgenden VAG.

21 Bach/Moser/*Rudolph* Teil A, Rn. 1; auch bereits historisch als keine eigene Regelung bestand, vgl. hierzu Krankenversicherungsrecht/*Kalis* § 42 Rn. 7.

22 Im Folgenden MB/KK 2009.

23 Spickhoff/*Eichelberger* Vorb. VVG Rn. 6.

24 Krankenversicherungsrecht/*Kalis* § 42 Rn. 7.

25 MüKoVVG/*Boetius* Vorb. §§ 192 - 208, Rn. 467.

privaten Krankenkassen, anders als die gesetzlichen Krankenkassen, grundrechtsberechtigt und nicht grundrechtsgebunden sind.[26]

Anders als im Recht der gesetzlichen Krankenversicherungen hat wiederum das Europarecht eine einflussreiche Rolle. So fußen die Änderungen im VVG auf den Vorgängerregelungen zur Solvency II-Richtlinie der Union.[27] Damit kann im Wege der Auslegung das Unionsrecht mit Berücksichtigung finden.

III. Datenschutz im Sozialrecht

Neben den Fragen des Sozial- und Versicherungsrechts kommt auch in diesem Kapitel immer wieder das Datenschutzrecht zum Tragen. Wie bereits angedeutet, ergibt sich aus dem Zusammenspiel des Datenschutzrechts und des Sozialrechts eine hohe Regelungskomplexität.[28] So sind im Bereich des Sozialrechts neben der DSGVO und dem BDSG eigenständige Regelungen zu beachten. Der Sozialdatenschutz ist dabei seinerseits vielschichtig. So finden sich mit der Vorschrift zum Sozialgeheimnis in § 35 SGB I, den Vorschriften zum Sozialdatenschutz aus dem SGB X (§§ 67- 85a SGB X) und den ergänzenden Vorschriften aus den jeweiligen Sozialgesetzbüchern – im Bereich der Krankenversicherungen, namentlich die §§ 284 ff. SGB V – eine ganze Reihe an Vorschriften.[29]

Insbesondere stellt sich die Frage, in welchem Verhältnis diese Vorschriften untereinander stehen. Wie sich aus § 37 S. 1 SGB I und § 284 Abs. 1 S. 1 SGB V ergibt, wird man die Vorschriften der §§ 284 ff. SGB V als *leges speciales* ansehen können, und daher kommen die Vorschriften des SGB X nur insoweit zur Anwendung, als eine Öffnung des SGB V dies zulässt.[30] Damit der Anwendungsbereich des Sozialdatenschutzrechts eröffnet ist, müsste es sich bei den hier anzusprechenden Daten um „Sozialdaten" handeln.[31] Gem. § 67 Abs. 2 S. 1 SGB X sind unter diesem Begriff personenbezogene Daten i. S. d. Art. 4 Nr. 1 DSGVO zu verstehen, welche von einer der in § 35 SGB I genannten Stellen

26 Krankenversicherungsrecht/*Sodan* § 1 Rn. 15f.; BVerfG, Urt. v. 09.04.1975 – 2 BvR 879/73, BVerfGE 39, 302 (312).

27 MüKoVVG/*Boetius* Vorb. §§ 192 - 208, Rn. 26.

28 Siehe o. S. 116.

29 Vgl. Übersicht Sozialrecht/*Shagdar* S. 670 Rn. 36; *Buchner*, Datenschutz im Gesundheitswesen Kap. A. 2.2.1 S. 34.

30 NK-GesundhR/*Schäfer* Vor. §§ 284 ff. SGB V Rn. 17; KassKomm/*Leopold* § 284 SGB V Rn. 7; *Brönneke/Kipker*, GesR 2015, 211 (215); *Buchner*, Datenschutz im Gesundheitswesen Kap. A. 2.2.1 S. 34.

31 KassKomm/*Leopold* § 67 SGB X Rn. 38.

verarbeitet werden.[32] Neben einem fachlichen Bezug zu einer der in § 35 Abs. 1 SGB I genannten Stelle muss die Verarbeitung zusätzlich zum Zweck der sozialrechtlichen Aufgabenerfüllung erfolgen. Für die Bestimmung dieses Zwecks ist auf den objektiven Zweck des Handelns abzustellen.[33]

Wie bereits mehrfach angedeutet, sind im Themenbereich Wearables und Gesundheitsapps viele verschiedene Akteure zu berücksichtigen.[34] Trotz der Vielzahl der Akteure sind nur die gesetzlichen Krankenversicherungen beziehungsweise die einzelnen Versicherungsträger taugliche „Stellen" i. S. d. § 35 Abs. 1 SGB I. Folglich kommen die besonderen Regelungen des Sozialdatenschutzes lediglich dann zum Tragen, wenn eine Verarbeitung durch die gesetzlichen Krankenversicherungen zum Zweck der sozialrechtlichen Aufgabenerfüllung erfolgt. Sollte dies im konkreten Fall gegeben sein, ergibt sich daraus, dass eine Verarbeitung dieser Daten auf eine Ermächtigungsgrundlage aus dem SGB V gestützt werden kann.

Es wird somit im Folgenden zu zeigen sein, ob in den konkreten Anwendungsfällen von Wearables und Gesundheitsapps eine Datenverarbeitung durch die gesetzlichen Krankenversicherungen erfolgt. Sollten die durch Wearables und Gesundheitsapps erhobenen Daten von dieser Datenverarbeitung nicht betroffen sein, spielt das SGB V keine Rolle. Zusätzlich gilt es, mögliche datenschutzrechtliche Anforderungen an die Produktklassen, welche aus dem Sozialrecht erwachsen zu berücksichtigen.

B. Einsatz im Versorgungsbereich

Die erste Frage, welche sich im Zusammenhang mit Wearables und Gesundheitsapps aufdrängt, ist, wie und unter welchen Voraussetzungen ein Einsatz im Versorgungsbereich, insbesondere verbunden mit einer Kostenübernahme durch die jeweilige Versicherungsform möglich erscheint. Dabei muss zwischen verschiedenen Versorgungssektoren unterschieden werden. So ist einerseits die stationäre und anderseits die ambulante Versorgung näher zu untersuchen.

Eine Differenzierung dieser beiden Bereiche ist aufgrund der unterschiedlichen Abrechnungs- und Vergütungsmodalitäten geboten, außerdem weisen die beiden Bereiche, wie noch zu zeigen sein wird, eine unterschiedliche Innovationsgeschwindigkeit auf.

---

32 BeckOK-SozR/*Westphal* § 67 SGB X Rn. 5; KassKomm/*Leopold* § 67 SGB X Rn. 39.
33 KassKomm/*Leopold* § 67 SGB X Rn. 41.
34 Siehe o. S. 64 ff.

I. stationäre Versorgung

Die „stationäre Versorgung" erfolgt unter der Aufnahme des Patienten für eine gewisse Aufenthaltsdauer in einem Krankenhaus.

Fraglich ist einerseits, ob ein Leistungsanspruch des Versicherten auf ein Wearable bzw. eine App im Rahmen der stationären Versorgung besteht und anderseits, ob ein Vergütungsanspruch des Krankenhauses gegen die Krankenkasse besteht.

1. gesetzliche Krankenversicherung

a. Leistungsanspruch

Ein Anspruch auf eine stationäre Behandlung des Versicherten ergibt sich aus §§ 27 Abs. 1 Nr. 5; 39 Abs. 1 SGB V.[35] Danach besteht ein Anspruch der versicherten Person auf eine Versorgung in einem gem. § 108 SGB V zugelassenen Krankenhaus, wenn eine stationäre Behandlung gem. § 39 Abs. 1 S. 3 SGB V als erforderlich anzusehen ist.[36] Zudem müssen auch die allgemeinen leistungsrechtlichen Voraussetzungen, wie beispielsweise das Vorliegen einer behandlungsbedürftigen Krankheit i. S. d § 27 Abs. 1 S. 1 SGB V[37] zu bejahen sein.[38]

Sollten die Voraussetzungen gegeben sein, stellt sich die Frage der genauen Reichweite des Leistungsanspruches. Im Mittelpunkt des Anspruches stehen unterschiedliche Untersuchungs- und Behandlungsmethoden. Von einem Vorliegen von Untersuchungs- und Behandlungsmethode ist bei einer medizinischen Vorgehensweise, die auf einem eigenen theoretisch wissenschaftlichen Konzept fußt, auszugehen, wobei dieses sie von anderen Verfahren unterscheidet.[39] Gleichzeitig rechtfertigt dies die systematische Anwendung in der Behandlung bestimmter Krankheiten.[40] Dabei kann sich eine solche Methode

---

35 Vgl. KassKomm/*Gamperl*, § 39 SGB V Rn. 32; KKW/*Joussen* § 39 SGB V Rn. 2; Becker/Kingreen/*Becker* § 39 SGB V Rn. 21.

36 Vgl. KassKomm/*Gamperl*, § 39 SGB V Rn. 75; Anhalt/Dieners/*Stallberg/Winkler* § 32 Rn. 14 f.

37 Vgl. zum Begriff der „behandlungsbedürftigen Krankheit" z. B. BSG, Urt. v. 11.5.2017, B 3 KR 30/15 R, NZS 2018, 772 (774).

38 Vgl. KassKomm/*Gamperl*, § 39 SGB V Rn. 33; Becker/Kingreen/*Becker* § 39 SGB V Rn. 22.

39 Vgl. BSG, Urt. v. 08.07.2015 – B 3 KR 6/14 R, NZS 2015, 860 (862); BSG, Urt. v. 23.07.1998 – B 1 KR 18/96 R, BSGE 82, 233 (237).

40 Vgl. BSG, Urt. v. 08.07.2015 – B 3 KR 6/14 R NZS 2015, 860 (862); BSG, Urt. v. 23.07.1998 – B 1 KR 18/96 R, BSGE 82, 233 (237).

aus verschiedenen Einzelleistungen zusammensetzen.[41] Einzelleistungen können z. B. im Einsatz eines Wearables oder einer Gesundheitsapp erblickt werden. Somit können sie Teil einer Behandlungsmethode sein. Es ist aber auch denkbar, dass der Einsatz selbst als Methode zu qualifizieren ist. Eine genaue Abgrenzung kann damit dahinstehen.

Der Einsatz dieser Methoden müsste im Einzelfall vom Leistungsumfang erfasst sein. Grundsätzlich gelten für die Bestimmung des jeweiligen Leistungsumfanges die allgemeinen Vorschriften, wie das sich aus §§ 2 Abs. 1; 12 Abs. 1 SGB V ergebende Wirtschaftlichkeitsgebot oder das Qualitätsgebot gem. § 2 Abs. 1 S. 3 SGB V.[42] Somit sind grundsätzlich Untersuchungs- und Behandlungsmethoden vom Anspruch umfasst, die dem allgemein anerkannten Stand der medizinischen Erkenntnisse unter Berücksichtigung des medizinischen Fortschritts entsprechen.[43]

Wie sich zudem aus § 39 Abs. 1 S. 1 Hs. 2 SGB V ergibt, umfasst der Anspruch auch solche Untersuchungs- und Behandlungsmethoden, zu denen der *Gemeinsame Bundesausschuss*[44] noch keine Entscheidung i. S. d. § 137c Abs. 1 SGB V getroffen hat und die das Potential einer erforderlichen Behandlungsalternative bieten.[45] Ein solches Potential soll eine Methode dann aufweisen, wenn sie invasivere, aufwändigere und nicht erfolgreiche Methoden ersetzt, sie mit weniger Nebenwirkungen verbunden ist oder eine Optimierung der Behandlung darstellt.[46] Hingegen kann einer Methode das nötige Potential insbesondere dann abgesprochen werden, wenn sie nachweislich schädlich oder unwirksam ist.[47] Die Anknüpfung an das Merkmal des „Potentials" einer Methode bedeutet eine Modifikation der üblichen Qualitätsanforderung für den stationären Bereich.[48]

Gleichzeitig heißt dies, dass neue Untersuchungs- und Behandlungsmethoden, grundsätzlich zum Leistungskatalog der gesetzlichen Krankenversicherung im stationären Bereich zuzuordnen sind, wenn das notwendige Potential gegeben ist.[49] Es besteht lediglich die Möglichkeit eines nachträglichen Ausschlusses

---

41 BSG, Urt. v. 08.07.2015 – B 3 KR 6/14 R, NZS 2015, 860 (862).

42 Anhalt/Dieners/*Stallberg/Winkler* § 32 Rn. 16 ff.

43 KassKomm/*Gamperl,* § 39 SGB V Rn. 88.

44 Im Folgenden G-BA.

45 Anhalt/Dieners/*Stallberg/Winkler* § 32 Rn. 56.

46 BT-Drs. 17/6906 S. 87.

47 BT-Drs. 17/6906 S. 87; KassKomm/*Roters,* § 137c SGB V Rn. 6; Becker/Kingreen/*Becker* § 137c SGB V Rn. 5.

48 Anhalt/Dieners/*Stallberg/Winkler* § 32 Rn. 57.

49 Anhalt/Dieners/*Stallberg/Winkler* § 32 Rn. 72.

einer Methode aus dem Leistungskatalog.[50] Dafür müsste die Methodenbewertung des G-BA zu dem Ergebnis kommen, dass der Nutzen der Methode nicht hinreichend belegt ist und diese auch nicht das Potential einer Behandlungsalternative bietet.[51] Das Verfahren der Methodenbewertung ist als Antragsverfahren ausgestaltet und antragsbefugt sind der *Spitzenverband Bund der Krankenkassen*, die *Deutsche Krankenhausgesellschaft*, der *Bundesverband der Krankenhausträger* sowie anerkannte Patientenvertretungsorganisationen und unparteiische Mitglieder des G-BA.[52] Rechtsdogmatisch liegt somit für die Erbringung von Untersuchungs- und Behandlungsmethoden im stationären Bereich gem. § 135c Abs. 1 SGB V eine Erlaubnis mit Verbotsvorbehalt vor.[53] Hieraus lässt sich eine gewisse Offenheit des stationären Sektors für Innovationen erkennen.[54] Beachtlich ist jedoch, dass die Anwendung der jeweiligen Methode gem. § 137c Abs. 3 S. 1 SGB V den Regeln der ärztlichen Kunst entsprechen muss.[55] Die Anwendung muss daher medizinisch notwendig sein und unter Einhaltung der erforderlichen ärztlichen Sorgfalts- und Behandlungspflichten erfolgen.[56] Somit umfasst der Leistungsanspruch des Versicherten Untersuchungs- und Behandlungsmethoden, welche im Zusammenhang mit Wearables und Apps stehen, soweit diese Methoden zumindest das Potential einer erforderlichen Behandlungsalternative aufweisen, sie nicht durch den G-BA ausgeschlossen wurden und die Anwendung nach den Regeln der ärztlichen Kunst erfolgt.

b. Vergütungsanspruch

Neben dem Leistungsanspruch müsste auch ein Vergütungsanspruch des Krankenhauses gegen die Krankenkasse bestehen. Die Höhe der jeweiligen Vergütung und der konkrete Vergütungsgegenstand ergeben sich aus den konkreten Abrechnungsvarianten.

---

50 Fischer/Krämer eHealthD/*Leppert/Greiner* S. 107.

51 Anhalt/Dieners/*Stallberg/Winkler* § 32 Rn. 73.

52 Anhalt/Dieners/*Stallberg/Winkler* § 32 Rn. 73; KassKomm/*Roters,* § 137c SGB V Rn. 12;
Becker/Kingreen/*Becker* § 137c SGB V Rn. 6.

53 KassKomm/*Roters,* § 137c SGB V Rn. 2; *Vollmöller,* NZS 2012, 921 (922); Anhalt/Dieners/*Stallberg/Winkler* § 32 Rn. 72; *Felix,* MedR 2016, 93 (93).

54 *Scheller-Kreinsen* et. al., Value in Health 2011 (1166).

55 Anhalt/Dieners/*Stallberg/Winkler* § 32 Rn. 70 f.; KassKomm/*Roters,* § 137c SGB V Rn. 19.

56 Anhalt/Dieners/*Stallberg/Winkler* § 32 Rn. 71.

aa. Diagnosebezogene Fallpauschalen

Die grundsätzliche Abrechnung von stationär erbrachten Leistungen erfolgt über sog. diagnosebezogene Fallpauschalen[57]. Dabei greift diese Vergütung nur für allgemeine Krankenhausleistungen und damit gerade nicht für unter § 17 KHEntG fallende Wahlleistungen.[58]

Das auf DRG basierende System ist ein vergleichsweise junges System.[59] Man wird dieses als äußerst umfangreich und komplex einordnen können, insbesondere mit Blick auf Budgetregelungen, zahlreichen Zu- und Abschlägen und anderen Sondervergütungen. Allerdings lässt es sich für die hier zu beantwortende Frage der Möglichkeit der Finanzierung von Wearables und Gesundheitsapps vereinfacht darstellen.

Grundlage des Systems bildet zunächst der sog. „Fallpauschalenkatalog", welcher gem. § 17b Abs. 2 KHG, § 9 Abs. 1 Nr. 1 KHEntG jährlich in aktualisierter Form durch die gesetzlichen Krankenversicherungen, die privaten Krankenversicherungen und die deutsche Krankenhausgesellschaft vereinbart wird.[60] Dabei basieren die Anpassungen des Katalogs auf den Empfehlungen des *Instituts für das Entgeltsystem im Krankenhaus*[61], welches von den Vertragsparteien mit der Pflege und Weiterentwicklung des Abrechnungssystems betraut wurde.[62] In diesem Katalog wird festgelegt, für welche Fallgruppe welche Fallpauschale abgerechnet wird.[63] Die Zuordnung eines Behandlungsfalles zu einer bestimmten Fallpauschale des DRG-Katalogs nimmt ein durch das *InEK* lizenziertes Programm automatisch vor.[64] Der Katalog gibt keinen Euro-Betrag an, sondern es wird vielmehr eine Bewertungsrelation zum Basiswert, welcher 1,0 beträgt, angegeben.[65] Damit wird also das relative Kostengewicht einer Fallgruppe deutlich.[66]

---

57 „Diagnoses Related Groups", im Folgenden DRG; Diese Form der Abrechnung findet jedoch nur in sog. DRG-Krankenhäusern statt. Im Ergebnis sind dies Krankenhäuser, die nicht unter § 3 KHG fallen oder auch nicht nach § 20 KHG und § 1 KHEntG von der Anwendung ausgenommen sind.

58 *Chandna-Hoppe*, NZS 2020, 81 (82).

59 Zur Entwicklung des DRG Systems vgl. umfassend *Simon,* in: Dieterich et al., Geld im Krankenhaus S. 4 ff.

60 *Chandna-Hoppe,* NZS 2020, 81 (83); Krankenversicherungsrecht/*Kuhla/Bedau* § 25 Rn. 85.

61 Im Folgenden InEK.

62 Krankenversicherungsrecht/*Kuhla/Bedau* § 25 Rn. 86a.

63 Dieterich et al., Geld im Krankenhaus/*Simon* S. 13.

64 Krankenversicherungsrecht/*Kuhla/Bedau* § 25 Rn. 87.

65 *Simon,* ebd.

66 *Simon,* ebd.

Insbesondere Art und Schwere des Eingriffs bzw. der Behandlung spielen bei dieser Bewertung eine erhebliche Rolle.[67] Diese Bewertungsrelation wird anhand der Ist-Kosten für die jeweilige Behandlung bei 250 Stichprobenkrankenhäusern jährlich neu bemessen.[68] Bei der Feststellung der Höhe der Ist-Kosten wird nicht nach Kostenpunkten differenziert, es sind hier sowohl Personal- als auch Sachkosten, die sich aus der Umrechnung der Gesamtkosten ergeben, enthalten.[69] Die genaue Höhe der Vergütung ergibt sich dann schlussendlich aus der Multiplikation der Bewertungsrelation mit dem geltenden Basisfallwert.[70] Der Basisfallwert[71] ist dabei das monetäre Gegenstück zum Basiswert.[72] Der konkrete, sich aus der Multiplikation ergebende Betrag, darf dann vom Krankenhaus der gesetzlichen Krankenkasse in Rechnung gestellt werden.[73]

Wie kann in diesem System ein Einsatz von Wearables und Gesundheitsapps abgerechnet werden? Für die Beantwortung dieser Frage bietet es sich an, die unterschiedlichen Möglichkeiten der Einordnung in das DRG-System darzustellen. Dabei gilt es zwischen verschiedenen Fallgruppen für die Kostenübernahme zu differenzieren.[74]

(1) Zuordnung zu DRG möglich und Kostendeckung gegeben

Die erste zu beleuchtende Fallgruppe ist davon geprägt, dass der Einsatz eines Wearables oder einer Gesundheitsapp einer DRG zugeordnet werden kann und die dieser Fallgruppe zugeordnete Fallpauschale die entstehenden Kosten deckt oder durch den Einsatz eine Senkung der bisherigen Kosten, z. B. durch eine Steigerung der Effektivität oder einer Verkürzung der Verweildauer des Patienten im Krankenhaus zustande kommt.[75]

---

67 *Chandna-Hoppe,* NZS 2020, 81 (83).

68 Dieterich et al. Geld im Krankenhaus/*Simon* S. 13; Krankenversicherungsrecht/*Kuhla/Bedau* § 25 Rn. 85.

69 Dieterich et al., Geld im Krankenhaus/*Simon* S. 305.

70 *Chandna-Hoppe,* NZS 2020, 81 (83); Krankenversicherungsrecht/*Kuhla/Bedau* § 25 Rn. 85.

71 Ursprünglich wurde an einen krankenhausindividuellen Fallwert angeknüpft, dann an einen Landesbasisfallwert, welcher also von Bundesland zu Bundesland verschieden war. Seit 2021 wird außerdem der Bundesbasisfallwert eigenständig errechnet und hat Einfluss auf die Landesbasisfallwerte.

72 Dieterich et al., Geld im Krankenhaus/*Simon* S. 13.

73 Krankenversicherungsrecht/*Kuhla/Bedau* § 25 Rn. 92b.

74 Vgl. für Fallgruppen Fischer/Krämer eHealthD/*Leppert/Greiner* S. 107.

75 Fischer/Krämer eHealthD/*Leppert/Greiner* S. 107.

Durch die pauschale Vergütung im DRG-System wird in dem soeben beschriebenen Fall ein Anreiz für die Krankenhausträger gegeben, Wearables und Gesundheitsapps einzusetzen. So kann z. B. durch eine Steigerung der Effizienz oder einer Verkürzung der Verweildauer des Patienten im Krankenhaus bei einer wirtschaftlichen Gesamtbetrachtung der Behandlung ein finanzieller Vorteil für den Träger erblickt werden.[76] Der Krankenhausträger wird daher einen leichten Zugang des Produktes zur Gesundheitsversorgung ermöglichen. Dabei ist problematisch, dass dies krankenhausindividuell erfolgt und damit eine Verbreitung der Technologie im jeweiligen Sektor erst durch „Nachahmer-Effekte" entsteht und auch nur dann, wenn der wirtschaftliche Vorteil individuell festgestellt wird.

Dennoch kann man in diesen Fällen einen leichten Marktzugang und eine Innovationsoffenheit annehmen.[77]

(2) Zuordnung zu DRG möglich, jedoch keine Kostendeckung

Weitaus größere Hürden entstehen in der zweiten Fallgruppe. Der Einsatz eines Wearables oder einer Gesundheitsapp lässt sich zwar einer DRG zuordnen, jedoch führt dieser, anders als in der ersten Fallgruppe, zu Zusatzkosten beim Krankenhausträger, sodass durch die aktuell gültige Fallpauschale keine Kostendeckung erfolgt.[78]

Um dennoch Wearables und Gesundheitsapps im Rahmen der Leistungserbringung anbieten zu können, bestehen verschiedene Möglichkeiten. Zunächst könnte der Krankenhausträger versuchen, eine Einordnung der jeweiligen Behandlung in eine DRG zu erzielen, welche eine Vergütung nach einer höheren Fallpauschale ermöglicht, wodurch wiederum eine Kostendeckung eintritt.[79]

Ein anderer Weg kann – zumindest für eine zügige Bereitstellung der Leistung – die Vereinbarungen von Zusatzentgelten nach § 6 Abs. 2a KHEntG sein.[80] Danach können Zusatzentgelte krankenhausindividuell für den Fall vereinbart werden, dass trotz einer Abbildung der Leistung im DRG-System keine sachgerechte Vergütung erfolgen kann.[81] Damit stünde dieser Weg grundsätzlich auch

---

76 So auch Fischer/Krämer eHealthD/*Leppert/Greiner* S. 107.

77 Bzgl. des leichten Marktzugangs auch Fischer/Krämer eHealthD/*Leppert/Greiner* S. 107.

78 Fischer/Krämer eHealthD/*Leppert/Greiner* S. 108.

79 Fischer/Krämer eHealthD/*Leppert/Greiner* S. 108.

80 Ohne Nennung einer tauglichen Rechtsgrundlage weisen darauf auch *Leppert/Greiner,* in: Fischer/Krämer eHealthD S. 108 hin.

81 Spickhoff/*Starzer* § 6 KHEntG Rn. 8; NoKo-MedR/*Ihle* § 6 KHEntG Rn. 3.

in der hier beschriebenen Fallgruppe für die Implementierung von Wearables und Apps offen, jedoch besteht diese Möglichkeit nur in eng begrenzten Ausnahmefällen. Zusatzentgelte können danach nur dann vereinbart werden, wenn die Leistung auf Grund einer Spezialisierung nur von sehr wenigen Krankenhäusern in der Bundesrepublik Deutschland mit überregionalem Einzugsgebiet erbracht wird und auf Grund der Komplexität der Behandlung die Behandlungskosten, welche um die vom Pflegebudget erfassten Kosten zu senken sind, die Höhe der DRG-Vergütung einschließlich der Zusatzentgelte um mindestens 50 % überschreiten und sich das Krankenhaus an Maßnahmen nach §§ 136, 136b SGB V beteiligt.[82]

Durch diese engen Voraussetzungen mag es zwar denkbar erscheinen, dass Wearables und Gesundheitsapps diese Möglichkeit des Kostenersatzes auslösen, dies wird aber als eher fernliegend zu bezeichnen sein.

Gleiches gilt für mögliche Zusatzentgelte nach § 17b Abs. 1 S. 7 KHG. Dies sind mögliche Zusatzentgelte für die Ergänzung der gegebenen Fallpauschalen. Doch auch diese Möglichkeit soll ausweislich des Wortlautes nur in eng begrenzten Ausnahmefällen offen stehen.[83] Das Zusatzentgelt wird als Teil der Fallpauschalenvergütung anzusehen sein und als solches gerade in den engen Ausnahmesituationen eine sachgerechte Vergütung für den Einsatz von innovativen Medizinprodukten ermöglichen.[84] Die abrechenbaren Zusatzentgelte finden sich in dem den Fallpauschalenkatalog ergänzenden Zusatzentgeltkatalog.[85] Sollte ein Einsatz von Wearables und Gesundheitsapps dort aufgeführt sein, besteht für die Krankenhausträger die Möglichkeit, das festgelegte Zusatzentgelt mit der Krankenkasse abzurechnen. Bislang ist dies jedoch noch nicht der Fall, sodass eine Abrechnung auf diesem Wege nicht erfolgen kann.

Beide soeben dargestellten Varianten sind ohnehin nur als kurzfristige Lösungen in Betracht zu ziehen. Langfristig sollte vielmehr eine Anpassung der jeweiligen DRG angestrebt oder alternativ eine neue DRG, welche die jeweilige Wearable bzw. App gestützte Untersuchungs- und Behandlungsmethode erfasst, geschaffen werden.[86] Die nach § 17b Abs. 2 KHG erfolgende jährliche

---

82 Spickhoff/*Starzer* § 6 KHEntG Rn. 8; NoKo-MedR/*Ihle* § 6 KHEntG Rn. 3.

83 Vgl. Anhalt/Dieners/*Stallberg/Winkler* § 32 Rn. 34 jedoch noch zu § 17b Abs. 1 S. 12 KHG; den Ausnahmecharakter betont auch *Vollmöller*, in: Dettling/Gerlach § 17b KHG Rn. 6.

84 So auch Anhalt/Dieners/*Stallberg/Winkler* § 32 Rn. 35.

85 So auch Anhalt/Dieners/*Stallberg/Winkler* § 32 Rn. 35.

86 Fischer/Krämer eHealthD/*Leppert/Greiner* S. 108.

Anpassung der DRG ermöglicht in diesem Zusammenhang auch eine relativ zeitnahe Reaktion und darauffolgende Implementierung.[87] Jedoch ist in diesem Kontext beachtenswert, dass zwischen dem Jahr, in welchem die Kostenkalkulation des *InEK* durchgeführt wird, auf Grund der Lieferung der Daten durch die Kalkulationskrankenhäuser eine Implementierung ins DRG-System zumeist zwei Jahre liegen werden.[88]

(3) keine Zuordnung möglich

Bei der dritten Fallgruppe kann ein Einsatz eines Wearables bzw. einer Gesundheitsapp keiner bestehenden DRG zugeordnet werden.

Somit ist die langfristige Implementierung im DRG-System für diese letzte Fallvariante die einzige Möglichkeit des direkten Finanzierungszugangs über das DRG-System. Mangels fehlender Zuordnungsmöglichkeit zu einer DRG ist keine Anpassung einer bereits bestehenden möglich. Zumindest zeitweise könnte eine Finanzierung über § 6 Abs. 2 KHEntG zur Verfügung stehen.

bb. Neue Untersuchungs- und Behandlungsmethoden

§ 6 Abs. 2 KHEntG ermöglicht eine Ersatzfähigkeit von neuen Untersuchungs- und Behandlungsmethoden. Wie bereits aus leistungsrechtlicher Perspektive deutlich wurde, besteht für den stationären Bereich eine erhebliche Offenheit gegenüber Innovationen. Jedoch hat auch das jeweilige Vergütungssystem erhebliche Auswirkung auf die Implementierung neuer Technologien in der Versorgung.[89] Insbesondere mit Blick auf die Dauer des Verfahrens einer Implementierung einer Technologie im DRG-System, zeigt sich, dass ein schneller Zugang von neuen Untersuchungs- und Behandlungsmethoden nicht einfach möglich ist.[90] § 6 Abs. 2 KHEntG ergänzt daher das DRG-System und ermöglicht eine Vergütung von innovativen Methoden für die Zeit bis zu einer Implementierung in eine DRG.[91]

In dieser Zweckrichtung liegt auch der zentrale Unterschied zu der Regelung des § 6 Abs. 2a KHEntG. So ist dieser auf die Situation zugeschnitten, dass eine Abbildung der Methode im DRG-System erfolgen kann, jedoch keine sachgerechte Vergütung im jeweiligen Krankenhaus möglich ist.[92] § 6 Abs. 2a KHEntG

---

87 *Scheller-Kreinsen* et. al., Value in Health 2011 (1168).
88 *Bender*, NZS 2012, 761 (763).
89 *Scheller-Kreinsen* et. al., Value in Health 2011 (1166) m. w. N.
90 Vgl. *Bender*, NZS 2012, 761 (763).
91 Anhalt/Dieners/*Stallberg/Winkler* § 32 Rn. 39.
92 Spickhoff/*Starzer* § 6 KHEntG Rn. 8.

setzt somit auch zeitlich an einem anderen Verfahrenspunkt an und bezieht sich nicht auf den Zugang von Innovationen in das Vergütungssystem.

Damit Wearables und Gesundheitsapps über das Verfahren nach § 6 Abs. 2 KHEntG finanziert werden können, müssten sie als neue Untersuchungs- und Behandlungsmethoden einzuordnen sein. Problematisch ist, dass noch nicht abschließend geklärt ist, wann von diesen gesprochen werden kann. Es bietet sich an, die Definition in die Bestandteile der „Untersuchungs- und Behandlungsmethode" und die „Neuheit" aufzuspalten.

Dass Wearables und Apps als Teile einer Untersuchungs- und Behandlungsmethode oder auch selbst als Methode qualifiziert werden können, wurde bereits dargelegt.[93]

In Bezug auf den Begriffsbestandteil der „Neuheit" wird man festhalten müssen, dass es keinerlei im Gesetz verankerte Definition gibt. Weder aus § 6 KHEntG noch aus der unstreitig bestehenden Verschränkung mit § 137c SGB V ergibt sich eine direkte Auslegungshilfe.[94]

Es könnte jedoch auf die zu § 135 SGB V und damit den ambulanten Bereich in großer Zahl ergangenen Rechtsprechung zur Auslegung zurückgegriffen werden. So kann § 137c SGB V als Parallelvorschrift zu § 135 SGB V für den stationären Bereich bezeichnet werden.[95] Nach dieser soeben angedeuteten Rechtsprechung ist eine Methode dann als „neu" zu bezeichnen, wenn sie zum Zeitpunkt der Behandlung außerhalb des Abrechnungsmechanismus steht.[96] In concreto hieße das, dass eine Methode als „neu" zu bezeichnen ist, wenn sie nicht im DRG-System abgebildet werden kann.[97] Jedoch ist zu berücksichtigen, dass diese Auslegung von dem teleologischen Gedanken des § 135 SGB V getragen wird. So enthält § 135 SGB V für den ambulanten Bereich in Bezug auf neue Untersuchungs- und Behandlungsmethoden ein Verbot mit Erlaubnisvorbehalt.[98] Durch die somit notwendige Überprüfung der Methoden im Vorfeld der Leistungserbringung soll eine Qualitätssicherung erfolgen.[99] Würde man hingegen auf den Entwicklungszeitpunkt einer Methode abstellen, könnte diese angedachte Qualitätssicherung umgangen werden.[100] So könnte

---

93 Siehe o. S. 227 ff.

94 Für Beziehung zueinander vgl. auch *Felix*, MedR 2011, 67 (70).

95 Becker/Kingreen/*Becker* § 137c SGB V Rn. 1; *Hägele-Rebmann*, NUB-Methoden im Krankenhaus S. 162.

96 BSG, Urt. v. 16.09.1997 – 1 RK 32/95, BSGE 81, 73 (75 f.).

97 So *Felix*, MedR 2012, 777 (778).

98 KassKomm/*Roters*, § 135 SGB V Rn. 2; BeckOK-SozR/*Propp* § 135 SGB V Rn. 17.

99 Becker/Kingreen/*Hollo* § 135 SGB V Rn. 1; KassKomm/*Roters*, § 135 SGB V Rn. 2.

100 BeckOK-SozR/*Propp* § 135 SGB V Rn. 17.

eine Methode durch bloßen Zeitablauf den Status der „Neuheit" verlieren, und somit nicht mehr unter den Vorbehalt des § 135 SGB V fallen und den Leistungsumfang der gesetzlichen Krankenversicherung automatisch erweitern.[101] Bereits deshalb scheidet ein Rückgriff auf das Begriffsverständnis aus § 135 SGB V aus. So ist § 137c SGB V gerade nicht als Verbot mit Erlaubnisvorbehalt, sondern vielmehr als Erlaubnis mit Verbotsvorbehalt ausgestaltet.[102] Aus diesem Grund kann die teleologische Erwägung nicht durchgreifen. Es besteht nämlich keine Umgehungsgefahr der Qualitätssicherung, sodass eine Bestimmung der „Neuheit" anhand des Entwicklungszeitpunktes denkbar wird. Diese Überlegung wird zusätzlich durch den Wortlaut des § 6 Abs. 2 KHEntG gestützt, dieser trennt sprachlich die beiden Voraussetzungen der „Neuheit" und der fehlenden sachgerechten Vergütung im DRG-System.[103]

Es muss folglich die „Neuheit" autonom bestimmt werden. Dabei bietet es sich an, im Einzelfall auf den Entwicklungszeitpunkt, den Zeitpunkt der Ersterbringung im deutschen Gesundheitssystem und den Verbreitungsgrad der Methode abzustellen.[104]

Somit ist denkbar, dass Wearables und Gesundheitsapps als Leistungsbestandteile einer Methode oder als eigenständige Methode unter den Begriff der „neuen Untersuchungs- und Behandlungsmethode" fallen.

Damit besteht grundsätzlich die Möglichkeit einer Vergütung über eine gesonderte Vergütungsvereinbarung nach § 6 Abs. 2 KHEntG. Für eine solche Vergütung darf die jeweilige Methode noch nicht sachgerecht im DRG-System abgebildet sein. Die Beantwortung der Frage, ob eine neue Untersuchungs- und Behandlungsmethode im DRG-System abgerechnet werden kann, übernimmt allerdings nicht jedes Krankenhaus individuell, vielmehr ist mit dieser Aufgabe gem. § 1 S. 2 NUB-Vereinbarung[105] das *InEK* auf Bundesebene betraut.[106]

Um die dafür erforderliche Prüfung durchführen zu können, muss gem. § 6 Abs. 2 S. 3 KHEntG das jeweilige Krankenhaus bis zum 31.10 eines jeden Jahres beim *InEK* eine Anfrage stellen, ob eine Vergütung in einer Fallgruppe des DRG-Systems möglich erscheint.[107] Sollte ein Antrag auf Vergütung im

101 BeckOK-SozR/*Propp* § 135 SGB V Rn. 17.

102 KassKomm/*Roters*, § 137c SGB V Rn. 2; *Vollmöller*, NZS 2012, 921 (922); dazu ausführlich *Hägele-Rebmann*, NUB-Methoden im Krankenhaus S. 162 f.

103 Vgl. *Bender*, NZS 2012, 761 (762).

104 So i. E. *Bender*, NZS 2012, 761 (762); zustimmend Spickhoff/*Starzer* § 6 KHEntG Rn. 5.

105 Vereinbarung der Vertragsparteien auf Bundesebene zu § 6 Abs. 2 S. 3 KHEntG vom 17.12.2004.

106 *Bender*, NZS 2012, 761 (763); Spickhoff/*Starzer* § 6 KHEntG Rn. 6.

107 NoKo-MedR/*Ihle* § 6 KHEntG Rn. 3; *Bender*, NZS 2012, 761 (763); Prütting/*Becker* § 6 KHEntG Rn. 18.

Verfahren für neue Untersuchungs- und Behandlungsmethoden seitens des Krankenhausträgers rechtzeitig gestellt worden sein, teilt das *InEK* bis zum 31.01 eine Entscheidung mit, wobei eine Methode mit unterschiedlichem Status versehen werden kann.[108] Wenn die Methode mit dem „Status 1“ versehen wird, ist für diese die Vereinbarung von individuellen Entgelten nach § 6 Abs. 2 S. 1 KHEntG zulässig. Beachtenswert ist dabei, dass der beim *InEK* gestellte Antrag sich nicht auf die Methode bezieht, sondern auf das jeweilige Krankenhaus, sodass bei einem Abrechnungswunsch jeder Krankenhausträger individuell einen Antrag stellen muss.[109]

Wie aus diesen Ausführungen deutlich wird, erhält das *InEK* eine Schlüsselrolle in der Vergütung von neuen Untersuchungs- und Behandlungsmethoden.[110]

Vorbehaltlich der bisher fehlenden Implementierung im DRG-System soll dann die Finanzierung über krankenhausindividuelle Entgelte möglich sein.[111] Diese Entgelte werden auf Ortsebene von den Krankenhausträgern und den Sozialleistungsträgern vereinbart.[112] Bei dieser Vereinbarung sind die Empfehlungen der Vertragsparteien auf Bundesebene zu beachten.[113] Auch die vom *InEK* bereitgestellten Informationen über den Status und die Möglichkeit der sachgerechten Vergütung sind grundsätzlich zu berücksichtigen.[114] Sollte eine Information trotz fristgerechter Anfrage seitens des Krankenhauses nicht vorliegen, kann die Vereinbarung dann ohne diese geschlossen werden, wenn die Budgetvereinbarung nicht vor dem 01.01 des Folgejahres vereinbart wird.[115] Die Entgelte sind als fallbezogene Entgelte ausgestaltet, die sachgerecht kalkuliert sein sollen[116], dies kann auch mit Blick auf den Wunsch der späteren Überführung ins DRG-System nur als zielführend anzusehen sein.

Aus dem sich aus dem Wortlaut[117] ergebenden Zweck der Vorschrift des § 6 Abs. 2 KHEntG, die vorübergehende Finanzierung von innovativer Medizin zu

108 *Bender,* NZS 2012, 761 (763); Prütting/*Becker* § 6 KHEntG Rn. 18.

109 *Bender,* NZS 2012, 761 (763);

110 Bedenken zur Legitimation des *InEK* äußern aber z. B. *Felix,* in MedR 2012, 777 (780 ff.); *Vollmöller,* in: Dettling/Gerlach § 6 KHEntG Rn. 8.

111 Spickhoff/*Starzer* § 6 KHEntG Rn. 5; Dettling/Gerlach/*Vollmöller* § 6 KHEntG Rn. 3.

112 *Bender,* NZS 2012, 761 (763).

113 NoKo-MedR/*Ihle* § 6 KHEntG Rn. 2.

114 Vgl. *Vollmöller,* NZS 2012, 921 (922); Dettling/Gerlach/*Vollmöller* § 6 KHEntG Rn. 6.

115 NoKo-MedR/*Ihle* § 6 KHEntG Rn. 2; Prütting/*Becker* § 6 KHEntG Rn. 18.

116 *Bender,* NZS 2012, 761 (764); *Vollmöller,* NZS 2012, 921 (922).

117 § 6 Abs. 2 S. 1 KHEntG spricht von „noch nicht“ nach § 7 S. 1 Nr. 1 und 2 KHEntG vergütet werden können.

ermöglichen, und zur Förderung der bereits angedeuteten Überführung, ist die vereinbarte Vergütung nur „zeitlich befristet" zulässig.[118]

Jedoch ist § 6 Abs. 2 KHEntG eine Vorschrift aus dem Krankenhausfinanzierungsrecht, und daher wird mit Vereinbarung eines Entgelts nicht automatisch eine Kostenübernahme durch die gesetzliche Krankenversicherung begründet.[119] Ebenso entscheidend ist, dass die bereits dargestellten leistungsrechtlichen Vorgaben eingehalten werden. Im Ergebnis kann der Einsatz von Wearables und Apps über Entgelte i. S. d. § 6 Abs. 2 KHEntG finanziert werden.

c. *Wahlleistung gem. § 17 KHEntG*

Eine weitere Möglichkeit der Finanzierung des Einsatzes von Wearables und Gesundheitsapps, welche außerhalb des DRG Systems stehen[120], könnte über Wahlleistungsvereinbarungen möglich werden.

Eine Finanzierung von Wearables und Gesundheitsapps auf diesem Wege bewegt sich außerhalb des Leistungsumfanges der gesetzlichen Krankenversicherung, dennoch können durch Selbstzahlung oder private Zusatzversicherungen die gesetzlich Versicherten eine Wahlleistung in Anspruch nehmen. Um eine Abrechnung auf diesem Wege zu ermöglichen, müsste zunächst der Einsatz von Wearables und Gesundheitsapps über das Wahlleistungssystem gegeben sein. Gem. § 17 Abs. 1 S.1 KHEntG bestimmt sich das Vorliegen einer Wahlleistung in negativer Abgrenzung zu allgemeinen Krankenhausleistungen.[121] Allgemeine Krankenhausleistung sind gem. § 2 Abs. 2 S. 1 KHEntG die Leistungen, die unter Berücksichtigung der Leistungsfähigkeit des Krankenhauses im Einzelfall nach Art und Schwere der Krankheit für die medizinisch zweckmäßige Versorgung des Patienten notwendig sind.[122] Man könnte auch vom „Normalbedarf" eines

---

118 *Bender*, NZS 2012, 761 (765).

119 So auch Spickhoff/*Starzer* § 6 KHEntG Rn. 7.

120 Ein Zugang zum Wahlleistungssystem könnte sonst nicht in Frage kommen, denn eine Zuordnung zum DRG-System bedeutet gleichermaßen eine Qualifikation als allgemeinen Krankenhausleistung.

121 Im Ergebnis so Spickhoff/*Starzer* § 17 KHEntG Rn. 1; NoKo-MedR/*Ihle* § 17 KHEntG Rn. 2; Clausen/Makoski/*Clausen* § 17 KHEntG Rn. 8; RDKSZ/*Bender* 5485, Rn. 13; *Tuschen/Trefz* § 17 KHEntG S. 353.

122 Für die Definition der allgemeinen Krankenhausleistungen darf wie *Tuschen/Trefz* § 17 KHEntG S. 353 und Clausen/Makoski/*Clausen* § 17 KHEntG Rn. 9 deutlich machen, nicht auf § 2 Abs. 1 KHEntG abgestellt werden, denn der in diesem Absatz gewählte Begriff bezieht sich auf „Krankenhausleistungen" und damit auf einen Oberbegriff, dem sowohl „allgemeine Krankenhausleistungen" als auch „Wahlleistungen" unterfallen.

durchschnittlichen Patienten sprechen.[123] Demnach sind Wahlleistungen solche Leistungen, die dazu dienen, darüberhinausgehende Bedürfnisse oder auch schlicht andere Bedürfnisse der Patienten zu erfüllen.[124]

Diese als Wahlleistung zu klassifizierenden Leistungen lassen sich verschiedenartig typisieren.

In einer klassischen Typisierung wird zwischen ärztlichen und nicht-ärztlichen Wahlleistungen unterschieden.[125] Ärztliche Wahlleistungen liegen bei einer Inanspruchnahme einer zusätzlichen ärztlichen Leistung, welche über das Maß der im Rahmen der allgemeinen Krankenhausleistung erbrachten, ärztlichen Tätigkeit hinausgeht, also zum Beispiel die Leistung durch einen besonders qualifizierten Arzt vor.[126] Wie sich bereits aus dieser personellen Anknüpfung dieses Wahlleistungstyps ergibt, können Wearables und Gesundheitsapps nicht über diese Variante der Wahlleistung abgerechnet werden.

Auch eine Abrechnung einer nicht-ärztlichen Wahlleistung kann als abwegig bezeichnet werden. Erfasst sind solche Leistungen, bei denen sich der Patient gegen ein Zusatzentgelt für besondere Komfortleistungen entscheidet, beispielhaft hierfür stehen zum Beispiel die nicht medizinisch indizierte Unterbringung in einem Ein- und Zweibettzimmer oder die ebenfalls nicht medizinisch indizierte Mitaufnahme einer Begleitperson.[127] Somit scheidet eine Abrechnung von Leistungen im Rahmen einer Behandlung aus. Lediglich wenn ein Wearable im Zusammenhang mit einer Steigerung des Komforts in Bezug auf die Unterbringung verknüpft werden würde, könnte eine Einbeziehung möglich sein. Dies wird man zumindest nach den momentanen Anwendungsmöglichkeiten als abwegig bezeichnen können.

Eine weitere Möglichkeit könnte sich jenseits der klassischen Typisierung von Wahlleistungen ergeben. So wird richtigerweise aus dem Wortlaut und der Systematik des § 17 KHEntG ein dritter Wahlleistungstyp – die medizinische

---

123 RDKSZ/*Bender* 5485, Rn. 23; BGH, Urt. v. 09.11.1989 – IX ZR 269/87, NJW 1990, 761 (763).

124 RDKSZ/*Bender* 5485, Rn. 13; Clausen/Makoski/*Clausen* § 17 KHEntG Rn. 9.

125 So wohl noch NoKo-MedR/*Ihle* § 17 KHEntG Rn. 3; MAH-MedR/*Clausen* § 8 Rn. 106; Dettling/Gerlach/*Böhnke* § 17 KHEntG Rn. 5; *Tuschen/Trefz* § 17 KHEntG S. 353.

126 Clausen/Makoski/*Clausen* § 17 KHEntG Rn. 10; BGH, Urt. v. 14.01.2016 – III ZR 107/15, NJW 2016, 3027 (3028).

127 MAH-MedR/*Clausen* § 8 Rn. 93; RDKSZ/*Bender* 5485, Rn. 14; Prütting/*Hess* § 17 KHEntG Rn. 3.

Wahlleistung – abgeleitet.[128] So knüpft der Wortlaut des § 17 Abs. 1 S. 2 KHEntG daran an, dass diagnostische und therapeutische Leistungen unter den dort näher bestimmten Voraussetzungen als Wahlleistungen abgerechnet werden können.[129] Fraglich ist in diesem Zusammenhang, wann eine diagnostische oder therapeutische Leistung als Wahlleistung anzusehen sein kann. Hierfür lassen sich unterschiedliche Fallgruppen bilden.[130]

Zunächst kann eine Leistung als medizinische Wahlleistung angesehen werden, wenn eine medizinische Indikation fehlt.[131] Schließlich besteht in diesen Fällen kein Anspruch auf Leistungen gegenüber der gesetzlichen Krankenversicherung.[132]

Die zweite Fallgruppe bilden Leistungen, welche als Zusatzleistungen erbracht werden.[133] Zu den medizinisch indizierten Leistungen werden bei dieser Variante zusätzlich andere Leistungen erbracht, wie beispielsweise eine umfangreichere Labordiagnostik.[134]

In der dritten Fallgruppe werden Alternativleistungen erbracht.[135] Dies sind Leistungen, die in einer Behandlung als zum Beispiel innovative Alternative zur Verfügung stehen und dadurch mit höheren Kosten verbunden sind.[136]

Abstrahierend lässt sich festhalten, dass eine medizinische Wahlleistung dann gegeben sein kann, wenn im Einzelfall eine voll- oder teilstationäre Versorgung des Patienten erfolgt und die im Rahmen dieser Versorgung erbrachten Leistungen medizinisch nicht notwendig sind, weil sie nicht als allgemeine Krankenhausleistungen anzusehen sind und im System der gesetzlichen Krankenversicherung nicht finanziert werden.[137] Folglich scheidet auch dann eine

128 RDKSZ/*Bender* 5485, Rn. 13; Clausen/Makoski/*Clausen* § 17 KHEntG Rn. 10; Spickhoff/*Starzer* § 17 KHEntG Rn. 4; BGH, Urt. v. 16.10.2014 – III ZR 85/14, NJW 2015, 1375 (1376); a. A. OLG Stuttgart, MedR 2019, 307 (313).

129 Clausen/Makoski/*Clausen* § 17 KHEntG Rn. 20.

130 Fallgruppen nach *DKG* Informationspapier – medizinische Wahlleistung, S. 2 ff.

131 *DKG* Informationspapier – medizinische Wahlleistung, S. 2; *Heil,* MPR 2013, 109 (111).

132 *DKG* Informationspapier – medizinische Wahlleistung, S. 2; *Heil,* MPR 2013, 109 (111).

133 *DKG* Informationspapier – medizinische Wahlleistung, S. 2f.; Huster/Kaltenborn/*Patt/Wilde* § 8 Rn. 28.

134 Dieses Beispiel nennt NoKo-MedR/*Ihle* § 17 KHEntG Rn. 4; Clausen/Makoski/*Clausen* § 17 KHEntG Rn. 19; *DKG* Informationspapier – medizinische Wahlleistung, S. 3.

135 *DKG* Informationspapier – medizinische Wahlleistung, S. 3

136 *DKG* Informationspapier – medizinische Wahlleistung, S. 3.

137 So auch RDKSZ/*Bender* 5485, Rn. 212; i. E wohl ebenso *Heil,* MPR 2013, 109 (114).

Erbringung als Wahlleistung aus, wenn bereits nach § 6 Abs. 2 KHEntG für eine neue Untersuchungs- und Behandlungsmethode ein Entgelt zwischen Krankenhausträger und Krankenkassen vereinbart worden ist.[138] Nach all dem wird man anerkennen müssen, dass eine schematische Lösung aufgrund der nicht überblickbaren potenziellen medizinischen Leistungen als nicht zielführend anzusehen ist.[139] Für Wearables und Gesundheitsapps besteht immerhin die Möglichkeit, im Wahlleistungssystem eingegliedert zu werden. Insbesondere die zweite und dritte Fallgruppe erscheinen dabei als taugliche Einsatzmöglichkeiten. So könnte zum Beispiel eine durchgehende Messung des Blutdrucks mittels Wearables als zusätzliche Leistung angeboten werden. Auch denkbar ist der Ersatz von bisherigen Medizinprodukten zur Überwachung von Vitalfunktionen durch Wearable-Technologie. In dem zuletzt genannten Fall stellt sich hingegen richtigerweise wieder die Frage, ob diese Überwachung nicht als allgemeine Krankenhausleistung angesehen werden kann.

Wenn nach dem soeben Ausgeführten ein Einsatz eines Wearables bzw. einer Gesundheitsapp als abrechnungsfähige medizinische Wahlleistung im Sinne des § 17 Abs. 1 S. 2 KHEntG zu qualifizieren ist, müssen im Einzelfall auch die dafür notwendigen Voraussetzungen gegeben sein. Insbesondere ist neben der Einhaltung des Beeinträchtigungsverbotes gem. § 17 Abs. 1 S. 1 KHEntG und des Behandlervorbehalts gem. § 17 Abs. 1 S. 2 KHEntG der Abschluss einer Wahlleistungsvereinbarung in schriftlicher Form gem. § 126 Abs. 2 S. 1 BGB notwendig, um eine Abrechnung zu ermöglichen.[140] Ebenfalls entscheidend ist nach § 17 Abs. 1 S. 3 KHEntG und § 17 Abs. 5 KHEntG die Festlegung eines angemessenen Entgelts für die erbrachte Wahlleistung. Dabei kann dies der Krankenhausträger autonom festlegen.[141] Lediglich die Angemessenheitsvorgabe und die Kostendeckungsvorgabe begrenzen diese Autonomie.[142] Bei der ärztlichen Wahlleistung kann für die Bemessung der Entgelte auf die Gebührenordnung für Ärzte[143] zurückgegriffen werden, eine solche Möglichkeit besteht gerade im Bereich der medizinischen Wahlleistungen nicht, sodass die Frage der Angemessenheit der Vergütung besonders hier Relevanz entfaltet. Dabei muss

---

138 Huster/Kaltenborn/*Patt/Wilde* § 8 Rn. 28.

139 RDKSZ/*Bender* 5485, Rn. 217.

140 RDKSZ/*Bender* 5485, Rn. 34 ff; Spickhoff/*Starzer* § 17 KHEntG Rn. 2 ff.; MAH-MedR/*Clausen* § 8 Rn. 90; Clausen/Makoski/*Clausen* § 17 KHEntG Rn. 33; BGH, Urt. v. 19.12.1998 – ZR 169/97, NJW 1998, 1778 (1778).

141 RDKSZ/*Bender* 5485, Rn. 261.

142 RDKSZ/*Bender* 5485, Rn. 261.

143 Im Folgenden GOÄ.

die Höhe der jeweiligen Vergütung in Beziehung zum objektiven Wert der zu erbringenden Leistung gesehen werden.[144] Man wird dem Krankenhausträger einen gewissen Spielraum zuerkennen müssen, jedoch wird bei einem Missverhältnis die Teilnichtigkeit dieser Abrede die Folge sein.[145]

Unter Einhaltung der genannten Voraussetzungen ist somit ein Einsatz von Wearables und Gesundheitsapps als abrechenbare Wahlleistung möglich, hierbei ist aber immer beachtlich, dass eine Vergütung nicht durch die gesetzliche Krankenversicherung erfolgt.

d. Datenschutz i. R. d. stationären Versorgung von gesetzlich Versicherten

Im Zusammenhang mit der stationären Versorgung von gesetzlich Versicherten, in welcher ein Einsatz von Wearables und Gesundheitsapps erfolgt, stellen sich eine Vielzahl datenschutzrechtlicher Fragen.[146]

In diesem Bereich könnte auch der eingangs erwähnte Sozialdatenschutz zum Tragen kommen. Wie dargestellt ist danach entscheidend, dass die gesetzliche Krankenversicherung als eine der tauglichen „Stellen" i. S. d. § 35 Abs. 1 SGB V die Wearable- und App-Daten verarbeitet. Allerdings kommen die Versicherungen regelmäßig nicht in Kontakt mit den erhobenen Daten. Vielmehr erfolgt deren Verarbeitung durch den Hersteller, den Behandler oder auch den Krankenhausträger.[147] Folglich kann der Sozialdatenschutz in diesem Zusammenhang nicht zum Tragen kommen. Die möglicherweise anfallenden Abrechnungsdaten, welche von der Krankenversicherung verarbeitet werden, stehen nicht in einem ausreichenden Bezugsverhältnis zu den hier beleuchteten Produkten, sodass mangels Produktbezug eine Darstellung ausscheidet.

2. private Krankenversicherung

Wie bereits angedeutet, unterscheiden sich trotz des dualistischen Systems der Krankenversicherung in Deutschland die Abrechnungsmechanismen in Bezug auf die stationäre Versorgung nicht in erheblicher Weise. Dies folgt aus dem sich unter anderem aus § 17 Abs. 1 S. 1 KHG und § 1 Abs. 3 S. 1 KHEntG ergebenden Grundsatz der Einheitlichkeit der Entgelte für alle Benutzer des Krankenhauses.[148]

---

144 NoKo-MedR/*Ihle* § 17 KHEntG Rn. 6.

145 NoKo-MedR/*Ihle* § 17 KHEntG Rn. 6.

146 Vgl. zu diesen Fragen u. a. S. 110 ff.

147 Zu der Rechtmäßigkeit dieser Verarbeitungen vgl. oben S. 110 ff.

148 Huster/Kaltenborn/*Patt/Wilde* § 8 Rn. 18.

Auch im Fall einer privaten Krankenversicherung ist zwischen zwei unterschiedlichen Ansprüchen zu differenzieren. Zum einen ist der Vergütungsanspruch des Krankenhauses gegenüber dem Versicherungsnehmer zu beleuchten und zum anderen der Erstattungsanspruch des Versicherungsnehmers gegen den Versicherungsgeber.

Für den Vergütungsanspruch des Krankenhausträgers ist zunächst entscheidend, dass der Krankenhausträger gegen den Versicherungsnehmer – also den Patienten – einen Vergütungsanspruch aus einem bestehenden Vertrag herleiten kann.[149] Der jeweilige Anspruchsinhalt bemisst sich bei stationären Behandlungen nach der bereits im Rahmen der gesetzlichen Krankenversicherung dargestellten Systematik. Es greift hier für allgemeine Krankenhausleistungen die Vergütung nach dem DRG-System.[150] In Bezug auf die Erstattung neuer Untersuchungs- und Behandlungsmethoden nach § 6 Abs. 2 KHEntG gilt ebenfalls das Gleiche, wie bereits zur Anwendung ihm Rahmen der gesetzlichen Krankenversicherung ausgeführt.[151]

Für den Erstattungsanspruch des Versicherungsnehmers gegen den Versicherungsgeber kommt es nicht nur auf das bloße Bestehen einer vertraglichen Verpflichtung des Patienten an.[152] Zusätzlich muss im jeweiligen konkreten Fall der Versicherungsfall eingetreten sein.[153] Dies bemisst sich nach § 192 Abs. 1 VVG und § 1 Abs. 1 MB/KK 2009 bzw. der Ausgestaltung im konkreten Versicherungsvertrag. Dieser ist dann anzunehmen, wenn eine medizinisch notwendige Heilbehandlung wegen Krankheit oder Unfallfolgen oder aufgrund Schwangerschaft bzw. Entbindung gegeben ist.[154] Somit kann bei vertraglicher Bindung des Patienten und dem Eintritt des Versicherungsfalles ein Leistungsanspruch des Versicherungsnehmers gegen die jeweilige private Krankenversicherung bestehen. Dieser Anspruch würde auch grundsätzlich den im Rahmen mit der medizinisch notwendigen Heilbehandlung erfolgten Einsatz von Wearables und Gesundheitsapps abdecken. Ein Einsatz von Wearables und Gesundheitsapps außerhalb der allgemeinen Krankenhausbehandlung z. B. in der Form von Wahlleistungen kann vom Leistungsumfang der privaten Krankenversicherung

149 Bach/Moser/*Kalis* § 192 VVG Rn. 37; Spickhoff/*Eichelberger* § 192 VVG Rn. 28.
150 Huster/Kaltenborn/*Patt/Wilde* § 8 Rn. 17.
151 Vgl. oben S. 234 ff.
152 Huster/Kaltenborn/*Patt/Wilde* § 8 Rn. 8.
153 Spickhoff/*Eichelberger* § 192 VVG Rn. 41; Bach/Moser/*Kalis* §192 VVG Rn. 37; Huster/Kaltenborn/*Patt/Wilde* § 8 Rn. 8.
154 Bach/Moser/*Kalis* § 192 VVG Rn. 37; Huster/Kaltenborn/*Patt/Wilde* § 8 Rn. 8.

umfasst sein. Entscheidend kommt es hier auf die Ausgestaltung der jeweiligen Versicherungstarife an.

Beachtenswert ist zusätzlich noch die in der privaten Krankenversicherung gem. § 192 Abs. 2 VVG angelegte Begrenzung der Leistungspflicht bei Übermaßvergütung. So ist danach der Versicherer nicht zur Leistung verpflichtet, wenn die mit der Heilbehandlung verbundenen Aufwendungen in einem auffälligen Missverhältnis zu der erbrachten Leistung stehen. Ob ein solches vorliegt, ist durch einen Vergleich des Wertes von Leistung und Gegenleistung anhand von objektiven Kriterien zu ermitteln.[155] Im Ergebnis wird man festhalten können, dass die erbrachte Leistung und die verlangte Gegenleistung in einem vertretbaren, objektiv sachgerechten Verhältnis zueinanderstehen müssen.[156]

Somit darf also die Behandlung, bei welcher Wearables und Gesundheitsapps eingesetzt werden, für eine vollständige Erstattung seitens der privaten Krankenversicherung dieses Leistungsgefüge nicht konterkarieren.

3. *Zusammenfassung*

Wie somit deutlich wurde, kann eine Implementierung von Wearables und Gesundheitsapps als innovative Produkte der Medizinbranche in die stationäre Versorgung auf unterschiedlichen Wegen erfolgen. Neben der langfristigen Lösung einer Einbeziehung in das DRG-System besteht auch die Möglichkeit, eine kurzfristige Implementierung über § 6 Abs. 2 KHEntG durchzuführen. Auch Wahlleistungen i. S. d. § 17 KHEntG stellen eine Möglichkeit dar, dass Wearables und Gesundheitsapps in die Behandlung mit einzubeziehen sind, auch wenn die erforderlichen Zahlungen zumeist der Patient selbst übernehmen muss.

II. ambulante Versorgung

Die „ambulante Versorgung" ist, wie bereits angedeutet, der zweite große Versorgungsbereich. Insbesondere die allgemeinärztliche Versorgung fällt in diesen Bereich. Dieser soll nun ebenfalls schwerpunktmäßig beleuchtet werden. Hier ergeben sich insbesondere mit Blick auf die „ambulanten Operationen" i. S. d. § 115b SGB V keinerlei erhebliche Besonderheiten, sodass auf eine gesonderte Darstellung verzichtet werden kann. Anders als noch im stationären Bereich muss durch das dualistische System der Krankenversicherung eine deutlichere Trennung in die unterschiedlichen Versicherungsbereiche erfolgen.

---

155 Bach/Moser/*Kalis* § 192 VVG Rn. 52.

156 MüKoVVG/*Kalis* § 192 VVG Rn. 84.

1. *gesetzliche Krankenversicherung*

Im Zusammenhang mit der vertragsärztlichen Versorgung stehen unterschiedlich denkbare Varianten für den Einsatz von Wearables und Gesundheitsapps auf Kosten der gesetzlichen Krankenversicherung im Fokus, wobei auch jeweils maßgebend ist, ob der Behandler oder der Patient das Produkt nutzt.

a. *Wearables und Gesundheitsapps als Teil der ärztlichen Behandlung*

Wearables und Gesundheitsapps könnten als Teil der ärztlichen Behandlung i. S. d. § 27 Abs. 1 S. 2 Nr. 1 SGB V anzusehen sein.

Jedoch erfolgt keine Konkretisierung des Begriffs der ärztlichen Behandlung in § 27 SGB V, vielmehr erschließt sich die genaue Reichweite aus gesetzlichen und untergesetzlichen Konkretisierungen im Leistungserbringungsrecht.[157]

Zunächst ist festzuhalten, dass gem. § 73 Abs. 2 Nr. 1 SGB V die ärztliche Behandlung als Teil der vertragsärztlichen Versorgung anzusehen ist.[158] Voraussetzung für die Möglichkeit der Abrechnung von Leistungen gegenüber der gesetzlichen Krankenkasse ist die Abbildung der jeweiligen Leistung im einheitlichen Bewertungsmaßstab[159], welcher gem. § 87 Abs. 1 S. 1 SGB V als Teil der Bundesmantelverträge anzusehen ist. Sollte eine solche Abbildung im EBM fehlen, dürfen die jeweiligen Leistungen nicht zu Lasten der gesetzlichen Krankenversicherung berechnet werden.[160] Somit bestimmt der EBM den Inhalt der berechnungsfähigen Leistung, welche durch den Behandler im Rahmen der ärztlichen Behandlung nach § 27 Abs. 1 S. 2 SGB V erbracht wird.[161] Der EBM drückt in Punkten das wertmäßige Verhältnis zu den anderen in ihm enthaltenen Leistungen und Methoden aus.[162]

Soll in diesem Kontext nun ein Einsatz von Wearables oder Gesundheitsapps durch den Behandler erfolgen und so Vorteile in Bezug auf Diagnose- und Therapieempfehlungen beziehungsweise der Behandlung liefern, wird man in der Regel annehmen müssen, dass sich die Behandler das Produkt selbst beschaffen müssen, so wie es auch für ihre Praxisausstattung gilt.[163] Eine Amortisierung der

157 Anhalt/Dieners/*Wigge* § 30 Rn. 32.

158 Anhalt/Dieners/*Wigge* § 30 Rn. 32.

159 Im Folgenden EBM.

160 Prütting/*Dalichau* § 135 SGB V Rn. 21; KassKomm/*Hess* § 87 SGB V Rn. 9; Schnapp/Wigge/*Hess* § 15 Rn. 31.

161 Anhalt/Diener/*Wigge* § 30 Rn. 42.

162 Schnapp/Wigge/*Hess* § 15 Rn. 31.

163 *Kluckert,* SGb 2020, 197 (197).

Kosten soll bei diesem Vorgehen über die normale Leistungsvergütung erfolgen.[164] Dies zeigt sich auch in Nr. 7.1 Nr. 2 EBM I Allgemeine Bestimmungen, wonach Kosten, die durch die Anwendung von ärztlichen Instrumenten und Apparaturen entstanden sind, nicht gesondert vergütet werden.[165]

Eine gesonderte Vergütung erfolgt nur dann, wenn sich die Verwendung eines bestimmten Produktes in einer Gebührenordnungsposition des EBM ausdrücklich niederschlägt, wie dies zum Beispiel für die Röntgenuntersuchung bestimmter Körperteile gedacht ist.[166] Hierbei werden in die Abrechnungspositionen im EBM die Anschaffungskosten der Behandler mit in die Kostenkalkulation aufgenommen.[167] Somit gilt, dass Wearables und Gesundheitsapps in den EBM aufgenommen werden müssten.

Für die Aufnahme in diesen sind zwei unterschiedliche Szenarien zu unterscheiden, so könnte eine Aufnahme als „neue Leistung" in den EBM erfolgen oder als eine „neue Methode" i. S. d. § 135 Abs. 1 SGB V. Die Unterscheidung ist insoweit wichtig, da hiervon abhängig ist, welche Zugangsmöglichkeiten bestehen und welche Zuständigkeiten beachtlich sind.

Ob es sich um eine „neue Leistung" oder eine „neue Methode" handelt, ergibt sich aus der Verfahrensordnung des *G-BA*[168]. Gem. § 2 Kapitel 2. VerfO-G-BA ist eine „neue Methode" eine nicht im EBM enthaltene Leistung oder aber eine ärztliche Leistung, die bereits im EBM enthalten ist, deren Indikation oder deren Art der Erbringung jedoch eine wesentliche Änderung oder Erweiterung erfahren haben.[169]

Wie sich damit zeigt, knüpft die VerfO des *G-BA* an den formalen Neuheitsbegriff an, der überwiegend von der Rechtsprechung in § 135 SGB V als Maßstab für die Bestimmung der „Neuheit" angelegt wird.[170]

Für die Frage, ob nun eine Leistung oder eine Methode vorliegt, ist maßgebend, in welchem Ausmaß sich eine ärztliche Leistung von den Leistungen unterscheidet, die bisher über den EBM abgerechnet werden können. Insbesondere bloße technische Weiterentwicklungen werden als neue Leistung und wohl nicht als neue Methode zu verstehen sein.[171]

---

164 *Kluckert,* SGb 2020, 197 (197).

165 Hierauf weist auch *Kluckert,* in: SGb 2020, 197 (197) hin.

166 *Kluckert,* SGb 2020, 197 (198); z. B. EBM-GOP Nr. 3432.

167 Anhalt/Diener/*Wigge* § 30 Rn. 51.

168 Im Folgenden VerfO-G-BA.

169 Vgl. § 2 lit. a, b Kapitel 2 VerfO-G-BA.

170 Siehe kurz o. S. 235 ff.

171 Vgl. auch KassKomm/*Hess* § 87 SGB V Rn. 13.

Jedoch ist beachtlich, dass diese Einordnung stark vom Einzelfall abhängig ist und deshalb für die Hersteller von Medizinprodukten, also auch für Hersteller von Wearables und Gesundheitsapps, eine Schwierigkeit darstellt. Daher hat der Gesetzgeber in § 87 Abs. 3e S. 4 SGB V ein Auskunftsverfahren beim *Bewertungsausschuss* verankert, welches durch die „Verfahrensordnung des Bewertungsausschusses“[172] nach § 87 Abs. 1 S. 1 SGB V näher ausgestaltet ist. Nach § 3 Kapitel 2. VerfO-BWA sind auch u. a. Hersteller von Medizinprodukten taugliche Antragsberechtigte für das Auskunftsverfahren.

aa. *Wearables und Apps als neue Untersuchungs- und Behandlungsmethoden*

Sollte in diesem Verfahren die Feststellung getroffen werden, dass der jeweilige konkrete Einsatz von Wearables und Gesundheitsapps als Teil einer neuen Untersuchungs- und Behandlungsmethode oder als eigenständige neue Methode anzusehen ist, ist eine Aufnahme in den EBM durch den *Bewertungsausschuss* nur nach einer vorherigen positiven Bewertung nach § 135 SGB V durch den *G-BA* möglich. Der Prüfungsmaßstab für das Bewertungsverfahren nach § 135 SGB V ergibt sich aus § 135 Abs. 1 S. 1 Nr. 1 SGB V.[173] Der *G-BA* muss danach sowohl den diagnostischen und therapeutischen Nutzen der neuen Methode als auch dessen medizinische Notwendigkeit und Wirtschaftlichkeit nach dem jeweiligen wissenschaftlichen Erkenntnisstand der Bewertung zugrunde legen.[174] Bei dieser Bewertung muss auch immer ein Vergleich zu den bereits zulasten der Krankenkasse erbrachten Methoden erfolgen. Dieses Verfahren ist vom Gesetzgeber als Antragsverfahren ausgestaltet worden, wobei die Antragsberechtigung bei der kassenärztlichen Bundesvereinigung, den Krankenversicherungen, dem *Spitzenverband Bund der Krankenkassen* und den anerkannten Patienten-Versorgungsorganisationen liegt.[175] Nicht antragsbefugt ist somit z. B. der Hersteller eines Wearables oder einer Gesundheitsapp.

Sollte das Verfahren durchlaufen sein, kann entweder bei positivem Ergebnis eine „Freigabe“ erfolgen, an welche sich die Aufnahme der Leistung durch

---

172 Im Folgenden VerfO-BWA.

173 KassKomm/*Roters* § 135 SGB V Rn. 3; BeckOK-SozR/*Propp* § 135 SGB V Rn. 36; Becker/Kingreen/*Hollo* § 135 SGB V Rn. 11.

174 Becker/Kingreen/*Hollo* § 135 SGB V Rn. 12; BeckOK-SozR/*Propp* § 135 SGB V Rn. 37 ff.

175 BeckOK-SozR/*Propp* § 135 SGB V Rn. 26; Becker/Kingreen/*Hollo* § 135 SGB V Rn. 16.

den *Bewertungsausschuss* gem. § 87 SGB V in den EBM anschließt oder aber bei negativem Ergebnis eine „Sperre" der jeweiligen Methode erfolgen.[176]

Zusätzlich dazu besteht die Möglichkeit eines Übergangs in ein Erprobungsverfahren nach § 137e SGB V für den Fall, dass der Nutzen einer Methode noch nicht ausreichend belegt ist, die Methode jedoch das Potenzial aufweist, eine echte Alternative für eine Behandlung zu sein.[177] Dieses Erprobungsverfahren ist gleichzeitig ein denkbares Einfallstor für die Hersteller von Medizinprodukten, eine Befassung des *G-BA* im Rahmen des § 135 SGB V trotz fehlender Antragsbefugnis für dieses Verfahren zu veranlassen.

So sind Dritte – also zum Beispiel Hersteller von Medizinprodukten – taugliche Antragssteller gem. § 137e Abs. 7 SGB V für das Erprobungsverfahren nach § 137e SGB V.[178]

Sollte dieses Verfahren zu einem positiven Schluss kommen, muss sich der *G-BA* im Rahmen einer Bewertung nach § 135 Abs. 1 SGB V mit dieser erprobten Methode auseinandersetzen.

In einer zeitlichen Perspektive stellen § 135 Abs. 1 S. 4 ff. SGB V Vorgaben für die Dauer des Bewertungsverfahrens auf. So muss gem. § 135 Abs. 1 S. 4 SGB V eine Beschlussfassung über die Annahme eines Antrages spätestens drei Monate nach Eingang des Antrags erfolgen. Das eigentliche Bewertungsverfahren muss dann gem. § 135 Abs. 1 S. 5 SGB V innerhalb von zwei Jahren abgeschlossen sein. Diese letztgenannte Frist wurde vom Gesetzgeber mit Wirkung zum 01.01.2020 integriert, um so das bereits länger gewünschte Ziel einer zeitnahen Aufnahme von Innovationen in die gesetzliche Krankenkasse zu gewährleisten.[179]

bb. Wearables und Apps als neue Leistung

Wenn im Auskunftsverfahren nach § 87 Abs. 3e S. 4 SGB V deutlich wird, dass der Einsatz eines Wearables oder einer App als „neue Leistung" zu qualifizieren ist bzw. als Teil einer solchen Leistung, kann in diesem Fall eine Aufnahme in den EBM in alleiniger Verantwortung des *Bewertungsausschusses* erfolgen.[180]

Gerade mit Blick auf die hier zu betrachtenden Produkte erscheint es gut möglich, lediglich eine Qualifikation als „neue Leistung" zuzulassen. So ist gut denkbar, dass der Einsatz von Wearables und Gesundheitsapps in der

---

176 Becker/Kingreen/*Schmidt-De Caluwe* § 135 SGB V Rn. 11.

177 KassKomm/*Roters* § 137e SGB V Rn. 5; BeckOK-SozR/*Propp* § 137e SGB V Rn. 5 ff.

178 BeckOK-SozR/*Propp* § 137e SGB V Rn. 24; KassKomm/*Roters* § 137e SGB V Rn. 25.

179 So bereits BT-Drs. 16/3100 S. 145; vgl. dazu ausführlich *Felix*, MedR 2020, 728 (729).

180 KassKomm/*Hess* § 87 SGB V Rn. 13.

ärztlichen Behandlung lediglich als eine Veränderung der eingesetzten Technik ohne Veränderung der zugrunde liegenden Methode aufzufassen ist. Vorstellbar ist zum Beispiel der Einsatz eines Wearables zur automatischen Langzeit-Blutdruckmessung.[181] Zwar erfolgt eine Veränderung der eingesetzten Technik, die zu Grunde liegende Methode erfährt jedoch keine.

cc. Zusammenfassung

Wie dargelegt wurde, besteht die Möglichkeit des Zugangs von Wearables und Gesundheitsapps zur ärztlichen Behandlung in der ambulanten Versorgung der gesetzlichen Krankenversicherung. Abhängig von der Einordnung des Einsatzes von Wearables und Gesundheitsapps als „neue Methode“ oder „neue Leistung“ ist es einerseits möglich, dass die Aufnahme in den EBM über die vorherige Methodenbewertung oder aber direkt über die bloße Qualifikation als „neue Leistung“ durch den *Bewertungsausschuss* erfolgt.

b. § 33 SGB V – Hilfsmittel

Eine weitere Möglichkeit der Einbeziehung von Wearables und Gesundheitsapps in die ambulante Versorgung unter Kostenübernahme durch die gesetzliche Krankenversicherung besteht in der Qualifikation dieser Produkte als Hilfsmittel i. S. d. § 33 SGB V. Dabei stellt § 33 SGB V eine Konkretisierung des allgemeinen Anspruches des Versicherten auf Krankenbehandlung aus § 27 Abs. 1 S. 2 Nr. 3 SGB V dar.[182] In diesem Szenario wechselt die Anwenderperspektive, so obliegt die Anwendung hier dem Patienten.

aa. Anspruchsinhalt

Zunächst relevant ist, ob die in dieser Ausarbeitung beleuchteten Wearables und Gesundheitsapps als Hilfsmittel i. S. d. § 33 SGB V anzusehen sind. Es fehlt bezüglich des Begriffs des Hilfsmittels an einer gesetzlichen Legaldefinition, jedoch ist der Hilfsmittelsektor der gesetzlichen Krankenversicherung im großen Umfang von ergangener Rechtsprechung geprägt.[183]

Grundsätzlich sind als Hilfsmittel i. S. d. § 33 SGB V sächliche Mittel anzusehen, welche durch ersetzende, unterstützende oder entlastende Wirkung den Erfolg einer Krankenbehandlung sichern oder eine Behinderung ausgleichen

---

181 EBM-GOP Nr. 27324.

182 KKW/*Joussen* § 33 SGB V Rn. 1; Spickhoff/*Wabnitz* § 33 SGB V Rn. 1.

183 So auch Spickhoff/*Wabnitz* § 33 SGB V Rn. 2.

beziehungsweise ihr vorbeugen.[184] Die in § 33 SGB V aufgeführten Produkte, wie etwa Hörhilfen und Körperersatzstücke sollen Beispiele darstellen, welche Produkte als Hilfsmittel zu klassifizieren sind. Neben dieser grundsätzlichen Definition ist der Hilfsmittelbegriff insbesondere von notwendigen Abgrenzungen geprägt. Im Fokus steht immer wieder die Abgrenzung von Hilfsmitteln zu sog. Heilmitteln. Entscheidendes Abgrenzungskriterium ist das der „Sächlichkeit", welches bei Hilfsmitteln verlangt wird.[185]

Eine weitere Präzisierung des Begriffes ergibt sich aus dem Hilfsmittelverzeichnis, welches vom *Spitzenverband Bund der Krankenkassen* nach § 139 Abs. 1 SGB V erstellt wird.[186] In diesem Verzeichnis sind die von der Leistungspflicht umfassten Hilfsmittel aufzuführen, wobei es nicht als eine Positivliste zu verstehen ist, sondern lediglich als unverbindliche Auslegungshilfe.[187] Dennoch ist dem Hilfsmittelverzeichnis eine starke Indizienwirkung zuzuerkennen, sodass für Hersteller eine Aufnahme in dieses Verzeichnis als erstrebsam zu bezeichnen wäre.[188] Ansonsten wird es wohl oft zu gerichtlichen Auseinandersetzungen über die Frage der Ersatzfähigkeit von den von ihnen entwickelten Hilfsmitteln kommen.

Neben diesen definitorischen Anforderungen dürfte auch keiner der denkbaren Ausschlüsse für das jeweilige Mittel greifen.

Insbesondere relevant ist der Ausschluss gem. § 33 Abs. 1 S. 1 Hs. 2 Alt. 1 SGB V für sog. „allgemeine Gebrauchsgegenstände des täglichen Lebens". Gedanke hinter dieser Vorschrift ist, dass die gesetzliche Krankenkasse nur für Mittel aufkommen soll, die einer gezielten Krankheitsbekämpfung dienlich sind und nicht für Mittel, die der Eigenverantwortung des Versicherten obliegen.[189] Dabei fehlt es aber an einer gesetzlichen Definition. Vielmehr hat die Rechtsprechung diesen Begriff als sogenannten „Typusbegriff" geprägt.[190] In concreto

184 BSG, Urt. v. 30.01.2001 – B 3 KR 6/00 R, NZS 2001, 532 (533); Becker/Kingreen/*Lungstras* § 33 SGB V Rn. 4.

185 BSG, Urt. v. 08.07.2015 - B 3 KR 5/14 R = BeckRS 2015, 72724.

186 Becker/Kingreen/*Lungstras* § 33 SGB V Rn. 5.

187 Anhalt/Diener/*Clausen/Hartmann/Heil* § 31 Rn. 54; KassKomm/*Nolte* § 33 SGB V Rn. 31; BT-Drs. 16/3100 S. 150; BSG, Urt. v. 17.01.1996 – 3 RK 29/94, NJW-RR 1997, 259 (260); BSG, Urt. v. 13.05. 1998 - B 8 KN 13/97 R, BeckRS 1998, 30014092; BSG, Urt. v. 06.06.2002 – B 3 KR 68/01 R, NZS 2003, 477 (478).

188 BeckOK-SozR/*Knispel* § 33 SGB V Rn. 38.

189 Becker/Kingreen/*Lungstras* § 33 SGB V Rn. 31; BSG, Urt. v. 28.09.1976 – 3 RK 9/76, BSGE 42, 229.

190 Becker/Kingreen/*Lungstras* § 33 SGB V Rn. 32; KassKomm/*Nolte* § 33 SGB V Rn. 22; BSG, Urt. v. 17.01.1996 – 3 RK 39/94, BSG, NJW-RR 1997, 259 (260).

heißt das, dass eine Gesamtwürdigung verschiedener Merkmale zu erfolgen hat.[191] Hier stellt die neuere Rechtsprechung auf die Funktion und den Zweck des jeweiligen Gegenstandes ab.[192] Maßgeblich ist danach, ob der Gegenstand in seiner Funktion und Gestaltung für den Einsatz bei Kranken und Behinderten konzipiert wurde.[193] Ob dieser Zweck vorliegt, soll sowohl aus Sicht des Herstellers als auch aus Sicht der tatsächlichen Nutzer bestimmt werden.[194] Die frühere Rechtsprechung stellte dagegen insbesondere auf den Verbreitungsgrad und die Nutzung des Gegenstandes sowie den Preis ab.[195] Diese Rechtsprechung wurde jedoch aufgegeben.[196] Folgt man der Abgrenzung nach dem Zweck des Gegenstandes, so wird ein allgemeiner Gebrauchsgegenstand des täglichen Lebens angenommen, wenn seine Konzeption nicht überwiegend auf die Anwendung für Kranke und Behinderte gedacht ist.[197] Wie sich daraus auch ergibt, kann nicht mehr auf den Verbreitungsgrad eines Gegenstandes abgestellt werden, so sind trotz eventuell weiter Verbreitung Gegenstände, die speziell auf die Bedürfnisse von Kranken oder Behinderten zugeschnitten sind, keine Gebrauchsgegenstände des täglichen Lebens.[198]

Ebenfalls wichtig ist der Ausschluss nach § 34 Abs. 4 SGB V. Danach sind gewisse Hilfsmittel durch die Krankenversicherungs-Hilfsmittelverordnung ausgeschlossen, wenn ein geringer oder umstrittener therapeutischer Nutzen gegeben ist oder ein niedriger Abgabepreis vorliegt.[199]

(1) Wearables als Hilfsmittel

Wearables müssten nun unter diese soeben dargestellte Begrifflichkeit zu fassen sein. Hierbei erscheint zunächst eine Einordnung der in dieser Ausarbeitung genannten Wearables als Hilfsmittel i. S. d. § 33 SGB V möglich. So können Wearables beispielsweise durch eine unterstützende Wirkung den Erfolg der

---

191 BSG, Urt. v. 17.01.1996 – 3 RK 39/94, NJW-RR 1997, 259 (260).

192 BSG, Urt. v. 16.09.1999 – B 3 KR 1/99 R, BSGE 84, 266; KKW/*Joussen* § 33 SGB V Rn. 12.

193 KassKomm/*Nolte* § 33 SGB V Rn. 22c.

194 BeckOK-SozR/*Knispel* § 33 SGB V Rn. 27.

195 So etwa noch z. B. BSG, Urt. v. 17.01.1996 – 3 RK 39/94 NJW-RR 1997, 259 (260).

196 Vgl. BSG, Urt. v. 16.09.1999 – B 3 KR 1/99 R, BSGE 84, 266.

197 Vgl. BSG, Urt. v. 16.09.1999 – B 3 KR 1/99 R, BSGE 84, 266; BSG, Urt. v. 22.08.2001 – B 3 P 13/00 R, NZS 2002, 374; BeckOK-SozR/*Knispel* § 33 SGB V Rn. 27.

198 KassKomm/*Nolte* § 33 SGB V Rn. 22c.

199 KassKomm/*Nolte* § 33 SGB V Rn. 48; Becker/Kingreen/*Lungstras* § 33 SGB V Rn. 36.

Krankenbehandlung sichern und somit eine taugliche Wirkweise und Funktion aufweisen.

Wie jedoch mehrfach deutlich wurde, sind als Wearables auch Smartwatches und Fitnessarmbänder anzusehen.[200] Durch dieses weite Begriffsverständnis wird insbesondere der Ausschluss nach § 33 Abs. 1 S. 1 Hs. 2 Alt. 1 SGB V relevant. Wearables, die über § 33 SGB V auf Kosten der gesetzlichen Krankenkasse eingesetzt werden, dürfen danach nicht als „allgemeine Gebrauchsgegenstände des täglichen Lebens" angesehen werden.

Die Einordnung als „Gebrauchsgegenstand des täglichen Lebens" richtet sich nach dem vom Produkt verfolgten Zweck. Sollte ein Wearable im Hinblick auf seine Funktionen und seine Gestaltungen für den Einsatz bei Kranken und Behinderten konzipiert worden sein, so ist es nicht als ein „Gebrauchsgegenstand des täglichen Lebens" anzusehen und könnte somit als Hilfsmittel i. S. d. § 33 SGB V angesehen werden. Wie sich somit zeigt, wird eine Prüfung im Einzelfall nach dem jeweiligen Zweck des Produktes erfolgen müssen.

Wie zum Beispiel das von *Empatica* entwickelte Wearable „Embrace 2" zeigt, ist eine zielgerichtete Entwicklung zum Zweck des Einsatzes bei Kranken und Behinderten sehr gut möglich und vorstellbar. So richtet sich das Produkt an Menschen mit einer Epilepsieerkrankung, um eventuelle Krampfanfälle zu erkennen und eine Alarmierung von betreuenden Personen zu ermöglichen.[201] Das Wearable ist somit, sowohl aus Sicht des Herstellers als auch des Nutzers, für den Einsatz durch einen Kranken vorgesehen.

Gerade diese zielgerichtete Entwicklung zum Zweck des Einsatzes bei Kranken und Behinderten ist in Bezug auf die eingangs erwähnten Fitnessarmbänder und Smartwatches fraglich. Denn diese Wearables werden für die Anwendung in der breiten Masse zu ganz verschiedenen Zwecken eingesetzt. Es ist jedoch möglich, dass einige Wearables zusätzlich einen medizinischen Zweck verfolgen sollen und somit eine „Doppelfunktion" aufweisen. Sollte ein Produkt diese Eigenschaft haben, so kann zumindest eine teilweise Kostenübernahme durch die gesetzliche Krankenkasse erfolgen.[202]

Festzuhalten bleibt aber zunächst, dass grundsätzlich eine Klassifizierung von Wearables als Hilfsmittel i. S. d. § 33 SGB V möglich erscheint, es müssten

---

200 Siehe o. S. 27.

201 Vgl. Gebrauchsanleitung für das Empatica Embrace 2.

202 Becker/Kingreen/*Lungstras* § 33 SGB V Rn. 35; KassKomm/*Nolte* § 33 SGB V Rn. 26; BSG, Urt. v. 10.05.1995 - 1 RK 18/94, NZS 1995, 457 (459).

jedoch für eine Kostenübernahme jeweils im Einzelfall die noch darzustellenden weiteren Anspruchsvoraussetzungen gegeben sein.

(2) Gesundheitsapps als Hilfsmittel

Auch Gesundheitsapps – also Software – könnten als taugliche Hilfsmittel anzusehen sein. Problematisch ist, dass die Rechtsprechung fordert, dass es sich bei den Produkten um „sächliche Mittel“ handeln muss.[203] So würde mit Blick auf das Begriffsverständnis der „Sache“ aus § 90 BGB eine Verkörperung des jeweiligen Mittels notwendig sein.[204] Dies hätte zur Konsequenz, dass mangels Verkörperung Software nicht als taugliches Hilfsmittel i. S. d. § 33 SGB V anzusehen sein könnte. Durch die fehlende Erwähnung des Kriteriums des „sächlichen Mittels“ im Gesetz kann keine systematische Auslegung greifen.[205]

In die Bewertung mit einzubeziehen ist, dass die „Sächlichkeit“ teleologisch, wie bereits erörtert, als Abgrenzungsvariante zum Heilmittel dient und so verstanden werden soll, dass Hilfsmittel als Mittel anzusehen sind, welche als Sachleistung gewährt werden.[206] Die fehlende Verkörperung von Software darf somit keine Rolle spielen und auch Software muss unter den als extensiv zu verstehenden Hilfsmittelbegriff[207] fallen.

Somit müssten auch Gesundheitsapps als Hilfsmittel angesehen werden können. Dagegen könnte aber sprechen, dass der Gesetzgeber durch den noch zu beleuchtenden Leistungsanspruch aus § 33a SGB V ein Bedürfnis sah, digitale Angebote in die Leistungserbringung im Rahmen der gesetzlichen Krankenversicherung zu implementieren und daher eventuell davon ausging, dass die bisherigen Mechanismen nicht als ausreichend anzusehen seien. Wie jedoch § 33a Abs. 4 S. 1 SGB V deutlich macht, lässt dieser Leistungsanspruch Raum für andere Leistungsansprüche. Der Gesetzgeber hat damit lediglich eine weitere Möglichkeit für die Versicherten geschaffen und nicht erstmalig diese Möglichkeit.

Somit sind Gesundheitsapps trotz fehlender Verkörperung bei entsprechender Wirkweise als taugliche Hilfsmittel i. S. d. § 33 SGB V anzusehen.[208]

---

203 Vgl. BSG, Urt. v. 30.01.2001 – B 3 KR 6/00 R, NZS 2001, 532 (533); dieses Problem sehen auch *Heckelmann/Schödel*, NZS 2018, 926 (927).

204 *Heckelmann/Schödel*, NZS 2018, 926 (927).

205 *Heckelmann/Schödel*, NZS 2018, 926 (927).

206 *Heckelmann/Schödel*, NZS 2018, 926 (927); vgl. auch zur Software “Meine eigene Stimme“ SG Hamburg, S 25 KR 363/18 = BeckRS 2020, 13321.

207 Spickhoff/*Wabnitz* § 33 SGB V Rn. 3.

208 So auch Rehmann/Tillmanns E-Health-Hdb/*Stallberg* Kap. 2 Rn. 204.

Wie bereits deutlich wurde, dürfte aber keiner der möglichen Ausschlüsse greifen. Insbesondere der bereits im Zusammenhang mit Wearables angesprochene Ausschluss für Gebrauchsgegenstände des täglichen Lebens könnte hier an vielen Stellen durchgreifen. Wie schon oben ausgeführt kann keine generelle Beantwortung für die Einordnung von Gesundheitsapps erfolgen. Vielmehr muss wiederum eine Prüfung im Einzelfall geleitet vom Zweck der jeweiligen App stattfinden.[209]

Neben den Apps als Software sollte auch das Gerät – also die Hardware –, auf welchem die Software läuft, Beachtung finden. Sollte es sich dabei selbst bereits um ein Hilfsmittel i. S. d. § 33 SGB V auf Grund des Zwecks und eines fehlenden Ausschlusses handeln, ergeben sich keine Besonderheiten. Schwieriger ist die Bewertung für Hardware, welche bislang nicht als Hilfsmittel anzusehen ist. Auch diese im Zusammenhang mit der App stehende Hardware dürfte ihrerseits nicht als Alltagsgegenstand angesehen werden, um zusammen mit der App über § 33 SGB V ersatzfähig zu sein. Jedoch wird in der Regel keine neue Hardware entwickelt werden, und oftmals wird man von einer Installation der App auf dem eigenen Smartphone ausgehen können. Das Smartphone wird man als Gebrauchsgegenstand des täglichen Lebens ansehen müssen, gerade wenn es sich um ein Standardgerät handelt.[210]Auch kann bei einem Smartphone nicht von einer Doppelfunktionalität gesprochen werden. So kann aus der bloßen Möglichkeit einer Nutzung des Smartphones als Plattform für eine als Hilfsmittel zu klassifizierenden App nicht abgeleitet werden, dass es dem medizinischen Ausgleich einer Behinderung oder der Sicherung einer Behandlung dient.[211]

Dennoch ist nicht auszuschließen, dass im Einzelfall eine Hardware gesondert entwickelt wird und dadurch nicht als Gebrauchsgegenstand des täglichen Lebens angesehen werden kann, beziehungsweise es zumindest eine Doppelfunktion aufweist.[212]

bb. Anspruchsvoraussetzungen

Um über den Versorgungsanspruch aus § 33 SGB V geltend gemacht werden zu können, müssen auch die jeweiligen Anspruchsvoraussetzungen in Bezug

---

209 Siehe o. S. 251.

210 Vgl. zu sog. „Standard-Hardware", *Heckelmann/Schödel,* NZS 2018, 926 (927).

211 *Heckelmann/Schödel,* NZS 2018, 926 (927).

212 Gerade mit Blick auf Wearables, welche auch geeignete Hardware für die Installation von Gesundheitsapps darstellen könnten, erscheint diese Überlegung von entscheidender Bedeutung.

auf das potenzielle Hilfsmittel gegeben sein. Der Versicherte hat danach einen Anspruch, wenn das Hilfsmittel einem der in § 33 Abs. 1 SGB V genannten Zwecke auf erforderliche Weise dient.[213]

Das Hilfsmittel – also in dem hier betrachteten Fall das Wearable oder die Gesundheitsapp – müsste im Einzelfall für die Sicherung des Erfolges der Krankenbehandlung, für die Vorbeugung einer drohenden Behinderung oder für den Behinderungsausgleich erforderlich sein.[214]

Beispielhaft dienen der Sicherung des Erfolges der Krankenbehandlung alle sächlichen Mittel, welche der Krankheitsbekämpfung dienen und spezifisch im Rahmen dieser eingesetzt werden.[215] Eine „Erforderlichkeit" ist dann gegeben, wenn das Hilfsmittel geeignet, wirtschaftlich und notwendig für den verfolgten Zweck ist.[216] Das Hilfsmittel muss also dem anerkannten Stand der medizinischen Erkenntnis entsprechen, und gleichzeitig darf im Einzelfall kein gleich geeignetes kostengünstigeres Hilfsmittel dem Versicherten zur Verfügung stehen.[217] Auch in diesem Zusammenhang ist das gem. § 139 Abs. 1 S. 1 SGB V einzurichtende Hilfsmittelverzeichnis zu berücksichtigen.

So können gem. § 139 Abs. 2 S. 1 SGB V im Hilfsmittelverzeichnis auch besondere Qualitätsanforderungen für gewisse Hilfsmittelgruppen gefordert werden, um die Verwirklichung des Wirtschaftlichkeitsgebotes zu sichern.[218]

Als Bestandteil der vertragsärztlichen Versorgung würde zudem grundsätzlich die Versorgung mit Hilfsmitteln auch unter den ärztlichen Verordungsvorbehalt[219] fallen, jedoch ist beachtenswert, dass mit Einführung des § 33 Abs. 5a SGB V im Jahr 2012 eine solche Verordnung nur dann erforderlich ist, wenn eine erstmalige oder erneute ärztliche Diagnose oder Therapieentscheidung medizinisch geboten ist.[220] Durch diese verordnungsfreie Versorgung mit Hilfsmitteln erfolgt eine Entlastung von bürokratischem Aufwand und eine Vereinfachung der Versorgung.[221]

---

213 Becker/Kingreen/*Lungstras* § 33 SGB V Rn. 7.

214 Becker/Kingreen/*Lungstras* § 33 SGB V Rn. 9; KKW/*Joussen* § 33 SGB V Rn. 8 ff.; KassKomm/*Nolte* § 33 SGB V Rn. 17.

215 KassKomm/*Nolte* § 33 SGB V Rn. 7; BeckOK-SozR/*Knispel* § 33 SGB V Rn. 8.

216 KassKomm/*Nolte* § 33 SGB V Rn. 17; Anhalt/Dieners/*Clausen/Hartmann/Heil* § 31 Rn. 7 f.

217 KassKomm/*Nolte* § 33 SGB V Rn. 17 f.; Becker/Kingreen/*Lungstras* § 33 SGB V Rn. 9.

218 Anhalt/Dieners/*Clausen/Hartmann/Heil* § 31 Rn. 53; BT-Drs. 16/3100, S. 150.

219 Dieser Vorbehalt ergibt sich §§ 15 Abs. 1, 27 Abs. 1 S. 2 Nr. 3 SGB V.

220 Becker/Kingreen/*Lungstras* § 33 SGB V Rn. 61.

221 So auch das Ziel des Gesetzgebers, ausweislich BT-Drs. 17/10170 S. 25.

Außerdem kann ein Hilfsmittel als Teil einer Methode verstanden werden.[222] Sollte dies der Fall sein, muss bei einer Qualifikation als „neue Untersuchungs- und Behandlungsmethode“ auch eine positive Entscheidung des *G-BA* nach § 135 Abs. 1 SGB V gegeben sein.[223]

Festzuhalten bleibt, dass grundsätzlich die Möglichkeit besteht, dass Wearables und Gesundheitsapps als Hilfsmittel i. S. d. § 33 SGB V qualifiziert werden können, und auch die Anspruchsvoraussetzungen des § 33 SGB V durch diese Produkte erfüllt werden.

cc. Erfüllung des Leistungsanspruches

Sollten Wearables und Gesundheitsapps nach dem Vorgesagten als Hilfsmittel zu qualifizieren sein, stellt sich die Frage, wie der Versorgungsanspruch des Versicherten erfüllt wird.

Die Krankenkasse hat das Hilfsmittel als Sachleistung gem. § 2 Abs. 2 SGB V dem Versicherten zur Verfügung zu stellen.[224] Im Rahmen dieser Bereitstellung kann die Krankenkasse nach ihrem Ermessen gem. § 33 Abs. 5 SGB V bestimmen, ob das Hilfsmittel dem Versicherten übereignet wird oder eine leihweise Überlassung erfolgt.[225]

Eine Inanspruchnahme des Versorgungsanspruches kann nach allgemeinen Grundsätzen auch im Falle der Versorgung mit Wearables und Gesundheitsapps erfolgen.

Bei dieser Versorgung besteht bei Software genauso die leihweise Möglichkeit der Überlassung.[226] Insbesondere kann hier mit zeitlich befristeten Lizenzen gearbeitet werden, um das Szenario einer Leihe zu realisieren.

In der bereits erwähnten – gerade bei Wearables und Gesundheitsapps – gut denkbaren Situation der Doppelfunktionalität des Produktes kann eine Leistung durch die Krankenversicherung dann erfolgen, wenn der Teil der Herstellungskosten, der sich auf die Hilfsmittelfunktion bezieht, überwiegt oder die absolute Höhe der auf diese Funktion anfallenden Kosten den Versicherten übermäßig belasten würde.[227] Jedoch müssen in diesen Fällen die Beschaffungskosten

---

222 Vgl. z. B. BSG, Urt. v. 31.08.2000 – B 3 KR 21/99 R, BSGE 87, 105 oder BSG, Urt. v. 08.07.2015 – B 3 KR 6/14 R, NZS 2015, 860.

223 Vgl. KassKomm/*Roters* Art. 135 SGB V Rn. 12.

224 Becker/Kingreen/*Lungstras* § 33 SGB V Rn. 39; BeckOK-SozR/*Knispel* § 33 SGB V Rn. 47c.

225 BSG, Urt. v. 17.01.1996 - 3 RK 38/94 BeckRS 1996, 30759294.

226 So auch *Heckelmann/Schödel*, NZS 2018, 926 (929).

227 Becker/Kingreen/*Lungstras* § 33 SGB V Rn. 35.

zumindest anteilig von den Versicherten mitgetragen werden.[228] Begründen lässt sich dies mit dem Gedanken, dass der Versicherte auch ohne die Erkrankung oder Behinderung ein gleichartiges Produkt angeschafft hätte und demnach nun Aufwendungen erspart.[229]

dd. datenschutzrechtliche Erwägungen

Auch bei einem Einsatz von Hilfsmitteln i. S. d. § 33 SGB V wird eine Datenverarbeitung der Wearable- und Gesundheitsapp-Daten nicht durch die gesetzliche Krankenversicherung, sondern lediglich durch den Hersteller oder Behandler erfolgen. Somit sind auch in diesem Zusammenhang Ausführungen zum Sozialdatenschutz entbehrlich.

c. § 33a SGB V – Digitale Gesundheitsanwendung

Wie bereits eingangs dieses Kapitels deutlich wurde, hat der deutsche Gesetzgeber die Chancen, die mit einer voranschreitenden Digitalisierung in der Gesundheitsbranche verbunden sind, erkannt und will diese nutzbar machen.[230] Im Rahmen der ambulanten Versorgung ist daher durch das am 19.12.2019 in Kraft getretene DVG ein neuer Leistungsanspruch in die Versorgung der Versicherten in der gesetzlichen Krankenversicherung eingeführt worden.

Nach § 33a SGB V haben Versicherte nun einen Anspruch auf die Versorgung mit sogenannten „digitalen Gesundheitsanwendungen“, welche sie eigenständig nutzen.

aa. Anspruchsinhalt

Fraglich ist bereits, ob die in dieser Ausarbeitung beleuchteten Wearables und Gesundheitsapps als „digitale Gesundheitsanwendung“ zu qualifizieren wären und damit als tauglicher Anspruchsinhalt anzusehen sind.

(1) Begriffsbestimmung

Grundsätzlich gilt es festzuhalten, dass der Gesetzgeber mit der Begrifflichkeit der „digitalen Gesundheitsanwendung“ eine neue Bezeichnung wählt und nicht

---

228 Becker/Kingreen/*Lungstras* § 33 SGB V Rn. 35.

229 So KassKomm/*Roters* Art. 135 SGB V Rn. 26; BeckOK-SozR/*Knispel* § 33 SGB V Rn. 28.

230 So auch BT-Drs. 19/13438 S. 1.

die bereits vorgeprägten, wie „mHealth“, „E-Health“ oder „Gesundheitsapps“ verwendet.[231]

Die daraus resultierende Ausfüllungsbedürftigkeit des neu geschaffenen Begriffs übernimmt § 33a Abs. 1 S. 1 SGB V mittels einer Legaldefinition. Hiernach sind „digitale Gesundheitsanwendungen“ Medizinprodukte niedriger Risikoklasse, deren Hauptfunktion im Wesentlichen auf digitalen Technologien beruht und die dazu bestimmt sind, bei den Versicherten oder in der Versorgung durch die Leistungserbringer die Erkennung, Überwachung, Behandlung oder Linderung von Krankheiten oder die Erkennung, Behandlung, Linderung oder Kompensierung von Verletzungen oder Behinderungen zu unterstützen.

Wie § 33a Abs. 2 SGB V konkretisiert, richtet sich dabei das Verständnis, ob ein Medizinprodukt niedriger Risikoklasse vorliegt, nach den Vorgaben der MP-VO.[232] Somit scheiden durch diese Anknüpfung bereits bloße Lifestyle-Anwendungen und Produkte aus dem Anwendungsbereich aus.[233]

Eine niedrige Risikoklasse soll gem. § 33a Abs. 2 Hs. 1 SGB V dann gegeben sein, wenn es sich um Medizinprodukte der Klasse I oder Klasse IIa handelt.[234]

Hierbei wird, wie bereits angedeutet, die hohe Regelklassifizierung für Gesundheitsapps problematisch. So wird grundsätzlich eine Klassifizierung in Risikoklasse IIa anzunehmen sein, zusätzlich sind auch eine Reihe an Produkten denkbar, die eine höhere Risikoklassifizierung erhalten und daher nicht mehr als Teil des Leistungsanspruches aus § 33a SGB V erblickt werden können.[235] Die vom deutschen Gesetzgeber gezogene Grenze wirkt zudem im Hinblick auf die geltenden Übergangsbestimmungen willkürlich. So sind vom Anwendungsbereich des § 33a SGB V, während des Geltungszeitraums der Übergangsbestimmungen, potenziell Medizinprodukte erfasst, die unter Geltung der MP-VO einer höheren Klassifizierung (Klasse IIb und III) unterliegen als noch unter

231 Becker/Kingreen/*Kircher* § 33a SGB V Rn. 4 macht als begriffsprägendes Attribut „digital“ aus und nennt weitere Beispiele für neue Begrifflichkeiten im SGB V mit eben diesem.

232 Abs. 2 berücksichtigt daneben auch die Übergangserwägungen, auf die in dieser Ausarbeitung nicht weiter eingegangen werden soll.

233 Vgl. oben S. 163 ff.; i. E. so auch *Kemmner/Vivekens,* MPR 2020, 80 (84), jedoch mit Herleitung des Ausschlusses über die erforderliche Zweckbestimmung aus § 33a SGB V, wobei verkannt wird, dass bereits keine Eigenschaft als Medizinprodukt gegeben sein kann.

234 BT-Drs. 19/13438 S. 44; Becker/Kingreen/*Kircher* § 33a SGB V Rn. 7; KassKomm/*Altmiks* § 33a SGB V Rn. 36 f.

235 Vgl. zur Klassifizierung oben S. 189 ff.

Geltung des MPG.[236] Insbesondere im Hinblick auf die hohe Grundklassifizierung von Gesundheitsapps und zukünftigen Entwicklungen erscheint zudem eine notwendige Anpassung und Anhebung der zulässigen Risikoklassen im Leistungsanspruch des § 33a SGB V in Zukunft nicht ausgeschlossen zu sein.

Sollte ein Medizinprodukt eine entsprechende Risikoklassifizierung aufweisen, müsste die Hauptfunktion dieses Produktes zudem wesentlich auf digitaler Technologie beruhen, um vom Leistungsanspruch des § 33a SGB V umfasst zu sein.

Somit muss in einem ersten Schritt die jeweilige Hauptfunktion des Produktes bestimmt werden, um dann im darauffolgenden Schritt zu prüfen, ob dieser auf digitaler Technologie beruht.[237] Fraglich ist insbesondere, wann vom Vorliegen einer „digitalen Technologie" auszugehen ist. Der Gesetzgeber definiert dieses Merkmal nicht weiter. Wie aus den Gesetzesmaterialien erkennbar wird, bezeichnet der Gesetzgeber Softwareanwendungen als eine mögliche „digitale Technologie".[238] Somit ist davon auszugehen, dass „digitale Technologien" computergestützte, webbasierte oder andere elektronische Datenverarbeitung nutzende Medizinprodukte sein können. Entscheidend ist dabei die Verknüpfung mit der Hauptfunktion des Produktes. Sollte der medizinische Zweck des Medizinproduktes in seiner Hauptfunktion nicht durch seine digitale Funktion erreicht werden, kann keine Qualifikation als digitale Gesundheitsanwendung erfolgen. Nicht ausreichend ist daher, wenn das Medizinprodukt lediglich dem Auslesen oder der Steuerung eines Gerätes dient.[239] In Bezug auf den Zweck, den die digitale Gesundheitsanwendung erfüllen soll, erfolgt eine Rückbindung an die medizinproduktrechtliche Zweckbestimmung.[240] Bei dieser Rückbindung werden die medizinproduktrechtlich genannten Zwecke der Verhütung, Vorhersage und Prognose von Krankheiten beziehungsweise die Überwachung von Behinderungen und Verletzungen ausgeklammert.[241] Hinsichtlich der „Verhütung" von Krankheiten kann von einer sachlichen Einschränkung des Anwendungsbereiches ausgegangen werden.[242] So werden insbesondere Medizinprodukte,

236 So auch *Kemmner/Vivekens*, MPR 2020, 80 (84).
237 So wohl Becker/Kingreen/*Kircher* § 33a SGB V Rn. 10.
238 Vgl. BT-Drs. 19/13438 S. 44.
239 BT-Drs. 19/13438 S. 44; BeckOK-SozR/*Knispel* § 33a SGB V Rn. 14; Becker/Kingreen/*Kircher* § 33a SGB V Rn. 10.
240 Hierbei aber Rückbindung an § 3 Nr. 1 MPG wie BT-Drs. 19/13438 S. 44 deutlich macht.
241 *Weyd*, MedR 2020, 183 (184); KassKomm/*Altmiks* § 33a SGB V Rn. 5.
242 So auch KassKomm/*Altmiks* § 33a SGB V Rn. 5; BeckOK-SozR/*Knispel* § 33a SGB V Rn. 17.

die der Prävention dienen, nicht als digitale Gesundheitsanwendung angesehen werden können.[243] Die anderen ausgeklammerten Zwecke, wie „Vorhersage" und „Prognose" werden nicht als sachliche Einschränkung zu verstehen sein, sondern vom Begriff der „Erkennung" in § 33a Abs. 1 S. 1 SGB V erfasst sein. Wie sich aus den Formulierungen „bei, den Versicherten" und „in der Versorgung durch..." ergibt, sind außerdem nur solche Medizinprodukte erfasst, die der Versicherte selbst oder aber mit dem Leistungserbringer zusammen nutzt.[244] Folglich ausgenommen sind danach Medizinprodukte, die ausschließlich vom Arzt zur Behandlung eingesetzt werden.[245] Wie das *BfArM* in seinem Leitfaden darstellt, kann die digitale Gesundheitsanwendung als der „digitale Helfer" in der Hand des Versicherten bezeichnet werden.[246]

(2) Gesundheitsapps als digitale Gesundheitsanwendungen

Unter dieses soeben erörterte Verständnis könnten auch die in dieser Ausarbeitung angesprochenen Gesundheitsapps fallen. Wie bereits ausgeführt, können diese grundsätzlich als Medizinprodukte qualifiziert werden, wenn sie nicht als bloße Lifestyle-Anwendungen anzusehen sind.[247] Dabei wird nach den neuen Regelungen der MP-VO zumeist eine Klassifizierung in Risikoklasse IIa erfolgen.[248]

Gesundheitsapps sind zudem als Software als digitale Technologien anzusehen.[249] Auch die Hauptfunktion der App wird auf dieser Technologie beruhen.

Der Einsatz der Apps erfolgt zumeist auch für die genannten medizinischen Zwecke und durch die genannten Personengruppen. Lediglich Apps, welche der Primärprävention zuzuordnen sind, können nicht als digitale Gesundheitsanwendungen angesehen werden.[250]

Problematischer ist die Frage der Qualifikation als digitale Gesundheitsanwendung bei einer Kombination von App und Wearable. Wie bereits mehrfach

243 KassKomm/*Altmiks* § 33a SGB V Rn. 5; BeckOK-SozR/*Knispel* § 33a SGB V Rn. 17; *Braun* GesR 2019, 757 (758).

244 BT-Drs. 19/13438 S. 44.

245 KassKomm/*Altmiks* § 33a SGB V Rn. 10.

246 *BfArM*, Fast-Track-Verfahren für DiGA S. 12.

247 Siehe o. S. 169 ff.

248 Siehe o. S. 189 ff.

249 BT-Drs. 19/13438 S. 44; so auch KassKomm/*Altmiks* § 33a SGB V Rn. 7; Becker/Kingreen/*Kircher* § 33a SGB V Rn. 10.

250 KassKomm/*Altmiks* § 33a SGB V Rn. 5; BeckOK-SozR/*Knispel* § 33a SGB V Rn. 17; *Braun*, GesR 2019, 757 (758).

erörtert, besteht die Möglichkeit, dass eine App auf Daten des Wearables zugreift und diesen erhobenen Datensatz für weitere Analysen und Funktionen nutzt. In diesem Fall kann sowohl das Wearable als auch die App als Medizinprodukt qualifiziert werden.[251] Fraglich ist aber, ob die Kombination aus App und Wearable als digitale Gesundheitsanwendung eingestuft werden kann.[252]

Prinzipiell ist anzuerkennen, dass der Wortlaut der Vorschrift technologieneutral ausgestaltet ist.[253] So soll auch eine Anwendung auf Medizinprodukte, welche auf anderen digitalen Technologien als Software beruhen, möglich sein.[254] Diesen Gedanken fortführend sieht das *BfArM* auch Geräte, Sensoren oder auch andere Hardware als erfasst an, zumindest dann, wenn ihre Hauptfunktion sich als eine „digitale" darstellt und die Hardware für die Erreichung des Zwecks der digitalen Gesundheitsanwendung notwendig ist.[255] Entscheidend soll darüber hinaus sein, dass es sich bei der Hardware nicht um privat zu finanzierende Gegenstände des täglichen Lebens handelt.[256] Als Beispiel wird das Zusammenspiel einer als Medizinprodukt zugelassenen Smartwatch genannt, welche den Anstieg der Herzfrequenz misst, und deren Daten durch eine App ausgelesen werden, um so verbesserte diagnostische Schritte darzustellen.[257] Sollte die App lediglich die vom Wearable erhobenen Daten darstellen, soll nach Auffassung des *BfArM* keine Qualifikation als digitale Gesundheitsanwendung erfolgen.[258] So ist in diesem Fall die Hauptfunktion der Messung nicht Bestandteil der digitalen Leistung der App.[259] Wie sich zeigt, ist die Qualifikation von Kombinationsprodukten als digitale Gesundheitsanwendung kaum trennscharf möglich.[260] Die Beispiele im entsprechenden Leitfaden des *BfArM* ermöglichen jedoch eine erste Orientierung.

Erkennbar wird so, dass das Zusammenspiel einer App mit Hardware und damit auch Wearables vom Begriff der „digitalen Gesundheitsanwendung" erfasst sein kann.[261]

---

251 So bereits oben S. 163 ff.

252 Zur Kombination von App und Hardware vgl. *BfArM*, Fast-Track-Verfahren für DiGA S. 13.

253 Becker/Kingreen/*Kircher* § 33a SGB V Rn. 10.

254 Vgl. BT-Drs. 19/13438 S. 44.

255 *BfArM*, Fast-Track-Verfahren für DiGA S. 13.

256 *BfArM*, Fast-Track-Verfahren für DiGA S. 13 nennt das Smartphone als Beispiel.

257 Vgl. mit weiteren Beispielen *BfArM*, Fast-Track-Verfahren für DiGA S. 14.

258 *BfArM*, Fast-Track-Verfahren für DiGA S. 14.

259 So *BfArM*, Fast-Track-Verfahren für DiGA S. 14.

260 Vgl. *Kemmner/Vivekens*, MPR 2020, 80 (84); *Pohl*, MPR 2019, 127 (128).

261 Kritisch mit Blick auf § 33 a Abs. 3 SGB V, *Altmiks*, in: KassKomm § 33a SGB V Rn. 7.

Das oftmals erwähnte Gefüge von App und Wearable kann somit als tauglicher Leistungsgegenstand im Rahmen des Anspruches aus § 33a Abs. 1 SGB V angesehen werden.

(3) Wearables als digitale Gesundheitsanwendungen

Fraglich bleibt, ob ferner, neben der soeben bejahten Möglichkeit der Qualifikation als digitale Gesundheitsanwendung durch Kombination das Wearable selbst und eigenständig als solche verstanden werden kann.

Anzuerkennen ist zunächst, dass Wearables als Medizinprodukte einer geeigneten Risikoklasse angesehen werden können.[262] Fraglich ist aber, ob Wearables Medizinprodukte sind, deren Hauptfunktion wesentlich auf digitalen Technologien beruht.

Hierfür könnte erneut der technologieneutrale Wortlaut der Vorschrift sprechen. So müssten Medizinprodukte, welche eine computergestützte, webbasierte oder andere elektronische Datenverarbeitung nutzende Hauptfunktion aufweisen, als erfasst angesehen werden.[263] Gegen eine Einordnung von verkörperten Medizinprodukten als digitale Gesundheitsanwendungen könnte jedoch die systematische Erwägung der Bereitstellungsmodalität nach § 33a Abs. 3 SGB V sprechen.[264] So soll grundsätzlich die digitale Gesundheitsanwendung dem Versicherten mittels elektronischer Übertragung durch öffentlich zugängliche Netze oder maschinell lesbaren Datenträger zur Verfügung stehen. Verkörperte Produkte – also Hardware – können hingegen nicht auf diesem Wege zu den Versicherten gelangen.[265] Richtigerweise ist auch beachtlich, dass die Abgabe einer als digitale Gesundheitsanwendung klassifizierten Software auf einem maschinell lesbarsen Datenträger möglich erscheint, und zwar durch eine Abgabe direkt vom jeweiligen Hersteller.[266] Folglich kann nicht gänzlich von einem rein digitalen Übertragungsweg für digitale Gesundheitsanwendungen gesprochen werden. Außerdem wird man § 33a Abs. 3 SGB V als eine spezielle Ausprägung

---

262 Vgl. S. 163 und S. 186.

263 *Braun*, GesR 2019, 757 (758); Becker/Kingreen/*Kircher* § 33a SGB V Rn. 10; BeckOK-SozR/*Knispel* § 33a SGB V Rn. 14; wohl auch KKW/*Joussen* § 33a SGB V Rn. 2; a. A. KassKomm/*Altmiks* § 33a SGB V Rn. 7; wohl auch Rehmann/Tillmanns E-Health-Hdb/*Stallberg* Kap. 2 Rn. 248.

264 So KassKomm/*Altmiks* § 33a SGB V Rn. 7; als Gegenargument fasst dies auch *Kircher*, in: Becker/Kingreen § 33a SGB V Rn. 10 auf.

265 So KassKomm/*Altmiks* § 33a SGB V Rn. 7.

266 BT-Drs. 19/13438 S. 45; dies gibt auch *Kircher*, in: Becker/Kingreen § 33a SGB V Rn. 10 zu bedenken.

des in der gesetzlichen Krankenversicherung vorherrschenden Sachleistungsprinzips ansehen müssen, welches sicherstellt, dass dieses Prinzip auch für rein digital erhältliche und nicht verkörperte Produkte Anwendung findet.[267] Gegen eine Einordnung eines Wearables als digitale Gesundheitsanwendung könnte darüber hinaus der Wille des Gesetzgebers sprechen, welcher ausweislich des Gesetzentwurfs zum Digitale-Versorgung-und Pflege-Modernisierungs-Gesetz[268] nur von einem Zusammenwirken zwischen Wearables und digitaler Gesundheitsanwendung ausgeht.[269]

Für die Einbeziehung von Hardware in den Begriff der digitalen Gesundheitsanwendung spricht in besonderem Maße der Telos der Vorschrift. So soll der Leistungsanspruch des Versicherten in der gesetzlichen Krankenversicherung durch § 33a SGB V auf digitale Technologien erweitert werden, um die damit verbundenen Chancen für die Versicherten nutzbar zu machen. Somit lässt sich eine Beschränkung auf reine Softwarelösungen nicht begründen. Vielmehr ist bereits auf Grund des engen Anwendungsbereiches des § 33a SGB V eine ausreichende Begrenzung des Anspruches in inhaltlicher Hinsicht anzunehmen. So sind nur Medizinprodukte der Klasse I und IIa tauglicher Anspruchsinhalt und zudem knüpft § 33a SGB V nur an eine ausgewählte Anzahl medizinischer Zweckbestimmungen an.

Außerdem bleibt letztlich das Erfordernis einer digitalen Hauptfunktion bestehen, mit welcher wiederum eine gewisse Einschränkung einhergeht. Folglich ist auch ein Ausufern des Anspruchs bei einem extensiveren Verständnis nicht anzunehmen.

Im Ergebnis wird man daher reine Hardwareprodukte – wie Wearables – als tauglichen Anspruchsinhalt qualifizieren können.[270]

bb. Anspruchsvoraussetzungen

Um einen Anspruch des Versicherten aus § 33a Abs. 1 SGB V zu begründen, welcher sich auf die Versorgung mit einem der soeben genannten Produkte erstreckt, reicht die bloße Qualifikation als digitale Gesundheitsanwendung nicht aus, vielmehr müssen auch weitere Anforderungen erfüllt sein.

---

267 Ähnlich *Braun*, GesR 2019, 757 (761) welcher Vorschrift als lex specialis für Softwareprodukte ansieht.

268 Im Folgenden DVPMG.

269 Vgl. BR-Drs. 52/21 S. 120.

270 Bisher wurden jedoch noch keine verkörperten Medizinprodukte als digitale Gesundheitsanwendungen qualifiziert.

(1) Prüfung und Verzeichniseintrag des BfArM

So ist zunächst erforderlich, dass die digitale Gesundheitsanwendung vom *BfArM* ins Verzeichnis für digitale Gesundheitsanwendungen nach den Vorgaben der „Digitale Gesundheitsanwendungs-Verordnung“[271] eingetragen wurde. Die DiGAV ist dabei die sich auf die ebenfalls neu eingefügte Ermächtigungsnorm des § 139e SGB V stützende Verordnung, welche den vom DVG vorgegeben Rechtsrahmen weiter ausgestaltet.[272]

Der bereits erwähnte Leitfaden des *BfArM* ergänzt diesen weiter und bietet Orientierung für betroffene Akteure.[273]

Die Eintragung in das angesprochene Verzeichnis ist ein konstitutives Merkmal für digitale Gesundheitsanwendungen.[274] Bevor eine solche erfolgen kann, muss zunächst das erforderliche Überprüfungsverfahren beim *BfArM* durchlaufen werden. Hierbei müssen die Sicherheit, Funktionstauglichkeit und Qualität des Medizinproduktes sowie der Schutz und die Sicherheit der Daten nach dem Stand der Technik und das Vorliegen eines positiven Versorgungseffekts nachgewiesen werden.[275]

(a) Qualitätsvorgaben und „positiver Versorgungseffekt“

Unter dem Begriff des „positiven Versorgungseffektes“ ist nach § 139e Abs. 2 S. 3 SGB V sowie § 8 Abs. 1 DiGAV entweder ein medizinischer Nutzen oder eine patientenrelevante Struktur- und Verfahrensverbesserung in der Versorgung zu verstehen.[276] Wie sich ausdrücklich aus dem Wortlaut ergibt, stehen die beiden Alternativen gleichberechtigt nebeneinander und müssen nicht kumulativ vorliegen.[277] Ein „medizinischer Nutzen“ ist dann gegeben, wenn es zu einer positiven Beeinflussung von patientenrelevanten Endpunkten, wie beispielsweise der Verbesserung des Gesundheitszustands oder der Verkürzung der

---

271 Im Folgenden DiGAV.

272 *Kemmner/Vivekens,* MPR 2020, 80 (80).

273 *Kemmner/Vivekens,* MPR 2020, 80 (80); *BfArM,* Fast-Track-Verfahren für DiGA S. 1 ff.

274 *Kluckert,* SGb 2020, 197 (199).

275 *BfArM,* Fast-Track-Verfahren für DiGA S. 37 ff.

276 Vgl. BT-Drs. 19/14867 S. 93.

277 KassKomm/*Altmiks* § 139e SGB V Rn. 25; BeckOK-SozR/*Knispel* § 139e SGB V Rn. 12; Becker/Kingreen/*Kircher* § 139e SGB V Rn. 7; *Stallberg,* MPJ 2020, 211 (214); *BfArM,* Fast-Track-Verfahren für DiGA S. 82 ff.; Rehmann/Tillmanns E-Health-Hdb/*Stallberg* Kap. 2 Rn. 256.

Krankheitsdauer kommt.[278] Für den Nachweis eines solchen Nutzens sind gem. § 10 Abs. 1, 2 DiGAV keine klinischen Studien notwendig.[279] Somit müssen die durchzuführenden Studien zeigen, dass eine Nutzung der Anwendung besser ist als deren Nichtanwendung.[280] Begründet wird diese Absenkung des Evidenzgrades damit, dass digitale Gesundheitsanwendungen für einen praktischen Mehrwert durch die Gewinnung und Auswertung gesundheitsbezogener Daten sorgen und dabei ein geringes Risikopotenzial und geringe Kosten aufweisen.[281]

Unter dem Begriff der „patientenrelevante Struktur- und Verfahrensverbesserung" fallen gem. § 8 Abs. 3 DiGAV Anwendungen, die auf eine Unterstützung des Gesundheitshandelns der Patienten oder eine Integration der Abläufe zwischen Patient und Leistungserbringer ausgerichtet sind.[282] Damit sind auch Aspekte gemeint, die im Rahmen der wissenschaftlichen Bewertung von Gesundheitstechnologien – sog. Health Technologie Assessment[283] – mit den Bereichen „ethisch/sozial", „organisatorisch" oder „ökonomisch" beschrieben werden können.[284] Somit wird durch die Prüfung bei *BfArM* vor Eintragung auch ein spezifischer Maßstab für Gesundheitstechnologiebewertung i. S. v. HTA für digitale Gesundheitsanwendung geschaffen, welcher sich eventuell von den anerkannten Standards der evidenzbasierten Medizin unterscheiden kann.[285] Dass folglich nicht mehr nur alleine auf den medizinischen Nutzen abgestellt wird, kann als echte Neuerung im Recht der gesetzlichen Krankenversicherung verstanden werden.[286] Diesen Nachweis hat der Hersteller zu führen, wobei das *BfArM* diese Beweisführung überprüft.[287]

Beachtenswert ist in diesem Zusammenhang, dass durch die für Medizinprodukte ohnehin notwendige CE-Kennzeichnung[288] die Sicherheit, Qualität und Funktionstauglichkeit bereits nachgewiesen ist.[289]

---

278 KassKomm/*Altmiks* § 139e SGB V Rn. 29; BeckOK-SozR/*Knispel* § 139e SGB V Rn. 13; Becker/Kingreen/*Kircher* § 139e SGB V Rn. 8; *BfArM*, Fast-Track-Verfahren für DiGA S. 82; BT-Drs. 19/13428 S. 59.

279 BeckOK-SozR/*Knispel* § 139e SGB V Rn. 13; *Stallberg*, MPJ 2020, 211 (214).

280 BeckOK-SozR/*Knispel* § 139e SGB V Rn. 13; *Stallberg*, MPJ 2020, 211 (214).

281 Vgl. BT-Drs. 19/13428 S. 59.

282 KassKomm/*Altmiks* § 139e SGB V Rn. 30f.; BeckOK-SozR/*Knispel* § 139e SGB V Rn. 15; Becker/Kingreen/*Kircher* § 139e SGB V Rn. 9.

283 Im Folgenden HTA.

284 BT-Drs. 19/14867 S. 93.

285 Vgl. dazu auch weiterführend *Kluckert*, SGb 2020, 197 (199).

286 *Münkler*, NZS 2021, 41 (45).

287 *BfArM*, Fast-Track-Verfahren für DiGA S. 37 ff.

288 Vgl. dazu bereits oben S. 201 ff.

289 *Kemmner/Vivekens*, MPR 2020, 80 (85).

(b) datenschutzrechtliche Vorgaben

Neben diesen qualitativen Anforderungen sind für eine mögliche Eintragung ins Verzeichnis auch Datenschutzvorgaben einzuhalten. Ein geeignetes Datenschutzniveau wird somit zu einer Voraussetzung für die Möglichkeit des Einsatzes von Wearables und Gesundheitsapps als digitale Gesundheitsanwendungen i. S. d. § 33a SGB V auf Kosten der gesetzlichen Krankenversicherung.

Dabei macht die DiGAV eigene Vorgaben in Bezug auf das erforderliche Datenschutzniveau.

So bestimmt § 4 Abs. 2 DiGAV zunächst, dass eine Datenverarbeitung nur mit einer Einwilligung des Versicherten nach Art. 9 Abs. 2 lit. a DSGVO erfolgen darf.[290] Wie der Verordnungsgeber klarstellt, soll insbesondere kein Erlaubnistatbestand i. S. d. Art. 9 Abs. 2 lit. h DSGVO geschaffen werden.[291]

Außerdem schränkt § 4 Abs. 2 DiGAV die zulässigen Datenverarbeitungszwecke ein. So nennt § 4 Abs. 2 DiGAV zum Beispiel als zulässige Zwecke die Verarbeitung zum Zweck des bestimmungsgemäßen Gebrauchs der digitalen Gesundheitsanwendung durch den Nutzer oder eine Verarbeitung zum Nachweis der positiver Versorgungseffekte. Zusätzlich schließt § 4 Abs. 4 S. 1 DiGAV ausdrücklich eine Datenverarbeitung zu Werbezwecken aus.

Es stellt sich diesbezüglich die Frage der Zulässigkeit dieser Ausgestaltung.

Zunächst könnte eine Einschränkung der Erlaubnisgründe und Zwecke aus der DSGVO als mit dem Unionsrecht unvereinbar angesehen werden.[292] Der Verordnungsgeber stützt seine Einschränkungen auf die Öffnungsklausel des Art. 9 Abs. 4 DSGVO.[293] Hiernach besteht eine Gestaltungsmöglichkeit zur Erhöhung des Schutzniveaus bei besonderen personenbezogenen Daten.[294] Jedoch schränkt die DiGAV die Datenverarbeitung aller im Zusammenhang mit digitalen Gesundheitsanwendungen stehenden Daten auf die genannten Erlaubnisgründe und die genannten Zwecke ein.[295] Man könnte daher von einer Überschreitung der aus der Öffnungsklausel erwachsenden Befugnisse ausgehen.

Gegen eine solche Überschreitung spricht jedoch die mit einem Verstoß gegen § 4 DiGAV verbundene Rechtsfolge.[296] Lediglich eine Aufnahme ins

---

290 Vgl. Rehmann/Tillmanns E-Health-Hdb/*Rammos* Kap. 3 Rn. 168.

291 Referentenentwurf BMG zu DiGAV, Stand: 15.01.2020 S. 54.

292 Dieses Problem sehen auch *Schreiber/Gottwald,* ZD 2020, 385 (387).

293 Referentenentwurf BMG zu DiGAV, Stand: 15.01.2020 S. 54.

294 BeckOK-DatenschutzR/*Albers/Veit* Art. 9 DSGVO Rn. 109.

295 So auch *Schreiber/Gottwald,* ZD 2020, 385 (387), Rehmann/Tillmanns E-Health-Hdb/*Rammos* Kap. 3 Rn. 170.

296 *Schreiber/Gottwald,* ZD 2020, 385 (387).

Verzeichnis für digitale Gesundheitsanwendung ist ausgeschlossen, und es wird gerade kein Datenschutzverstoß begründet.[297] Bezüglich einer Erstattungsfähigkeit von Leistungen im Rahmen der gesetzlichen Krankenversicherung kann der Gesetzgeber höhere Anforderungen an das Datenschutzniveau stellen. Folglich ist eine Einschränkung nicht als unvereinbar mit dem Unionsrecht anzusehen.

In gleicher Weise lässt sich die in § 4 Abs. 3 DiGAV enthaltene Begrenzung der Drittstaatenübermittlung, welche ebenfalls über die Vorgaben der DSGVO in diesem Bereich hinausgehen, rechtfertigen. So kann zwar nach Art. 46 DSGVO diese auch bei Vorliegen „geeigneter Garantien" datenschutzkonform erfolgen, dennoch kann der Gesetzgeber unionsrechtskonform höhere Anforderungen an die Drittstaatenübermittlung für eine Erstattungsfähigkeit als digitale Gesundheitsanwendung stellen.[298] Dadurch wird er hier im Bereich des Sozialrechts und nicht im Bereich des Datenschutzrechts tätig. Ebenfalls in Frage gestellt wird, ob die Ermächtigungsgrundlage aus § 139e Abs. 9 SGB V die Einschränkungen aus § 4 DiGAV deckt.[299] Insbesondere ein Verstoß gegen das Bestimmtheitsgebot nach Art. 80 Abs. 1 S. 2 GG steht dabei in Frage.[300] Allerdings wird man festhalten können, dass der Wortlaut des § 139e Abs. 9 S. 1 Nr. 2 SGB V unter Bezugnahme zu § 139e Abs. 2 S. 2 SGB V davon spricht, dass das „Nähere" zu den für die Erstattungsfähigkeit relevanten nachzuweisenden Anforderungen – und damit auch denen des Datenschutzrechts – in der Verordnung bestimmt werden soll. Daher sind bereits in der gesetzlichen Grundlage in einem zumindest durch Auslegung zu ermittelnden Maß „Inhalt, Zweck und Ausmaß der erteilten Ermächtigung" i. S. d. Art. 80 Abs. 1 S. 2 GG bestimmt.[301]

Diesem Ansatz folgend, wird man die Reglung des § 4 DiGAV als zulässig ansehen können, sodass für eine Aufnahme in das Verzeichnis der digitalen Gesundheitsanwendungen die dargestellten Anforderungen einzuhalten sind.

Den dafür erforderlichen Nachweis muss auch in Bezug auf den Datenschutz der Hersteller der digitalen Gesundheitsanwendung gegenüber dem *BfArM* erbringen. Auch diese Anknüpfung ist nicht gänzlich ohne Schwierigkeiten möglich. So zeigen sich gleich in zweierlei Hinsicht Probleme.

---

297 So auch zutreffend *Schreiber/Gottwald,* ZD 2020, 385 (387); dies verkennt der Referentenentwurf des *BMG* zu DiGAV, Stand: 15.01.2020 S. 55 durch die Anknüpfung an den Terminus der „Rechtmäßigkeit".

298 Andere Ansicht *Hofer/ Sachs/ Sonnenschein,* MPR 2020, 227.

299 So *Schreiber/Gottwald,* ZD 2020, 385 (387).

300 Vgl. *Schreiber/Gottwald,* ZD 2020, 385 (387).

301 Dieses Maß sieht das BVerfG als ausreichend an; vgl. z. B. BVerfG, Urt. v. 19.09.2018 -2 BvF 1/15, NVwZ 2018, 1703 Rn. 203.

Zunächst problematisch ist, dass durch die Anknüpfung dieser Nachweispflicht die Einhaltung des Datenschutzes an den „Hersteller“ gebunden wird und damit ein Bruch mit dem System der datenschutzrechtlichen Verantwortlichkeit erfolgt.[302] Neben dem Verantwortlichen i. S. d. Art. 4 Nr. 7 DSGVO wird der „Hersteller“ i. S. d. Art. 2 Nr. 30 MP-VO für die Einhaltung der Vorgaben des Datenschutzes verpflichtet.[303] Mit dieser Abweichung sind jedoch keine Risiken für die Nutzer verbunden. Ohnehin wird zumeist eine Personenidentität angenommen werden können.[304] Sollte eine solche nicht gegeben sein, könnten verschiedene Verantwortliche für die Datenverarbeitungen gegeben sein oder eine gemeinsame Verantwortlichkeit i. S. d. Art. 26 DSGVO wäre gegeben.[305] Somit erwachsen aus dem Bruch mit dem datenschutzrechtlichen System der Verantwortlichkeit keine weiteren Schwierigkeiten.

Zusätzlich problematisch ist, dass für die Prüfung der Einhaltung der Vorgaben des § 4 DiGAV eine alleinige Zuständigkeit des *BfArM* anzunehmen ist.[306] Damit wird eine Stelle mit Fragestellungen des Datenschutzes betraut, für die diese Materie als fachfremd anzusehen ist. Sinnvoller wäre vielmehr eine Einbeziehung des Bundesbeauftragen für Datenschutz und Informationsfreiheit und des Bundesamtes für Sicherheit in der Informationstechnik.[307]

Im Ergebnis sind die entscheidenden Angaben weiterhin gegenüber dem *BfArM* zu erbringen, um so eine Eintragung zu ermöglichen und dadurch in der ambulanten Versorgung erstattungsfähig zu werden.

(2) Verordnung durch Behandler oder Genehmigung durch Krankenkasse

Außerdem muss alternativ eine Verordnung durch den Behandler oder eine Genehmigung durch die gesetzliche Krankenkasse gegeben sein. Auf diesem Wege soll sichergestellt werden, dass die digitale Gesundheitsanwendung zweckentsprechend zur Unterstützung der vertragsärztlichen Versorgung oder der sonstigen Gesundheitsversorgung eingesetzt wird.[308]

---

302 Vgl. zu dieser Einordnung S. 62 ff.

303 Dieses Problem beschreiben auch *Schreiber/Gottwald,* ZD 2020, 385 (387).

304 Vgl. dazu oben S. 67 ff.

305 So auch *Schreiber/Gottwald,* ZD 2020, 385 (387).

306 So schon *Schreiber/Gottwald,* ZD 2020, 385 (390).

307 Vgl. hier bereits BR-Drs. 360/19 (Beschluss) S. 17 Nr. 17, in welchem eine Einbeziehung dieser Stellen empfohlen wird.

308 BT-Drs. 19/13438 S. 44.

Um eine Verordnung durch den Behandler zu ermöglichen, wurde daher mit Nr. 7a in § 73 Abs. 2 S. 1 SGB V klargestellt, dass die Versorgung mit digitalen Gesundheitsanwendungen zur vertragsärztlichen Versorgung zählt.[309] Mit dieser Klarstellung geht einher, dass der Grundsatz der Wirtschaftlichkeit greift und der Behandler damit eine Wirtschaftlichkeitsprüfung i. S. d. §§ 106, 106b SGB V durchzuführen hat.[310] Somit kann für den Behandler geboten sein, die kostengünstigere digitale Gesundheitsanwendung zu verordnen, wenn für ihn zwischen mehreren digitalen Gesundheitsanwendungen kein Unterschied besteht.[311]

Es ist jedoch nicht nur die Auswahl der jeweiligen digitale Gesundheitsanwendung betroffen, sondern auch die Art und Weise der Verordnung kann bei dieser Betrachtung eine Rolle spielen.[312] So könnten digitale Gesundheitsanwendungen auch Anwendungen sein, welche ein Abo-System als Abrechnungsmodell aufweisen.[313] Abgerechnet wird bei diesen Anwendungen mit regelmäßigen Zahlungen.[314] In diesen Fällen bietet sich eine zeitlich befristete Verordnung mit zwischenzeitlicher Evaluation der Nutzung durch den Patienten als wirtschaftlich zielführendes Vorgehen an.[315]

Neben der „klassischen" Verordnung in Papierform kann eine Verordnung einer digitalen Gesundheitsanwendung nach § 86 Abs. 1 S. 1 Nr. 2 SGB V auch in elektronischer Form erfolgen.[316]

Die Alternative zur Verordnung durch den Behandler liegt in der Möglichkeit der Genehmigung durch die gesetzliche Krankenkasse. Mit Schaffung dieser Lösung stärkt der Gesetzgeber die Eigenständigkeit der Versicherten, und macht somit einen ersten Schritt in Richtung einer dauerhaft gestärkten Rolle des Patienten im Rahmen seiner Behandlung.[317] Diese Möglichkeit durchbricht

---

309 *Braun*, GesR 2019, 757 (760); KassKomm/*Altmiks* § 33a SGB V Rn. 22.

310 So auch *Braun*, GesR 2019, 757 (761); KassKomm/*Altmiks* § 33a SGB V Rn. 23.

311 BT-Drs. 19/14867 S. 89; KassKomm/*Altmiks* § 33a SGB V Rn. 23.

312 KassKomm/*Altmiks* § 33a SGB V Rn. 24.

313 Richtigerweise so auch KassKomm/*Altmiks* § 33a SGB V Rn. 24.

314 Die digitale Gesundheitsanwendung *ESYSTA*, welche ein digitales Diabetesmanagement ermöglicht, wird zur dauerhaften Nutzung empfohlen, muss aber alle 90 Tage neu verordnet werden.

315 Richtigerweise so auch KassKomm/*Altmiks* § 33a SGB V Rn. 24; vgl. z. B. Vorgehen bei Anwendungen wie *ESYSTA* oder *Rehappy*.

316 KassKomm/*Altmiks* § 33a SGB V Rn. 25.

317 BT-Drs, 13/13438 S. 44; *Weyd*, MedR 2020, 183 (186); vgl. zur Rolle des Patienten auch bereits oben S. 26.

den Grundsatz, dass eine Versorgung der Versicherten nur nach einer vorherigen Verordnung durch den Leistungserbringer erfolgt.[318] Mit Schaffung dieser Möglichkeit wird das geringe Risikopotenzial, welches mit digitalen Gesundheitsanwendungen einhergeht, berücksichtigt.[319]Außerdem bleibt trotz Genehmigungsmöglichkeit das Erfordernis des Nachweises einer medizinischen Indikation, welche durch einen Behandler nachgewiesen sein muss, erhalten.[320]

Abgesehen davon obliegt der gesetzlichen Krankenkasse die genaue Ausgestaltung des Genehmigungsverfahrens.[321]

Folglich kann es möglich sein, dass ein Wearable oder eine App, welche als digitale Gesundheitsanwendung qualifiziert wird, auf Antrag und damit im Einzelfall genehmigt wird.

cc. *Erfüllung*

Sollten diese dargestellten Anspruchsvoraussetzungen gegeben sein und damit der Anspruch des Versicherten auf die digitale Gesundheitsanwendung bestehen, stellt sich die Frage nach der Zurverfügungstellung für den Versicherten. Grundsätzlich greift in diesem Zusammenhang das allgemein im Rahmen der Versorgung herrschende Sachleistungsprinzip.[322] Dies macht auch, wie bereits erörtert, § 33a Abs. 3 SGB V mit seinen Vorgaben deutlich. So ist gem. § 33a Abs. 3 S. 1 SGB V die digitale Gesundheitsanwendung im Wege elektronischer Übertragung über öffentliche zugängliche Netze oder auf maschinell lesbaren Datenträgern dem Versicherten zur Verfügung zu stellen. Zu diesem Zwecke prüft der Hersteller die Verordnung oder Genehmigung, und rechnet seine erbrachte Leistung dann direkt mit der jeweiligen Krankenkasse ab.[323]

Dieses System kann über die Bereitstellung von Downloadlinks oder über die Bereitstellung von Zugangsdaten bzw. Login-Daten sichergestellt werden.

Unter besonderen Umständen ist jedoch auch ein Sonderweg in der Zurverfügungstellung von Apps denkbar. So ist gemäß § 33a Abs. 3 S. 2 SGB V die Möglichkeit der Kostenerstattung eingeführt. Der Vertrieb kann über die

---

318 BR-Drs. Empfehlung der Ausschüsse 360/1/19 S. 10.

319 So BT-Drs, 13/13438 S. 44.

320 BT-Drs. 19/14867 S. 89.

321 KassKomm/*Altmiks* § 33a SGB V Rn. 26.

322 *Weyd*, MedR 2020, 183 (186); Becker/Kingreen/*Kircher* § 33a SGB V Rn. 26; KassKomm/*Altmiks* § 33a SGB V Rn. 39.

323 *Weyd*, MedR 2020, 183 (186); BT-Dr. 19/13438, S. 44; KassKomm/*Altmiks* § 33a SGB V Rn. 39.

Vertriebsplattform eines Dritten erfolgen, wenn eine Übertragung oder Abgabe im Sinne des § 33a Abs. 3 S. 1 SGB V gegeben ist.[324]In einem solchen Fall wird der Versicherte die digitale Gesundheitsanwendung über die Vertriebsplattform beziehen, die ihm entstandenen Kosten werden im Wege der Kostenerstattung ersetzt.[325] Als digitale Vertriebsplattformen werden vor allem der *Apple App-Store* und der *Google Play Store* genannt.[326] Gerade dem App-Store von *Apple* kommt dabei eine herausragende Rolle zu. So gestattet *Apple* für seine Geräte kein sogenanntes „Sideloading" – also das Herunterladen von Apps von Internetseiten von z. B. Herstellern oder anderen Drittanbietern – und damit wird eine Nutzung des App-Stores nahezu verpflichtend. Insofern wird man § 33a Abs. 3 S. 2 SGB V auch als *„Apple-Klausel"* bezeichnen können, schließlich ermöglicht sie den Zugang der Nutzer von Apple-Produkten zu digitalen Gesundheitsanwendungen auf Kosten ihrer Krankenversicherung. Diese besondere Klausel scheint jedoch in der Praxis wenig relevant zu werden.

So ist auch in diesen Fällen ein Weg über § 33a Abs. 3 S.1 SGB V denkbar, indem man die App kostenfrei aus dem App-Store laden kann und dann ein Freischaltcode notwendig wird, welcher vom Hersteller ausgegeben werden kann.[327]

Für Wearables als Hardware, die nicht unter § 33a Abs. 3 SGB V zu fassen sein können, ergibt sich aus dem ohnehin vorherrschenden Sachleistungsprinzip, dass eine Bereitstellung direkt durch den Hersteller zu erfolgen hat, ähnlich wie bei dem Vertrieb über Datenträger nach § 33a Abs. 3 SGB V.

dd. Vergütung

In gleich zweierlei Hinsicht stellt sich im Zusammenhang mit digitalen Gesundheitsanwendungen die Frage der Vergütung.

(1) Vergütung des Herstellers

Hier ist zunächst an die Vergütung des Herstellers von digitalen Gesundheitsanwendungen zu denken.

Um diese Materie zu regeln, wurde durch das DVG in § 134 SGB V die Beziehung von gesetzlichen Krankenkassen und Herstellern rechtlich ausgeformt,

---

324 KassKomm/*Altmiks* § 33a SGB V Rn. 40; *Weyd* MedR 2020, 183 (186);

325 *Weyd*, MedR 2020, 183 (186).

326 So bspw. KassKomm/*Altmiks* § 33a SGB V Rn. 40; *Braun*, GesR 2019, 757 (760); BT-Drs. 19/13438 S. 45.

327 Lösungsansatz sieht auch KassKomm/*Altmiks* § 33a SGB V Rn. 40; so geht z. B. die Tinnitus-App "kalmeda" vor.

wobei die Systematik große Ähnlichkeit mit den Vorgaben für Erstattungsbeiträge bei Arzneimitteln nach § 130b SGB V aufweist.[328]

So gelten nach Ablauf eines Jahres nach Aufnahme der digitalen Gesundheitsanwendung in das Verzeichnis nach § 139e SGB V die nach § 134 Abs. 1 S. 1 SGB V zwischen dem Spitzenverband der Krankenkasse und den jeweiligen Herstellern vereinbarten Vergütungsbeträge.[329] Sollte zwischen der Krankenkasse und dem Hersteller kein Vergütungsbeitrag vereinbart werden können, sieht § 134 Abs. 2 SGB V eine Festlegung im Schiedsverfahren vor.[330] In den Verhandlungen zwischen Hersteller und Spitzenverband der Krankenkassen sind zahlreiche Faktoren für die Preisgestaltung entscheidend, so werden zum Beispiel auch Erprobungsergebnisse sowie die Höhe der tatsächlichen Vergütungsbeiträge bei einer Abgabe an Selbstzahler mit berücksichtigt.[331] Nach Festlegung eines Vergütungsbetrages ist es dem Hersteller unbenommen möglich, einen höheren Abgabepreis zu verlangen, die Differenz muss dann aber der Versicherte selbst tragen.[332]

Im Jahr bis zur Festlegung des Vergütungsbeitrags gelten nach § 134 Abs. 5 S.1 SGB V die tatsächlichen Preise der Hersteller, jedoch ist ein angemessener Finanzierungsrahmen für die gesetzliche Krankenversicherung sicherzustellen. Dies gelingt mittels Rahmenvereinbarungen nach § 134 Abs. 4 SGB V.[333]

(2) Vergütung des Behandlers

Wie aus der Ermächtigung zur Verordnung von digitalen Gesundheitsanwendungen und aus dem Wortlaut des § 33a Abs. 1 S.1 SGB V deutlich wird, kann auch der Behandler eine Rolle in Bezug auf digitale Gesundheitsanwendungen spielen. So ist vorstellbar, dass Leistungen des Behandlers zusätzlich zur Verordnung der digitalen Gesundheitsanwendung nötig werden.[334] Gem. § 139e Abs. 3 S. 2 SGB V entscheidet das *BfArM* darüber, welche ärztlichen Leistungen als erforderlich für die Erbringung der jeweiligen digitalen Gesundheitsanwendung

328 Becker/Kingreen/*Kircher* § 134 SGB V Rn. 1.

329 *Weyd,* MedR 2020, 183 (186); Becker/Kingreen/*Kircher* § 134 SGB V Rn. 1; BT-Drs. 19/13438 S. 57.

330 Becker/Kingreen/*Kircher* § 134 SGB V Rn. 1; BT-Drs. 19/13438 S. 57.

331 Vgl. für weitere Faktoren *Weyd,* MedR 2020, 183 (186).

332 BT-Drs. 19/13438 S. 57.

333 BT-Drs. 19/13438 S. 58; Becker/Kingreen/*Kircher* § 134 SGB V Rn. 1; *Weyd,* MedR 2020, 183 (186).

334 Vgl. beispielsweise die Angaben im DiGA-Verzeichnis zur App „kalmeda".

anzusehen sind. Über diese Entscheidung sind gem. § 139e Abs. 5 S. 1 SGB V auch die Vertragspartner nach § 87 Abs. 1 SGB V zu informieren.[335]

Sollte eine Erbringung ärztlicher Leistungen nach Ansicht des *BfArM* erforderlich sein, muss diese vergütet werden.[336] Die Vergütung erfolgt losgelöst von der digitalen Gesundheitsanwendung.[337] Dabei müssen, wenn eine Leistung noch nicht über den EBM vergütet wird, gemäß § 87 Abs. 5c SGB V entsprechende Vergütungsregeln geschaffen werden.[338] Diese Anpassung des EBM muss nur bei einer dauerhaften Aufnahme in das Verzeichnis erfolgen, ansonsten erfolgt die Vergütung gemäß § 87 Abs. 5c S. 2 außerhalb des EBM-Systems.[339]

Diese Verknüpfung von digitaler Gesundheitsanwendung und Leistungserbringung durch den Vertragsarzt kann auch kritisch gesehen werden, erhält doch der Hersteller von digitalen Gesundheitsanwendungen Einfluss auf die Vergütung ärztlicher Leistungen und kann eventuell auf diese Weise durch abrechenbare Begleitleistungen einen Anreiz für den Behandler schaffen, gerade diese digitale Gesundheitsanwendung zu verordnen.[340] Dadurch, dass das *BfArM* eine Erforderlichkeitsprüfung durchführt, sind einem missbräuchlichem Verhalten Grenzen gesetzt.

ee. Anspruchskonkurrenz

Wie bereits dargelegt, bestehen für den Einsatz von Wearables und Gesundheitsapps auch andere Leistungsansprüche der gesetzlich Versicherten in der ambulanten Versorgung.[341]

Fraglich ist in Bezug auf den Leistungsanspruch aus § 33a SGB V, wie dessen Verhältnis zu den anderen möglichen Leistungsansprüchen ausgestaltet ist.

Wie § 33a Abs. 4 S. 1 SGB V deutlich macht, bleiben andere Leistungsansprüche unberührt, sodass ein Nebeneinander zu den oben genannten Ansprüchen zu bejahen sein wird.[342] Jedoch sieht der Gesetzgeber auch die potenzielle Aushöhlung von Anspruchsausschlüssen und schafft mit § 33a Abs. 4 S. 2 SGB V eine parallele Geltung der Ausschlussvorschriften des dritten Kapitels des SGB

335 Vgl. KassKomm/*Altmiks* § 33a SGB V Rn. 11.
336 *Weyd,* MedR 2020, 183 (186).
337 KassKomm/*Altmiks* § 33a SGB V Rn. 11a.
338 KassKomm/*Altmiks* § 33a SGB V Rn. 11; *Braun,* GesR 2019, 757 (769).
339 *Braun,* GesR 2019, 757 (769).
340 Dieses Problem sieht *Altmiks,* in: KassKom § 33a SGB V Rn. 11.
341 Vgl. oben S. 245 ff. und S. 249 ff.
342 KassKomm/*Altmiks* § 33a SGB V Rn. 42.

V und der Ausschlussentscheidung bzw. ablehnenden Entscheidung des *G-BA* nach §§ 92, 135, 137c SGB V.

2. Private Krankenversicherung

Neben der gesetzlichen Krankenversicherung spielt im Rahmen der ärztlichen ambulanten Behandlung auch die private Krankenversicherung eine Rolle. Für Versicherte, die dieser Versicherungsform angehören, stellt sich ebenso die Frage, wie Wearables und Gesundheitsapps in Anspruch genommen werden können. Für die Hersteller dieser Produkte ist die potenziell erreichbare Nutzergruppe mit knapp 8,7 Millionen Versicherten[343] als relevanter Absatzmarkt anzusehen.

a. Abrechnung über GOÄ

Wie schon bei der Frage der Abrechnungsmöglichkeit des Einsatzes von Wearables und Gesundheitsapps im Rahmen der ärztlichen Behandlung bei der gesetzlichen Krankenversicherung, ist auch bezüglich der privaten Krankenversicherung zunächst die Integration dieses Einsatzes in das Vergütungssystem zu beleuchten. Dabei muss, wie auch im Rahmen der stationären Versorgung deutlich wurde, zunächst der Versicherungsfall nach § 192 Abs. 1 VVG und § 1 Abs. 1 MB/KK 2009 bzw. der Ausgestaltung im konkreten Versicherungsvertrag gegeben sein. Sollte danach das Vorliegen eines solchen Falles bejaht werden, ist erneut festzuhalten, dass eine Vergütung von ärztlichen Leistungen in der privaten Krankenversicherung nach dem Prinzip der Kostenerstattung erfolgt und sich die jeweiligen für die Behandlungen entstehenden Kosten aus der GOÄ ergeben.

Zur Vergütung der ärztlichen Leistungen zählen nach § 3 GOÄ Gebühren, Entschädigungen und Auslagen. Unter den Begriff der Gebühren fallen gem. § 4 Abs. 1 GOÄ die im Gebührenverzeichnis genannten ärztlichen Leistungen sowie gem. § 4 Abs. 3 GOÄ auch beispielsweise Kosten für die Anwendung von Instrumenten und Geräten.[344] Hierdurch wird deutlich, dass bei der Bewertung der Leistung im Gebührenverzeichnis auch der Kostenfaktor als Anteil der Gebühr mit berücksichtigt wird.[345] Wenn der Behandler im Rahmen seiner Behandlung Wearables oder Gesundheitsapps einsetzen will, wird man in der Regel davon ausgehen müssen, dass er diese Produkte selbst anschaffen muss.[346] Gem. § 4

343 *Verband der Ersatzkassen*, https://www.vdek.com/presse/daten/b_versicherte.html.

344 Spickhoff/*Spickhoff* § 4 GOÄ Rn. 41; Prütting/*Hübner* § 4 GOÄ Rn. 5.

345 Uleer/Miebach/Patt/*Miebach* § 4 GOÄ Rn. 100.

346 Vgl. bereits oben S. 245.

Abs. 3 S. 1 GOÄ sind diese Anschaffungskosten, welche als Einrichtungs- und Investitionskosten unter den Begriff der „Praxiskosten" zu fassen sind, bereits von den jeweiligen Gebühren abgedeckt.[347] Zusätzlich dazu umfassen die Gebühren aus dem Gebührenverzeichnis auch die Kosten für die Anwendung der angeschafften Instrumente und Geräte im Rahmen der Behandlungstätigkeit.[348]

b. Abrechnung als Hilfsmittel

Neben dem Einsatz direkt durch den Behandler ist es ebenso denkbar, dass der Versicherte das Wearables eigenständig einsetzt. Dabei kommt, wie auch bereits bei der gesetzlichen Krankenversicherung, der Weg über die Hilfsmittelversorgung infrage.[349] So enthält § 4 Abs. 3 MB/KK 2009 bzw. der jeweilige konkrete Versicherungsvertrag einen Anspruch des Versicherten auf die Versorgung mit Hilfsmitteln, solange diese durch den jeweiligen Behandler verordnet wurden.[350]

Es stellt sich jedoch die Frage, ob Wearables und Gesundheitsapps als taugliche Hilfsmittel anzusehen sind. Dabei ist ein eigenständiges Verständnis bezüglich der Definition im Bereich der privaten Krankenversicherung anzunehmen.[351] Es ist demnach nur maßgeblich, ob die jeweilige Leistung vom vertraglich vereinbarten Versicherungsschutz umfasst ist, was im Zweifel durch Auslegung dieser Vereinbarung zu ermitteln ist.[352] Im Recht der privaten Krankenversicherung fehlt es an einem vergleichbaren Ausschluss von üblichen Gebrauchsgegenständen des täglichen Lebens i. S. d. § 33 SGB V.[353] Dennoch werden diese vom Wortsinn des Hilfsmittels nicht erfasst sein.[354] Der BGH sieht Gegenstände dann als Hilfsmittel an, wenn es sich um solche handelt, welche dazu dienen, körperliche Defekte über längere Zeit auszugleichen oder zu mildern.[355] Demnach ist das angelegte Verständnis deutlich enger als im Bereich der gesetzlichen Krankenversicherungen und dem sich aus § 33 SGB V ergebenden Verständnis. Unter diesen Hilfsmittelbegriff fallen viele der angesprochenen Wearables

---

347 Clausen/Makoski/*Hellweg* § 4 GOÄ Rn. 74; Spickhoff/*Spickhoff* § 4 GOÄ Rn. 41; Uleer/Miebach/Patt/*Miebach* § 4 GOÄ Rn. 101.

348 Clausen/Makoski/*Hellweg* § 4 GOÄ Rn. 74; Spickhoff/*Spickhoff* § 4 GOÄ Rn. 43; Uleer/Miebach/Patt/*Miebach* § 4 GOÄ Rn. 104.

349 Siehe o. S. 249 ff.

350 NK-VVG/*Rogler* § 4 MB/KK 2009 Rn. 10.

351 Zum eigenständigen Verständnis vgl. OLG Köln, VersR 1989, 1142.

352 OLG Köln, VersR 1989, 1142.

353 OLG Köln, VersR 1989, 1142; Prölss/Martin/*Voit* § 4 MB/KK 2009 Rn. 37.

354 Prölss/Martin/*Voit* § 4 MB/KK 2009 Rn. 37.

355 BGH, Urt. v. 13.05.2009 – IV ZR 217/08, NJW-RR 2009, 1331 (1332).

gerade nicht, dennoch ist mit fortschreitender Entwicklung nicht ausgeschlossen, dass Wearables auch diese Funktion übernehmen. Bei Gesundheitsapps erscheint bereits heute eine größere Nähe zu einem Ausgleich von körperlichen Defekten, jedoch wird man auch hier annehmen müssen, dass durch eine App kein direkter Ausgleich eines körperlichen Defektes erzielt wird, vielmehr ist zum Beispiel eine Therapieunterstützung oder Ähnliches denkbar. Diese Therapieunterstützung ist heute schon stellenweise geeignet, um körperliche Defekte auszugleichen.

Somit kann bereits jetzt und vor allem in Zukunft davon ausgegangen werden, dass Wearables und Gesundheitsapps taugliche Hilfsmittel i. S. d. § 4 MB/KK sind. Bei dieser Bewertung ist aber zu berücksichtigen, dass der Hilfsmittelbegriff auch von den jeweiligen geltenden Versicherungsbedingungen abhängig ist.[356] Oftmals enthalten diese sogar abschließende Kataloge, welche Hilfsmittel mit welchen Höchstgrenzen ersetzt werden.[357]

Im Ergebnis kann an dieser Stelle die grundsätzliche Möglichkeit des Kostenersatzes durch die private Krankenversicherung im Bereich der Hilfsmittelversorgung bejaht werden.

c. Direktversorgung mittels Versorgungsverträgen

Außerdem bietet sich eine andere Möglichkeit für einen Einsatz von Wearables und Gesundheitsapps im Bereich der privaten Krankenversicherung – die Möglichkeit der Direktversorgung der Versicherten.[358] Zu diesem Zweck können die Versicherer Versorgungsverträge mit Produzenten von Wearables und Gesundheitsapps schließen.

Die Produkte dieser Hersteller können dann im Rahmen des Versicherungsvertrages den Versicherten zur Verfügung gestellt werden.[359]

d. digitale Gesundheitsanwendung

Die Implementierung von digitalen Gesundheitsanwendungen in der gesetzlichen Krankenversicherung durch das DVG hat keine direkte Auswirkung auf die Versorgung in der privaten Krankenversicherung. Eine Inanspruchnahme von Wearables und Gesundheitsapps auf einer solchen Grundlage scheidet somit

---

356 PharmR/*Kaufmann* § 11 Rn. 49.

357 PharmR/*Kaufmann* § 11 Rn. 49; vgl. zur Zulässigkeit BGH, Urt. v. 05.07.2017 – IV ZR 116/15, NJW-RR 2017, 1064 (1065).

358 So Fischer/Krämer eHealthD/*Leppert/Greiner* S. 113.

359 Fischer/Krämer eHealthD/*Leppert/Greiner* S. 113.

aus. Jedoch wächst durch die fortschreitende Digitalisierung der Versorgung der gesetzlich Versicherten auch der Implementierungsdruck dieser Technologien im Privatversicherungsbereich. Daher haben erste Versicherer bereits ihre allgemeinen Versicherungsbedingungen angepasst und ermöglichen dadurch die Versorgung ihrer Versicherten mit digitalen Gesundheitsanwendungen.[360] Somit besteht zumindest teilweise über die Einordnung von Wearables und Gesundheitsapps als digitale Gesundheitsanwendung die Möglichkeit des Kostenersatzes durch die private Krankenversicherung.

III. sektoral übergreifender Einsatz

Neben den dargestellten Leistungssystemen der „stationären“ und „ambulanten“ Versorgung, gibt es auch die Möglichkeit eines Einsatzes, welcher in beiden Sektoren von Bedeutung sein kann.

Dabei fallen drei Varianten ins Auge.

1. Satzungsleistungen i. S. d. § 11 Abs. 6 SGB V

Zunächst könnte eine Inanspruchnahme von Wearables und Gesundheitsapps über eine Satzungsleistung i. S. d. § 11 Abs. 6 SGB V in Betracht kommen.[361]

§ 11 Abs. 6 SGB V ermöglicht den gesetzlichen Krankenkassen neben den nach § 11 Abs. 1 SGB V zu erbringenden Leistungen, Leistungen auf Basis ihrer jeweiligen Satzungen zu erbringen.[362] Durch diese Möglichkeit wollte der Gesetzgeber insbesondere die wettbewerbsrechtlichen Handlungsmöglichkeiten der Versicherungen erhöhen.[363] Bei diesen durch Satzung zu erbringenden Leistungen haben die Krankenkassen keinen unbegrenzten Spielraum, vielmehr verweist die Vorschrift des § 11 Abs. 6 SGB V abschließend auf ausgewählte Versorgungsbereiche.[364] Innerhalb dieser Bereiche besteht dann die Möglichkeit für die Krankenversicherung, „zusätzliche“ Leistungen zu ergänzen.[365] Also dürfen auf diesem Wege gerade keine anderen als im Gesetz vorgeformte Leistungen

---

360 Vgl. z. B. allgemeine Versicherungsbedingungen der Continentale, Stand: 01.04.2020.

361 Vgl. hierzu ausführlich zu sog. E-Health-Services *Braun* NZS 2018, 894 sowie BT-Drs. 19/5736 S. 5.

362 KassKomm/*Roters* § 11 SGB V Rn. 32.

363 BT-Drs. 17/6906 S. 53.

364 BT-Drs. 17/6906 S. 53; Becker/Kingreen/*Becker/Kingreen* § 11 SGB V Rn. 37.

365 BeckOK-SozR/*Joussen* § 11 SGB V Rn. 18; BSG, Urt. v. 17.12.2019 – B 1 KR 7/19 R, NZS 2020, 391; *Braun,* NZS 2018, 894 (895).

in die Versorgung integriert werden.[366] Außerdem sind durch den *G-BA* ausgeschlossene Leistungen von der Möglichkeit der Erstattung über Satzungsleistungen ausgeschlossen.[367]

Für Wearables und Gesundheitsapps finden sich in den in § 11 Abs. 6 SGB V genannten Bereichen mögliche Anknüpfungspunkte. So ist ein Einsatz dieser Produkte im Bereich der medizinischen Vorsorge wie im Hilfsmittelsektor denkbar.

Zusätzlich können im gesamten Versorgungsbereich nach § 11 Abs. 6 SGB V Leistungen von nicht zugelassenen Leistungserbringern angeboten werden.[368] Insbesondere auf Grundlage dieser Möglichkeit können Wearables und Gesundheitsapps vielfältig auf Kosten der gesetzlichen Krankenkassen eingesetzt werden. Diese würde den Krankenkassen eine schnelle Integration von Innovationen in die von ihnen bereitgestellte Versorgung ermöglichen, gleichzeitig bietet sich durch Satzungsleistungen für Hersteller von Wearables und Gesundheitsapps ein erster Weg in die Versorgung der gesetzlich Versicherten.

2. Modellvorhaben i. S. d. §§ 63 ff. SGB V

Auch Modellvorhaben i. S. d. §§ 63 ff. SGB V wären taugliche Grundlage für eine Abrechnung von Wearables und Gesundheitsapps. So kann die gesetzliche Krankenkasse gem. § 63 Abs. 2 SGB V Modellvorhaben zu Leistungen zur Verhütung von Krankheiten oder zur Krankenbehandlung initiieren.[369] Wie bereits mehrfach deutlich wurde, können Wearables und Gesundheitsapps als Leistungen oder zumindest als Teil dieser anzusehen sein.

Entscheidend für die Möglichkeit eines solchen leistungsbezogenen Modellvorhabens ist zunächst, dass die Leistung noch nicht als Leistung der gesetzlichen Krankenversicherung anzusehen ist.[370]Außerdem muss für ein solches Vorhaben in Bezug auf die Leistung ein ausreichender Erkenntnisstand gegeben sein, sodass die Eignung für eine ausreichende, zweckmäßige und wirtschaftliche Versorgung der Versicherten anzunehmen ist.[371]

---

366 BeckOK-SozR/*Joussen* § 11 SGB V Rn. 18; BSG, Urt. v. 17.12.2019 – B 1 KR 7/19 R, NZS 2020, 391.

367 Becker/Kingreen/*Becker/Kingreen* § 11 SGB V Rn. 37; *Braun,* NZS 2018, 894 (894).

368 *Braun,* NZS 2018, 894 (895); vgl. auch beispielhaft § 27c Satzung der TK oder § 28b Satzung der Barmer GEK.

369 Becker/Kingreen/*Huster* § 63 SGB V Rn. 10.

370 Becker/Kingreen/*Huster* § 63 SGB V Rn. 10; KassKomm/*Roters* § 63 SGB V Rn. 9.

371 KassKomm/*Roters* § 63 SGB V Rn. 9; Becker/Kingreen/*Huster* § 63 SGB V Rn. 10; BeckOK-SozR/*Scholz* § 63 SGB V Rn. 10.

Gem. § 63 Abs. 4 S. 1 SGB V sind außerdem alle Leistungen von Modellvorhaben ausgeschlossen, über die der *G-BA* bereits ablehnend entschieden hat.[372]

Außerdem ist beachtenswert, dass diese Grundlage nur zeitlich befristet geltend kann, so gibt § 63 Abs. 5 S. 1 SGB V eine maximale Dauer von acht Jahren für das Modellvorhaben vor.[373]

Festzuhalten bleibt, dass diese Variante zumindest ein erster Schritt auf dem Weg von Wearables und Gesundheitsapps in die Versorgung der gesetzlich Versicherten sein kann, bei welchem gerade nicht das formale Verfahren des *G-BA* beschritten werden muss.[374]

3. *Selektivverträge i. S. d. § 140a SGB V*

Die letzte Variante zeigt, wie Krankenkassen, die gesetzlich Versicherten über Selektivverträge nach § 140a SGB V mit Wearables und Gesundheitsapps versorgen können.[375] Dies sind Verträge, welche die Weiterentwicklung, Ersetzung und Ergänzung der Versorgung außerhalb der gesamtvertraglichen Versorgung ermöglichen.[376] Dabei schließen die jeweiligen Krankenkassen mit den in § 140a Abs. 3 SGB V genannten potenziellen Vertragspartnern einen Vertrag über die Bereitstellung der Leistung.[377] Gem. § 140a Abs. 3 Nr. 6 SGB V sind taugliche Vertragspartner Hersteller von Medizinprodukten und folglich nach dem hier angelegten Verständnis auch Hersteller von Wearables und Gesundheitsapps.

Bei dem Vertragsschluss muss grundsätzlich die Situation gegeben sein, dass die Versorgung interdisziplinär-fachübergreifend oder aber zumindest sektorenübergreifend ist.[378]

Jedoch handelt es sich bei Wearables und Gesundheitsapps, welche als Medizinprodukte zu klassifizieren sind, um digitale medizinische Versorgungsangebote i. S. d. am 19.12.2019 eingeführten § 140a Abs. 4a SGB V. Hieraus ergibt sich eine Ausnahme zu dem soeben dargestellten Grundsatz, und ein Abschluss eines Vertrages wird möglich, ohne dass die Versorgung

372 KassKomm/*Roters* § 63 SGB V Rn. 10.

373 KassKomm/*Roters* § 63 SGB V Rn. 23; BeckOK-SozR/*Scholz* § 63 SGB V Rn. 14.

374 Darauf auch hinweisend Fischer/Krämer eHealthD/*Leppert/Greiner* S. 112.

375 So auch BT-Drs. 19/5736 S. 5; Fischer/Krämer eHealthD/*Leppert/Greiner* S. 111.

376 KassKomm/*Carstensen* § 140a SGB V Rn. 3.

377 KassKomm/*Carstensen* § 140a SGB V Rn. 17; Becker/Kingreen/*Huster* § 140a SGB V Rn. 21.

378 KassKomm/*Carstensen* § 140a SGB V Rn. 3; vgl. auch Becker/Kingreen/*Huster* § 140a SGB V Rn. 7.

interdisziplinär-fachübergreifend oder sektorenübergreifend ist.[379] Der Gesetzgeber wollte mit Schaffung dieser Möglichkeit das digitale Versorgungsangebot für die gesetzlich Versicherten stärken.[380]

Demnach besteht auch über § 140a SGB V eine Möglichkeit der Versorgung der Versicherten mit Wearables und Gesundheitsapps.

C. Einsatz außerhalb der Behandlung

Neben dem soeben dargestellten Einsatz von Wearables und Gesundheitsapps im Rahmen der ärztlichen Behandlung ist ein Einsatz dieser Produkte auch außerhalb der Behandlung denkbar.

I. Primärprävention und Bonusprogramme

In erster Linie ist zunächst an einen Einsatz dieser Produkte im Zusammenhang mit Präventionsmaßnahmen oder Bonusprogrammen der jeweiligen Krankenversicherungen zu denken. Dies wird vielfach als Schlüssel für die mit dem demografischen Wandel verknüpften Probleme gesehen. So erhofft man sich durch eine Steigerung der Gesundheit der Gesamtbevölkerung eine bessere Kosteneffizienz und daraus resultierend geringere Gesamtkosten für den Bereich der Krankenversicherungen.[381]

Durch die unterschiedlichen Anforderungen, welche rechtlich an die Ausgestaltung von derartigen Angeboten gestellt werden, ist eine getrennte Darstellung zwischen den verschiedenen Versicherungsformen geboten.

1. gesetzliche Krankenversicherung

Zunächst gilt es dabei auf Präventionsmaßnahmen und Bonusprogramme der gesetzlichen Krankenversicherungen einzugehen, für welche eine Vielzahl von rechtlichen Regelungen existiert.

a. Primärprävention, § 20 SGB V

In erster Linie könnten Wearables und Gesundheitsapps Bestandteil der sog. Primärprävention i. S. d. § 20 SGB V sein.

---

379 KassKomm/*Carstensen* § 140a SGB V Rn. 30; Rehmann/Tillmanns E-Health-Hdb/*Stallberg* Kap. 2 Rn. 277.

380 BT-Drs. 19/13438.

381 LPK-SGB V/*Henle* § 65a SGB V Rn. 1.

Maßgeblich dafür ist, was überhaupt unter dem Begriff der „Primärprävention" zu verstehen ist. Gemäß der in § 20 Abs. 1 S. 1 SGB V enthaltenen Legaldefinition wird eine Leistung, welche der Verhinderung und Verminderung von Krankheitsrisiken dient, als „Primärprävention" bezeichnet.[382] Trotz dieser Legaldefinition besteht mangels detaillierter Definition des Präventionsbegriffes Streit über die genaue Auslegung und Abgrenzung.[383]

Konkretisierend lässt sich festhalten, dass die jeweilige Art der Prävention in erster Linie von ihrem Einsatzzeitpunkt abhängt.[384] In concreto heißt das, dass eine Leistung dann als Leistung der Primärprävention anzusehen ist, wenn sie sich an einen gesunden Menschen richtet und durch sie der Eintritt einer Krankheit verzögert oder sogar verhindert werden soll.[385]

Zudem muss innerhalb der Primärprävention zwischen zwei Typen differenziert werden. So spricht man einerseits von Verhaltensprävention i. S. d. § 20 Abs. 4 Nr. 1 SGB V, wenn die jeweilige Maßnahme zum Ziel hat, die Lebens- und Verhaltensweisen eines Menschen zu beeinflussen.[386] Anderseits kann die Rede von einer sog. Verhältnisprävention i. S. d. § 20 Abs. 4 Nr. 2 SGB V sein, wenn die jeweilige Maßnahme auf die Beeinflussung von gesundheitsförderndem oder gesundheitsschädigenden Settings gerichtet ist.[387]

Grundsätzlich erscheint es zunächst so, als könnte man Wearables und Gesundheitsapps unter diese Begrifflichkeiten subsumieren, wobei insbesondere ein Einsatz im Rahmen der Verhaltensprävention als vorstellbar erscheint.[388]

Jedoch darf nicht außer Acht gelassen werden, dass § 20 SGB V neben der Legaldefinition auf die jeweiligen Satzungsregeln der Krankenkassen abstellt, und sich somit der Anspruch des Versicherten auf Leistungen der Primärprävention aus der jeweiligen Satzung ergibt und nicht direkt aus § 20 SGB V.[389]

---

382 KassKomm/*Schifferdecker* § 20 SGB V Rn. 4; BeckOK-SozR/*Geene/Heberlein* § 20 SGB V Rn. 4.

383 BeckOK-SozR/*Geene/Heberlein* § 20 SGB V Rn. 4 m. w. N.

384 BeckOK-SozR/*Geene/Heberlein* § 20 SGB V Rn. 6.

385 Andere Präventionsarten sind die Sekundärprävention und die Tertiärprävention, welche entweder auf Maßnahmen nach Entdeckung der Krankheit oder auf Maßnahmen bei fortgeschrittener Erkrankung abzielen; vgl. BSG, Urt. v. 28.02.1980 – 8a RK 05/79, BSGE 50, 44; KassKomm/*Schifferdecker* § 20 SGB V Rn. 4 m. w. N.

386 Krauskopf/*Luik* § 20 SGB V Rn. 6; BeckOK-SozR/*Geene/Heberlein* § 20 SGB V Rn. 6.

387 Krauskopf/*Luik* § 20 SGB V Rn. 6; BeckOK-SozR/*Geene/Heberlein* § 20 SGB V Rn. 6.

388 So auch *Brönneke/Kipker*, GesR 2015, 211 (212).

389 Becker/Kingreen/*Welti* § 20 SGB V Rn. 11.

Zusätzlich dazu ist weiter beachtlich, dass nach § 20 Abs. 2 SGB V der *Spitzenverband Bund der Krankenkassen* Handlungsfelder und Kriterien für Leistungen der Primärprävention im „Leitfaden Prävention" festsetzt.[390]

aa. Möglichkeit des Einsatzes von Wearables und Apps

Mit Blick auf dieses komplexe Rechtsgefüge im Rahmen der Primärprävention stellt sich zunächst die Frage, ob überhaupt die generelle Möglichkeit eines Einsatzes von Wearables und Apps im Bereich der Prävention besteht. Dies ist weitestgehend zu bejahen. So sieht auch der „Leitfaden Prävention" des *Spitzenverbands Bund der Krankenkassen* auf vielfältige Weise einen solchen Einsatz vor.[391]

Ein Szenario wäre zum Beispiel im Zusammenhang mit Gesundheitsapps denkbar, welche auf eine tägliche Verhaltenssteuerung abzielen, und hier insbesondere durch Belohnungen oder Beobachtung des Verhaltens auf eine nachhaltige Implementierung eines bestimmten Gesundheitsverhalten im Alltag der Person abzielen.[392] Auch eine Integration solcher Apps in bestehende Trainingskonzepte z. B. zur Bewegungsförderung erscheint möglich.

Ebenso kann auch eine Verknüpfung von einer solchen App und einem Wearable denkbar werden, denn auf diesem Wege würde durch die Sensorik des Wearables eine größere Überwachung verschiedenster physischer Parameter möglich.[393] Somit kann zunächst festgehalten werden, dass ein genereller Einsatz von Wearables und Gesundheitsapps im Rahmen der Prävention möglich ist.[394]

bb. digitale Gesundheitsanwendung i. S. d. § 33a SGB V als Maßnahme

Ebenfalls denkbar könnte ein Einsatz von digitalen Gesundheitsanwendungen i. S. d. § 33a SGB V als Maßnahme der Primärprävention sein.

Wie oben dargelegt, hat der Gesetzgeber in § 33a SGB V die Möglichkeit geschaffen, sog. digitale Gesundheitsanwendungen in die Versorgung der Versicherten zu integrieren.[395]

---

390 Vgl. *GKV-Spitzenverband,* Leitfaden Prävention S.1 ff.

391 Vgl. *GKV-Spitzenverband,* Leitfaden Prävention S. 135 ff.

392 *GKV-Spitzenverband,* Leitfaden Prävention S. 138.

393 *GKV-Spitzenverband,* Leitfaden Prävention S. 140.

394 Krankenversicherungen wie beispielsweise die AOK bieten auch bereits Online-Kurse an. Auch die Barmer bietet bereits erste Apps für ihre Versicherten an.

395 Siehe o. S. 257 ff.

Im Zuge der Prävention stellt sich nun die Frage, ob digitale Gesundheitsanwendungen i. S. d. § 33a SGB V auch als Teil der Primärprävention angesehen werden können und somit ein Einsatz im Rahmen des § 20 SGB V bzw. der jeweiligen Satzung denkbar wird.

Dies ist abzulehnen, setzt doch § 33a SGB V für digitale Gesundheitsanwendungen gerade eine medizinische Indikation voraus, welche aber im Zusammenhang mit der Primärprävention i. S. d. § 20 SGB V fehlt. Daher lässt sich festhalten, dass eine App oder ein Wearable, welche ausschließlich auf die Krankheitsverhütung gerichtet sind, zwar unter den noch darzustellenden Voraussetzungen des Präventionsrechts eingesetzt werden können, jedoch nicht als digitale Gesundheitsanwendung über § 33a SGB V geleistet werden kann.[396]

Es handelt sich mithin um ein Ausschließlichkeitsverhältnis zwischen diesen beiden Anwendungsbereichen von digitaler Technologie. Richtigerweise kann zu Abgrenzungszwecken auf das nach § 139e SGB V angelegte Verzeichnis zurückgegriffen werden.[397]

cc. Anforderungen an Einsatz im Rahmen der Primärprävention

Abschließend ist zu klären, welche Anforderungen an den Einsatz von Wearables und Gesundheitsapps im Rahmen der Primärprävention gestellt werden.

Wie bereits angedeutet, sind diese Produkte als Maßnahmen der Verhaltensprävention einzuordnen.[398] Somit sind für die Zulässigkeit der Erbringung dieser primärpräventiven Maßnahme zunächst die Voraussetzungen des § 20 Abs. 5 SGB V einzuhalten. Insbesondere bedarf die jeweilige Leistung gem. § 20 Abs. 5 S. 1 SGB V einer Zertifizierung. Die Vorgaben für diese legt wiederum der *Spitzenverband Bund der Krankenkassen* in den, den *„Leitfaden Prävention"* ergänzenden *„Kriterien zur Zertifizierung digitaler Präventions- und Gesundheitsförderungsangebote"* fest.[399] Die Zertifizierung erfolgt durch die *„Zentrale Prüfstelle Prävention"* regelmäßig für drei Jahre.[400] Für eine solche ist in erster Linie zunächst ein Nachweis über den gesundheitlichen Nutzen der Maßnahme zu erbringen.[401] Dieser gesundheitliche Nutzen muss durch eine

396 *GKV-Spitzenverband,* Leitfaden Prävention S. 135 f.

397 So auch *GKV-Spitzenverband,* Leitfaden Prävention S. 136.

398 Siehe o. S. 281.

399 KassKomm/*Schifferdecker* § 20 SGB V Rn. 22; BeckOK-SozR/*Geene/Heberlein* § 20 SGB V Rn. 24.

400 *GKV-Spitzenverband,* Kriterien zur Zertifizierung S. 2.

401 *GKV-Spitzenverband,* Leitfaden Prävention S. 140.

Studie belegt werden, wobei es sich mindestens um eine prospektive Vorher-Nachher-Beobachtungsstudie handeln muss.[402]

Neben dem zu erbringenden Nachweis des gesundheitlichen Nutzens nennt der „Leitfaden Prävention" eine Vielzahl von unterschiedlichen einzuhaltenden Kriterien.[403] Hierbei ist insbesondere die Gewährleistung eines bestmöglichen Schutzes des Versicherten in den Fokus der Betrachtung zu nehmen.[404] Ausweislich des „Leitfadens Prävention" soll dieser Schutz dadurch gewährleistet werden, dass der Anbieter der jeweiligen Präventionsmaßnahme für die Identifikation und Einhaltung der einschlägigen gesetzlichen Vorschriften verantwortlich ist.[405] Als Anbieter gilt derjenige, der das Angebot verantwortet und zur Nutzung zur Verfügung stellt.[406] Zu den einzuhaltenden Vorschriften gehören insbesondere neben datenschutzrechtlichen Regelungen auch die vom Bundesamt für Sicherheit in der Informationstechnik ausgegebenen Richtlinien zur Sicherheit von digitalen Gesundheitsanwendungen.[407] Auch sollen nur solche Maßnahmen als einsatzfähig einzustufen sein, die eine individuelle Unterstützung des Versicherten durch ausreichend qualifiziertes Personal zur Verfügung stellen.[408] Außerdem darf keiner der Ausschlussgründe aus Kapitel 5.3 des „Leitfadens Prävention" greifen.[409] Gerade im Zusammenhang mit Wearables und Gesundheitsapps erscheinen vor allem die Anknüpfung an eine Mitgliedschaft oder die schwerpunktmäßige Messung von einem Gesundheitsverhalten des Versicherten als mögliche Anknüpfungspunkte für einen Ausschluss der Förderung durch die Krankenkasse im Rahmen des § 20 SGB V. Der „Leitfaden Prävention" spricht insofern von einem notwendigen Trainingscharakter.[410]

---

402 Vgl. hierzu und zum genauen Studiendesign, Kriterien zur Zertifizierung S. 3 f.

403 *GKV-Spitzenverband,* Leitfaden Prävention S. 140 ff.; sowie konkretisierend *GKV-Spitzenverband,* Kriterien zur Zertifizierung S. 1 ff.

404 *GKV-Spitzenverband,* Leitfaden Prävention S. 142.

405 *GKV-Spitzenverband,* Leitfaden Prävention S. 142.

406 Vgl. *GKV-Spitzenverband,* Leitfaden Prävention S. 142.

407 *GKV-Spitzenverband,* Leitfaden Prävention S. 142.

408 *GKV-Spitzenverband,* Leitfaden Prävention S. 144, konkretisierend *GKV-Spitzenverband,* Kriterien zur Zertifizierung S. 4.

409 *GKV-Spitzenverband,* Leitfaden Prävention S. 148.

410 *GKV-Spitzenverband,* Leitfaden Prävention S. 148.

dd. *datenschutzrechtliche Anforderungen an Einsatz im Rahmen der Primärprävention*

Neben diesen sozialrechtlichen Bedingungen sind auch Fragen des Datenschutzes berührt. Hier werden die Anforderungen an die Anbieter von solchen Präventionsleistungen relevant, wie auch die an die jeweilige Krankenversicherung.

(1) Anforderungen an Anbieter der Leistung

Wie soeben angedeutet, ist der Anbieter die zentrale Stelle für die Einhaltung von gesetzlichen Regelungen.[411] Somit muss er auch die Einhaltung der datenschutzrechtlichen Regulierungen sicherstellen. Für den Anbieter gelten im Ergebnis die Ausführungen für den Hersteller von Wearables und Apps aus Kapitel 2 vollumfänglich.[412] Der Sozialdatenschutz findet mangels Einordnung als Sozialdatum i. S. d. § 67 Abs. 2 S. 1 SGB X keine Anwendung.[413] So handelt es sich bei den Anbietern der Leistung, welche die personenbezogenen Daten verarbeiten, nicht um taugliche Stellen i. S. d. § 35 Abs. 1 SGB I. Der „*Leitfaden Prävention*" wiederholt für den Anbieter daher zusammenfassend die grundsätzlichen Vorgaben aus der DSGVO.[414]

(2) Anforderungen an die Krankenversicherung

Fraglich ist weiter, welche Anforderungen an die Datenverarbeitung durch die Krankenversicherungen zu stellen sind. Insbesondere erscheint fraglich, ob eine Verarbeitung der durch Wearables und Apps im Rahmen der Primärprävention erhobenen Daten durch die Krankenversicherungen erfolgen darf. Zentrales Kriterium für die Rechtmäßigkeit einer Datenverarbeitung[415] durch die Krankenversicherung ist ihre Erforderlichkeit für einen der in § 284 Abs. 1

---

411 Siehe o. S. 284.

412 Siehe o. S. 75 ff.

413 Vgl. zum Begriff des „Sozialdatums" auch S. 225.

414 Vgl. *GKV-Spitzenverband*, Leitfaden Prävention S. 135.

415 Auch wenn § 284 Abs. 1 SGB V nur von „erheben" und „speichern" der Daten spricht, so legt die DSGVO die Definition des Datenverarbeitungsbegriffs in Art. 4 Nr. 2 SGB V durch Nennung von Regelbeispielen an. Zu diesen Beispielen gehören auch das „Erheben" und das „Speichern". Es kann also nicht mehr an dem bisherigen Verständnis festgehalten werden, vielmehr muss eine Auslegung des § 284 Abs. 1 SGB V im Lichte der DSGVO erfolgen, und daher sollten alle Datenverarbeitungsvorgänge vom statuierten Erforderlichkeitsgebot erfasst werden; vgl. zu dieser Problematik auch KassKomm/*Leopold* § 284 SGB V Rn. 9.

SGB V genannten Zwecke.[416] Es stellt sich die Frage, ob für eine Datenverarbeitung einer dieser Zwecke fruchtbar gemacht werden kann. Denkbar sind zum einen gem. § 284 Abs. 1 Nr. 4 SGB V die Datenverarbeitung für die Prüfung der Leistungspflicht und der Erbringung von Leistungen an Versicherte einschließlich der Voraussetzungen von Leistungsbeschränkungen, die Bestimmung des Zuzahlungsstatus und die Durchführung der Verfahren bei Kostenerstattung, Beitragsrückzahlung und die Ermittlung der Belastungsgrenze und zum anderen gem. § 284 Abs. 1 Nr. 9 SGB V die Überwachung der Wirtschaftlichkeit der Leistungserbringung. Jedoch wird man die Erforderlichkeit der Verarbeitung der im Rahmen der Primärprävention erhobenen Daten ablehnen müssen, sowohl für die Prüfung der Leistungspflicht bzw. die Erbringungen von Leistungen an die Versicherten durch die Krankenkasse als auch für die Überwachung der Wirtschaftlichkeit durch diese. So erfolgt schließlich durch die Zertifizierung der Produkte als taugliche Leistung der Primärprävention eine ausreichende Absicherung dieser beiden Felder. Insbesondere müssen die Daten auch nicht für die Bonusgewährung nach § 65a SGB V durch die Krankenkasse verarbeitet werden. Durch das Wearable beziehungsweise die mit ihm im Zusammenhang stehende App muss zudem eine Teilnahmebescheinigung oder Nutzungsbescheinigung ausgegeben werden.[417] Durch diese ist bereits ein ausreichender Nachweis über die Inanspruchnahme der Leistung gegeben, sodass die Krankenversicherung nicht zusätzlich Zugang zu den konkret erhobenen Daten benötigt.

Eine Rechtmäßigkeit der Datenverarbeitung kann sich in diesem Zusammenhang auch nicht aus § 20 Abs. 5 S. 3 SGB V ergeben. So ergibt sich aus § 20 Abs. 5 S. 3 SGB V die Möglichkeit Daten, welche sich aus einer Präventionsempfehlung i. S. d. § 20 Abs. 5 S. 2 SGB V ergeben, nach vorheriger Einwilligung des Versicherten zu verarbeiten.[418] Bei den von Apps und Wearables im Rahmen der Primärprävention erhobenen Daten handelt es sich gerade nicht um Daten, die sich aus einer Präventionsempfehlung ergeben.

Folglich kann keine rechtmäßige Datenverarbeitung durch die Krankenversicherung in Bezug auf die konkret erhobenen Daten erfolgen.

---

416 KassKomm/*Leopold* § 284 SGB V Rn. 2.

417 *GKV-Spitzenverband*, Kriterien zur Zertifizierung S. 7 f.

418 KassKomm/*Schifferdecker* § 20 SGB V Rn. 25; BeckOK-SozR/*Geene/Heberlein* § 20 SGB V Rn. 30.

ee. Zusammenfassung

Wie erkennbar wurde, können Wearables und Gesundheitsapps im Rahmen der Primärprävention der gesetzlichen Krankenversicherung eingesetzt werden, solange kein direkter Zugang der Krankenversicherung zu den erhobenen Daten besteht und auch keine Verarbeitung dieser Daten durch die Krankenversicherung nötig wird. Die Potenziale, welche sich aus einem Einsatz von Wearables und Gesundheitsapps im Rahmen der Prävention ergeben, sieht auch der *Spitzenverband Bund der gesetzlichen Krankenkassen* in seinem „Leitfaden Prävention". Bezüglich dieses Leitfadens ist insbesondere hervorzuheben, dass eine kontinuierliche Weiterentwicklung der Vorgaben aufgrund der möglichen dynamischen Entwicklungen in diesem Bereich erfolgen soll.[419] Es stellt sich jedoch die Frage nach der konkreten Umsetzung dieses Leitfadens in den jeweiligen Satzungen der gesetzlichen Krankenversicherungen. Erst wenn diese flächendeckend erfolgt, können die verbundenen Potenziale zur vollen Entfaltung gelangen.

b. Bonusprogramme, § 65a SGB V

Im Zusammenhang mit der Primärprävention stehen außerdem die Bonusprogramme nach § 65a SGB V.[420] Diese bieten ergänzend zu der Unterstützung von gesundheitsbewusstem Verhalten nach § 20 SGB V eine Belohnung eben dieses Verhaltens an und schaffen so einen Anreiz für die Versicherten.[421] § 65a Abs. 1a SGB V statuiert – neben allgemeinen Voraussetzungen aus diesem Grunde – eine Ermächtigung der Krankenkasse, in ihrer jeweiligen Satzung einen Bonus zur Inanspruchnahme von Maßnahmen der Primärprävention zu erlassen.[422] Hierbei ist zu beachten, dass diese Ermächtigung in Form einer Soll-Bestimmung erlassen wurde und somit die Krankenkassen zu einer solchen Ausgestaltung verpflichtet sind.[423] An diesem Verständnis ändert auch die Neufassung des § 65a SGB V durch das Gesetz für den Schutz vor Masern und zur

---

419 Leitfaden *GKV-Spitzenverband,* Prävention S. 135.

420 Ein Bonus wird gem. § 65a Abs. 1 SGB V auch für die Inanspruchnahme von Schutzimpfungen (§ 20i SGB V) sowie Gesundheits- und Kinderuntersuchungen (§§ 25, 25a, 26 SGB V) gewährt. Diese Vorschrift erfasst jedoch nicht Maßnahmen der Primärprävention i. S. d. § 20 SGB V.

421 Vgl. *Gebert,* Primärprävention S. 213.

422 Becker/Kingreen/*Welti* § 65a SGB V Rn. 1; KassKomm/*Roters* § 65a SGB V Rn. 3.

423 BT-Drs.18/4282, S. 43.

Stärkung der Impfprävention vom 10.02.2020 nichts.[424] Aus dem Charakter des § 65a Abs. 1a SGB V als bloße Ermächtigungsnorm ergibt sich auch, dass die konkreten Anspruchsvoraussetzungen für die Gewährung des Bonus von der jeweiligen Ausgestaltung des Programmes in der Satzung der gesetzlichen Krankenkasse abhängen.[425]

Unabhängig von der konkreten Ausgestaltung des Bonusprogrammes ist unter einem Bonus ein finanzieller Vorteil zu verstehen.[426] Wie genau dieser gewährt wird, liegt dann wieder im Satzungsermessen der Krankenkassen.

Für den Einsatz von Wearables und Apps stellt sich zunächst die Frage, ob und unter welchen grundsätzlichen gesetzlichen Voraussetzungen eine Bonifizierung erfolgen kann. Denkbar sind drei unterschiedliche Ansatzpunkte.

aa. Bonifizierung von Wearables und Apps als Teil der Primärprävention

In erster Linie könnte ein Einsatz von Apps und Wearables bonifiziert werden, wenn er Teil der verhaltensbezogenen Primärprävention nach § 20 SGB V ist. Wie soeben dargelegt, kann im Rahmen der verhaltensbezogenen Primärprävention i. S. d. § 20 Abs. 5 SGB V ein Einsatz von Wearables und Apps erfolgen.[427]

Entscheidend ist zusätzlich, dass ein Bonus nur dann gewährt wird, wenn eine regelmäßige Inanspruchnahme der jeweiligen Präventionsleistung durch die Versicherten erfolgt. Der Begriff der „Regelmäßigkeit" wird durch die jeweiligen Satzungsregeln einer näheren Ausgestaltung bedürfen, dennoch lässt sich festhalten, dass eine „Regelmäßigkeit" angenommen werden kann, wenn das Angebot kontinuierlich oder wiederkehrend in ausreichender Häufigkeit zur Erreichung des präventiven Zwecks erfolgt.[428] Nähere Voraussetzungen für die Bonifizierung unterliegen der Satzungsbefugnis der Krankenversicherungen.

bb. Wearables und Apps als vergleichbares, qualitätsgesichertes Angebot

Ein zweiter Ansatzpunkt für eine Integration im jeweiligen Bonusprogramm könnte sich daraus ergeben, dass gem. § 65a Abs. 1a SGB V die Möglichkeit existiert, auch die „regelmäßige Teilnahme an vergleichbaren, qualitätsgesicherten

---

424 So *Gebert*, in: Primärprävention S. 213; wird auch klargestellt im *BAS* Rundschreiben v. 24.08.2020.

425 BeckOK-SozR/*Scholz* § 65a SGB V Rn. 2.

426 BeckOK-SozR/*Scholz* § 65a SGB V Rn. 5; Becker/Kingreen/*Welti* § 65a SGB V Rn. 3.

427 Siehe o. S. 280 ff.

428 Spickhoff/*Nebendahl* § 65a SGB V Rn. 4.

Angeboten zur Förderung eines gesundheitsbewussten Verhaltens" mit einem Bonus zu belohnen.

Fraglich ist, ob ein Einsatz von Wearables und Apps als ein solches vergleichbares, qualitätsgesichertes Angebot zur Förderung eines gesundheitsbewussten Verhaltens angesehen werden kann. Diese Variante des § 65a Abs. 1a SGB V lässt sich damit begründen, dass hierdurch den Krankenkassen ermöglicht werden sollte, auch nicht zertifizierungsfähige Leistungen i. S. d. § 20 Abs. 5 SGB V durch eine Bonusgewährung belohnen zu können, wie z. B. das Erreichen des Deutschen Sportabzeichens.[429] Problematisch ist, was unter einem vergleichbaren, qualitätsgesicherten Angebot zu verstehen ist. Zunächst ist festzuhalten, dass kumulativ eine Vergleichbarkeit und eine Qualitätssicherung vorliegen muss.[430] Um für die jeweilige Maßnahme eine ausreichende Qualität feststellen zu können, bietet sich eine Orientierung am „Leitfaden Prävention" des *Spitzenverband Bund der gesetzlichen Krankenkassen* an.[431] Danach meint Qualität insbesondere Ergebnisqualität, also die zu einem möglichst hohen Maße gegebene Wirkung der Maßnahme.[432] Mit zu berücksichtigen sind die Qualität der dieser zugrunde liegenden Struktur und Planung sowie des gesamten Prozesses.[433] Für Maßnahmen, welche der verhaltensbezogenen Prävention zuzuordnen sind bedeutet dies, dass die Leistungen „von Anbieterinnen und Anbietern mit geeigneter fachlicher und pädagogischer Qualifikation (Strukturqualität), auf Basis erprobter und evaluierter Konzepte (Konzept- und Planungsqualität) und unter angemessenen organisatorischen Durchführungsbedingungen (Prozessqualität)" zu erbringen sind.[434] In concreto sind danach in qualitativer Hinsicht durch Wearables und Gesundheitsapps die gleichen Voraussetzungen zu erfüllen wie durch Wearables und Gesundheitsapps, die zertifiziert wurden und dadurch im Bereich der verhaltensbezogenen Primärprävention nach § 20 Abs. 5 SGB V eingesetzt werden können.

Die „Vergleichbarkeit" des dann als „qualitätsgesichert" bezeichneten Angebotes wird durch einen Blick auf die Maßnahmen nach § 20 Abs. 5 SGB V bestimmt werden müssen.[435] Folglich muss der Einsatz des Wearables oder der

429 BT-Drs. 18/5261 S. 58.

430 So zutreffend *Gebert*, Primärprävention S. 225.

431 *Gebert*, Primärprävention S. 225.

432 Vgl. *GKV-Spitzenverband*, Leitfaden Prävention S. 11.

433 *GKV-Spitzenverband*, Leitfaden Prävention S. 11.

434 *GKV-Spitzenverband*, Leitfaden Prävention S. 57; so auch *Gebert*, Primärprävention S. 225 f.

435 *Gebert*, Primärprävention S. 226.

App sich auf eines der im Leitfaden genannten Handlungsfelder oder auf eines der Gesundheitsziele aus § 20 Abs. 3 SGB V beziehen sowie einen primärpräventiven Ansatz verfolgen. Zu den im Leitfaden genannten Handlungsfeldern zählen beispielsweise die „Bewegungsgewohnheit" oder die „Ernährung".[436] Zu den sich aus § 20 Abs. 3 SGB V ergebenden Zielen zählen unter anderem gem. § 20 Abs. 3 Nr. 4 SGB V das „gesunde Aufwachsen: Lebenskompetenz, Bewegung, Ernährung" oder gem. § 20 Abs. 3 Nr. 5 SGB V die Erhöhung der gesundheitlichen Kompetenz einhergehend mit einer Stärkung der Souveränität der Patienten.

Zudem muss die Maßnahme einen Bezug zum Verhalten der jeweiligen Person aufweisen.[437] Dies ist dann der Fall, wenn die Maßnahme durch „Motivation und Befähigung" wirkt.[438]

Zusätzlich zu all dem ist auch bezüglich des vergleichbaren, qualitätsgesicherten Angebotes eine „Regelmäßigkeit" der Inanspruchnahme i. S. d. § 65a Abs. 1a SGB V notwendig.[439] Das vergleichbare, qualitätsgesicherte Angebot müsste also kontinuierlich und oder wiederkehrend in ausreichender Häufigkeit zur Erreichung des präventiven Zwecks vom Patienten genutzt werden.[440]An diesen dargestellten Voraussetzungen müssen sich die verschiedenen Satzungsumsetzungen der Krankenkassen mit Blick auf den Einsatz von Wearables und Apps messen lassen.

Fraglich ist darüber hinaus beispielsweise, ob eine bloße Anschaffung eines Wearables als ausreichend für eine Bonifizierung anzusehen ist.[441] Auch wenn mit einer solchen Anschaffung eventuell eine Motivation beim Nutzer für z. B. mehr Bewegung hervorgerufen wird, so sprechen mehre Punkte gegen eine Möglichkeit der Bonifizierung.[442] Einerseits ist bereits das vom Wortlaut in § 65a Abs. 1a SGB V geforderte Merkmal der „Teilnahme" in Frage zu stellen. So ist durch den bloßen Erwerb eines Wearables oder einer App noch nicht von einer aktiven Beteiligung an einer Maßnahme auszugehen, welche den mit der Bonusgewährung verfolgten Zweck erreichen kann. Anderseits kann auch das

---

436 *GKV-Spitzenverband,* Leitfaden Prävention S. 65, 74.

437 *GKV-Spitzenverband,* Leitfaden Prävention S. 12; *Gebert*, Primärprävention S. 226.

438 *GKV-Spitzenverband,* Leitfaden Prävention S. 10; *Gebert*, Primärprävention S. 226.

439 Vgl. *BAS* Rundschreiben v. 24.08.2020.

440 Spickhoff/*Nebendahl* § 65a SGB V Rn. 4.

441 So sieht es § 19a Abs. 2 lit. m Satzung der AOK Plus vor.

442 *Gebert* qualifiziert den bloßen Erwerb von Fitnesstrackern bereits als passive Inanspruchnahme einer Dienstleistung ohne eine taugliche Wirkweise durch Motivation oder Befähigung in: Primärprävention S. 226.

vom Wortlaut geforderte Merkmal der „Regelmäßigkeit“ nicht erfüllt werden. So kann aus einem Erwerb keine kontinuierliche und oder wiederkehrende Nutzung zur Erreichung des präventiven Zwecks abgeleitet werden. Somit lässt sich festhalten, dass eine reine Anknüpfung an den Erwerb eines Wearables als unzureichend für eine Bonifizierung zu bezeichnen ist. Etwas anderes könnte sich aus dem Umstand ergeben, dass die Gewährung eines Bonus nach § 65a Abs. 1a SGB V an die Nutzung eines Wearables oder einer Gesundheitsapp angeknüpft wird. In diesem Kontext steht jedoch ebenso die Zulässigkeit der Bonifizierung in Frage.[443] Dabei ist bereits die Vielzahl der denkbaren Anwendungen und Funktionen als Problem anzusehen. So wird ein Großteil der auf dem Markt befindlichen Wearables in Kombination mit Apps nur eine bloße Aufzeichnung von Vitaldaten ermöglichen. Gegen die Bonifizierung einer solchen Anwendung spricht bereits, dass nicht von einer „Teilnahme an einem qualitätsgesicherten Angebot“ durch die bloße Bereitstellung von Daten ausgegangen werden kann.[444] Zudem soll nach dem Willen des Gesetzgebers die private Lebensführung nicht Gegenstand von Bonusregelungen sein.[445]

Denkbar sind jedoch auch Wearables, welche in Kombination mit Apps ein Gesundheitsprogramm oder angeleitete Übungen ermöglichen. Nach Ansicht des *Bundesamt für Soziale Sicherheit* soll in diesen Fällen eine Bonifizierung ausscheiden, da es an einer nachweisbaren fachlichen Anleitung fehlt.[446] Dieses sehr restriktive Verständnis erscheint gerade in Hinblick auf die neueste Fassung des „Leitfaden Prävention“ nicht mehr haltbar. So ergeben sich aus diesem eine Vielzahl von Anknüpfungspunkten, bei denen die Technologie Funktionen übernimmt, welche ansonsten von Menschen, wie z. B. Trainern ausgeführt würden.[447] Somit erkennt der „Leitfaden Prävention“ an, dass mit den neuen technischen Möglichkeiten ein „vergleichbares, qualitätsgesichertes Angebot“ geschaffen werden kann, dass bei einer Teilnahme eines Versicherten auch zu einer Bonifizierung berechtigen muss. Jedoch sind derartige Programme noch nicht zahlreich am Markt vorhanden, sodass man zumeist einen Einsatz von Wearables und Gesundheitsapps als vergleichbares, qualitätsgesichertes Angebot, welches eine Bonifizierung nach § 65a Abs. 1a SGB V ermöglicht, als unzulässig ablehnen muss.

443 Zur datenschutzrechtlichen Zulässigkeit vgl. sogleich S. 292 ff.
444 So auch *BAS* Rundschreiben v. 31.03.2020.
445 Vgl. BT-Drs. 15/1525 S. 95.
446 Vgl. *BAS* Rundschreiben v. 31.03.2020.
447 Vgl. *GKV-Spitzenverband,* Leitfaden Prävention S. 137 f.

cc. Zuschuss für Erwerb von Wearables und Apps als Bonus

Eine weitere zu erwähnende Möglichkeit zu einer Verknüpfung von Wearables und Apps mit den Bonusprogrammen der gesetzlichen Krankenkassen nach § 65a SGB V ist die Gewährung eines Zuschusses für den Erwerb eines solchen Gerätes.[448] Wie bereits ausgeführt, ist ein Bonus ein finanzieller Vorteil.[449] Die konkrete Gestaltung der Bonuslösung steht der Krankenkasse frei.[450] Eine Ausgestaltung kann z. B. als Sach- oder Geldprämie oder als Zuschuss zu gesundheitsnahen Dienstleistungen erfolgen.[451] Dadurch, dass eine Auszahlung als Geldprämie erfolgen kann und somit eine Verwendung durch den Leistungsempfänger ohne Auflagen möglich ist, kann geschlussfolgert werden, dass auch der Kauf von Wearables bezuschusst werden kann.[452] Stellenweise wird sogar bereits angenommen, dass auch der Kauf eines Smartphones mit ähnlichen Funktionen wie denen eines Wearables von einem Zuschuss erfasst wäre.[453]

Wearables und Apps können somit auf Rechtsfolgenseite des Anspruches aus § 65a SGB V, durch Gewährung eines Zuschusses für den Erwerb als Bonuszahlung, in die hier betrachteten Bonusprogrammen einbezogen werden.

dd. Datenschutzrechtliche Bedenken gegen Wearables und Apps im Rahmen des § 65a SGB V

Auch datenschutzrechtliche Erwägungen sind zu berücksichtigen. Dabei ist vor allem die spezielle datenschutzrechtliche Regelung in § 65a Abs. 1 S. 2 SGB V zu beachten. Danach darf die Krankenkasse rechtmäßig nach § 284 Abs. 1 SGB V erhobene Daten mit Einwilligung des Versicherten für den Nachweis der erforderlichen Anspruchsvoraussetzungen nach § 65a Abs. 1 S. 1 SGB V verarbeiten. Wie der Verweis aus § 65a Abs. 1a S. 2 SGB V zeigt, findet diese Regelung auch bei Bonusgewährung für die Nutzung verhaltensbezogener Prävention bzw. vergleichbarer, qualitätsgesicherten Angeboten Anwendung. Entscheidend ist jedoch, dass die Daten zunächst gem. § 284 Abs. 1 SGB V rechtmäßig beim Versicherten erhoben werden müssen. Eine solche Erhebung könnte auf § 284 Abs. 1 Nr. 4 und Nr. 9 SGB V gestützt werden.[454]

---

448 Vgl. Anlage 4 der Satzung der TK.

449 BeckOK-SozR/*Scholz* § 65a SGB V Rn. 5; Becker/Kingreen/*Welti* § 65a SGB V Rn. 3.

450 BT-Drs. 15/1525 S. 95.

451 BeckOK-SozR/*Scholz* § 65a SGB V Rn. 5.

452 *Bundesversicherungsamt,* Tätigkeitsbericht 2015 S. 19.

453 Vgl. insbesondere SG Dresden, BeckRS 2020, 10043.

454 So *Brönneke/Kipker,* GesR 2015, 211 (215).

Soll jedoch ein Nachweis der Nutzung durch die Weitergabe der Nutzungsdaten und der durch das Wearable beziehungsweise die App erhobene Vitaldaten erfolgen, so wird man die „Erforderlichkeit“ für die Zwecke der Nr. 4 und Nr. 9 aus dem Grund ablehnen müssen, da durch die bloße Teilung von Vitaldaten kein valider Nachweis für eine Teilnahme eines Versicherten an einer geeigneten Maßnahme erfolgt.[455] Somit kann keine rechtmäßige Erhebung der Daten gem. § 284 Abs. 1 SGB V beim Versicherten erfolgen. Daten könnten jedoch rechtmäßig gem. § 284 Abs. 1 Nr. 4 SGB V erhoben werden, wenn es sich bei diesen Daten lediglich um Nutzungsnachweise der App handelt, ohne dass Vitaldaten des Nutzers oder andere Nutzungsdaten betroffen sind. Diese rechtmäßig erhobenen Daten dürften dann ihrerseits nach einer Einwilligung gem. § 65a Abs. 1 S. 2 SGB V von der Versicherung zur Prüfung der Anspruchsvoraussetzungen der Bonusgewährung verarbeitet werden.

ee. Zusammenfassung

Eine Bonifizierung nach § 65a SGB V wird nach alldem zumeist nur in den Fällen möglich sein, in denen Wearables und Apps als Leistung der Primärprävention anzusehen sind oder aber eine so große Nähe zu diesen Leistungen besteht, dass von einer vergleichbaren, qualitätsgesicherten Maßnahme die Rede sein kann. Durch die Krankenversicherungen kann und darf aber in beiden Szenarien keine Verarbeitung von Vitaldaten der Nutzer erfolgen, sodass hierdurch erhebliche Einschränkungen im Rahmen der der Krankenversicherungen offenstehenden Handlungsmöglichkeiten bestehen.

2. private Krankenversicherung

Auch im Rahmen von privaten Krankenversicherungen stellt sich die Frage nach der Ausgestaltung von Präventions- und Bonusprogrammen. Entscheidend ist in diesem Zusammenhang vor allem zunächst, dass sich – anders als im Recht der gesetzlichen Krankenversicherungen – keine ausdrücklichen gesetzlichen Normierungen finden lassen.

Dennoch sind für solche Programme eine Vielzahl von rechtlichen Hürden zu beachten. Es kommt hierbei auf die konkrete Ausgestaltung im Einzelfall an. Viel diskutiert sind vor allem Gestaltungen, bei denen eine Verknüpfung von Daten aus einer Wearable- oder Gesundheitsappnutzung mit der jeweils durch

---

455 So auch *Bundesversicherungsamt,* Tätigkeitsbericht 2015 S. 18 f.; BT-Drs. 18/9243; BeckOK-SozR/*Scholz* § 284 SGB V Rn. 3; a. A. *Brönneke/Kipker,* GesR 2015, 211 (215).

den Versicherten zu zahlenden Versicherungsprämie erfolgt, die Bonusprogramme also eine Tarifwirkung aufweisen.[456]

An dieser Stelle soll zunächst die Möglichkeit eines Bonusprogrammes der privaten Krankenversicherung mit einer ähnlichen Ausgestaltung wie in der gesetzlichen Krankenversicherung beleuchtet werden, also gerade eines ohne die soeben erwähnte Tarifwirkung. Beispielhaft hierfür könnte das *ActiveMe*-Programm der *AXA* stehen, in welchem neben gewissen Erfolgsboni und Zahlungen für Präventionskurse auch eine Rechnungserstattung i. H. v. bis zu 200€ im Jahr für z. B. Heimtrainer oder Fitnessstudio gezahlt wird.[457] Auch vorstellbar wäre die Anknüpfung von Bonuszahlungen an die Weitergabe von durch Wearables und Gesundheitsapp erhobenen Daten durch den Versicherten an seine Versicherung.[458]

a. Versicherungsaufsichtsrechtliche Hürden

Zunächst könnte die Zulässigkeit solcher Programme bereits an versicherungsaufsichtsrechtlichen Vorgaben scheitern.

aa. Verbot des versicherungsfremden Geschäfts

Zu denken wäre zunächst an das sich aus § 15 VAG ergebende Verbot von versicherungsfremden Geschäften. Danach dürfen Versicherungsunternehmen neben Versicherungsgeschäften nur solche betreiben, welche mit dem Grundgeschäft in einem unmittelbaren Zusammenhang stehen.[459] Somit stellt sich die Frage, ob das Betreiben eines Bonusprogrammes im soeben genannten Sinn als ein versicherungsfremdes Geschäft i. S. d. § 15 VAG anzusehen ist, also ob es an einem „unmittelbaren Zusammenhang" zu dem Versicherungsgeschäft fehlt.

In Ermangelung einer Legaldefinition des Begriffs des „versicherungsfremden Geschäfts" beziehungsweise des „unmittelbaren Zusammenhangs" gilt es zunächst eine Begriffsbestimmung vorzunehmen. Als tragendes Element kann

---

456 Siehe hierzu sogleich zusammen mit dem Punkt der Tarifbestimmung durch Wearables und Apps S. 299 ff.; vgl. zu Bonusprogrammen mit Tarifwirkung z. B. *Rudowski*, VersR 2020, 1016; *Brömmelmeyer*, r+s 2017, 225; *Brand*, VersR 2019, 725.

457 Vgl. https://www.axa.de/private-krankenversicherung/activeme#anker11177465_rueckerstattungenundbonuszahlungen, die *Axa* knüpft ihre Zahlungen jedoch nicht an die Übertragung von Wearable-Daten, sodass dieses Beispiel nur eingeschränkt gilt.

458 Diese Ausgestaltungsmöglichkeit ist für die GKV wie oben erläutert wohl unzulässig, vgl. S. 293.

459 Schmidt-Kessel/Grimm/*Heitzer*/*Brasseler*, Telematiktarife&Co. S. 150.

der Zweck der Vorschrift angesehen werden. § 15 VAG soll den Versicherer sowie den Versicherten vor den finanziellen Risiken von nicht notwendigen Geschäften schützen.[460] Aber auch der Wortlaut der Vorschrift kann als Auslegungshilfe herangezogen werden. So spricht das Erfordernis einer „Unmittelbarkeit" des Zusammenhangs mit dem Versicherungsgeschäft für ein sehr weites Verständnis des Verbots und damit für einen restriktiven Ansatz.[461] Ein Geschäft ist somit dann zulässig, wenn es in funktionaler Hinsicht mit dem Versicherungsgeschäft eng verbunden ist und außerdem kein zusätzliches finanzielles Risiko dadurch entsteht.[462] Diesem Verständnis folgend wird man eine Belohnung des Versichertenverhaltens, welches das versicherte Risiko mindert, aufgrund des engen funktionalen Zusammenhangs mit dem zugrunde liegenden Versicherungsgeschäft nicht als versicherungsfremd bezeichnen können.[463] Somit kann z. B. die Finanzierung von Präventionskursen durch die private Krankenversicherung als nicht versicherungsfremd angesehen.

Problematischer sind hingegen Serviceleistungen, welche eine gewissen thematische Distanz zum Versicherungsgeschäft aufweisen, wie beispielsweise die erwähnten Zahlungen für Sportschuhe und Heimtrainer.[464] So könnte sich bereits aus dieser Distanz eine Einordnung als versicherungsfremdes – und damit unzulässiges – Geschäft ergeben.[465] Kann doch das Angebot oftmals als bloßer Anreiz für den Abschluss des Vertrages gesehen werden.[466] Allerdings gilt es zu bedenken, dass ein Verhalten des Versicherten belohnt wird, welches sich potenziell positiv auf das Versicherungsgeschäft auswirken kann. Somit erfolgt eine Verknüpfung von Serviceleistung und dem zu Grunde liegenden Versicherungsvertrag.[467]

Wie sich zeigt, kommt es somit im Einzelfall darauf an, ob einerseits ein ausreichender Zusammenhang i. S. d. § 15 Abs. 1 VAG gegeben ist und andererseits darauf, ob sich aus der konkreten Ausgestaltung ein wirtschaftliches Risiko für

---

460 Brandt/Baroch Castellvi/*Brandt* § 15 VAG Rn. 3 m. w. N.

461 Schmidt-Kessel/Grimm/*Heitzer/Brasseler,* Telematiktarife&Co. S. 151.

462 Im Ergebnis so ähnlich Schmidt-Kessel/Grimm/*Heitzer/Brasseler,* Telematiktarife&Co. S. 151 f.; Brandt/Baroch Castellvi/*Brandt* § 15 VAG Rn. 24.

463 So auch *Brandt,* VersR 2019, 725 (727).

464 Schmidt-Kessel/Grimm/*Heitzer/Brasseler,* Telematiktarife&Co. S. 157.

465 So Schmidt-Kessel/Grimm/*Heitzer/Brasseler,* Telematiktarife&Co. S. 157.

466 Schmidt-Kessel/Grimm/*Heitzer/Brasseler,* Telematiktarife&Co. S. 157.

467 *Brandt,* VersR 2019, 725 (727); Schmidt-Kessel/Grimm/*Heitzer/Brasseler,* Telematiktarife&Co. S. 157.

die Versicherung ergibt, welches zu einer Unzulässigkeit des Leistungsangebotes führen würde.[468]

bb. Verbot von Sondervergütung

Ebenfalls relevant könnte das Verbot der Sondervergütung nach § 48b Abs. 1 VAG sein. Nach dieser Regelung ist es dem Versicherer untersagt, eine Sondervergütung zu gewähren oder zu versprechen. Dabei definiert § 48 Abs. 2 VAG eine Sondervergütung als jede unmittelbare oder mittelbare Zuwendung neben der im Versicherungsvertrag vereinbarten Leistung sowie z. B. die in § 48 Abs. 2 Nr. 3 VAG genannte Rabattierung auf Waren oder Dienstleistungen. Zweck der Regelung ist die Verhinderung von durch den Versicherer gesetzten Fehlanreizen für den Abschluss des Versicherungsvertrages.[469]

Fraglich erscheint, ob eine solche Sondervergütung auch für die oben dargestellte Ausgestaltung von Bonusprogrammen gilt. Dies wird man jedoch deutlich ablehnen müssen. So lässt sich der Zusammenhang zwischen dem Versicherungsvertrag und der Leistung nicht verkennen, es kann sich somit also nicht um eine Leistung „neben dem Versicherungsvertrag" i. S. d. § 48b Abs. 1 SGB V handeln.[470] Dieses Ergebnis vermag auch mit Blick auf den Telos der Vorschrift überzeugen. So belohnt das Bonusprogramm nicht den Abschluss des Versicherungsvertrages, sondern es wird vielmehr ein Verhalten des Versicherten bonifiziert.[471] Damit scheidet auch aus diesem Grund eine Unzulässigkeit aus.

b. Hürden im Rahmen der Vertragsgestaltung

Zu einer Unzulässigkeit der oben genannten Bonusprogramme könnten jedoch Hürden im Rahmen der Vertragsgestaltung führen.

Insbesondere zu nennen ist dabei § 194 Abs. 1 S. 2 VVG. Nach dieser Vorschrift sind die Regelungen zur sog. Gefahrerhöhung gem. §§ 23- 27 VVG nicht im Zusammenhang mit der privaten Krankenversicherung anzuwenden. Eine Gefahrerhöhung i. S. d. §§ 23 ff. VVG liegt bei einer nachträglichen wesentlichen Änderung der im Zeitpunkt der Vertragserklärung des Versicherungsnehmers tatsächlich vorhandenen gefahrenerheblichen Umstände, die den Eintritt des Versicherungsfalls oder eine Vergrößerung des Schadens wahrscheinlicher

---

468 *Brandt,* VersR 2019, 725 (728); Schmidt-Kessel/Grimm/*Heitzer/Brasseler,* Telematiktarife&Co. S. 158.

469 *Boslak/Kliesch,* VersR 2021, 228 (228); *Brandt,* VersR 2019, 725 (728).

470 *Brandt,* VersR 2019, 725 (728).

471 So bereits *Brandt,* VersR 2019, 725 (729).

macht.[472] Die für die privaten Krankenversicherungen ausgeschlossenen Vorschriften statuieren neben einer Anzeigepflicht des Versicherungsnehmers bei einer Gefahrerhöhung vor allem Handlungsmöglichkeiten für Versicherer. So steht diesem im Falle einer Gefahrerhöhung beispielsweise gem. § 24 VVG eine Kündigungsmöglichkeit zu oder gem. § 25 VVG die Möglichkeit einer Prämienanpassung. Zweck der Regelungen sind vor allem die Berücksichtigung des vertraglichen Äquivalenzinteresses sowie günstige Prämienkalkulation und die Steuerung des Versichertenverhaltens.[473] Nun ließe sich einwenden, dass Bonusprogramme gerade keine solche unzulässige Gefahrerhöhung darstellen, allerdings lässt sich unter anderem aus § 194 Abs. 1 S. 2 VVG eine gesetzgeberische Wertung ablesen, welche zu beachten gilt.[474] Zweck der Regelung aus § 194 VVG ist in erster Linie die Verhinderung von einseitigen Kündigungen durch den Versicherer sowie den Ausschluss einer möglichen eintretenden Leistungsfreiheit.[475] Außerdem sollten aber auch Prämienänderungen zu Lasten des Versicherungsnehmers ausgeschlossen werden.[476] So sollen nach Vertragsschluss eintretende Umstände für den Versicherungsvertrag außer Acht gelassen werden.[477] Dazu gehören sowohl die Verschlechterung des Gesundheitszustands als auch der Lebensstil des Versicherungsnehmers.[478] Durch diesen Ansatz erkennt der Gesetzgeber die existenzielle Rolle der Krankenversicherung im Leben der Versicherungsnehmer an.[479] Diese gesetzliche Wertung – welche auch als Ausprägung des Leitbilds der „freien Lebensgestaltung“ bezeichnet werden kann – bildet aufgrund der §§ 307 Abs. 1 S.1, Abs. 2 Nr. 1 BGB den wesentlichen Prüfungsmaßstab für die Allgemeinen Versicherungsbedingungen, welche dem Versicherungsvertrag zugrunde liegen.[480] Dabei muss die konkrete Ausgestaltung des Versicherungsvertrages mit dem wesentlichen Grundgedanken

---

472 So Prölss/Martin/*Armbrüster* §23 VVG Rn. 7; Langheid/Wandt/*Reusch* § 23 VVG Rn. 21; RG Urt. v. 03.01.1936 – VII 203/35, RGZ 150, 48 (50); BGH, Urt. v. 21.09.1964 – II ZR 40/62 (KG), NJW 1965, 156 (156); BGH, Urt. v. 18.10.1952 – II ZR 72/52, VersR 1951, 67 (68).

473 Vgl. Prölss/Martin/*Armbrüster* §23 VVG Rn. 1 ff.

474 So bereits *Rudkowski* ZVersWiss 2017, 453 (459), *Rudkowski,* VersR 2020, 1016 (1017); Schmidt-Kessel/Grimm/*Pohlmann,* Telematiktarife&Co. S. 97.

475 Schmidt-Kessel/Grimm/*Pohlmann,* Telematiktarife&Co. S. 98.

476 Schmidt-Kessel/Grimm/*Pohlmann,* Telematiktarife&Co. S. 98.

477 Schmidt-Kessel/Grimm/*Pohlmann,* Telematiktarife&Co. S. 97.

478 Looschelders/Pohlmann/*Reinhard* § 194 VVG Rn. 11.

479 Looschelders/Pohlmann/*Reinhard* § 194 VVG Rn. 11.

480 *Rudkowski,* VersR 2020, 1016 (1018).

der gesetzlichen Regelung vereinbar sein.[481] Wie sich aus dieser Formulierung bereits ergibt, kann an dieser Stelle erneut nur auf die Bewertung im Einzelfall verwiesen werden, jedoch soll zumindest exemplarisch auf die beiden oben genannten Ausgestaltungsvarianten von Bonusprogrammen ohne Tarifwirkung eingegangen werden.

Zunächst wird man die Kostenübernahme für Präventionskurse oder auch Zuschüsse für Turnschuhe etc. als mit der gesetzlichen Wertung vereinbar ansehen müssen. Weder erfolgt ein Eingriff in die Lebensgestaltung des Versicherten, noch wird die Leistung von zu erreichenden Zielen abhängig gemacht. Vielmehr stellt der Kostenzuschuss eine von der Lebensführung des Versicherten unabhängige Leistung dar, die jedoch im Idealfall zu einer Motivation des Versicherten zu einem gesünderen Lebensstil führt und sich so positiv auf das Versicherungsrisiko auswirkt. Trotz dieser potenziellen Motivationswirkung bleibt der Versicherte in seiner Lebensgestaltung frei.

Deutlich problematischer ist die Anknüpfung von Bonuszahlungen an die Weitergabe positiver Gesundheitsdaten, welche vom Versicherten mittels Wearables oder Gesundheitsapp erhoben und an die Versicherung weitergegeben werden. Diese Ausgestaltung eines Bonusprogrammes wird man als mit dem Leitbild der freien Lebensgestaltung unvereinbar ansehen müssen.[482] Hierfür sprechen eine ganze Reihe von Argumenten.[483] In besonderem Maße ergibt sich eine Unvereinbarkeit aus den Erhebungsmodalitäten. So werden diese Gesundheitsdaten, welche nach Art. 9 DSGVO als besonders sensible Daten anzusehen sind, mittels Wearables durch den Versicherten selbst erhoben. Aus diesem Grund rückt die tatsächlich erfolgende externe Kontrolle durch den Versicherer in den Hintergrund und ist damit dem Versicherten weniger bewusst.[484] Außerdem rückt bei ständiger Nutzung des Wearables, auch aufgrund der oftmals geringen Größe der Geräte, das Bewusstsein über die Kontrolle selbst in den Hintergrund. Zusätzlich ist die Qualität der erhobenen Daten insofern ein Problem, dass die erhobenen Datensätze nicht zwingend Aufschluss über den Gesundheitszustand des Versicherten geben.[485]

481 *Rudkowski,* VersR 2020, 1016 (1018).
482 So bereits *Rudkowski,* VersR 2020, 1016 (1019).
483 Vgl. ausführlich *Rudkowski,* VersR 2020, 1016 (1019).
484 So *Rudkowski,* VersR 2020, 1016 (1019).
485 Vgl. *Rudkowski,* VersR 2020, 1016 (1019).

c. *Zusammenfassung*

Somit lässt sich kein einheitliches Bild für die Frage der Zulässigkeit von Bonusprogrammen ohne Tarifwirkung zeichnen. Insbesondere kommt es dabei auf die konkrete Ausgestaltung im Einzelfall an. Jedoch wird man eine Ausgestaltung in Anlehnung an die Bonusprogramme der gesetzlichen Krankenversicherungen nach § 65a SGB V als zulässig ansehen können.

Sollte eine Bonifizierung an die Übermittlung von Daten geknüpft werden, welche vom Versicherten durch Wearables und Gesundheitsapps erhoben wurden, so ist dies als unzulässiger Eingriff in die freie Lebensgestaltung des Versicherten anzusehen und damit in Gänze unzulässig.

II. Telematiktarife bzw. Tarifhöhenbestimmung mittels Wearable-Daten

Neben den Bonusprogrammen und der Prävention steht auch die Möglichkeit einer Tarifbestimmung mittels Wearable- und App-Daten im Raum. Die Zulässigkeit einer solchen Vertragsgestaltung wird vielfach unter dem Schlagwort „Telematiktarife" diskutiert. Wie bereits im zweiten Kapitel angesprochenen, werden diese auch als *„pay-as-you-live"*-Tarife bezeichnet.[486]

Unter diesen Gesichtspunkt sind auch die Bonusprogramme mit Tarifwirkung zu fassen.[487]

1. *gesetzliche Krankenversicherung*

Dass eine Tarifhöhenbestimmung aufgrund von Wearable- und App-Daten im Rahmen der gesetzlichen Krankenversicherung unzulässig ist, ergibt sich aus den Regelungen zur Finanzierung der gesetzlichen Krankenversicherung, welche auf dem tragenden Strukturprinzip der gesetzlichen Krankenversicherung basieren. So zeichnet sich die Krankenversicherung gerade durch das in § 1 S. 1 SGB V verankerte Solidaritätsprinzip aus. Darauf fußend erfolgt die Finanzierung der gesetzlichen Krankenversicherung gem. §§ 3, 220 ff. SGB V beitragsbezogen.[488] Die Höhe des Beitrages bemisst sich gem. §§ 223 Abs. 2; 226 SGB V nach „beitragspflichtigen Einnahmen" der Mitglieder der Versicherung.[489] Gerade keine

486 Siehe o. S. 116.

487 Siehe o. S. 294.

488 Becker/Kingreen/*Becker/Kingreen* § 1 SGB V Rn. 4; KKW/*Waltermann* Einleitung SGB V Rn. 15.

489 KassKomm/*Peters* § 223 SGB V Rn. 4; Becker/Kingreen/*Mecke* § 223 SGB V Rn. 3.

Bedeutung in der Beitragsbemessung kommt dem konkreten Risiko des Versicherten zu.[490] Zudem hängt die erbrachte Leistung der Krankenversicherung weder von der Erbringung noch der Höhe des Beitrages ab, lediglich ist der Bedarf nach einer Krankenbehandlung ausschlaggebend.[491]

Ein Tarif, bei welchem sich die Höhe des zu zahlenden Beitrags aus dem Risiko ergibt, welches sich aus den Daten von Wearables und Apps ableiten lässt, knüpft unzweifelhaft an das Prinzip der Leistungsfähigkeit an und schränkt dieses ein. Diese Einschränkung darf mit Blick auf § 1 S. 1 SGB V sowie §§ 3, 220 ff. SGB V jedoch gerade nicht gegeben sein. Es lässt sich damit festhalten, dass eine Einbeziehung von „*pay-as-you-live*"-Verträgen in der gesetzlichen Krankenversicherung nicht erfolgen kann und darf. Dennoch lassen sich mit dieser Überlegung nicht jegliche Gestaltungen von Bonusprogrammen mit Tarifwirkung ausschließen. So ist beispielsweise denkbar, dass der nach § 65a SGB V gewährte Bonus in Form einer Beitragsermäßigung durch die Krankenkasse gewährt wird.[492] Bei einer solchen Ausgestaltung ist dem Bonusprogramm eine Tarifwirkung zuzuerkennen. Gleichzeitig sind jedoch die Finanzierungsregeln der §§ 3, 220 ff. SGB V nicht berührt. Allerdings besteht bei diesen Ausgestaltungen die Gefahr einer Entsolidarisierung der Bevölkerung und damit eine Gefahr für eines der zentralen Strukturprinzipien der gesetzlichen Krankenversicherung.[493] Im Ergebnis ist im Einzelfall zu prüfen, ob die Maßnahme gegen die Finanzierungsregeln der §§ 3, 220 ff. SGB V verstößt. Wenn dies der Fall ist, ist ein solches Vorgehen ausgeschlossen.

2. *private Krankenversicherung*

Vorstellbar erscheinen hingegen solche Tarifhöhenbestimmung beziehungsweise Bonusprogramme mit Tarifwirkung im Privatversicherungsrecht, welches einem Solidaritätsgedanken nicht verschrieben ist. Jedoch sind auch hier eine Vielzahl rechtlicher Hürden ersichtlich.

a. *Versicherungsaufsichtsrechtliche Hürden*

Zunächst müsste sich eine solche Ausgestaltung an versicherungsaufsichtsrechtlichen Vorgaben messen lassen.

---

490 Becker/Kingreen/*Becker/Kingreen* § 1 SGB V Rn. 4; KKW/*Waltermann* Einleitung SGB V Rn. 15.

491 Becker/Kingreen/*Becker/Kingreen* § 1 SGB V Rn. 4.

492 Vgl. BT-Drs. 15/1525 S. 95.

493 Vgl. hierzu WISO-Diskurs 13/2019.

aa. Verbot des versicherungsfremden Geschäfts und von Sondervergütungen

So ist das Verbot des versicherungsfremden Geschäfts nach § 15 VAG relevant. Erneut lässt sich festhalten, dass eine Belohnung des Versichertenverhaltens, welches das versicherte Risiko mindert, aufgrund des engen funktionalen Zusammenhangs mit dem zugrunde liegenden Versicherungsgeschäft nicht als versicherungsfremd zu bezeichnen ist.[494]

Für das beschriebene Szenario der Bonusprogramme mit Tarifwirkung verstärkt sich dieses Ergebnis noch mit einem Blick auf herkömmliche Tarife. So erfolgt häufig eine Beitragsrückerstattung bei Nichtinanspruchnahme von Versicherungsleistungen in einer Versicherungsperiode.[495]

bb. Verbot von Sondervergütung

Auch anzusprechen ist das sich aus § 48b VAG ergebende Verbot der Sondervergütung. Jedoch kann bei einem Bonusprogramm mit Tarifwirkung bereits dem Wortlaut nach nicht von einer „Sondervergütung" oder einer „Zuwendung neben dem Versicherungsvertrag" gesprochen werden.[496]

Bestärkt wird diese Einordnung zusätzlich durch die am Telos der Norm ansetzende Überlegung, dass eine Prämienreduktion im Rahmen eines Bonusprogrammes vom Verhalten des Versicherten abhängig ist und somit nicht als „Geschenk" vom Versicherten aufgefasst wird.[497]

cc. Rechnungsgrundlage gem. § 160 VAG

Für Bonusprogramme mit Tarifwirkung entfalten auch die Regelungen zur Kalkulation der Versicherungsprämie aus § 160 VAG Wirkung. In Verbindung mit §§ 2, 6 und 10 der Verordnung betreffend die Aufsicht über die Geschäftstätigkeit in der privaten Krankenversicherung[498] werden hierdurch die zulässigen Rechnungsgrundlagen für die Prämienkalkulation festgesetzt.[499] Zu diesen Rechnungsgrundlagen zählt gerade nicht das Verhalten des Versicherten, dies ergibt sich aus der fehlenden Erwähnung in § 2 KVAV.[500]

---

494 So auch *Brandt*, VersR 2019, 725 (727).
495 Hierauf ebenfalls hinweisend *Brandt*, VersR 2019, 725 (727).
496 Schmidt-Kessel/Grimm/*Stadler*, Telematiktarife&Co. S. 176.
497 Schmidt-Kessel/Grimm/*Stadler*, Telematiktarife&Co. S. 176.
498 Im Folgenden KVAV.
499 Bruck/Möller/*Brand* KV-Einl. Rn. 73; *Brandt*, VersR 2019, 725 (729).
500 Bruck/Möller/*Brand* KV-Einl. Rn. 73; *Brandt*, VersR 2019, 725 (729).

Folglich können Bonusprogrammen mit Tarifwirkung nur über die sogenannte Überschussbeteiligung im Sinne des § 151 VAG finanziert werden.

dd. Überschussbeteiligung und Gleichbehandlungsgrundsatz

Somit sind die Vorschriften zur Überschussbeteiligung gem. § 151 VAG sowie der Gleichbehandlungsgrundsatz aus §§ 146 Abs. 2 S. 1; 138 Abs. 2 VAG beachtlich. Dass Versicherte an den erwirtschafteten Überschüssen beteiligt werden, ist, wie das System der Beitragsrückerstattung zeigt, üblich.[501]Auch wenn das VAG einige besondere Verwendungsszenarien für die erwirtschafteten Überschüsse nennt, erscheint eine Verwendung im Rahmen von Bonusprogrammen mit Tarifwirkung möglich.[502]

Eine solche Überschussbeteiligung muss jedoch auch den Gleichbehandlungsgrundsatz aus §§ 146 Abs. 2 S. 1; 138 Abs. 2 VAG einhalten.[503] Dieser verlangt, dass bei gleichen Voraussetzungen die Bemessung der Prämien und Leistungen nach gleichen Grundsätzen erfolgen müssen.[504] Man wird von einem Einhalten dieser Grundsätze durch Bonusprogramme mit Tarifwirkung ausgehen können, wenn gesundheitsrelevantes Verhalten als ein taugliches Differenzierungskriterium angesehen werden kann.[505]Dies wird man grundsätzlich dann bejahen können, wenn durch die Verhaltensänderung ein messbarer Einfluss auf das versicherte Risiko und damit eine Verringerung von Kopfschäden anzunehmen ist.[506]

Im Ergebnis muss deshalb der Versicherer im Einzelfall prüfen und nachweisen können, dass ein bestimmtes Verhalten diese angesprochenen Folgen und Konsequenzen hat.[507]

b. Hürden im Rahmen der Vertragsgestaltung

Zu einer Unzulässigkeit der Bonusprogramme mit Tarifwirkung bzw. einer Tarifhöhenbestimmung könnten jedoch Hürden im Rahmen der Vertragsgestaltung führen.

---

501 Bruck/Möller/*Brand* KV-Einl. Rn. 74.

502 Vgl. auch mit Herleitung Bruck/Möller/*Brand* KV-Einl. Rn. 74.

503 *Katzenmeier,* MedR 2019, 259 (266); *Brandt,* VersR 2019, 725 (730).

504 *Brandt,* VersR 2019, 725 (730).

505 Bruck/Möller/*Brand* KV-Einl. Rn. 76.

506 *Brandt,* VersR 2019, 725 (731); Brandt/Baroch Castellvi/*Brandt* § 146 VAG Rn. 46.

507 So auch *Brandt,* VersR 2019, 725 (730).

So wäre zunächst denkbar, eine Unzulässigkeit solcher Bonusprogramme aus § 194 Abs. 1 S. 2 VVG abzuleiten. Wie bereits dargestellt, untersagt diese Vorschrift die Anwendung der Regelungen zur Gefahrerhöhung für die private Krankenversicherung. Dabei ergibt sich aus dem Zweck des § 194 Abs. 1 S. 2 VVG die Notwendigkeit eines extensiven Verständnisses.[508] Somit soll jegliche Prämiengestaltung ausgeschlossen sein, welche Einfluss auf das Verhalten des Versicherten nimmt. Fraglich ist, ob Bonusprogramme mit Tarifwirkung eine solche unzulässige Gefahrerhöhung und Einflussnahme darstellen.

Je nach Ausgestaltung der Programme wird zumeist ein Rahmen vorgegeben werden, in welchem sich die zu zahlende Versicherungsprämie bewegt, man könnte daher von einer flexiblen Versicherungsprämie sprechen.[509] Somit könnte zunächst das Vorliegen einer Berücksichtigung von Gefahrerhöhungen abgelehnt werden. Insbesondere erscheinen sinkendende Prämien durch Wohlverhalten als für den Versicherten vorteilhaft.

Es gilt jedoch zu bedenken, dass schwankende Prämien nicht zwingend positive Auswirkungen auf die Tarifhöhe haben müssen, sondern auch negative Folgen haben können.[510] Zudem kann trotz eines vorgegebenen Rahmens von einer Einflussnahme auf das Verhalten des Versicherten ausgegangen werden. Somit wird man mit einem extensiven Verständnis des § 194 Abs. 1 S. 2 VVG Bonusprogramme mit Tarifwirkung als unzulässig einstufen müssen.

Gestärkt wird dieses Ergebnis auch mit Blick auf das sich unter anderem aus § 194 Abs. 1 S. 2 VVG ergebenden „Leitbild der freien Lebensgestaltung".[511] So wird durch die Möglichkeit der Einflussnahme auf die zu zahlende Versicherungsprämie ein Anreiz für den Versicherten geschaffen, welchem er sich zumeist nicht entziehen kann.[512]

Der Versicherte wird aufgrund dieses Anreizes in erheblichem Umfang versuchen, den Bedingungen des Versicherers zu entsprechen. Aus diesem Grund ist das Leitbild der freien Lebensgestaltung in erheblichem Maße verletzt. Auch wenn richtigerweise vorgebracht wird, dass Beitragsrückerstattungsprogramme eine ähnliche Wirkung haben können, ist die Situation auf Grund des fehlenden Bezugs dieses Systems zum Lebensstil des Versicherten nicht vergleichbar.[513]

---

508 So auch Looschelders/Pohlmann/*Reinhard* § 194 VVG Rn. 11; bestätigend auch Schmidt-Kessel/Grimm/*Pohlmann*, Telematiktarife&Co. S. 97.

509 Schmidt-Kessel/Grimm/*Pohlmann*, Telematiktarife&Co. S. 97.

510 So auch Schmidt-Kessel/Grimm/*Pohlmann*, Telematiktarife&Co. S. 98.

511 Vgl. S. 297.

512 *Rudkowski*, VersR 2020, 1016 (1020).

513 *Rudkowski*, VersR 2020, 1016 (1020).

Etwas anderes ergibt sich auch nicht aus der Einbeziehung von § 203 Abs. 2 VVG. Diese Regelung ermöglicht in den dort genannten Fällen die nachträgliche Prämienanpassung durch die Krankenversicherung. Zwar ist zuzugeben, dass somit eine nachträgliche Prämienanpassung im Krankenversicherungsbereich nicht völlig ausgeschlossen ist, jedoch ist § 203 Abs. 2 VVG auf Fälle zugeschnitten, bei denen Änderungen das gesamte Versichertenkollektiv und nicht nur den einzelnen Versicherten betreffen.[514]

3. *Zusammenfassung*

Es ergibt sich für die Ausgestaltung von durch Wearables gestützten Bonusprogrammen mit Tarifwirkung bzw. sogenannten „*pay-as-you-live*"-Tarifen ein einheitliches Bild. Sowohl in der gesetzlichen Krankenversicherung als auch in der privaten Krankenversicherung sind diese Formen unzulässig.

D. Fazit

Wie gezeigt wurde, fußt das von *Spahn* beschworene „Neuland" auf einem umfassenden Regelungskonstrukt, welches durch die sich aus dem DVG ergebenden Änderungen eine zusätzliche Erweiterung erfahren hat. Insbesondere die Implementierung von digitalen Produkten in die Regelversorgung der gesetzlichen Krankenversicherung steht dabei im Mittelpunkt. Auch wenn durch diese Regelungen nur mittelbar die private Krankenversicherung betroffen ist, wird dennoch erkennbar, dass in beiden Versicherungszweigen die Digitalisierung Einzug halten soll und wird. Dabei ist zwischen der stationären und ambulanten Versorgung zu unterscheiden. Der Leistungsanspruch des gesetzlich Versicherten in der stationären Versorgung ist im Versicherungsfall auf den Einsatz von Methoden gerichtet, die dem anerkannten Stand der medizinischen Erkenntnisse entsprechen. Zudem sind auch solche Methoden erfasst, zu denen noch keine ablehnende Entscheidung gem. § 137c Abs. 1 SGB V getroffen wurde und die das Potenzial einer Handlungsalternative bieten.[515] Wearables und Gesundheitsapps können sowohl Teil einer solchen Methode als Einzelleistung sein als auch selbst als Methode angesehen werden, sodass grundsätzlich vom Bestehen eines Leistungsanspruches ausgegangen werden kann.[516] Die Vergütung des Einsatzes von Wearables und Gesundheitsapps im stationären Bereich kann auf

514 *Brandt*, VersR 2019, 725 (729).

515 Vgl. dazu oben S. 228.

516 Vgl. dazu oben S. 228.

unterschiedlichen Wegen erfolgen. Kann ein solcher Einsatz unter Kostendeckung einer DRG zugeordnet werden, erfolgt die Vergütung über die DRG.[517] Sollte eine Zuordnung nur ohne Kostendeckung möglich sein, besteht die Möglichkeit in Ausnahmefällen Zusatzentgelte zu vereinbaren.[518] Wenn keine Zuordnung zu einer DRG erfolgen kann, steht der Vergütungsweg für innovative Methoden gem. § 6 Abs. 2 KHEntG zur Verfügung.[519] Dafür muss das Wearable oder die Gesundheitsapp jedoch als neue Untersuchungs- und Behandlungsmethoden zu charakterisieren sein. Zudem sind Fälle denkbar, in denen Wearables und Gesundheitsapps als medizinische Wahlleistungen i. S. d. § 17 Abs. 1 S. 2 KHEntG anzusehen sind.

Für die privat Versicherten besteht ebenfalls ein Leistungsanspruch, wenn Wearables und Gesundheitsapps im Rahmen einer medizinisch notwendigen Heilbehandlung eingesetzt werden.[520] Zudem ist im Einzelfall die jeweilige Ausgestaltung des Versicherungsvertrages entscheidend. Die Vergütung erfolgt ebenfalls über das DRG-System.

In der ambulanten Versorgung ist zunächst an einen Einsatz im Rahmen der ärztlichen Behandlung zu denken. Dieser erfolgt dabei durch den Behandler, wobei die Methode entweder einen eigenen Niederschlag im EBM gefunden hat, oder aber die Anschaffungskosten im Rahmen der bestehenden EBM vergütet werden.[521]

Sollte ein Einsatz durch den gesetzlich Versicherten erfolgen, ist vor allem an zwei Wege zu denken. So können Wearables und Gesundheitsapps, welche durch ersetzende, unterstützende oder entlastende Wirkung den Erfolg einer Krankenbehandlung sichern oder eine Behinderung ausgleichen beziehungsweise ihr vorbeugen, als Hilfsmittel i. S. d. § 33 SGB V anzusehen sein.[522]

Problematisch ist die denkbare Produktvielfalt von Wearables und Gesundheitsapps. So enthält § 33 SGB V eine Beschränkung des Anwendungsbereiches für „Gebrauchsgegenstände des täglichen Lebens“.[523] Ob ein solcher vorliegt, ist im Einzelfall nach dem jeweiligen Zweck des Produktes zu ermitteln.[524] Dieser

517 Vgl. dazu oben S. 231 f.
518 Vgl. dazu oben S. 231 f.
519 Vgl. dazu oben S. 234 ff.
520 Vgl. dazu oben S. 242 ff.
521 Vgl. dazu oben S. 245.
522 Vgl. zur Definition BSG, Urt. v. 30.01.2001 – B 3 KR 6/00 R, NZS 2001, 532 (533); Becker/Kingreen/*Lungstras* § 33 SGB V Rn. 4; siehe oben S. 249 ff.
523 Vgl. dazu oben S. 250.
524 Vgl. dazu oben S. 251.

ist sowohl aus Sicht des Herstellers als auch aus Sicht des Nutzers zu ermitteln. Neben dieser Möglichkeit kann auch der neue § 33a SGB V im ambulanten Bereich Geltung entfalten.[525] Gesundheitsapps sind, wenn sie als Medizinprodukte der Risikoklasse I oder IIa zu klassifizieren sind, als digitale Gesundheitsanwendungen anzusehen.[526] Größere Schwierigkeiten bereitet die Einordnung von Wearables in den Anwendungsbereich des § 33a SGB V. So kann eine Kombination aus App und Wearable im Einzelfall vom Anwendungsbereich des § 33a SGB V erfasst sein.[527]

Entscheidend ist das Zusammenspiel der beiden Produkte. So soll die Hauptfunktion des Kombinationsproduktes Bestandteil der digitalen Technologie sein.[528]Aber auch das Wearable selbst kann als digitale Gesundheitsanwendung qualifiziert werden. § 33a SGB V spricht lediglich von „digitalen Technologien“ und bleibt somit „technologieneutral“.[529] Auch lässt sich eine Beschränkung auf reine Softwareanwendungen nicht mit dem Telos des § 33a SGB V begründen.[530]

Für privat Versicherte kann ein Einsatz durch den Behandler im ambulanten Bereich erfolgen, wobei die Kosten für die Anwendung als Gebühr Teil der GOÄ sind.[531] Bei einem Einsatz durch den Versicherten besteht zudem die Möglichkeit über die Qualifikation als Hilfsmittel.[532] Dabei muss die jeweilige Leistung vom vertraglich vereinbarten Versicherungsschutz umfasst sein. Zudem steht auch die Möglichkeit über die Direktversorgung zu deren Zweck die Versicherer Versorgungsverträge mit Produzenten von Wearables und Gesundheitsapps abschließen können.[533]

Auch außerhalb der Behandlung kann ein Einsatz von Wearables und Gesundheitsapps erfolgen. Denkbare Einsatzfelder sind sowohl in der gesetzlichen als auch in der privaten Krankenversicherung die Primärprävention und die Bonusprogramme. So können in der gesetzlichen Krankenversicherung Wearables und Gesundheitsapps z. B. in bestehende der Primärprävention zuzuordnende Trainingskonzepte integriert werden.[534] Mangels Erforderlichkeit dürfen jedoch die

---

525 Vgl. dazu oben S. 257 ff.
526 Vgl. dazu oben S. 260 ff.
527 Vgl. dazu oben S. 260.
528 Vgl. *BfArM*, Fast-Track-Verfahren für DiGA S. 14; siehe auch oben S. 261.
529 Vgl. dazu oben S. 259 f.
530 Vgl. dazu oben S. 263.
531 Vgl. dazu oben S. 274 f.
532 Vgl. dazu oben S. 275.
533 Vgl. dazu oben S. 276.
534 Vgl. dazu oben S. 282.

durch das Wearable erhobenen Daten nicht von den Krankenkassen verarbeitet werden.[535] Zudem kann gem. § 65a SGB V durch die Krankenversicherung ein Bonus bei Inanspruchnahme einer Leistung der Primärprävention gewährt werden.[536] Ein Einsatz von Wearables und Gesundheitsapps kann zudem im Einzelfall eine große Nähe zur Primärprävention aufweisen und daher als vergleichbare qualitätsgesicherte Leistung anzusehen sein.[537] Ein bloßer Erwerb eines Wearables wird hingegen noch keine Bonifizierung i. S. d. § 65a SGB V ermöglichen.[538]

In der privaten Krankenversicherung sind insbesondere Kostenübernahmen für Kurse oder Zuschüsse für die Anschaffung eines Wearables denkbar.[539] Auch hier dürfen die durch die App oder das Wearable erhobenen Daten nicht durch die Krankenkasse verarbeitet werden.[540] Unzulässig ist zudem die Höhe der zu zahlenden Versicherungstarife an Wearables oder Gesundheitsapps zu koppeln. Eine solche Implementierung widerspricht in der gesetzlichen Krankenversicherung dem Finanzierungsgrundsatz aus §§ 3, 220 ff. SGB V sowie in der privaten Krankenversicherung dem „Leitbild der freien Lebensgestaltung".[541] Gleiches gilt weitestgehend auch für Bonusprogramme, welche sich auf die Höhe des Tarifs auswirken. Somit ist festzuhalten, dass erste Innovationen, wie Wearables und Gesundheitsapps Einzug in die Regelversorgung der Versicherten in Deutschland halten, beziehungsweise denkbare Integrationswege durch den deutschen Gesetzgeber geschaffen wurden.

535 Vgl. dazu oben S. 285 f.
536 Vgl. dazu oben S. 288.
537 Vgl. dazu oben S. 288 ff.
538 Vgl. dazu oben S. 290.
539 Vgl. dazu oben S. 293 ff.
540 Vgl. dazu oben S. 298.
541 Vgl. dazu oben S. 299 ff. und S. 303.

Kapitel IV: Ergebnis

Mit dem Einsatz von Wearables und Gesundheitsapps sind viele Potenziale verbunden. Sei es die Entwicklung einer individuelleren Behandlung oder einer Kommunikation auf Augenhöhe zwischen Behandler und Patient, aber auch der Einsatz der Geräte ganz außerhalb des professionellen Anwendungsfeldes als schlichtes Fitnessarmband zur Steigerung der eigenen Gesundheit. Ganz gleich, welcher Ansatz und Einsatzzweck mit den hier dargestellten Produkten verfolgt wird, wird doch deutlich, dass der digitale Fortschritt auf ein komplexes Rechtsgefüge trifft. In welchem insbesondere die drei hier beleuchteten Bereiche – Datenschutzrecht, Medizinprodukterecht, Sozial- und Versicherungsrecht – miteinander verwoben sind. Wie gezeigt wurde, ergeben sich aus dieser Gemengelage zahlreiche Herausforderungen und rechtliche Hürden.

A. Datenschutzrecht

Aus Sicht des datenschutzrechtlichen Bestandteils des soeben erwähnten Rechtsgefüges sind im Zusammenhang mit Wearables und Gesundheitsapps vor allem folgende Gesichtspunkte besonders beachtlich.

Die DSGVO ist der zentrale Maßstab für die aufgeworfenen Fragen, wobei auch ergänzende Regelungen über Öffnungsklauseln als auch bereichsspezifische Regelungen zu berücksichtigen sind.

Dabei werden im Schwerpunkt durch Wearables und Gesundheitsapps Daten verarbeitet, die als „besondere personenbezogene Daten" i. S. d. Art. 9 Abs. 1 DSGVO anzusehen sind.[1] Mit diesen Daten kommen eine Vielzahl unterschiedlicher Akteure in Berührung, wobei sich die Frage nach der datenschutzrechtlichen Verantwortlichkeit stellt. Ermittelt werden muss dies im Einzelfall für die jeweilige Datenverarbeitung. Maßgebliches Kriterium hierfür ist das Vorliegen einer Entscheidungsgewalt über wesentliche Zwecke und Mittel der jeweiligen Datenverarbeitung.[2] Der Nutzer des Wearables kann als Betroffener i. S. d. Art. 4 Nr. 1 DSGVO nicht als Verantwortlicher anzusehen sein.[3] Der Hersteller und der App-Anbieter werden hingegen regelmäßig als Verantwortliche qualifiziert

---

1 Vgl. dazu oben S. 148.

2 *Monreal*, ZD 2014, 611 (612); DWWS/*Weichert* Art. 4 Nr. 7 DSGVO Rn. 87; Kühling/Buchner/*Hartung* Art. 4 Nr. 7 Rn. 13; vgl. dazu oben S. 148.

3 Vgl. dazu oben S. 148.

werden. Gleiches gilt für Behandler, Krankenkassen und Forschungseinrichtungen bei einer Datenverarbeitung zu eigenen Zwecken. Der CSP hingegen wird zumeist als Auftragsverarbeiter anzusehen sein. Eine Kooperation beziehungsweise ein gemeinschaftliches Zusammenwirken zwischen den Akteuren erschwert die Zuordnung der Verantwortlichkeit. Hier ist eine gemeinsame Verantwortlichkeit i. S. d. Art. 26 DSGVO denkbar.[4] Eine solche kann für das Verhältnis zwischen Hersteller und App-Anbieter angenommen werden, wenn beide Akteure einen gewissen Einfluss auf die Datenverarbeitung mit einem Eigeninteresse haben. Auch für das Verhältnis zwischen Hersteller und Behandler erscheint eine solche Konstellation denkbar.[5]

Zudem stellt sich die Frage auf welche Legitimationsgrundlage eine Datenverarbeitung durch die jeweiligen Akteure gestützt werden kann. Dabei sind abhängig von der jeweiligen Verarbeitungssituation unterschiedliche Rechtsgrundlagen denkbar. Zentraler Legitimationsgrund wird jedoch die freiwillige und informierte Einwilligung des Nutzers sein. Damit wird die Datenverarbeitung auf eine Grundlage gestützt, welche sich gerade mit Blick auf den technischen Fortschritt immer weitergehender Kritik ausgesetzt sieht.[6]

Neben einer tauglichen Rechtsgrundlage sind durch die Verantwortlichen weitere Verarbeitungsbedingungen zu beachten. So müssen sie unter anderem den sich aus Art. 13, 14 DSGVO ergebenden Informationspflichten nachkommen sowie die Vorgaben zur technischen Ausgestaltung nach Art. 25 DSGVO beachten.[7]

B. Medizinprodukterecht

Das Medizinprodukterecht fußt mit der seit dem 26.05.2021 geltenden MP-VO auf einer sehr jungen europäischen Vorschrift. Entscheidend ist, ob Wearables, Gesundheitsapps und mit ihnen im Zusammenhang stehenden Produkten wie Smartphones und Cloud-Anwendungen diesem neu geregelten Rechtsbereich unterfallen. Maßgeblich ist daher, ob eine Einordnung als Medizinprodukt erfolgen kann.[8] Diese ist durch die Nähe zum Bereich der Fitness- und Lifestyleprodukte und dem sich daraus ergebenden „Graubereich“ eine große

4 Vgl. dazu oben S. 149.
5 Vgl. dazu oben S. 149.
6 Vgl. dazu oben S. 150.
7 Vgl. dazu oben S. 151.
8 Vgl. dazu oben S. 216 ff.

Herausforderung. Im Ergebnis muss daher eine Analyse im Einzelfall erfolgen, ob dem jeweiligen Produkt vom Hersteller eine medizinische Zweckbestimmung zuerkannt worden ist.

Insbesondere relevant ist die Außendarstellung des jeweiligen Produktes. Kaum Einfluss haben insoweit sog. „Ausschlusserklärungen".[9] Auch der tatsächlich erfolgende Einsatz hat keine Auswirkung auf die Zweckbestimmung des Herstellers. Grundsätzlich erscheint eine Qualifikation eines Wearables als Medizinprodukt möglich zu sein.

Das Betriebssystem des Wearables wird hingegen nur als Teil eines Medizinproduktes anzusehen sein. Ein im Zusammenhang verwendetes Smartphone ist mangels medizinischer Zweckbestimmung kein Medizinprodukt.

Für die Qualifikation von Gesundheitsapps ist bei der Bestimmung des Zwecks auf die im jeweiligen App-Store enthaltenen Produktbeschreibungen sowie auf möglichen Werbematerialien zu achten. Zudem sollte von der Software eine eigene spezifische Leistung mit Blick auf den medizinischen Zweck gegeben sein.[10] Vor allem Gesundheitsapps, die der ärztlichen Entscheidungsfindung dienen, sind somit als Medizinprodukte zu qualifizieren. Eine solche Qualifikation kann zudem bei Personenidentität des Herstellers Einfluss auf die Zweckbestimmung des Wearables nehmen. Auch Cloud-Anwendungen können als Medizinprodukt angesehen werden.[11] Produkte im Zusammenhang mit Wearables und Gesundheitsapps können teilweise auch als „Zubehör" i. S. d. Art. 2 Nr. 2 MP-VO qualifiziert werden. Einen nötigen Verwendungszusammenhang mit Unterstützungs- und Ermöglichungsfunktion können einige Wearables in Hinblick auf Gesundheitsapps aufweisen und einige Gesundheitsapps in Hinblick auf andere Medizinprodukte. Zudem können vor allem Cloud-Anwendungen als Zubehör anzusehen sein.

Sollten die Produkte als Medizinprodukte qualifiziert werden, muss eine Klassifizierung in die Risikoklassen des Medizinprodukterechts erfolgen.[12] Ein Großteil der als Medizinprodukte zu qualifizierenden Wearables werden als „aktive Produkte zu Diagnose- und Überwachungszwecken" i. S. d. Regel 10 Anhang VIII der MP-VO anzusehen und demnach zumeist der Risikoklasse

---

9 Apple verwendet z. B. bei der aktuellen Apple Watch im Benutzerhandbuch die Formulierung:

> „Die Apple Watch ist kein medizinisches Gerät…".

10 Vgl. dazu oben S. 217.

11 Vgl. dazu oben S. 217.

12 Vgl. dazu oben S. 218.

IIa zuzuordnen sein. Für Gesundheitsapps und Cloud-Anwendungen des Typs „SaaS“ wird nach Regel 11 Anhang VIII der MP-VO zumeist eine Klassifizierung in die Risikoklassen IIa und IIb erfolgen.[13] Im Anschluss an das sich nach der Klassifizierung richtende Konformitätsbewertungsverfahren müssen die Produkte mit der CE-Kennzeichnung und einer UDI gekennzeichnet werden. Für Software als nicht verkörpertes Produkt sollte eine Kennzeichnung in der Software selbst z. B. im „Splash-Screen“ oder im „About“-Dialog angezeigt werden.[14]Angestrebt werden sollte auch eine Kennzeichnung analog zu der auf der Verpackung eines verkörperten Produktes in der jeweiligen Vertriebsplattform der App.[15] An dieser Stelle könnte auch die Integration der elektronischen Gebrauchsanweisung erfolgen.

C. Sozial- und Versicherungsrecht

Im Sozial- und Versicherungsrecht stellt sich für Wearables und Gesundheitsapps vor allem die Frage nach der Integration in die Regelversorgung der Versicherten in und außerhalb der Behandlung.

In der stationären Versorgung der gesetzlich Versicherten kann ein Leistungsanspruch auf Wearables und Gesundheitsapps als Teil einer Methode oder als eigenständige Methode bestehen, wenn der Einsatz dem anerkannten Stand der medizinischen Erkenntnisse entspricht oder noch keine ablehnende Entscheidung gem. § 137c Abs. 1 SGB V getroffen wurde und die Methode als Handlungsalternative angesehen werden kann.[16] Eine Vergütung des Einsatzes erfolgt, wenn möglich über die DRG. Wenn keine Zuordnung zu einer DRG erfolgen kann und das Wearable oder die Gesundheitsapp als neue Untersuchungs- und Behandlungsmethode angesehen wird, steht der Vergütungsweg für innovative Methoden gem. § 6 Abs. 2 KHEntG zur Verfügung.[17] Zudem sind Fälle denkbar, in denen Wearables und Gesundheitsapps als medizinische Wahlleistungen i. S. d. § 17 Abs. 1 S. 2 KHEntG anzusehen sind.

Bei der stationären Versorgung der privat Versicherten besteht ein Leistungsanspruch, wenn Wearables und Gesundheitsapps im Rahmen einer medizinisch

13 Vgl. dazu oben S. 218.
14 Vgl. oben S. 219.
15 Vgl. oben S. 219.
16 Vgl. dazu oben S. 304.
17 Vgl. dazu oben S. 305.

notwendigen Heilbehandlung eingesetzt werden oder der Versicherungsvertrag im Einzelfall einen Einsatz ermöglicht.[18]

In der ambulanten Versorgung der gesetzlich Versicherten kann eine Integration des Einsatzes in die ärztliche Behandlung erfolgen.[19] Denkbar ist für Wearables und Gesundheitsapps, welche durch ersetzende, unterstützende oder entlastende Wirkung den Erfolg einer Krankenbehandlung sichern oder eine Behinderung ausgleichen beziehungsweise ihr vorbeugen zudem der Einsatz als Hilfsmittel i. S. d. § 33 SGB V.[20]

Neben diese Möglichkeit tritt der Einsatz von Wearables und Gesundheitsapps als digitale Gesundheitsanwendung i. S. d. § 33a SGB V.[21] Dabei kann nicht nur die Kombination von Wearable und Gesundheitsapp als digitale Gesundheitsanwendung angesehen werden, sondern auch das Wearable als Hardware selbst sollte unter den Begriff zu fassen sein.[22]

In der ambulanten Versorgung der privat Versicherten kann ebenfalls eine Integration in die ärztliche Behandlung erfolgen. Daneben stehen der Einsatz als Hilfsmittel oder eine Direktversorgung der Versicherten über Versorgungsverträge mit den Herstellern als gangbare Wege offen.[23]

Außerhalb der ärztlichen Behandlung kann ein Einsatz im Rahmen der Primärprävention und bei Bonusprogrammen erfolgen.[24] So können Wearables und Gesundheitsapps in bestehende Trainingskonzepte der Primärprävention integriert werden. Sollte eine solche Leistung durch einen gesetzlich Versicherten in Anspruch genommen werden, kann gem. § 65a SGB V ein Bonus für die Inanspruchnahme gewährt werden. Ein Einsatz kann auch als vergleichbare qualitätsgesicherte Leistung i. S. d. § 65a SGB V angesehen werden und dadurch eine Bonifizierung auslösen. In der privaten Krankenversicherung sind insbesondere Kostenübernahmen für Kurse oder Zuschüsse für die Anschaffung eines Wearables denkbar.[25]

---

18 Vgl. dazu oben S. 305.

19 Vgl. dazu oben S. 305.

20 Vgl. zur Definition BSG, Urt. v. 30.01.2001 – B 3 KR 6/00 R, NZS 2001, 532 (533); Becker/Kingreen/*Lungstras* § 33 SGB V Rn. 4; siehe oben S. 305.

21 Vgl. dazu oben S. 306.

22 Vgl. dazu oben S. 306.

23 Vgl. dazu oben S. 306.

24 Vgl. dazu oben S. 306.

25 Vgl. dazu oben S. 307.

Unzulässig ist hingegen, die Höhe der zu zahlenden Versicherungstarife an Wearables oder Gesundheitsapps zu koppeln. Gleiches gilt weitestgehend auch für Bonusprogramme, welche sich auf die Höhe des Tarifs auswirken.

D. Zusammenspiel der Regelungsbereiche

Wie deutlich wurde, treffen die hier betrachteten Produkte und Innovationen auf unterschiedliche europäische und nationale Rechtsvorschriften. Dabei stehen die dargestellten Rechtsbereiche nicht nur nebeneinander, sondern sind stellenweise auch miteinander verwoben.

In besonderem Maße zeigt sich die Verknüpfung der unterschiedlichen Bereiche i. R. d. § 33a SGB V. So kann ein Produkt nur dann als digitale Gesundheitsanwendung i. S. d. § 33a SGB V qualifiziert werden, wenn es als Medizinprodukt der Risikoklasse I oder IIa anzusehen ist.[26]

Die Einordnung eines Produktes als Medizinprodukt und dessen Klassifizierung richtet sich ausschließlich nach dem Medizinprodukterecht, sodass die Akteure beide Rechtsbereiche beachten müssen. Gleichzeitig schafft der deutsche Gesetzgeber einen Anreiz für Hersteller von Wearables und Gesundheitsapps, ihre Produkte als Medizinprodukte zu qualifizieren. Insbesondere, dass durch den deutschen Gesetzgeber geschaffene „Fast-Track-Verfahren" für digitale Gesundheitsanwendungen ermöglicht im Falle einer Qualifikation als Medizinprodukt einen schnellen Zugang in der Versorgung der gesetzlichen Krankenversicherung und damit einen umfangreichen Markt von möglichen Nutzern. Zudem kann durch die Verknüpfung mit dem medizinproduktrechtlichen Rechtsrahmen von einem gesteigerten Schutz der Nutzer von Wearables und Gesundheitsapps ausgegangen werden. Zusätzlich tritt auch das Datenschutzrecht in Erscheinung. So statuiert die DiGAV für die Ersatzfähigkeit von digitalen Gesundheitsanwendungen in unionsrechtskonformer Weise[27] erhöhte datenschutzrechtliche Anforderungen. Dadurch wird das Schutzniveau der DSGVO verstärkt.

Eine weitere Verschränkung der unterschiedlichen Bereiche zeigt sich beispielsweise bei einem Einsatz von Wearables und Gesundheitsapps durch den Behandler. So muss ein Einsatz im Rahmen des Sozial- und Versicherungsrechtlich zulässigen erfolgen. Zusätzlich sind die datenschutzrechtlichen Anforderungen je nach Ausgestaltung des Einsatzes und der Datenverarbeitung zu beachten.

---

26 Vgl. dazu oben S. 306.

27 Vgl. dazu oben S. 266 ff.

Im Ergebnis sind abhängig vom jeweiligen Anwendungsszenario von Wearables und Gesundheitsapps die drei beleuchteten Rechtsbereiche durch die unterschiedlichen Akteure zu beachten. Durch die Verflechtung der einzelnen Regelungsbereiche nimmt die Komplexität des Rechtsrahmens erheblich zu.

E. Gesamtwürdigung

Abschließend bleibt festzustellen, dass die hier betrachteten Produkte und Innovationen auf ein Rechtsgeflecht stoßen, welches stellenweise bereits einen ersten Schritt in die digitale Zukunft gemacht hat. Zudem zeigt z. B. gerade die Vorschrift des § 33a SGB V den Willen des deutschen Gesetzgebers, Innovationen in der Regelversorgung der gesetzlichen Krankenversicherung nutzbar zu machen. In anderen Bereichen wird deutlich, dass die Regelungen den aktuellen Entwicklungen „hinterherhinken".

Insofern ist die „technologieneutrale" Ausgestaltung der DSGVO gerade nicht als eine Stärke der Verordnung herauszustellen. In der Abstraktheit der Vorschriften geht vielmehr der Blick auf tatsächliche Herausforderungen verloren. Dies zeigt sich zum Beispiel bei der Frage der Rechtmäßigkeit der einzelnen Datenverarbeitungsvorgänge. So sieht die DSGVO für alle denkbaren Verarbeitungsvorgänge die gleichen Legitimationsgrundlagen als möglich an, ohne zwischen unterschiedlichen Grundrechtsrisiken zu differenzieren.[28] Insbesondere die Einwilligung des Betroffenen ist dabei eine überfrachtete Verarbeitungsgrundlage.

Zudem sind auch die im datenschutzrechtlichen Diskurs als „Allheilmittel" angesehenen Vorgänge der Anonymisierung und Pseudonymisierung, durch welche ein größtmöglicher Schutz des Betroffenen erzielt werden soll, mit Blick auf die dargestellten Entwicklungen und zukünftigen Technologien kritisch zu hinterfragen. So erscheint bereits jetzt hinsichtlich der möglichen Datenverknüpfung eine umfängliche wirksame und dauerhafte Anonymisierung oder Pseudonymisierung fraglich.

Auch die neu geschaffene MP-VO zeigt mit Blick auf digitale Innovationen erste Schwächen. Man wird zwar anerkennen müssen, dass es Regelungen zu Softwareanwendungen gibt, allerdings wurde, wie die Vorschriften zur Kennzeichnung von Medizinprodukten zeigen, die fehlende Verkörperung dieser Produktgruppen offenbar verkannt.

28 So auch *Roßnagel*, DuD 2016, 561 (565).

Auch im Sozial- und Versicherungsrecht könnte eine Integration der digitalen Möglichkeiten zur Nutzung der mit ihnen verbundenen Potenziale noch breiter erfolgen. Auch wenn bereits jetzt schon Wege in die ambulante und stationäre Versorgung offen stehen, sind zeitintensive Aufnahme- und Prüfverfahren durch die Produkte zu durchlaufen. Mit Blick darauf, dass die Hersteller schon vorab zumeist die Verfahren zur Zulassung als Medizinprodukt durchlaufen mussten, wird somit eine weitere Hürde geschaffen, welche dazu führen kann, dass Innovationen bei finalem Marktzugang bereits nicht mehr als solche bezeichnet werden können. Wünschenswert wäre daher, dass nicht nur weitere zeiteffektive Integrationswege geschaffen werden, sondern auch das bestehende Regelungsgeflecht immer wieder vom Gesetzgeber evaluiert und einer Anpassung unterzogen wird. Nur durch moderne, anpassungsfähige Regelungen können die hier dargestellten Rechtsbereiche als Leitplanken fungieren und werden nicht zu unüberwindlichen Hürden auf dem Weg in die digitale Zukunft der Gesundheitsversorgung, welche auch in der Anwendung von Wearables und Gesundheitsapps erblickt werden kann.

Literaturverzeichnis

Auf alle Online-Quellen wurde zuletzt zugegriffen am: 08.07.2022

Albrecht, Jan-Phillip Das neue EU-Datenschutzrecht – von der Richtlinie zur Verordnung, CR 2016, 88-98.

Albrecht, Jan-Phillip; Jotzo, Florian Das neue Datenschutzrecht der EU; 1. Auflage, Baden-Baden 2017.

Albrecht, Urs-Vito (Hrsg.) Chancen und Risiken von Gesundheits-Apps (CHARISMHA). Medizinische Hochschule Hannover, Hannover 2016, abrufbar unter https://publikationsserver.tu-braunschweig.de/receive/dbbs_mods_00060000 (zitiert: Albrecht/*Bearbeiter*-CHARISMHA S.)

Andelfinger, Volker P.; Hänisch, Till (Hrsg.) eHealth – Wie Smartphones, Apps und Wearables die Gesundheitsversorgung verändern werden, 1. Auflage, Wiesbaden 2016.

Anhalt, Ehrhard; Dieners, Peter (Hrsg.) Medizinprodukterecht – Praxishandbuch, 2. Auflage, München 2017 (zitiert: Anhalt/Dieners/*Bearbeiter*).

Anton, Marie Sicherstellung der Versorgung der Patienten mit Medizinprodukten – Verschiebung des MDR-Geltungsbeginns MPR 2020, 77-80.

Augsberg, Steffen; von Ulmenstein, Ulrich Modifiziertes Einwilligungserfordernis: Kann das Datenschutzrecht vom Gesundheitsrecht lernen?, GesR 2018, 341-347.

Backmann, Ben Gesundheits-Apps im Durchbruch, MPR 2011, 73-75.

Bartz, Bettina; Freynhagen Michaela; Hähn Michaela; Hammer; Guido M.; Reingard, Sylvia Rückverfolgbarkeit von Medizinprodukten - Unique Device Identification ist ein internationales Projekt, MPJ 2017, 203-207.

Bauer, Christoph; Eickmeier, Frank; Eckard, Michael E-Health: Datenschutz und Datensicherheit; 1. Auflage, Wiesbaden 2018.

Baumann, Horst; Beckmann, Roland Michael; Johannsen Katharina; Johannsen, Ralf; Koch, Robert (Hrsg.) Bruck/Möller Versicherungsvertragsgesetz (Kommentar), 9. Auflage, Berlin 2020 (zitiert: Bruck/Möller/*Bearbeiter*).

Baumgartner, Ulrich; Gausling, Tina Datenschutz durch Technikgestaltung und datenschutzfreundliche Voreinstellung – Was Unternehmen jetzt nach der DSGVO beachten müssen ZD 2017, 308-313.

Becker, Ulrich; Kingreen, Thorsten (Hrsg.) SGB V Gesetzliche Krankenversicherung (Kommentar), 8. Auflage, München 2022 (zitiert: Becker/Kingreen/*Bearbeiter*).

Bendel, Oliver Gabler Wirtschaftslexikon: Definition Wearables; abrufbar unter https://wirtschaftslexikon.gabler.de/definition/wearables-54088/version-368816.

Bender, Albrecht W. Finanzierung neuer Untersuchungs- und Behandlungsmethoden (NUB) im Krankenhaus, NZS 2012, 761-770.

Berchtold, Josef; Huster, Stefan; Rehborn, Martin (Hrsg.) Gesundheitsrecht SGB V/SGB XI (Kommentar), 2. Auflage, Baden-Baden 2018 (zitiert: NK-GesundhR/*Bearbeiter*).

Berensmann, Michael; Gratzfeld, Markus Anforderungen für die CE-Kennzeichnung von Apps und Wearables, Bundesgesundheitsblatt 2018, 314-320.

Bergmann, Karl Otto; Pauge, Burkhard; Steinmeyer, Heinz Dietrich (Hrsg.) Gesamtes Medizinrecht (Kommentar), 3. Auflage, Baden-Baden 2018 (zitiert: NoKo-MedR/*Bearbeiter*).

Bieresborn, Dirk Sozialdatenschutz nach Inkrafttreten der EU-Datenschutzgrundverordnung – Verarbeiten von Sozialdaten, Reichweite von Einwilligungen, grenzüberschreitende Datenübermittlung und Auftragsverarbeitung, NZS 2017, 926-933.

Böning, Sarah-Lena; Maier-Rugaud, Remi; Micken, Simon Gefährdet die Nutzung von Gesundheits-Apps und Wearables die solidarische Krankenversicherung?; WISO-Diskurs 13/2019 abrufbar unter:

Boslak, Niklas; Kliesch, Jonas § 48b VAG – Der Reiz der Branche an (Fehl-)Anreizen – Eine rechtliche Analyse des Sondervergütungsverbots, VersR 2021, 228-235.

Brand, Oliver Zulässigkeit und Ausgestaltung von Telematiktarifen, VersR 2019, 725-736.

Brant, Oliver; Baroch Castellvi, Manuel (Hrsg.) Versicherungsaufsichtsgesetz (Kommentar), 1. Auflage, Baden-Baden 2018 (zitiert: Brand/Baroch Castellvi/*Bearbeiter*).

Braun, Julian Die Versorgung mit digitalen Gesundheitsanwendungen nach den Regelungen des Digitale-Versorgung-Gesetzes, GesR 2019, 757-771.

ders. E-Health-Services als Satzungsleistung von nicht zugelassenen Leistungserbringern iSd. § 11 Abs. 6 SGB V, NZS 2018, 894-896.

Bräutigam, Peter; Kraul, Torsten Internet of Things, 1. Auflage, München 2021 (zitiert: Bräutigam/Kraul/*Bearbeiter*).

Brink, Steffan; Wolff, Heinrich Amadeus (Hrsg.) Beck'scher Online Kommentar Datenschutzrecht 40. Edition Stand: 01.05.2022 München 2022 (zitiert: BeckOK-DatenschutzR/*Bearbeiter*).

Brömmelmeyer, Christoph Belohnungen für gesundheitsbewusstes Verhalten in der Lebens- und Berufsunfähigkeitsversicherung? Rechtliche Rahmenbedingungen für Vitalitäts-Tarife, r+s 2017, 225-232.

Brönneke, Jan Benedikt; Kipker, Dennis-Kenji Fitness-Apps im Bonusprogramm der gesetzlichen Krankenversicherung/Sozial- und datenschutzrechtliche Anforderungen, GesR 2015, 211-216.

Buchner, Benedikt (*Hrsg.*) Datenschutz im Gesundheitswesen, 2. Auflage, Remagen 2019.

Bundesärztekammer Telemedizinische Methoden in der Patientenversorgung – Begriffliche Verortung, abrufbar unter: https://www.bundesaerztekammer.de/fileadmin/user_upload/downloads/pdf-Ordner/Telemedizin_Telematik/Telemedizin/Telemedizinische_Methoden_in_der_Patientenversorgung_Begriffliche_Verortung.pdf.

Bundesministerium für Arbeit und Soziales Übersicht über das Sozialrecht, 16. Auflage, Nürnberg 2019 (zitiert: Übersicht Sozialrecht/*Bearbeiter* S. Rn.).

Center for US Health System Reform; Business Technology Office (McKinsey) The 'big data' revolution in healthcare: Accelerating value and innovation, Januar 2013; abrufbar unter; https://www.mckinsey.com/industries/healthcare-systems-and-services/our-insights/the-big-data-revolution-in-us-health-care (zitiert: *McKinsey* 2013 S.).

Chandna-Hoppe, Katja Grundstrukturen des Krankenhausfinanzierungsrechts, NZS 2020, 81-84.

Clausen, Tilmann; Makoski, Kyrill GOÄ/GOZ (Kommentar), 1. Auflage, München 2019 (zitiert: Clausen/Makoski/*Bearbeiter*).

Clausen, Tilmann; Schroeder-Printzen, Jörn (*Hrsg.*) Münchner Anwaltshandbuch Medizinrecht; 3. Auflage, München 2020 (zitiert: MAH MedR/*Bearbeiter*).

Coughlin, Steven S.; Caplan, Lee S.; Stone, Rebecca Use of consumer wearable devices to promote physical activity among breast, prostate, and colorectal cancer survivors: a review of health intervention studies in: Journal of Cancer Survivorship 2020, 386–392.

Dahm, Franz-Josef; Katzenmeier, Christian; Stellpflug, Martin H.; Ziegler, Ole (*Hrsg.*) Heidelberger Kommentar Arztrecht Krankenhausrecht Medizinrecht, 81. Aktualisierung, Heidelberg 2020 (zitiert: RDKSZ/*Bearbeiter* Abschnitt, Rn.).

Däubler, Wolfgang; Wedde, Peter; Weichert, Thilo; Sommer, Imke EU-Datenschutz-Grundverordnung und BDSG-neu (Kommentar) 2. Auflage; Frankfurt am Main 2020 (zitiert: DWWS/*Bearbeiter*).

Deichgräber, Karl: Der hippokratische Eid, 4. Auflage, Stuttgart 1983.

Dettling, Heinz-Uwe; Gerlach, Alice (*Hrsg.*) Krankenhausrecht (Kommentar), 2. Auflage, München 2018 (zitiert: Dettling/Gerlach/*Bearbeiter*).

Deutscher Ethikrat Big Data und Gesundheit – Datensouveränität als informationelle Freiheitsgestaltung, Stellungnahme 30.11.2017 Berlin (zitiert: *Deutscher Ethikrat,* Stellungn. Big Data und Gesundheit S.).

Dieterich, Anja; Braun, Bernard; Gerlinger, Thomas; Simon, Michael (*Hrsg.*) Geld im Krankenhaus – Eine kritische Bestandsaufnahme des DRG-Systems, 1. Auflage, Wiesbaden 2019 (zitiert: Dieterich et al. Geld im Krankenhaus).

Dochow, Carsten Gesundheitsdatenschutz gemäß der EU-Datenschutzgrundverordnung in: GesR 2016, 401-409.

ders. Telemedizin und Datenschutz, MedR 2019, 636-648.

ders. Unterscheidung und Verhältnis von Gesundheitsdatenschutz und ärztlicher Schweigepflicht (Teil 1), MedR 2019, 279- 287.

ders. Unterscheidung und Verhältnis von Gesundheitsdatenschutz und ärztlicher Schweigepflicht (Teil 2), MedR 2019, 363- 368.

Dregelies, Max Wohin laufen meine Daten? - Datenschutz bei Sportuhren und Fitnesstrackern, VuR 2017, 256 - 262.

Drexler, Michael; Elsner, Christian; Gabelmann, Valentin; Gori, Tommaso, Münzel, Thomas Apple Watch detecting coronary ischaemia during chest pain episodes or an apple a day may keep myocardial infarction away, European Heart Journal 2020, 2224.

Eberbach, Wolfram H. Juristische Aspekte einer individualisierten Medizin, MedR 2011, 757-770.

Ebers, Martin; Heinze, Christian; Krügel, Tina; Steinrötter, Björn (*Hrsg.*) Künstliche Intelligenz und Robotik (Rechtshandbuch), 1. Auflage, München 2020 (zitiert: EHKS/*Bearbeiter*).

Eckert, Siegfried 100 Jahre Blutdruckmessung nach Riva-Rocci und Korotkoff: Rückblick und Ausblick, Journal für Hypertonie 2006, 7-13.

Eggers, Dave: The Circle, 1. Auflage, London 2014.

Ehmann, Eugen; Selmayer, Martin (*Hrsg.*) Dateschutz-Grundverordnung: DS-GVO, 2. Auflage, München 2018 (zitiert: Ehmann/Selmayer/*Bearbeiter*).

Eickbusch, Julia Die Zweckbestimmung von Medizinprodukten, MPR 2021, 52- 59.

Ernst, Stefan Die Einwilligung nach der Datenschutzgrundverordnung – Anmerkung zur Definition nach Art. 4 Nr. 11 DSGVO, ZD 2017, 110-114.

Eßer, Martin; Kramer, Phillip; v. Lewinski, Kai (Hrsg.) Auernhammer DSGVO/BDSG (Kommentar), 7. Auflage, Köln 2020 (zitiert: Auernhammer/*Bearbeiter*).

Felix, Dagmar Krankenversicherungsrechtliche Leistungsansprüche und der Faktor Zeit – Zeitliche Vorgaben für den Richtlinienerlass durch den G-BA, MedR 2020, 728-734.

dies. Das Institut für das Entgeltsystem im Krankenhaus (InEK) – Ein bedeutsamer Akteur im Kontext der Finanzierung neuer Untersuchungs- und Behandlungsmethoden?, MedR 2012, 777-782.

dies. Der Vergütungsanspruch des Krankenhauses gegen die Krankenkasse aufgrund Krankenhausbehandlung (Teil 1) – Dogmatische Grundlagen und rechtliche Probleme, SGb 2017, 181-188.

dies. Innovative Medizin im ambulanten und stationären Bereich „Bekannte Akteure – Neue Fragen“, MedR 2011, 67-71.

dies. Methodenbewertung im Krankenhaus MedR 2016, 93- 103.

Fischer, Florian; Krämer, Alexander (*Hrsg.*) eHealth in Deutschland – Anforderungen und Potenziale innovativer Versorgungsstrukturen, 1. Auflage, Berlin 2016 (zitiert: Fischer/Krämer eHealthD).

Franck, Lorenz Die Visite im Mehrbettzimmer – Zur sozialadäquaten Einschränkung der ärztlichen Schweigepflicht, NStZ 2015, 322.

Frenzl, Michael Die „Volksgesundheit“ in der Grundrechtsdogmatik DöV 2007, 243- 248.

Gartner IT glossary Definition Big Data; abrufbar unter https://www.gartner.com/it-glossary/big-data.

Gassner, Ulrich; Schreiegg, Tobias Software als Medizinprodukt – Brüsseler Spitzen, MPR 2019, 198-201.

Gebert, Christian Verhaltens- und verhältnisbezogene Primärprävention und Gesundheitsförderung im Recht der gesetzlichen Krankenversicherung, 1. Auflage, Baden-Baden 2020.

Gierschmann, Sibylle Anmerkung zu BGH, Urt. v. 28.5.2020 – I ZR 7/16, MMR 2020, 613-616.

Gierschmann, Sibylle; Schlender, Katharina; Stentzel, Rainer; Veil, Winfried (*Hrsg.*) Datenschutz-Grundverordnung (Kommentar); 2. Auflage; Köln 2018 (zitiert: GSSV/*Bearbeiter*).

Gola, Peter (*Hrsg.*) Datenschutz-Grundverordnung: DS-GVO - VO (EU) 2016/679, 2. Auflage, München 2018 (zitiert: Gola/*Bearbeiter*).

Gorzala, Jeannette Wearables: Grenzen und Herausforderungen der Digitalisierung im Gesundheitssektor, RdW 2019, 146-151.

Graf, Angela Revision des europäischen Rechtsrahmens für Medizinprodukte Sachstand, Regelungsinhalte und zu erwartende Fragen bei der Umsetzung – Teil 1, PharmR 2016, 486-490.

dies. Revision des europäischen Rechtsrahmens für Medizinprodukte – Neue Vorgaben zu Vigilanz und Marktbeobachtung und die Eudamed-Datenbank als zentrales Regulierungselement, PharmR 2017, 317-322.

dies. Revision des europäischen Rechtsrahmens für Medizinprodukte: Einfluss auf die Klassifizierung von Medizinprodukten (Teil 2) PharmR 2017, 57-61.

dies. Revision des europäischen Rechtsrahmens für Medizinprodukte – Neue Vorgaben zu Vigilanz und Marktbeobachtung und die Eudamed-Datenbank als zentrales Regulierungselement (Teil 3) PharmR 2017, 317- 322.

Hagenmeyer, Ernst-Günther; Bühler, Diedrich; Egger, Bernhard Gesundheits-Apps in Hülle und Fülle: Aber wozu sind sie wirklich gut?, GKV 90Prozent 2019, 1-18.

Hägele-Rebmann, Isabelle C. NUB-Methoden im Krankenhaus im System der GKV unter besonderer Betrachtung des NUB-Verfahrens; 1. Auflage, Frankfurt am Main 2017.

Hänlein, Andreas; Schuler, Rolf (Hrsg.) Sozialgesetzbuch V – Gesetzliche Krankenversicherung (Kommentar); 5. Auflage, Baden-Baden 2016 (zitiert: LPK-SGB V/*Bearbeiter*).

Haring, Robin (Hrsg.) Gesundheit digital – Perspektiven zur Digitalisierung im Gesundheitswesen; 1. Auflage, Berlin 2019.

Hartung, Jürgen; Büttgen, Lisa Die Auftragsverarbeitung nach der DS-GVO, DuD 2017, 549-554.

Hauser, Andrea; Haag, Ina Datenschutz im Krankenhaus – mit allen Neuerungen durch die DS-GVO; 6. Auflage, Stuttgart 2021.

Heckelmann, Martin; Schödel, Christine App auf Rezept – Software als Hilfs- und Pflegehilfsmittel, NZS 2018, 926-929.

Heidrich, Jörg; Wegener, Christoph Sichere Datenwolken - Cloud Computing und Datenschutz, MMR 2010, 803-807.

Heil, Maria Abrechnung von innovativen Medizinprodukten als Wahlleistung oder IGeL, MPR 2013, 109-117.

Heinzke, Philippe Schrems II: Neue Anforderungen an den Transfer personenbezogener Daten in Drittländer, GRUR-Prax 2020, 436-438.

Hoeren, Thomas; Kolany-Raiser, Barbara (Hrsg.) Big Data in Context – Legal, Social, Technological Insights, 1. Auflage Berlin 2018 (zitiert: *Bearbeiter* in Hoeren/Kolany-Raiser).

Hofer, Pascal; Sachs, Gunnar; Sonnenschein, Edwin Zur (teilweisen) Europarechtswidrigkeit und Unvereinbarkeit der Digitale Gesundheitsanwendungen-Verordnungen (DiGAV) mit der Datenschutz-Grundverordnung (DSGVO), MPR 2020, 227-231.

Hofmann, Johanna M.; Johannes, Paul C. DS-GVO: Anleitung zur autonomen Auslegung des Personenbezugs – Begriffsklärung der entscheidenden Frage des sachlichen Anwendungsbereiches, ZD 2017, 221-226.

Hölters, Wolfgang (Hrsg.) Handbuch Unternehmenskauf; 9. Auflage, Köln 2019 (zitiert: Hölters/*Bearbeiter*).

Hoppe, Katja Vergütung der Kosten für eine stationäre Krankenhausbehandlung, NZS 2017, 77.

Huster, Stefan; Kaltenborn, Markus (Hrsg.) Krankenhausrecht – Praxishandbuch zum Recht des Krankenhauswesens, 2. Auflage, München 2017 (zitiert: Huster/Kaltenborn/*Bearbeiter*).

Initiative D21 (Hrsg.) D21-Digital-Index-2014 – Die Entwicklung der digitalen Gesellschaft in Deutschland; abrufbar unter: https://initiatived21.de/app/uploads/2017/02/d21-digital-index-2014.pdf

Jakobs, Isabel; Huber, Fabian Software als Medizinprodukt: Haftungs- und versicherungsrechtliche Aspekte MPR 2019, 1-6.

Jandt, Silke Smart Health -Wird die DSGVO den dynamischen Herausforderungen gerecht?, DuD 2016, 571-574.

dies. Spezifischer Datenschutz für Telemedien und die DS-GVO - Zwischen Rechtssetzung und Rechtsanwendung, ZD 2018, 405-408.

Jarass, Hans D.; Kment, Martin Grundgesetz für die Bundesrepublik Deutschland (Kommentar), 16. Auflage, München 2020 (zitiert: Jarass/Pieroth/*Bearbeiter*).

Joachim, Katharina Besonders schutzbedürftige Personengruppen – Einordnung gruppenspezifischer Schutzbedürftigkeit in der DS – GVO, ZD 2017, 414 – 418.

Jotzo, Florian Der Schutz personenbezogener Daten in der Cloud, 2.Auflage, Baden-Baden 2020.

Karg, Moritz Anonymität, Pseudonyme und Personenbezug revisited?, DuD 2015, 520-526.

Katzenmeier, Christian Big Data, E-Health, M-Health, KI und Robotik in der Medizin Digitalisierung des Gesundheitswesens – Herausforderung des Rechts, MedR 2019, 259-271.

Kemmner, Carolin; Vivekens, Sabrina Die digitale Gesundheitsanwendung auf dem Weg in die Erstattungsfähigkeit – Fast Track- Verfahren mit Hürden, MPR 2020, 80-88.

Keppeler, Lutz Martin Was bleibt vom TMG-Datenschutz nach der DS-GVO? Lösung und Schaffung von Abgrenzungsproblemen im Multimedia-Datenschutz, MMR 2015, 779-783.

Kingreen, Thorsten; Kühling, Jürgen Gesundheitsdatenschutzrecht, 1. Auflage, Baden-Baden 2015.

Kircher, Phillip Der Schutz personenbezogener Gesundheitsdaten im Gesundheitswesen, 1.Auflage, Baden-Baden 2016.

Klar, Manuel; Kühling, Jürgen Privatheit und Datenschutz in der EU und den USA, AöR 141 (2016), 165-224.

Kluckert, Sebastian Die Aufnahme digitaler Gesundheitsanwendungen in die Regelversorgung der GKV nach dem Digitale-Versorgung-Gesetz – Unter besonderer Berücksichtigung der Bedeutung der evidenzbasierten Medizin, SGb 2020, 197-203.

Knickrehm, Sabine; Kreikebohm, Ralf; Waltermann, Raimund (*Hrsg.*) Kommentar zum Sozialrecht, 7. Auflage, München 2021 (zitiert: KKW/*Bearbeiter*).

Körber, Torsten „Ist Wissen Marktmacht?" Überlegungen zum Verhältnis von Datenschutz, „Datenmacht" und Kartellrecht – Teil 1, NZKart 2016, 303-310.

Körber, Torsten; Kühling, Jürgen (*Hrsg.*) Regulierung – Wettbewerb – Innovation; 1. Auflage, Baden-Baden 2017.

Körner, Anne; Leitherer, Stephan; Mutschler, Bernd; Rolfs, Christian (*Hrsg.*) Kassler Kommentar Sozialversicherungsrecht; 117. Ergänzungslieferung, München Dezember 2021 (zitiert: KassKomm/*Bearbeiter*).

Krawczak, Michael; Weichert, Thilo Vorschlag einer modernen Dateninfrastruktur für die medizinische Forschung in Deutschland (Version 1.9); abrufbar unter: https://www.uni-kiel.de/medinfo/documents/TWMK%20Vorschlag%20DInfMedForsch%20v1.9%20170927.pdf.

Krohm, Niclas Abschied vom Schriftformgebot der Einwilligung – Lösungsvorschläge und künftige Anforderungen, ZD 2016, 368-373.

Kühling, Jürgen; Buchner, Benedikt Datenschutzgrundverordnung/BDSG (Kommentar), 3. Auflage, München 2020 (zitiert: Kühling/Buchner/*Bearbeiter*).

Küll, Carolin Datenschutz bei vernetzten Produkten und beim digitalen Marketing im Gesundheitsbereich, A&R 2019, 51-60.

Kyriacou, Panicos; Allen, John: Photoplethysmography: Technology, Signal Analysis and Applications, 1. Auflage, London 2021.

Lampert, Christiane Ungenutztes Potenzial – Gesundheits-Apps für Kinder und Jugendliche, Bundesgesundheitsblatt 2020, 708-714.

Langheid, Theo; Wandt, Manfred (*Hrsg.*) Münchner Kommentar zum Versicherungsvertragsgesetz, 2. Auflage, München 2017 (zitiert: MüKoVVG/*Bearbeiter*).

Lanzerath, Dirk; Graf von Kielmansegg, Sebastian; Hasford, Joerg (*Hrsg.*) The Development of Medical Devices – Ethical, Legal and Methodological Impacts of the EU Medical Device Regulation; 1. Auflage, Wien 2020.

Leeb, Christina Maria; Liebhaber, Johannes Grundlagen des Datenschutzrechts, JuS 2018, 534-542.

Lewalter, Thorsten; Brachmann, Johannes EKG-Monitoring: Die Zukunft hat begonnen!, Herzschrittmachertherapie + Elektrophysiologie 2020, 239-240.

Von Lewinski, Kai Zwischen rationaler Apathie und rationaler Hysterie – Die Durchsetzung des Datenschutzrechtes, PinG 2013, 12-17.

Lezzi, Lukas; Oberlin, Jutta Sonja: Gemeinsam Verantwortliche in der konzerninternen Datenverarbeitung - Eine praxisorientierte Darstellung möglicher Konstellationen, ZD 2018, 398-404.

Li, Peter; Yates, Simon; Lovely, Jenna; Larson, David "Patient-Like-Mine"; IEEE International Conference on Big Data (Big Data), S.2865-2867.

Lippert, Hans-Dieter Der Verkehr mit Medizinprodukten und In-vitro-Diagnostika in Deutschland nach den Verordnungen der EU, MedR 2017, 614-623.

ders. Ein neues Medizinprodukterecht für Deutschland – Das Gesetz zur Anpassung des Medizinprodukterechts an die Verordnung (EU) 2017/745 und die Verordnung (EU) 2017/746 (Medizinprodukte-EU-Anpassungsgesetz – MPEUAnpG), MedR 2021, 716-723.

Looschelders, Dirk; Pohlmann, Petra (*Hrsg.*) Versicherungsvertragsgesetz (Kommentar), 3. Auflage, Köln 2016 (zitiert: Looschelders/Pohlmann/*Bearbeiter*).

Lorenzmeier, Stefan; Folz, Hans-Peter (Hrsg.) Recht und Realität – Festschrift für Christoph Vedder, 1. Auflage, Baden-Baden 2017.

Lücker, Volker Medizinprodukterechtliche Rahmenbedingungen für E-Health-Produkte im europäischen Wirtschaftsraum, Bundesgesundheitsblatt 2018, 278–284.

Lücker, Volker; Baumann, Hans (*Hrsg.*) Schorn Medizinprodukte-Recht: Kommentar und Materialien; 30. Akt.-Lfg., Stuttgart 2018 (zitiert: Lücker/Baumann/*Bearbeiter*).

Matejek, Michael; Mäusezahl, Steffen Gewöhnliche vs. sensible personenbezogene Daten - Abgrenzung und Verarbeitungsrahmen von Daten gem. Art. 9 DS-GVO, ZD 2019, 551-556.

Mayr, Stefan; Thiermann, Arne; Schrack, Michael; Kiesselbach, Christoph Das neue Medizinprodukterecht, 1. Auflage, Baden-Baden 2021.

Meier, Alexander; von Czettritz, Peter; Gabriel, Marc; Kaufmann, Marcel Pharmarecht – Arzneimittel- und Medizinprodukterecht, 2. Auflage, München 2018 (zitiert: PharmR/*Bearbeiter*).

Meyer, Jürgen; Hölscheidt, Sven (*Hrsg.*) Charta der Grundrechte der Europäischen Union (Kommentar), 5. Auflage, Baden-Baden 2019 (zitiert: Jürgen/Höscheidt/*Bearbeiter*).

Monreal, Manfred „Der für die Verarbeitung Verantwortliche" – das unbekannte Wesen des deut- schen Datenschutzrechts Mögliche Konsequenzen aus einem deutschen Missverständnis, ZD 2014, 611-616.

Münkler, Laura Health-Apps im gesundheitsrechtlichen Regulierungsgefüge, NZS 2021, 41-48.

Nationale Institute of Standards and Technology (NIST) (*Hrsg.*) Definition für "Cloud Computing", Special Publication 800-145, September 2011, abrufbar unter: https://csrc.nist.gov/publications/detail/sp/800-145/final.

Ortner, Robert Johannes Medizin-Apps als Medizinprodukt: Regulierung eines Risikoprodukts; 1. Auflage, Berlin 2019.

Paal, Boris P.; Pauly, Daniel A. (*Hrsg.*) Datenschutzgrundverordnung, Bundesdatenschutzgesetz (Kommentar), 3. Auflage, München 2021 (zitiert: Paal/Pauly/*Bearbeiter*).

Plath, Kai-Uwe (*Hrsg.*) DSGVO/BDSG (Kommentar); 3. Auflage, Köln 2018 (zitiert: Plath/*Bearbeiter*).

Pohl, Juliane MedTech digital: Zugang digitaler Gesundheitslösung in die Regelversorgung? MPR 2019, 127- 129.

Preuß, Tamina Das Datenschutzrecht der Religionsgesellschaften – Eine Untersuchung de lege lata und de lege ferenda nach Inkrafttreten der DS-GVO, ZD 2015, 217-225.

Prölss, Jürgen; Martin, Anton (*Hrsg.*) Versicherungsvertragsgesetz mit Nebengesetzen, Vermittlerrecht und Allgemeinen Versicherungsbedingungen (Kommentar), 31. Auflage, München 2021 (zitiert: Prölss/Martin/*Bearbeiter*).

Prütting, Dorothea (*Hrsg.*) Medizinrecht (Kommentar), 5. Auflage, München 2019 (zitiert: Prütting/*Bearbeiter*).

Prütting, Jens; Wolk, Tom Software unter dem Regime der europäischen Medizinprodukteverordnung (2017/745/EU), MedR 2020 359- 365.

Rauer, Nils; Ettig, Diana Update Cookies 2020 – Aktuelle Rechtslage und Entwicklungen, ZD 2021, 18-24.

Rehmann, Wolfgang A.; Wagner, Susanne A. Medizinproduktegesetz Verordnung (EU) 2017/745 über Medizinprodukte (Kommentar); 3. Auflage, München 2018 (zitiert: Rehmann/Wagner/*Bearbeiter*).

Rehmann, Wolfgang A.; Tillmanns, Christian (Hrsg.) E-Health/Digital Health Rechtshandbuch; 1. Auflage, München 2022 (zitiert: Rehmann/Tillmanns E-Health-Hdb/*Bearbeiter*).

Reinheimer, Stefan (*Hrsg.*) Cloud Computing – Die Infrastruktur der Digitalisierung; 1. Auflage, Wiesbaden 2018.

Richter, Frederick Aus Sicht der Stiftung Datenschutz – „Ich willige ein!", PinG 2016 185-186.

Rolfs, Christian; Giesen, Richard; Kreikebohm, Ralf; Udsching, Peter (*Hrsg.*) Beck'scher Online Kommentar Sozialrecht 64. Edition Stand: 01.03.2022 München 2022, (zitiert: BeckOK-SozR/*Bearbeiter*).

Roßnagel, Alexander (Datenschutz in der Forschung – Die neuen Datenschutzregelungen in der Forschungspraxis von Hochschulen, ZD 2019, 157-164.

ders. (*Hrsg.*) Europäische Datenschutzgrundverordnung – Vorrang den Unionsrechts - Anwendbarkeit des nationalen Rechts, 1. Auflage, Baden-Baden 2017 (zitiert: Roßnagel/*Bearbeiter*).

ders. Wie zukunftsfähig ist die Datenschutz-Grundverordnung?, DuD 2016, 561-565.

Rudkowski, Lena Anreizsysteme in der privaten Krankenversicherung und das Leitbild der freien Lebensgestaltung des Versicherungsnehmers, VersR 2020, 1016-1020.

dies. Vertragsrechtliche Anforderungen an die Gestaltung von „Self-Tracking"-Tarifen in der Privatversicherung, ZVersWiss 2017, 453-502.

Rübsamen, Katrin Rechtliche Rahmenbedingungen für mobileHealth, MedR 2015, 485- 491.

Rüffer, Wilfried; Halbach, Dirk; Schimikowski, Peter (*Hrsg.*) Versicherungsvertragsgesetz (Kommentar), 4. Auflage, Baden-Baden 2020 (zitiert: NK-VVG/*Bearbeiter*).

Säcker, Franz Jürgen; Rixecker, Roland; Oetker, Hartmut; Limperg, Bettina (Hrsg.) Münchner Kommentar zum Bürgerlichen Gesetzbuch, Band 4, 8. Auflage, München 2019 (zitiert: MüKo-BGB/*Bearbeiter*).

Saliba, Jean L. Die rechtliche Regulierung von Gesundheits-Apps; 1. Auflage, Düren 2019.

Samuelson, William; Zeckhauser, Richard Status Quo Bias in Decision Making in: Journal of Risk and Uncertainty 1988, 7-59.

Sassenberg, Thomas; Faber, Tobias Rechtshandbuch Industrie 4.0 und Internet of Things; 1. Auflage, München 2017 (zitiert: Sassenberg/Faber/*Bearbeiter* Teil Kapitel Rn.).

Schack, Haimo: Internationales Zivilverfahrensrecht, 8. Auflage, München 2021.

Schantz, Peter; Wolff, Heinrich Amadeus Das neue Datenschutzrecht – Datenschutz-Grundverordnung und Bundesdatenschutzgesetz in der Praxis; 1. Auflage, München 2017.

Scheller-Kreinsen, David; Quentin, Wilm; Busse, Reinhard DRG-Based Hospital Payment Systems and Technological Innovation in 12 European Countries, Value in Health 2011, 1166-1172.

Schiemann, Cornelia; Peters, Jens; Zumdick, Ulf Die Einordnung datenschutzrechtlicher Verantwortlichkeit am Beispiel der klinischen Prüfung, A&R 2019, 147- 154.

Schlegl, Rainer; Voelzke, Thomas (*Hrsg.*) juris Praxis Kommentar SGB V, 4. Auflage, Saarbrücken 2020 (zitiert: jurisPK-SGB V/*Bearbeiter*).

Schmidt-Kessel, Martin; Grimm, Anna (Hrsg.) Telematiktarife & Co. – Versichertendaten als Prämienersatz, Schriftenreihe VersR Band 63, Karlsruhe 2018 (zitiert: Schmidt-Kessel/Grimm/*Bearbeiter* S.).

Schnapp, Friedrich E.; Wigge, Peter (*Hrsg.*) Handbuch des Vertragsarztrechts – Das gesamte Kassenarztrecht, 3. Auflage, München 2017 (zitiert: Schnapp/Wigge/*Bearbeiter*).

Schreiber, Kristina; Gottwald, Bernadette Gesundheits-App auf Rezept – Die neue Datenschutzprüfung im Digitale-Versorgung-Gesetz, ZD 2020, 385-391.

Schwartmann, Rolf, Jaspers, Andreas; Thüsing, Gregor; Kugelmann, Dieter (*Hrsg.*) DS-GVO/BDSG Datenschutzgrundverordnung, Bundesdatenschutzgesetz (Kommentar), 2. Auflage, Heidelberg 2020; (zitiert: SJTK/*Bearbeiter*).

Schweighofer, Erich; Kummer, Franz; Hötzendorfer, Walter; Sorge, Christoph (Hrsg.) Trends und Communities der Rechtsinformatik, 1.Auflage, Wien 2017.

Sesing, Andreas Eine Bestandsaufnahme zum bereichsspezifischen Datenschutz für Telemedien Die Anwendbarkeit der §§ 11-15a TMG unter Geltung der DS-GVO, MMR 2019, 347-350.

Siemen, Birte Datenschutz als europäisches Grundrecht, Berlin 2006.

Simitis, Spiros (*Hrsg.*) BDSG (Kommentar); 8 Auflage, Baden-Baden 2014 (zitiert: Simitis/*Bearbeiter* § BDSG a.F. Rn.).

Simitis, Spiros; Hornung, Gerrit; Spiecker, Indra (*Hrsg.*) Datenschutzrecht – DSGVO mit BDSG (Kommentar), 1. Auflage, Baden-Baden 2019; (zitiert: SHS/*Bearbeiter*).

Sodan, Helge (*Hrsg.*) Handbuch des Krankenversicherungsrecht; 3. Auflage, München 2018 (zitiert: Krankenversicherungsrecht/*Bearbeiter*).

Specht, Louisa; Mantz, Reto Handbuch Europäisches und deutsches Datenschutzrecht, 1. Auflage, München 2019 (zitiert: Specht/Mantz/*Bearbeiter*).

Spickhoff, Andreas (*Hrsg.*) Medizinrecht (Kommentar), 3. Auflage, München 2018 (zitiert: Spickhoff/*Bearbeiter*).

Spickhoff, Andreas; Kossak Volodymyr; Kvit, Natilia (*Hrsg.*) Aktuelle Fragen des Medizinrechts; 1. Auflage, Berlin 2018 (zitiert: Spickhoff/Kossak/Kvit/*Bearbeiter*, AFM, *Aufsatztitel*, S.).

Stallberg, Christian Digitale Gesundheitsanwendungen als Kassenleistung – neue Chancen für die Industrie? MPJ 2020, 211- 217.

Stiftung Datenschutz (Hrsg.) Big Data und E-Health, 1. Auflage, Berlin 2017 (zitiert: Big Data und E-Health/*Bearbeiter S.*).

Streinz, Rudolf (*Hrsg.*) EUV/AEUV Vertrag über die Europäische Union, Vertrag über die Arbeitsweise der Europäischen Union, Charta der Grundrechte der Europäischen Union (Kommentar), 3. Auflage, München 2018 (zitiert: Streinz/*Bearbeiter*).

Sydow, Gernot Europäische Datenschutzgrundverordnung (Kommentar), 2. Auflage, Baden-Baden 2018 (zitiert: Sydow/*Bearbeiter*).

Taeger, Jürgen (*Hrsg.*) Tagungsband Herbstakademie 2015, Internet der Dinge – Digitalisierung von Wirtschaft und Gesellschaft, 1. Auflage, Oldenburg 2015 (zitiert: DSRITB 2015/*Bearbeiter*).

Taeger, Jürgen; Gabel, Detlev (*Hrsg.*) DSGVO – BDSG (Kommentar), 4. Auflage, Frankfurt a.M. 2022 (zitiert: Taeger/Gabel/*Bearbeiter*).

Tinnefeld, Marie-Theres; Conrad, Isabell Die selbstbestimmte Einwilligung im europäischen Recht – Voraussetzung und Probleme, ZD 2018, 391-398.

Tuschen, Karl Heinz; Trefz, Ulrich Krankenhausentgeltgesetz (Kommentar), 2. Auflage, Stuttgart 2010 (zitiert: *Tuschen/Trefz* § S.).

Uleer, Christoph; Miebach, Jürgen; Patt, Joachim Abrechnung von Arzt- und Krankenhausleistungen, 3. Auflage, München 2006 (zitiert: Uleer/Miebach/Patt/*Bearbeiter*).

Vismann, Cornelia Akten – Medientechnik und Recht, 2. Auflage, Frankfurt a.M. 2001.

Vollmöller, Thomas Rechtsfragen neuer Untersuchungs- und Behandlungsmethoden– unter besonderer Berücksichtigung der Hochschulmedizin, NZS 2012, 921-926.

Wagner, Bernd Disruption der Verantwortlichkeit - Private Nutzer als datenschutzrechtliche Verantwortliche im Internet of Things, ZD 2018, 307-312.

Wagner, Regina; Knittel, Stefan (*Hrsg.*) Soziale Krankenversicherung Pflegeversicherung (Kommentar), 113. EGL, München Dezember 2021 (zitiert: Krauskopf/*Bearbeiter*).

Washausen, Julia Der Gesundheitsdatenschutz im Privatversicherungsrecht; 1.Auflage, Baden-Baden 2016.

Weichert, Thilo Die Europäische Datenschutz-Grundverordnung – ein Überblick, DANA 2016, 48-56.

ders. Die Verarbeitung von Wearable-Sensordaten bei Beschäftigten, NZA 2017, 565-570.

Wendehorst, Christiane; Graf von Westphalen, Friedrich Das Verhältnis zwischen Datenschutz-Grundverordnung und AGB-Recht, NJW 2016, 3745-3750.

Weyd, Jens Digitalisierung in der Gesetzlichen Krankenversicherung - Ein Überblick über das Digitale-Versorgung-Gesetz, MedR 2020, 182-192.

WHO (Hrsg.) Definition zu eHealth, abrufbar unter https://www.who.int/ehealth/about/en/.

Wilmer, Stefan Wearables und Datenschutz – Gesetze von gestern für die Technik von morgen?, K&R 2016, 382-389.

Wilmes, Jan (Hrsg.) Bach/Moser Private Krankenversicherung, Kommentar zu §§192-208, 213 VVG, zu den MB/KK und MB/KT sowie zu weiteren Gesetzes- und Regelwerken in der PKV, 5. Auflage, München 2015 (zitiert: Bach/Moser/*Bearbeiter*).

Yang, Xing; Yao, Hongyi; Zhao, Gangnan; Ameer, Guillermo A.; Sun, Wei; Yang, Jian; Mi, Shengli Flexible, wearable microfluidic contact lens with capillary networks for tear diagnostics, Journal of Materials Science 2020, 9551-9561.

Von Zezschwitz, Friederike Neue regulatorische Herausforderungen für Anbieter von Gesundheits-Apps, MedR 2020, 196-201.

Dokumentenverzeichnis

Art. 29- Datenschutzgruppe:

- Leitlinie zu automatisierten Entscheidungen im Einzelfall einschließlich Profiling für die Zwecke der Verordnung 2016/679, WP251rev.01, 06. Februar 2018.

- Stellungnahme 5/2009 zur Nutzung sozialer Online Netzwerke, WP 261, 12. Juni 2009.

- Stellungnahme 1/2010 zu den Begriffen „für die Verarbeitung Verantwortlicher" und „Auftragsverarbeiter", WP 169, 16. Februar 2010 Brüssel.

- Stellungnahme 02/2013 zu Apps auf intelligenten Endgeräten, WP 202, 27. Februar 2013 Brüssel.

- Stellungnahme 08/2014 zu den Entwicklungen im Bereich" Internet of Things", WP 223, 16. September 2014 Brüssel.

- *Art. 29 Gruppe*, Letter from the ART 29 WP to the European Commission, DG CONNECT on mHealth, Annex vom 05.02.2015.

Bundesamt für Arzneimittel und Medizinprodukte (*Hrsg.*) Das Fast-Track-Verfahren für digitale Gesundheitsanwendungen (DiGA) nach § 139e SGB V - Ein Leitfaden für Hersteller, Leistungserbringer und Anwender; Oktober 2020; abrufbar unter: https://www.bfarm.de/SharedDocs/Downloads/DE/Service/Beratungsverfahren/DiGA-Leitfaden.pdf?__blob=publicationFile.

Bundesamt für Soziale Sicherung (vormals Bundesversicherungsamt):

- Rundschreiben 24.08.2020 – Änderungsbedarf der Satzungsregelung/-en zum Bonusprogramm gemäß § 65a SGB V aufgrund des Masernschutzgesetzes zum 1. März 2020, abrufbar unter: https://www.bundesamtsozialesicherung.de/fileadmin/redaktion/Krankenversicherung/Rundschreiben/20200826Rundschreiben_Bonus_Masernschutzgesetz.pdf.

- Rundschreiben 31.03.2020 – Digitale Service- und Leistungsangebote der Krankenkassen, abrufbar unter: https://www.bundesamtsozialesicherung.de/fileadmin/redaktion/Krankenversicherung/Rundschreiben/20200402Rundschreiben_Digitalisierung.pdf

- Tätigkeitsbericht des Bundesversicherungsamts 2015, abrufbar unter:https://www.bundesamtsozialesicherung.de/fileadmin/redaktion/allgemeine_dokumente/Taetigkeitsberichte/Taetigkeitsbericht_2015.pdf.

Bundesministerium für Gesundheit - Referat Ressortforschung, Forschungskoordinierung und wissenschaftspolitische Analysen (*Hrsg.*) Rahmenplan Ressortforschung des Bundesministeriums für Gesundheit - Handlungsfelder und

Schwerpunkte 2019–2022; Stand: Juli 2019, Berlin 2019 (zitiert: *Bundesministerium für Gesundheit,* Rahmenplan Ressortforschung 2019-2022 S.).

Büro für Technikfolgen-Abschätzung beim Deutschen Bundestag (Hrsg.) Zukunftsreport individualisierte Medizin und Gesundheitssystem, Berlin 2009, BT-Drs. 16/12000 v. 17.02.2009(zitiert: TAB-Zukunftsreport Individualisierte Medizin, 2009)

Coordination of Notified Bodies Medical Devices (NB-MED) -Recommendation NB-MED/2.2/Rec4 on Council Directives 90/385/EEC, 93/42/EEC and 98/79/EC – Software and Medical Devices, Essen 2001.

Datenschutzerklärungen einzelner Hersteller:

Apple – Stand 27.10.2021 abrufbar unter: https://www.apple.com/de/legal/privacy/de-ww/.

Google – Stand 10.02.2022 abrufbar unter: https://policies.google.com/?hl=de&gl=us.

FitBit – Stand 16.08.2021 abrufbar unter: https://www.fitbit.com/global/de/legal/privacy-policy.

Garmin – Stand 29.04.2021 abrufbar unter: https://www.garmin.com/de-DE/privacy/connect/policy/.

Empatica – Stand 16.03.2022 abrufbar unter: https://www.empatica.com/en-eu/privacy/.

Deutsche Krankenhausgesellschaft Informationspapier der Deutschen Krankenhausgesellschaft zum Angebot medizinischer Wahlleistungen durch Krankenhäuser, 2005; abrufbar unter https://www.dkgev.de/fileadmin/default/Mediapool/2_Themen/2.3_Versorgung-Struktur/2.3.10_Wahlleistungen/2005_02_03_038_

Informationspapier_zum_Angebot_Med._Wahlleistungen.pdf.

Europäische Kommission (Hrsg.) Grünbuch über Mobile-Health-Dienste („mHealth"), Brüssel 2014 (zitiert: Grünbuch 2014 S.).

European Data Protection Board (EDPB):

- Guidelines 2/2018 on derogations of Article 49 under Regulation 2016/679, 25. Mai 2018.

- Guidelines 3/2018 on the territorial scope of the GDPR (Article 3) - Version for public consultation, 12. November 2019.

- Guidelines 2/2019 on the processing of personal data under Article 6(1)(b) GDPR in the context of the provision of online services to data subjects, 08. Oktober 2019.

- Guidelines 4/2019 on Article 25 Data Protection by Design and by Default, 20. Oktober 2020.

- Guidelines 5/2020 on consent under Regulation 2016/679, 04. Mai 2020.
- Guidelines 07/2020 on the concepts of controller and processor in the GDPR, 07. Juli 2021.

Gebrauchsanleitung einzelner Hersteller:

- Apple für EKG-App – Stand 2020 abrufbar unter: https://www.apple.com/legal/privacy/Instructions-for-Use-ECG-App.pdf.
- Apple für Apple Watch 2022 – abrufbar unter: https://support.apple.com/de-de/guide/watch/apdcf2ff54e9/watchos.
- Empatica für Embrace 2 – abrufbar unter: https://support.empatica.com/hc/en-us/p/embrace-watch.

GKV Spitzenverband (*Hrsg.*) Kriterien zur Zertifizierung digitaler Präventions- und Gesundheitsförderungsangebote gemäß Leitfaden Prävention 2020, Kapitel 7, Stand 2020; abrufbar unter:https://www.gkv-spitzenverband.de/media/dokumente/krankenversicherung_1/praevention__selbsthilfe__beratung/praevention/praevention_leitfaden/Kriterien_zur_Zertifizierung_digitaler_Angebote_12_2020.pdf

GKV Spitzenverband (*Hrsg.*) Leitfaden Prävention – Handlungsfelder und Kriterien nach § 20 Abs. 2 SGB V, Ausgabe 2020; abrufbar unter:

https://www.gkv-spitzenverband.de/media/dokumente/krankenversicherung_1/praevention__selbsthilfe__beratung/praevention/praevention_leitfaden/Leitfaden_Pravention_2020_barrierefrei.pdf

International Medical Device Regulators Forum:

- UDI Guidance – Unique Device Identification (UDI) of Medical Devices, 9. Dezember 2013.
- Unique Device Identification system (UDI system) Application Guide, 21. März 2019.

International Working Group on Data Protection in Telecommunications (IWGDPT) Arbeitspapier zum Datenschutz bei tragbaren Endgeräten („Wearables“), April 2015, Seoul

(zitiert: *IWGDPT*, 2015 S.).

Konferenz der unabhängigen Datenschutzbehörden des Bundes und der Länder (DSK):

- Entschließung der 91. Konferenz der DSK, Wearables und Gesundheits-Apps – Sensible Gesundheitsdaten effektiv schützen!, Schwerin 6./7. April 2016.
- Kurzpapier Nr. 3, Verarbeitung personenbezogener Daten für Werbung, 17.12.2018.

Medical Device Coordination Group:

- Guidance on Qualification and Classification of Software in Regulation (EU) 2017/745 – MDR and Regulation (EU) 2017/746 – IVDR, Oktober 2019.

- Guidance on Clinical Evaluation (MDR) / Performance Evaluation (IVDR) of Medical Device Software, März 2020.

- Guidance on BASIC UDI-DI and changes to UDI-DI, April 2021.

- Guidance on classification of medical devices, Oktober 2021.

Satzungen einzelner Krankenversicherungen:

- Satzung der AOK Plus – Stand 18.02.2022 abrufbar unter: https://www.aok.de/pk/fileadmin/user_upload/AOK-PLUS/05-Content-PDF/satzung-aok-plus.pdf

- Satzung der Techniker Krankenkasse – Stand 14.01.2022 abrufbar unter: https://www.tk.de/resource/blob/2077108/36d1dcc4b614b05e68d795a45c064be0/tk-satzung-data.pdf

- Satzung Barmer – Stand: 01.01.2022 abrufbar unter: https://www.barmer.de/blob/12014/14bae132470aa8087ec4db66f5483260/data/barmer---satzung-der- barmer-barrierearm-19.pdf

Stiftung Münch Repräsentative Bevölkerungsbefragung zu Datenschutzaspekten im Gesundheitssektor, München 2015; abrufbar unter: https://www.stiftung-muench.org/wp-content/uploads/2016/06/DatenschutzWEB.pdf.

Verbraucherzentrale NRW e.V. (Hrsg.) Wearables, Fitness-Apps und der Datenschutz: Alles unter Kontrolle? - Eine Untersuchung der Verbraucherzentralen; Düsseldorf 2017; abrufbar unter: https://www.marktwaechter.de/sites/default/files/downloads/mw-untersuchung_wearables_0.pdf.

Läkemedelsverket Medical Products Agency Medical Information Systems – guidance for qualification and classification of standalone software with a medical purpose, 31.10.2012.

www.ingramcontent.com/pod-product-compliance
Ingram Content Group UK Ltd.
Pitfield, Milton Keynes, MK11 3LW, UK
UKHW021835290926
8980IPUK00004B/463

9 783631 906354